OEUVRES

COMPLÈTES

DE PIGAULT-LEBRUN.

TOME XII.

LA FAMILLE LUCEVAL.

DE L'IMPRIMERIE DE FIRMIN DIDOT.

OEUVRES

COMPLÈTES

DE PIGAULT-LEBRUN.

TOME DOUZIÈME.

A PARIS,

CHEZ J.-N. BARBA, LIBRAIRE,

ÉDITEUR DES OEUVRES DE M. PICARD ET DE M. ALEX. DUVAL,
PALAIS-ROYAL, N° 51, DERRIÈRE LE THÉATRE-FRANÇAIS.

1822.

LA FAMILLE LUCEVAL,

ou

MÉMOIRES

D'UNE JEUNE FEMME QUI N'ÉTAIT PAS JOLIE.

> Les personnes d'esprit sont-elles jamais laides ?
> Piron, *Métromanie*.

PREMIÈRE PARTIE.

CHAPITRE PREMIER.

C'est toujours par celui-là qu'on commence.

C'était la fin d'un beau jour d'été. On distinguait à peine les rayons mourans du soleil. Cette heure est celle de la promenade et de la rêverie : c'est celle du silence de la nature. C'est le moment de calme, où l'honnête homme aime à s'entretenir avec sa conscience ; c'est celui où l'homme dissipé cherche à fondre son ennui dans la foule et le fracas.

Ils étaient assis sur la rive de la Seine. Le plus jeune bâillait en regardant l'autre. Le bâillement se communique comme l'esprit de parti, comme l'égoïsme, comme l'intolérance, comme toutes les affections qui dégradent l'homme. O race moutonnière !

Pourquoi les idées morales, la bienfaisance, la simplicité de mœurs, le désintéressement, ne se communiquent-ils point avec la même facilité ? O race perverse !

On se lasse de tout, et même de bâiller. « Par« lez-moi donc, monsieur ? — Hé ! laissez-moi.
« — Quoi, de l'humeur ! — Et beaucoup. — La
« raison, s'il vous plaît ? — Je suis mécontent,
« François. — Et de quoi, monsieur ? — De tout,
« mon ami, de tout. — De tout, monsieur ; c'est
« beaucoup dire. — Je n'exagère point, François.
« — Une grande fortune... — A la bonne heure.
« — De la jeunesse... — Avantage que chacun
« possède à son tour. — De la figure... — On le
« dit, François. — Avec de semblables moyens,
« n'est-on pas tout ce qu'on veut ? — On n'est
« rien du tout, mon ami, qu'un être ennuyé et
« ennuyeux. — Diable emporte si je vous com« prends !

« — Je vais me faire entendre. Mon père,
« dit-on, n'avait pas d'esprit. — Oh, je ne me
« connais point à cela. — Il voulut que j'en eusse,
« et il me mit dans une pension fameuse, où je
« végétai dix ans. — Et où, sans doute, vous

« avez appris de bien belles choses ? — Rien de
« ce qu'il fallait que je susse. — Bah ! — Quand
« j'entrai dans le monde, je me croyais un per-
« sonnage ; je comptais tenir un rang distingué.
« — Hé bien, monsieur. — Hé bien, mon ami,
« je suis aussi déplacé dans la société actuelle,
« que le serait Coriolan ou Socrate. J'y cherchai
« des vertus : je n'y trouvai que des habitudes.
« Je ne rencontrai même aucun de ces vices bril-
« lans qui annoncent l'énergie des ames. Tout
« est descendu au nivau des petits êtres qui m'en-
« tourent. — Hé, monsieur, prenez les hommes
« comme ils sont. — Pourquoi me les a-t-on peints
« tels qu'ils ne sont pas ? On m'a élevé pour vivre
« avec les anciens, et je n'en retrouve nulle trace.
« Où sont ces princesses qui filaient, teignaient,
« tissaient les tuniques de leurs maris ? Qu'est de-
« venue la chasteté conjugale qu'une femme ne
« violait qu'en ensanglantant la Grèce ? Où pren-
« dre un repas de ces héros d'Homère, servi par
« la frugalité, paré par la décence ? Où trouver
« des exemples de cette hospitalité, si religieuse-
« ment pratiquée ? Aujourd'hui, François, la bour-
« geoise aisée dédaignerait de chiffonner elle-même
« un bout de gaze dans ses cheveux. Elle a des
« amans, elle publie ses goûts, et, si le mari veut
« trancher du Ménélas, on se moque de lui. On
« ne traite ses amis que par ostentation, pour
« faire valoir le talent d'un empoisonneur, qu'on
« appelle un cuisinier, et on est assez platement

« sordide pour reprendre sur les cartes une partie
« des frais du festin. Remarque-t-on, parmi les
« convives, un homme qui ne puisse pas traiter à
« son tour? on le néglige ou on l'éconduit : nos
« Anacréon ne trouvent plus de Polycrate.

« Choqué de la différence absolue des usages
« existans et de ceux que je croyais dans toute
« leur force, je me suis éloigné des villes, et,
« mon Théocrite sous un bras, mon Virgile sous
« l'autre, j'ai cherché dans les champs les Cori-
« don, les Daphnis, leurs musettes, leurs agneaux
« à la toison brillante et soignée. Qu'ai-je vu ? des
« rustres en sabots et en guenilles, traînant, de fossé
« en fossé, un corps lourd, nonchalant, et un air
« hébêté ; des moutons, marchant devant ou der-
« rière, les jambes embarrassées d'ordures, dont
« on n'a pas daigné dégager leurs flancs depuis
« qu'ils ont été tondus. Les Corine, les Amarillis
« ont les cheveux gras, le visage noir, la voix
« rauque, les mains dures et calleuses, le sein
« aplati, et les jambes engorgées. Chantent-elles?
« Echo est sourde, et dédaigne de répéter. Dan-
« sent-elles ? l'herbe qu'elles ont écrasée jaunit à
« l'instant. Sourient-elles au rustre qui les con-
« voite ? les Graces s'envolent pour ne revenir
« jamais.

« Me présenté-je chez un fermier, qu'à son
« front chauve et élevé j'aurais pris pour le bon
« homme Eumée ? un chien menaçant, instruit
« par son maître, m'éloigne d'une demeure où

« l'on ne connaît que deux mots : *travail et ar-*
« *gent.*

« Cherché-je dans le temple du lieu ces jolies
« et respectables vestales, ces prêtresses de Diane,
« ces brillans ministres d'Apollon? L'architecture
« est gothique, les hommes sont goths, et leur
« chant barbare force à fuir les amateurs de cette
« belle mélopée grecque, qu'à la vérité je n'ai ja-
« mais entendue.

« Je fuis, en effet, et je reviens à la ville. Je
« réfléchis que si la connaissance de l'antiquité
« est inutile, au moins les mathématiques, le
« dessin, la chimie, que je possède passablement,
« fixeront sur moi l'attention, car on aime à jouer
« un rôle, François, et voilà pourquoi le vieux
« Nestor, qui ne pouvait plus que parler, parlait
« sans cesse. — Enfin, monsieur ?... — Enfin, Fran-
« çois, je parle d'Euclide, et on m'offre du thé.
« Je nomme Archimède, et on me tourne le dos.
« — Hé, que ne parliez-vous thé, chiffons, che-
« vaux ? — Je ne me connais ni en chiffons, ni
« en thé, et de quels chevaux parlerai-je, après
« ceux de Diomède ?

« Avez-vous fini, monsieur ? — A l'instant,
« François. J'aborde une femme, jeune comme
« Hébé, jolie comme elle, et qui paraît prendre
« quelque pitié de mon embarras. Je lui de-
« mande ce qu'elle pense de l'Apollon du Belvé-
« dère. Vous vous ressemblez tous deux, répon-
« dit-elle en riant. Il ne vous manque à l'un et

« à l'autre qu'une ame. —Comment, madame, vous
« croyez... Elle était déjà perdue dans la foule.
« Allons, me dis-je, puisqu'on ne veut ici ni de
« mathématiques, ni de sculpture, essayons de
« la chimie. Je m'approche d'un homme, au tri-
« ple menton, au ventre convexe, complaisam-
« ment supporté par des cuisses courtes et re-
« bondies. Je lui demande s'il pense que les anciens
« eussent adopté la composition chimique du
« bénédictin allemand, au moyen de laquelle un
« héros peut être tué par un poltron. — Je vois
« que vous êtes savant, mon cher ami. — Un
« peu, monsieur. — Et à quoi la science est-elle
« bonne ? — Jusqu'ici, elle ne m'a servi à rien.
« —Je le crois bien, parbleu. Barême, monsieur,
« Barême, voilà pour l'utile. Une bonne cave et
« la bouillote, voilà pour l'agrément. Ainsi, l'art
« de bien vivre, sur lequel on parle tant, sur le-
« quel on écrit tant, se borne à un petit livre,
« du vin choisi et des cartes.

« Vous pensez bien, François, que je tournai
« les talons à l'homme au barême. — Et vous
« eûtes tort, monsieur. Barême est l'auteur par
« excellence; tout le monde s'en sert, et tout le
« monde s'en trouve bien. C'est avec Barême que
« je règle vos comptes, qui sont d'une exactitude
« à être présentés au jugement dernier. — Oh!
« ne parlons pas de cela, François. Vive Jupi-
« ter, enfantant la Sagesse ; Apollon, ensei-
« gnant les arts aux hommes ; Mercure, gui-

« dant ces vieux Phéniciens, qui firent de
« leur petit pays le centre du commerce du
« monde. Célébrons cette belle allégorie de Pan-
« dore... Vous bâillez encore, François. — Ce
« n'est pas que vous ne me disiez de très-belles
« choses, sans doute; mais, monsieur, greffe-t-
« on l'œillet sur l'ortie ? — Ah ! vous êtes trop
« modeste, François ! — D'ailleurs, monsieur, il
« est tard. Les anciens se couchaient probable-
« ment... — Avec le soleil, mon ami, et ils se
« levaient avec lui. — Couchons-nous donc comme
« eux ; mais ne nous levons pas si matin. — A la
« vérité, on serait assez embarrassé de sa personne,
« dans les rues de Paris, à trois ou quatre heures
« du matin. — Pourquoi cela, monsieur? on peut
« se promener au Luxembourg, aux Champs-
« Elysées, aux Tuileries... — Aux Tuileries,
« François, aux Tuileries ! Savez-vous que le prin-
« cipal jardin de cette tant fameuse Athènes était
« nommé le *Céramique*, parce qu'on en avait
« aussi tiré de la tuile ? — Non, monsieur, je ne
« sais pas cela. — Et le Céramique était incontes-
« tablement bien plus beau que nos Tuileries. —
« Pourquoi cela, monsieur ? Cette tant fameuse
« Athènes était-elle la capitale de l'univers ? —
« Non, mon ami ; mais c'était celle de l'Attique.
« — L'Attique, l'Attique ! Pandore, Apollon, Dio-
« mède, le bon homme Eumée, Amarillis, Cori-
« don ! Je crois, monsieur, qu'on vous a brouillé
« la cervelle. — On m'a pénétré de l'amour du

« vrai beau. — Savez-vous ce que je pense, moi,
« de tous ces gens-là ? c'est qu'ils gagnent beau-
« coup à être vus de loin, et qu'on n'affecte de
« louer les morts que pour dénigrer les vivans.
« Au reste, monsieur, je lirai leur histoire, et
« quand ma raison aura mis de côté les invrai-
« semblances et la magie du style, nous verrons
« ce qui restera. Bonsoir, monsieur. — Bonsoir,
« François. »

CHAPITRE II.

Ce qu'ils étaient tous deux.

Ambroise Luceval descendait d'une longue suite d'aïeux, qui n'obtinrent jamais de considération, parce qu'ils n'occupaient pas de grandes places ; qu'on ne rechercha jamais, parce qu'ils n'étaient pas riches ; mais que tout le monde estimait, parce qu'ils avaient de la probité.

Cette estime stérile des autres ne mène qu'à l'estime de soi-même. On salue un homme estimable, et on passe son chemin.

Aussi, Ambroise sentit de bonne heure la nécessité d'être, comme ses parens, homme probe et laborieux.

Il n'avait d'autre esprit que celui qui rend propre aux affaires, c'est-à-dire qu'il n'en avait pas. La nature lui avait accordé en dédommagement un sens droit et un jugement sain. Avec ces deux avantages, on parvient rarement à la célébrité ; mais ils rendent quelquefois heureux, et le bonheur vaut bien la gloire.

Ambroise était l'aîné d'une famille nombreuse. Il conçut, à seize ans, le projet d'établir ses frères et ses sœurs dans une sorte d'aisance.

Le projet réussit, comme vous allez le voir, non parce qu'il était louable : s'il en était ainsi, les choses iraient trop bien.

Ambroise fit fortune, parce qu'il était opiniâtre et patient, deux qualités qui s'allient assez ; parce qu'il était laborieux, qualité nécessaire ; parce qu'il avait cette politesse d'attentions qui attire ceux que la politesse de mots éloigne, et ceux-là sont des gens dont l'amitié vaut quelque chose.

Ambroise était parti de son petit bourg en pleurant. Un léger sac sur son dos, une bourse plus légère encore, et la bénédiction de ses parens, voilà tout ce qu'il emportait.

En revanche, il était riche en espérances. Il était encore aux portes de la vie ; il avait du courage, et il était muni de l'adresse d'un riche banquier, qui avait plusieurs fois tiré sur son père de légères sommes, qui avaient été exactement payées.

Il arriva à la porte du banquier, et, malgré le désordre de ses cheveux, et la poussière de ses souliers, il demanda à parler à monsieur. Il pensait que deux cents ans de vertus héréditaires étaient un titre suffisant.

Tel maître, tel valet. M. Dortigny ne s'était pas

logé dans un palais; il n'avait pas dix domestiques et vingt chevaux; sa femme était sans fantaisies : aussi ne fit-il pas banqueroute. Le domestique auquel Ambroise s'adressa, ne s'amusa point à ricaner, comme un sot et un impertinent, de la mise et de l'air un peu niais du jeune homme : il l'introduisit dans la salle à manger, où M. Dortigny déjeunait en famille.

La somptuosité des appartemens en imposait un peu à Ambroise. Le banquier le mit à son aise, en lui parlant avec bonté. Ambroise se nomma; M. Dortigny se leva, et l'invita, de la main, et d'un air riant, à prendre un siége. A ces marques de déférence, le jeune homme se sentit fier de la réputation intacte qu'on lui avait transmise, et il jura de la léguer à ses enfans.

Il s'assit et déjeuna. En mangeant et en buvant, il instruisit le banquier de son dessein de faire fortune, du motif qui l'y déterminait, et il lui demanda de l'emploi.

M. Dortigny n'avait besoin de personne; mais il promit à Ambroise de s'intéresser pour lui. Madame Dortigny fit observer à son mari que les intentions que manifestait Ambroise annonçaient un bon sujet, et qu'un bon sujet n'est jamais de trop dans une maison.

Un homme qui aime sa femme suit facilement ses conseils, surtout lorsqu'ils s'accordent avec ses inclinations. Il fut décidé qu'Ambroise aurait le logement et la table; mais, qu'avant d'entrer en fonctions, il s'habillerait convenablement, s'il en avait le moyen, et que, s'il ne l'avait pas, on lui ferait les avances nécessaires, dont on tirerait le montant sur le papa Guillaume Luceval.

Ambroise ne concevait pas que son habit des dimanches ne pût convenir au dernier commis d'un banquier. Il ignorait encore que chacun, à Paris, veut paraître au-dessus de son état. Cette sotte manie, contre laquelle on crie en vain, a pourtant un avantage : c'est de faire rentrer dans la circulation les fortunes mal acquises.

Lorsque le tailleur de la maison eut enfermé Ambroise dans une espèce de sac, assez incommode et de très-mauvaise grace, on mit le jeune homme en possession de son tabouret et de son bureau. Il travaillait sans relâche, ce qui lui mérita l'estime de M. Dortigny ; il acquit l'amitié de ses camarades, en mettant leur besogne au courant, pendant que ces messieurs allaient faire les importans et les connaisseurs au bal et au spectacle, ridicule commun aux jeunes gens de tous les états, qui ne savent rien, et qui tranchent sur tout.

Ambroise était parvenu, en peu d'années, à la première place chez M. Dortigny ; il avait toute sa confiance, et il la justifiait. Il est un âge où l'homme opulent aime à jouir de sa fortune. M. Dortigny pensa à se retirer des affaires, et il choisit Ambroise pour son successeur.

C'est à cette époque qu'il se fit appeler M. Luceval, non par une morgue mal entendue, mais parce que c'était le nom qu'il devait signer désormais. Fidèle à l'exécution de son plan, il ne s'occupa d'abord que du bien-être de sa famille, et il fit beaucoup pour elle, en peu de temps, parce qu'il se borna à un honnête nécessaire.

Quand on n'a qu'un seul domestique, on veut au moins l'avoir bon. Ceux de Paris entendent parfaitement le service; mais ils sont libertins, et quelquefois fripons. Notre nouveau banquier s'était adressé à Guillaume Luceval, qui lui avait envoyé le bon François, jeune homme simple, honnête, sage et rempli de bonne volonté; du reste, ne sachant rien.

Au bout de quelques mois, M. Luceval reconnut dans François des qualités au-dessus de son état. Il se souvint de ce qu'il avait été, et il crut faire un acte de justice, en rendant à François ce que M. Dortigny avait fait pour lui.

Il lui donna des maîtres. François avait la tête dure. Il apprit, avec beaucoup de peine, à écrire assez mal, et il fut impossible de le rendre calculateur. C'est sans doute par cette raison, qu'aux yeux de François, le livre par excellence était Barême.

M. Luceval renonça donc au projet d'en faire un commis; mais il prit un second domestique, et il investit François de l'emploi de son factotum.

C'était François qui réglait la dépense de la

maison, qui marchandait, arrêtait et payait les mémoires, et qui, le soir, faisait rire son maître, dont le genre d'esprit avait beaucoup d'analogie avec le sien.

Madame Dortigny n'était plus. M. Dortigny avait eu la satisfaction de marier convenablement sa fille unique, et il était mort assez tôt pour n'avoir pas le chagrin de la voir ruinée. La jeune dame aimait passionnément les bijoux, les dentelles, les équipages brillans et les fêtes. Le mari aimait passionnément sa femme, et ne lui refusait rien. Il prit le parti de mourir de douleur, quand elle eut vidé son dernier sac. Comme il est reçu dans un certain monde, qu'on ne doit à une jolie femme ruinée que du plaisir et de l'infamie, et que la jeune veuve était sage, ses vrais amis l'abandonnèrent, ses créanciers la chassèrent de son hôtel, et les huissiers vendirent ses meubles.

Pendant la courte durée de son opulence, elle n'avait vu que des têtes folles comme la sienne. Elle avait tourné en ridicule la froide raison d'Ambroise, et Ambroise avait cessé de la voir, parce que l'homme le plus reconnaissant n'aime pas qu'on se moque de lui.

Quoiqu'il sortît peu, il avait appris sa catastrophe, qui avait fait dans Paris un bruit affreux pendant vingt-quatre heures, et dont on ne parlait plus le lendemain.

Il oublia les sarcasmes, les dédains de la jeune dame, et il eut sur son compte une longue conférence avec François, son conseil privé et son oracle, dans les affaires épineuses.

Il fut d'abord décidé qu'on ne pouvait souffrir que la fille de M. Dortigny sentît le besoin : le consultant et le consulté s'accordèrent au premier mot sur ce point. Mais quelle forme donner au bienfait pour lui ôter son amertume ? C'est là-dessus qu'ils ne s'entendaient pas trop. François voulait envoyer tout simplement un garçon de caisse, chargé d'une hotte et d'une lettre aussi bien tournée qu'ils pourraient la faire à eux deux. Luceval trouvait la lettre de trop, parce qu'elle porterait avec elle le poids de la reconnaissance. François observait que si le bienfaiteur ne se nommait pas, la jeune veuve pourrait attribuer le bienfait à tout autre, et accuser, en secret, celui qui devait tout à son père, d'ingratitude envers sa mémoire et son sang. Ils parlaient, raisonnaient, déraisonnaient, et ne terminaient rien. Luceval venait de marier la dernière de ses sœurs à un jeune homme dont elle était tendrement aimée, et qu'elle payait du plus parfait retour. Les jeunes époux étaient venus lui offrir en récompense le tableau de la plus innocente félicité.

Ce spectacle, séduisant pour tout le monde, avait produit un certain effet sur un homme dans la force de l'âge, et dont les sens étaient encore neufs. La veuve était jolie ; Luceval mettait de l'orgueil à relever la famille de M. Dortigny; mais le plaisir, plus puissant que le devoir, donnait à un cœur, qui cherchait à se développer, une énergie dont le bon Luceval était lui-même étonné. Il laissait parler François, ne l'écoutait plus, et François, ennuyé de parler seul, se tut, et regarda, la bouche ouverte, son maître, qui se promenait en long et en large, la main fortement appuyée sur son front.

Luceval déclara enfin, d'un ton décidé, qu'il ne voyait qu'un moyen de dispenser une femme honnête de rougir en acceptant : c'était d'offrir sa main avec sa fortune. A ces mots, François sauta, comme s'il eût été sur des charbons ardens. Il protesta qu'il ne connaissait pas de raison pour qu'une femme, qui avait ruiné son premier mari, ne ruinât aussi le second. Luceval répondait que l'école la plus sûre est celle du malheur. François reprenait qu'il est des êtres pour qui toutes les leçons sont perdues. Luceval répliquait qu'un homme ferme est le maître chez lui. François soutenait qu'une maison où le mari et la femme sont sans cesse en opposition, est un enfer anticipé. Luceval termina la contestation par cette phrase : Je veux me marier, et je dois la préférence à la fille de M. Dortigny.

François baissa la tête, et n'ajouta pas un mot.

Il restait une difficulté : c'était d'arranger un compliment, qui ne fît pas lever les épaules à une femme du bon ton. François prétendit qu'il était inutile de faire le beau diseur pendant cinq minutes, pour parler en bon homme le reste de sa vie ; qu'il fallait se montrer tel qu'on était, et que si la jeune veuve levait les épaules, on lui laisserait une vingtaine de sacs, et on irait épouser une femme disposée à aimer celui à qui elle devrait sa fortune.

Luceval n'était pas entêté ; il baissa la tête à son tour, et François envoya chercher un remise.

Reléguée à un quatrième étage, ne comptant plus sur les hommes, et n'ayant à opposer à sa mauvaise fortune que le courage et le travail, elle était loin de penser qu'elle pût recouvrer jamais cette opulence, dont elle avait si mal connu le prix.

Il est des ames que le malheur peut abattre, mais qu'il n'avilit jamais. Elle reçut les offres de M. Luceval, avec cette dignité décente qui prouve qu'on s'estime encore, et cette sensibilité qui annonce un cœur fait pour aimer.

Ce n'est plus cette femme futile, dont l'idiôme était composé de deux mots : *plaisir* et *ridicule*. La raison avait arraché d'une main ferme le bandeau qui lui couvrait les yeux. Elle honorait dans les autres les qualités qu'elle s'efforçait d'acquérir. Elle marqua donc à M. Luceval toute la considération qu'il méritait, et à François, cette bonté encourageante que le faible semble toujours réclamer.

Le bon Luceval, enchanté, s'applaudissait du parti qu'il venait de prendre. François, touché jusqu'aux larmes, se repentait de l'opposition qu'il y avait mise. Tous deux marquaient leur étonnement et leur satisfaction.

« J'ai assez connu les hommes, leur dit-elle,
« pour être convaincue qu'ils ne méritent, en
« général, que le mépris. Combien, par cette rai-
« son, ne doit-on pas de respect à ceux qui ont
« conservé l'amour des vertus antiques, et qui
« ont, au milieu de la dépravation publique, le
« courage de les pratiquer ! Ah! s'écria François,
« en baisant le bas de sa robe, je ne doute
« plus que mon cher maître soit heureux. Oh!
« oui, il le sera, reprit-elle avec un doux sou-
« rire, s'il est en mon pouvoir de faire son bon-
« heur. »

Il le fut en effet ; mais sa félicité s'écoula avec la rapidité d'un beau jour que termine un orage affreux.

Cette femme, qui avait épuisé tous les genres de folies, qui avait ruiné, désolé son premier mari, et dont la mort semblait avoir respecté les travers, cette femme, rendue à la raison, livrée à ses devoirs, vivant dans la retraite, semant de fleurs les jours de son époux ; cette femme, si digne alors de vivre, périt en donnant la vie à un fils, dont la naissance devait combler ses vœux les plus doux.

Son confesseur l'assura que tout était pour le mieux, et que la terre n'était pas digne de posséder une ame comme la sienne.

Luceval et François, à genoux devant son lit, fondaient en larmes, et priaient Dieu de la leur rendre. Le confesseur essaya de leur persuader qu'ils devaient des remercîmens à la Providence.

La mère infortunée leur tendit la main, regarda son fils, et expira.

Luceval et François ne mirent plus de bornes à leur douleur.

Il restait au confesseur un devoir intéressant à remplir. C'était de régler l'ordre du convoi, et il devait être très-cher, d'après la fortune du mari et les regrets qu'il témoignait. D'ailleurs, le spectacle de la douleur est insupportable pour un cœur sensible. Le confesseur sortit, en tenant son mouchoir sur des yeux secs.

Pour supporter la perte de ce qu'on a de plus cher, il faut, ou une insouciance dont le bon Luceval était loin, ou une philosophie qu'il n'avait pas. Sa santé dépérit sensiblement.

François lui représentait qu'il devait vivre pour son fils. Luceval répondait tristement qu'il ne désirait pas la mort. François cherchait à le distraire par de petites fêtes simples comme leurs mœurs. Luceval ne voyait rien, n'entendait rien; des larmes, qu'il voulait arrêter, pour ne pas affliger François, s'échappaient malgré lui.

Le chagrin est un ver rongeur, qui dévore tout, quand on ne l'étouffe pas dès sa naissance. Luceval, épuisé, souriait à l'idée de se rejoindre à celle qu'il avait tant aimée.

« Tu fus mon meilleur ami, François; sois
« encore celui de mon fils. » Telles furent ses
dernières paroles.

On ouvrit son testament. Il nommait François
tuteur de l'enfant, parce que, disait-il, il ne connaissait pas de plus honnête homme.

Il sentait bien, ajoutait-il, que François ferait
d'abord des fautes en administration; mais, il
croyait que ces fautes mêmes l'instruiraient, et
qu'un orphelin perd moins avec un tuteur ignorant, qu'avec un tuteur trop adroit.

Il donnait des instructions générales sur la manière dont il voulait que son fils fût élevé; enfin
il laissait à François de quoi vivre commodément
et dans l'indépendance.

François alla au-delà des dernières volontés
de son maître. Il se consacra tout entier au petit
Adolphe, qui le rappelait sans cesse à des souvenirs de l'enfance, et, jaloux d'être le premier
instituteur de son pupille, il lui enseignait, en
jouant, à lire et à écrire : c'est tout ce que le
bon homme savait. En récompense, il lui apprit
à être bon, ce qui est inappréciable, et à honorer la mémoire de son père et de sa mère, ce
qui lui imposait l'obligation de leur ressembler
un jour. Il y a des maîtres de latin, de grec,
d'italien; des maîtres de danse, d'écriture, d'équitation, qui gagnent de quoi acheter un cabriolet,
entretenir un cheval et un jockey. S'il y avait
des maîtres de morale, ils mourraient de faim,

ce qui prouve l'extrême perfection de notre jugement.

Lorsque Adolphe eut atteint l'âge prescrit par son père, François consulta sur le choix d'une pension, et plaça son pupille dans celle qui réunissait la majorité des suffrages. Peut-être eût-il été plus prudent de s'en rapporter à la minorité. Mais François pensait, comme bien d'autres, que l'expérience a détrompés, que cinq cents doivent mieux voir qu'un.

Il allait chercher Adolphe le dimanche; il lui procurait les plaisirs de son âge, et de tous ses camarades, celui avec lequel Adolphe se plaisait le plus, c'était François, parce que François faisait tout ce qu'il voulait.

Ce sentiment changea avec l'âge, mais ne s'éteignit jamais. Adolphe conserva toute sa vie pour François cette amitié, cette sorte de considération qui pouvaient seules le payer de l'accomplissement rigoureux de ses devoirs.

Adolphe avait dix-huit ans, lorsqu'il s'établit dans la maison de son père. Sa fortune était augmentée des revenus et des intérêts de seize ans, que François avait fait valoir avec sagesse. Il était très-riche et ne s'en doutait pas, parce que son tuteur pensait qu'à dix-huit ans, il reste encore des qualités à acquérir, et que celles qu'on a acquises à cet âge se dissipent dans le luxe et les plaisirs. Il cachait donc soigneusement à son pupille cette opulence, dangereuse surtout pour la jeunesse. Un notaire et lui étaient les seuls qui connussent l'état des affaires d'Adolphe.

Cependant François n'était point parfait. Il se dépitait quelquefois contre la passion du jeune homme pour les Grecs, parce qu'Adolphe lui en parlait sans cesse, et qu'il ne pouvait répondre que par monosyllabes ou en bâillant. Il se calmait, en réfléchissant que tant que son pupille serait dominé de l'amour des anciens, nos jolies modernes ne lui feraient pas faire de folies, nos élégans ne lui escroqueraient pas son argent, et que s'il n'acquérait pas d'usage du monde, au moins il n'en prendrait pas les vices, et les vices se communiquent aisément depuis qu'on sait couvrir leur difformité d'un masque flatteur. François se résignait donc à bâiller pour l'amour d'Adolphe.

Mais Adolphe, qui n'aimait pas à parler seul, le somma enfin de tenir la parole qu'il lui avait donnée sur les bords de la Seine. François, religieux observateur de ses moindres engagemens, s'enferma à regret; mais il lut pendant deux mois tout entiers ce qu'on a écrit de plus admirable sur cette terre privilégiée, qui produisait des héros, comme nos jardins des petits pois. Le pupille lui indiquait les auteurs par excellence; le tuteur trouva ces ouvrages fort à son gré, et convint qu'après les contes des fées, c'était ce qu'il avait lu de plus intéressant.

Si quelque passage lui paraissait obscur, ou

absurde, Adolphe expliquait ou accusait le traducteur, et il dissertait jusqu'à ce que François s'endormît, ce qui arrivait régulièrement à chaque dissertation.

A la fin du second mois, le tuteur jugea qu'il avait donné assez de temps à la Grèce. Il se crut en état d'entendre son pupille et de lui répondre, et après avoir employé huit jours à classer et à raisonner, tant bien que mal, ses idées, il eut avec Adolphe l'entretien suivant, immédiatement après avoir pris son café : c'était le moment où son imagination perdait quelque chose de sa pesanteur ordinaire.

CHAPITRE III.

Renouvelé des Grecs.

« Vous avez voulu que je lusse, monsieur,
« pour m'élever jusqu'à vous, et j'ai lu. Je con-
« viens du plaisir inexprimable que m'ont fait mes
« lectures ; mais vous conviendrez aussi qu'il y a
« dans tout cela des inepties, des choses impos-
« sibles. — Des inepties dans des auteurs grecs,
« François ! Cela ne se peut point. Des choses im-
« possibles ! hé, tout ce qui est grand ne nous
« paraît-il pas incroyable, à nous qui sommes si
« petits ? — Pas si petits, monsieur, pas si petits.
« Ce que j'ai lu dans nos journaux depuis quinze
« ans vaut bien tout ce qu'ont fait vos Grecs

« et vos Romains, et si ces gens-là ont eu
« leur Homère et leur Virgile, les nôtres trouve-
« ront peut-être un chantre qui les immortalisera,
« sans être exagérateur. — Mais il n'y a pas d'exa-
« gération, mon bon François, il n'y en a pas du
« tout. — Pardonnez-moi, monsieur, pardonnez-
« moi. Exagération, fables, trivialités. — A la
« preuve, M. François. — Un défi ! je l'accepte,
« monsieur.

« Ici, Jupiter trompe le chef des Grecs par un
« songe, ce qui n'est pas loyal. Là, des dieux
« subalternes se disent des injures comme des
« crocheteurs, et se battent contre des hommes
« déja blessés, ce qui n'est pas généreux. Des
« vents enfermés dans une peau de chèvre; des
« chanteuses, qui ont des queues de poisson, et
« qui mangent leur auditoire; des prêtres égyp-
« tiens qui sont tous sorciers; Darius, déclaré roi
« par son cheval; Curtius, qui referme un gouf-
« fre en s'y précipitant; des vestales, qui mettent
« des vaisseaux à flot avec leur ceinture; des
« boucliers qui descendent du ciel; des poulets
« qui rendent des oracles, et le cheval de Troie,
« et des centaures, et des satyres, et des cyclo-
« pes... que sais-je, moi ?

« — Mauvaise querelle, François, que celle que
« vous cherchez là aux Grecs. La fiction est le
« patrimoine des poètes, et... — Mais c'est que
« la plupart de ces fictions-là, monsieur, n'ont
« pour moi rien de piquant ni d'agréable. —

« Oh! si madame Dacier était là, elle vous trai-
« terait plus mal qu'elle ne traita Lamotte, et
« c'est beaucoup dire. — Madame Dacier aurait
« tort, monsieur; des injures ne sont pas des rai-
« sons. — Ce sont donc des raisons que vous
« voulez, François? hé bien, je vous en donne-
« rai, et une seule les renferme toutes. — Ah!
« voyons-la, monsieur. — Homère et ses illustres
« successeurs n'ont pas toujours cherché à pa-
« raître raisonnables. Ils ont cru devoir quelque-
« fois sacrifier aux préjugés, et ces préjugés, qui
« vous blessent, étaient ceux de leur siècle ou
« de leur olympiade. A-t-on jamais reproché à Vol-
« taire d'avoir fait apparaître saint Louis à Henri IV?
« — C'est bien différent, monsieur. Je ne connais
« pas Voltaire; mais je sais que saint Louis est vé-
« ritablement un saint; ainsi Voltaire peut avoir
« dit la vérité. — Et ce que vous traitez de fa-
« bles, d'absurdités, était aussi des vérités pour
« les Grecs. — Diable! mais je fais une réflexion,
« monsieur. — Et laquelle, François? — C'est que
« les hommes de tous les temps et de tous les
« lieux pourraient bien se repaître de fables. —
« Voilà ce que vous avez dit de mieux, François.

« — Ah ça, monsieur, si j'ai eu tort sur ce que
« nous appelons fables, vérités ou préjugés, per-
« mettez-moi quelques réflexions sur ce qui est
« philosophique : il ne doit pas y avoir là de
« merveilleux.

« Qu'est-ce que tous ces puissans rois, souve-

« rains, par tête, d'un royaume aussi grand que le
« royaume d'Yvetot ? Qu'est-ce que cet Agamem-
« non, qu'on nomme fastueusement roi des rois,
« et que les autres roitelets mènent à la férule ?
« Qu'est-ce que cet Ulysse, roi de l'infiniment pe-
« tite Itaque, cet Ulysse tant vanté, qui trompe
« impudemment Philotecte, qu'il n'eût osé com-
« battre, et qui, aidé seulement de son fils et de
« deux valets, tue tous les amans de sa vieille
« femme, qui ne pouvait plus avoir d'amans ?
« Pourquoi arriver à ce dénoûment, en changeant
« ses compagnons en pourceaux ?... — Allégorie
« admirable, mon ami, qui prouve que l'homme,
« soumis à ses passions, se ravale au niveau des
« bêtes. — N'oubliez jamais cette allégorie-là,
« monsieur ; mais avouez qu'elle n'a rien de
« noble.

« Et cet Ulysse s'habillant en gueux, et deman-
« dant l'aumône ?... — Et n'avons-nous pas vu de
« nos jours le prince Edouard se déguiser en fille
« pour échapper à ses ennemis ? — Cet Ulysse,
« dis-je, suivant tout nu le charriot d'une belle
« princesse, qui venait de faire la lessive, sont-ce
« là des allégories ? — Ce sont des fais vraisembla-
« bles, puisqu'ils sont dans les mœurs du temps
« auxquelles vous ne voulez pas plus vous ployer,
« qu'à la chronologie que vous violez à chaque
« phrase, comme vous confondez prose et vers.

« — Et la valeur plus qu'humaine de cet Achille,
« que tout le monde admire, et qui n'était pour-

« tant qu'un poltron, puisqu'il était invulnérable ?
« — Invulnérable ? non, François, il ne l'était
« pas au talon. — C'est tout un, monsieur ; car
« qui diable s'est jamais avisé d'attaquer son en-
« nemi au talon ? — C'est cependant par là qu'il
« est mort, François. — Mort aussi étonnante
« que sa vie.

« Et cette Aulide, dont le nom pompeux ré-
« sonne si harmonieusement à l'oreille, et qu'on
« a, dites-vous, célébrée en si beaux vers fran-
« çais ; cette Aulide, ou Aulis, était-elle autre
« chose qu'une misérable bourgade, devant la-
« quelle la flotte des Grecs fut arrêtée si long-
« temps ? — Eh ! qu'importe qu'Aulis fût un bourg
« ou une ville ! c'est de la flotte dont il s'agit. —
« Oui, monsieur ; mais un grand port rassemble
« nécessairement beaucoup d'hommes, et, où il
« y a beaucoup d'hommes, on bâtit de grandes
« villes. Je ne crois pas que Brest, Toulon, Ports-
« mouth, Yarmouth, soient des villages. Quel
« port donc que celui d'Aulis, ou d'Aulide, et
« quelle flotte que celle d'Agamemnon qui y en-
« tra tout entière ? Tenez, monsieur, tout cela
« devait ressembler au port et aux barques des
« pêcheurs d'Embleteuse. — Savez-vous, François,
« que vous êtes le seul que je puisse écouter avec
« cette modération ? — Je vous remercie, mon-
« sieur.

« Parlons maintenant un peu de ces victoires
« qu'on célèbre depuis tant de siècles. — J'espère

« bien, monsieur François, que vous ne me con-
« testerez ni les Termopyles, ni Salamine, ni Ma-
« rathon. — Allons, monsieur, je vous passe Ma-
« rathon et Salamine, car il n'est pas impossible
« que les Grecs aient fait dans ces deux journées
« ce que nos braves ont fait à Marengo et à Aus-
« terlitz. Mais, le combat des Thermopyles me
« paraît fort, monsieur, très-fort. — Il n'est pas
« plus incroyable que le récit des deux autres
« batailles, et on en trouve un exemple dans
« l'Histoire moderne. — Ah ! contez-moi cela,
« monsieur.

« Le château de Franchimont, au pays de Liége,
« était assiégé par Charles VII et Philippe-le-Bon.
« Stréel, dont le nom devrait être connu, et qui
« pourtant ne l'est pas, sortit la nuit à la tête de
« trois cents soldats, et pénétra jusqu'au quartier-
« général de l'armée des assiégeans. Le projet de
« Stréel était d'enlever le roi de France et de ter-
« miner la guerre par ce coup d'éclat. Il se trompa,
« et entra dans la tente du duc d'Alençon, qu'il
« fit prisonnier. Le roi dormait dans la tente voi-
« sine : ses gardes entendirent du bruit et répan-
« dirent l'alarme. Les Franchimontois furent en-
« veloppés à l'instant. Ils combattirent comme
« Léonidas et les siens, et ils eurent le même sort.
« Ils périrent tous glorieusement.

« — Ah ! ma foi, monsieur, je vous tiens. —
« Comment, vous me tenez ! — Oui, monsieur.
« Si, pour me prouver la possibilité des hauts

« faits attribués aux Grecs, vous êtes forcé de
« m'en citer d'aussi brillans, qu'on ne conteste
« point à nos aïeux, il faut nécessairement que
« vous conveniez que les modernes valent les an-
« ciens. — Allons, allons, le piége est adroit, et
« je ne m'y attendais point. — Savez-vous, mon-
« sieur, ce que je pense en définitif de la dif-
« férence établie entre les temps reculés et les
« derniers siècles ? C'est que les auteurs grecs,
« échauffés par l'élan du patriotisme, ou poussés
« peut-être par un orgueil national, ne laissaient
« perdre aucun trait, tandis que les nôtres... —
« Flattent les vivans, et oublient les morts ; n'est-
« ce pas cela, François ? — Vous achevez ma
« pensée. »

François était enchanté de prouver qu'il avait lu, et avec fruit. C'était lui qui chaque jour commençait une dissertation nouvelle, où, selon sa méthode, qui n'est pas la meilleure, il confondait les faits et les époques. Quelquefois Adolphe riait ; quelquefois il se fâchait, et chacun restait ferme dans son opinion.

Cependant François pensa un jour que le moment où il ne resterait rien à dire des Grecs et des Romains n'était pas éloigné, et il sentait la nécessité d'occuper Adolphe quelques années encore de choses propres à prolonger le sommeil des passions.

Il rêvait profondément aux moyens d'amuser l'imagination de son pupille sans l'échauffer. Le bon homme n'était pas inventif : aussi, jouissait-il plus qu'un autre, quand il avait trouvé quelque chose qui lui paraissait sortir de la classe des idées communes. Un jour, que la contradiction avait extraordinairement exalté la tête d'Adolphe en faveur des anciens, François, saisi d'une sorte d'enthousiasme d'invention, se sentit inspiré. Il se mit à sauter par la chambre, en se frappant les genoux des deux mains, et en riant aux éclats.

Adolphe le regardait, l'œil fixe et la bouche ouverte. Il le croyait fou. Il lui était sincèrement attaché, et en le regardant, il oubliait l'Attique et Rome. François le tira de peine, en s'asseyant tranquillement auprès de lui, en lui prenant la main, et en lui disant ce qui suit :

« Monsieur, si comme vous le prétendez, je
« n'entends rien à la chronologie ni à la géogra-
« phie, j'ai pourtant quelquefois des pensées di-
« gnes d'un Grec ou d'un Romain. Écoutez celles
« que je vais vous communiquer.

« Vous vous déplaisez à la ville et au village ;
« éloignons-nous de l'un et de l'autre. — Et où
« donc vivrons-nous, au milieu des bois ? — Pas
« du tout, monsieur. Vous avez à deux lieues de
« Paris... — A cinquante stades et quelque chose,
« François.—Laissez-moi compter par lieues, mon-
« sieur : cela m'est plus facile. Vous avez à deux
« lieues de Paris une prairie de vingt-cinq arpens
« en carré, qui ne rapporte presque rien, graces

« au chevaux de la marine. Fermons-la de murs;
« faisons en une petite Grèce, et peuplons-la de
« gens pénétrés comme vous d'admiration pour
« l'antiquité. — Oh ! François, François, quelle
« idée ! elle est aussi sublime que nouvelle. » Et
il embrassait François de tout son cœur, et son
imagination enflammée étendait le projet du tuteur et le parait du coloris le plus brillant : c'était
de l'ivresse, du délire.

Bon ! bon ! disait à part lui François. Je le tiens
encore pour deux ans.

Il fallut aussitôt courir chez un architecte pour
avoir un plan de la Grèce en petit. Ils n'en connaissaient aucun; mais on ouvrit l'almanach, et
on donna la préférence à celui dont le nom avait
le plus de rapport avec l'idiome chéri.

Adolphe commença par lui parler grec, et fut
fort étonné que le copiste des Corinthiens, des
Ioniens, des Doriens, n'entendît pas leur langue.
Il fallut descendre au langage vulgaire à l'usage
des Français, et Adolphe, plein de son objet, eût
parlé trois heures, si l'architecte ne lui eût dit
assez sèchement que des beautés déplacées ne
sont plus des beautés, et qu'il eût à vouloir l'instruire du sujet de sa visite.

« Monsieur, j'ai, dit-on, un pré de vingt-cinq
« arpens en carré; je dis arpens, parce que je n'ai
« pas pris le temps de réduire le stade grec en per-
« ches. — Vous avez bien fait de ne pas vous donner
« cette peine, monsieur, parce que, pour vous en-

« tendre, il eût fallu que je la prisse aussi. — Je
« compte dépenser dans ce pré environ cinquante
« talens. — Combien cela fait-il argent de France,
« monsieur ? — Comptez, monsieur, à cinq mille
« quatre cents livres le talent. Hé, monsieur,
« parlez français », dit François, pendant que l'architecte calculait...

Et, à mesure que le calcul avançait, la figure de l'architecte se déridait ; son air devenait respectueux et agréable.

« Comment diable ! s'écria-t-il enfin, cela fait
« deux cent soixante et dix mille livres. Je ne
« l'aurais pas cru, dit Adolphe. François, avons-
« nous cette somme à notre disposition ? — Et
« au-delà, monsieur ; soyez sans inquiétude, et
« passez à votre plan.

« Voyons d'abord, reprit l'architecte, la dispo-
« sition du terrain. Vingt-cinq arpens en carré,
« dites-vous : y a-t-il de l'eau ? — Bien certaine-
« ment ; une rivière coule au bas de ma prairie,
« puisque les Tritons et les Néréides y jouent
« quelquefois. — Je n'ai point parlé de Tritons,
« monsieur, mais de chevaux de la marine. —
« Mon tableau était bien plus joli, François. —
« Mais, le mien est bien plus vrai. — Enfin, François,
« il y a une rivière ? — Oui, la Marne, monsieur.

« Allons, dit l'architecte, je vois ce qu'il faut à
« monsieur. Un joli château, un jardin anglais,
« piquant, varié... — Fi ! donc, monsieur, des
« châteaux, des jardins anglais ! je veux d'abord

3.

« sept maisons dans le genre de celles d'Athènes,
« ayant chacune leur petit jardin. Je les veux assez
« éloignées les unes des autres, pour que les sept
« sages qui les habiteront puissent méditer sans
« être interrompus, et assez voisines, pour qu'ils
« puissent se voir facilement. N'allez pas trop vite,
« monsieur, dit François, car, de tous ces sages-
« là, Bias est celui auquel vous ressembleriez
« bientôt parfaitement.

« Un moment, reprit l'architecte. Avant de
« mettre des bornes à la libéralité de monsieur,
« souffrez qu'il me dise comment on bâtissait à
« Athènes. — Hé, monsieur, un petit appartement
« en bas pour les hommes; un autre au-dessus
« pour les femmes, et une couverture en terrasse
« faisant saillie, pour garantir de la pluie. — Hé
« bien, hé bien, cela ne coûtera pas énormé-
« ment. Vous aurez des maisons athéniennes.

« Passons maintenant à la division du terrain,
« aux formes que nous lui donnerons, et à sa dé-
« coration. Je fais entrer la Marne chez vous; elle
« y fait mille détours, et paraît en sortir à regret.
« — A merveille, à merveille ! Ce nouveau fleuve
« s'appellera le Céphise, ou le Scamandre. — Sous
« des peupliers, des saules pleureurs, artistement
« disposés, je l'élargis considérablement, et je
« vous ménage un étang. — Un lac, monsieur;
« monsieur, le lac Mœris, et sur ce lac des joû-
« tes exécutées sur de petites galères grecques,
« armées de leurs éperons. Quel plaisir de réunir

« l'Egypte et la Grèce dans un aussi petit espace !

« — Au milieu du lac, puisque lac il y a, une
« île riante, décorée de fleurs et d'arbustes. —
« Elle s'appellera Cythère. — Sous le lilas et le
« chèvre-feuille, un trône de mousse... — Au
« haut duquel sera un Amour, menaçant de ses
« traits quiconque osera approcher de cette re-
« traite enchantée.

« — On sortira de l'île par un pont léger qui
« conduira à une vallée émaillée de fleurs cham-
« pêtres... — La vallée de Tempé. — A l'extrémité,
« une grotte en rocailles... — L'antre de Delphes,
« monsieur, et la beauté seule y rendra des ora-
« cles. — La grotte est adossée à une montagne...

« — Le mont Ida, sur lequel Jupiter s'asseyait
« la foudre en main, pour voir combattre les
« Troyens et les Grecs. — Sur la montagne, un
« temple en ruines... — Le temple d'Ephèse,
« monsieur.

« — Ah ! vous me parlez enfin ma langue, et si
« je ne connais ni les stades, ni Tempé, ni le
« mont Ida, je possède la grande, la belle archi-
« tecture antique. Non, monsieur, votre temple
« ne s'appellera pas le temple d'Ephèse. — Et la
« raison, monsieur ? — C'est que je ne puis établir,
« sur un monticule de quelques toises de circon-
« férence, un édifice de quatre cent pieds de long,
« sur deux cent vingt de large, et soixante de
« hauteur. — Hé, monsieur, une femme porte-
« t-elle au bras un portrait de grandeur naturelle ?

« Faites mon temple d'après Pausanias ; faites-le
« de dix pieds de long, sur huit de large, si vous
« voulez. Mettez-y une statue de Diane, haute
« comme mon pouce, si vous ne pouvez la faire
« plus grande. Mais, ce sera le temple d'Ephèse,
« ou je vais de ce pas chercher un architecte plus
« traitable que vous. — Oh ! je me rends, mon-
« sieur, je me rends.

« Sur le derrière de la montagne, se présente
« un roc escarpé... — Le rocher de Leucade, et
« pour la vraisemblance, le Scamandre passera
« au bas. — On descend le roc par des degrés,
« imitant les saillies naturelles des pierres. — On
« ne le descend pas, monsieur, on le saute. —
« On le descend, ou on se noie. — On saute dans
« le fleuve, vous dis-je, et on s'en tire à la nage.
« — Allons, le saut pour les nageurs, et les de-
« grés pour les autres.

« J'entrevois cependant une difficulté. — La-
« quelle, monsieur ? — Il faudra encore un pont
« pour passer ceux qui ne seront pas descendus
« en désespérés. — Répétition, stérilité d'imagi-
« nation, diront les connaisseurs. Hé, parbleu,
« dit François, mettez-y une barque. — Il a rai-
« son mon tuteur, la barque à Caron, et, pour
« qu'on ne s'y trompe pas, mon passeur aura
« soixante-dix ans, l'air refrogné, la barbe lon-
« gue, les épaules, les bras, les cuisses et les
« jambes nus. Une barque soit, dit l'architecte.

« De la rive opposée du ruisseau, on passe

« dans un bosquet charmant. — Bravo ! bravo !
« les Champs-Elysées. — Je le coupe en labyrin-
« the. — Bravissimo, le labyrinthe de Crète.

« — Permettez, monsieur, que je vous arrête
« encore. Je vous parle plantation ; vous me ré-
« pondez architecture. Le labyrinte de Crète était
« un assemblage de plusieurs palais... — Je sais
« que Pline le dit, monsieur ; mais je sais aussi
« qu'Hésychius appelle labyrinthe un terrain quel-
« conque, coupé d'une multitude de routes, dont
« les unes se croisent en tous sens, et les autres
« tournent en spirale autour du point de leur
« naissance. De deux opinions opposées, j'adopte
« celle qui me convient davantage : ainsi, mon
« bocage sera, selon les circonstances, les Champs-
« Elysées, ou le labyrinthe de Crète.

« Récapitulons un peu, reprit l'architecte. Sept
« jolies maisonnettes, et leur jardinet ; un ruis-
« seau serpentant ; un étang, une île, un pont,
« une vallée, une grotte, une montagne, un
« temple, un rocher, un labyrinte ; c'est fort
« bien. Ajoutons, çà et là, des massifs de fleurs,
« quelques bouquets d'arbres. Sous les uns une
« salle de verdure, des jeux sous les autres, et
« terminons par une allée tortueuse, de quatre
« toises de largeur, qui règnera dans tout le pour-
« tour. Il ne me reste, je crois, qu'à faire le plan
« figuré, le plan géométrique et mon devis.

« Ah ! vous croyez cela, dit François. Votre
« plan me paraît très-joli, sans doute. Mais

« l'agréable ne suffit pas; je veux y joindre l'utile.
« Laissez-moi faire aussi ma récapitulation.

« D'abord, dans vos sept maisons je ne vois
« pas une cuisine, et on mangeait en Grèce. Des
« cuisines ne suffisent pas, il faut de quoi les
« fournir. Où sont la vacherie, la laiterie, le pou-
« lailler, le colombier, le potager, la melonière,
« le verger, les espaliers, les ruches à miel?

« — François a raison, vous n'avez pas dit un
« mot de tout cela, et en France comme en Grèce,
« tout cela est de première nécessité. — J'étais
« dans le feu de la composition, monsieur; mon
« ame s'était élevée au-dessus des objets purement
« matériels : venons-y.

« Votre terrain est carré. Dans le premier an-
« gle, je place les écuries, les remises et le pou-
« lailler; dans le second, la vacherie, la laiterie
« et le colombier; dans le troisième, le potager,
« la melonière et les ruches, le tout masqué par
« des treillages, garnis de plantes montantes. De
« bons pieds de chasselas, s'il vous plaît, dit le
« tuteur.

« Ah ça ! reprit Adolphe, quand commence-
« ront nos travaux ? — Dans quatre jours, mon-
« sieur, je vous présente les plans et mon devis;
« le cinquième, je me transporte sur les lieux,
« suivi de trente terrassiers qui auront chacun dix
« journaliers à leurs ordres.

« Nous partirons ensemble, répliqua Adolphe.
« Je veux voir la métamorphose de ma prairie,

« en suivre les progrès, y travailler de mes mains,
« comme Denis à Corinthe, et être, de toutes les
« façons, le restaurateur de la Grèce. — Mais,
« monsieur, le plus prochain village est à trois
« lieues de votre colonie. — Hé bien, François,
« des tentes pour le jour, et la nuit une chau-
« mière. Vivons d'abord en Spartiates, et méritons
« ainsi de jouir des délices d'Athènes. »

CHAPITRE IV.

Le premier battement du cœur.

On était au milieu de métagetnion, selon Adolphe, ou au quinze août, selon le vulgaire. C'est le moment de travailler les terres qui exigent de grands mouvemens, et de les préparer à recevoir les plantations d'automne.

Or, il y avait beaucoup à remuer dans la prairie du nouvel Inachus. Il fallait exhausser considérablement le terrain, parce que la Marne déborde comme le Nil ; voilà la ressemblance. Mais, le Nil dépose du limon, et la Marne du sable ; voilà la différence.

M. Phidiot, c'est notre architecte, dont le nom était évidemment francisé, mais qui descendait incontestablement de Phidias, à ce que croyait Adolphe, M. Phidiot avait apporté, le soir du quatrième jour, ses plans, qui furent adoptés, et son devis, qui fut signé sans examen, parce qu'il jura sur sa conscience, et que la probité de François ne lui permettait pas de douter de la véracité d'un tel serment.

Le soleil éclairait à peine la cinquième journée, et Adolphe était debout. Il n'avait pas fermé l'œil, parce que son cœur s'était ouvert à l'ambition. Il se regardait comme le fondateur d'un petit état, et ivresse de grandeur ôte le sommeil que donnent toutes les autres.

François n'avait pas dormi davantage; mais son insomnie était l'effet d'une douce rêverie. Il repassait dans sa mémoire ce qu'il avait fait pour son pupille, ce qu'il se proposait de faire encore. Il le voyait parvenu, à travers des écueils, à l'époque où l'homme vigoureux et de mœurs pures peut inspirer de l'orgueil à la vierge qu'il préfère. Il le voyait cherchant sa félicité dans son cœur, aimant sa femme comme on aime celle à qui on doit sa première jouissance. Il le voyait renaître dans des enfans, sains et forts comme leur père, et il se disait avec complaisance : ce sera mon ouvrage.

Il semble que les ténèbres ajoutent un charme de plus à la douce sérénité qui accompagne partout l'honnête homme. Les ténèbres éloignent de lui les distractions; c'est dans les ténèbres qu'il cause en paix avec sa conscience.

Debout aussitôt que Adolphe, il fit apporter le déjeuner : c'était du pain, du cresson et de l'eau. Le jeune homme marqua de l'étonnement. « C'est
« en vivant en Spartiates, dit François, que nous

« nous rendrons dignes des délices d'Athènes. »

Le tuteur portait deux bâtons sous le bras. Adolphe lui demanda à quel usage il les destinait. « J'ai cru, monsieur, qu'un bâton peut être utile « en route. — Comment, François, nous allons « voyager à pied ! — Je ne ne crois pas, monsieur, « que les Spartiates se servissent de carrosses. — « Allons! allons! François, je conviens que ce qui « m'est échappé chez M. Phidiot était un peu poéti- « que. — C'est-à-dire, exagéré. Monsieur, ne nous « parons jamais des vertus que nous n'avons point : « le masque tombe, l'homme reste. Le jeûne, « d'ailleurs, n'est vertu que pour l'indigent qui a « le courage de se soumettre à la nécessité. — « Comme vous vous exprimez, François ! — C'est « l'effet de la lecture, monsieur. Si j'avais lu trente « ans plus tôt, je jouerais peut-être un rôle dans « l'Etat. — Et vous ne seriez pas mon tuteur, « mon ami, mon guide. » François lui prit la main : « Je m'applaudis d'être toujours François. »

Il y avait dans la chambre voisine une table convenablement servie, et le remise attendait à la porte.

On arriva sur les bords de la Marne, et on ne trouva dans la prairie que du bétail qui paissait l'herbe que les chevaux de la marine n'avaient point écrasée. François se récria sur la spoliation des propriétés ; les pâtres lui répondirent que dans ce canton les regains n'appartiennent point au propriétaire. « C'est-à-dire, reprit François,

« que les véritables propriétaires sont ceux qui
« n'ont pas de propriété : ça ne durera pas tou-
« jours. »

Le bouillant Adolphe, occupé d'objets plus re-
levés, accusait M. Phidiot de lenteur, de négli-
gence, lorsqu'il parut enfin à la tête de ses pionniers.

Deux fourgons suivaient lentement. L'un portait des tentes, des marmites, des bidons; l'autre
était chargé de provisions de bouche, d'une mar-
quise élégante pour l'Inachus, le Cadmus, le Cécrops, d'une tente plus modeste pour le tuteur,
et d'une autre qui devait servir de magasin et de
garde-manger.

François avait adopté l'idée d'Adolphe. Il pensait qu'un jeune homme bien constitué se fortifie
en couchant sous la tente pendant la belle saison,
et que le travail modéré est père de l'appétit et
du sommeil.

François voulait que les ouvriers fussent bien
payés; mais il entendait qu'ils gagnassent leur
salaire en travaillant, et non en promenades de
l'atelier au village, et du village à l'atelier.

Il avait donc pris à loyer quelques effets de cam-
pement, et les menus ustensiles nécessaires.

Et, comme il prévoyait tout, il comptait prévenir les effets dangereux des pluies d'automne, en
faisant bâtir, dès que les excavations nécessaires
à la formation du lit du Scamandre auraient suffi-
samment élevé le terrain.

Son premier soin fut de faire dresser des tentes. Lorsqu'Adolphe les vit tendues, et la sienne dominant toutes les autres, il s'écria : « Je crois voir
« Miltiade dans la plaine de Marathon. »

La comparaison n'était pas formellement exacte; mais, l'intention n'était pas douteuse, et, puisqu'il est convenu que toute comparaison cloche, où est l'inconvénient de se comparer à ce qu'il y a de mieux ?

On fit peu de chose pendant cette première journée. Chacun s'occupa d'abord de pourvoir à son existence. Les terrassiers se répandirent ensuite dans la campagne, pour se procurer des journaliers, et M. Phidiot, après avoir raisonné son plan avec le terrassier en chef, fit planter quelques jalons, et retourna à Paris.

Mais, le lendemain, dès le point du jour, la terre résonna sous les coups de pioche, comme l'Etna sous les marteaux des Cyclopes. Adolphe était partout. Il encourageait les ouvriers par son exemple, par ses discours, et par le vin qu'il faisait distribuer à ceux qui se distinguaient par leur activité : ce dernier moyen manque rarement son effet.

Avec quelle facilité le sein de la terre s'entr'ouvrait, amolli par les libations ! « Ah ! sans doute,
« disait Adolphe, Annibal ne déracina les rochers
« des Alpes, Alexandre n'asservit la mer devant
« Tyr, qu'en prodiguant le jus de la treille.
« Graces immortelles soient rendues à Bacchus ! »

A la fin de la semaine, notre Miltiade, notre Annibal, notre Alexandre vit avec une joie inexprimable le lit du nouveau fleuve entièrement creusé. Douze pieds de large, ma foi !

Adolphe voulut que le jour où l'onde bouillante franchirait la faible digue qui la retenait encore, fût un jour solennel. Il aurait volontiers renouvelé les jeux olympiques, les jeux pythiques, les jeux isthmiques ; mais, ses gens n'en ayant aucune idée, il se borna, malgré lui, à donner une fête villageoise.

Déja on avait dépecé et distribué un veau et deux moutons ; déja des échalas, transformés en broches, tournaient sur des fourches fichées en terre ; une pièce de vin défoncée désalterait les cuisiniers et provoquait la gaîté bruyante; l'aigre violon du village, chargé de rubans de toutes couleurs, précédait les jeunes filles, qui s'avançaient en dansant, pour sauver l'ennui du chemin, lorsque des nageurs, vêtus de blanc, parurent, portant sur leurs épaules, deux nacelles, qu'ils lancèrent dans le lac : c'était une galanterie de François.

D'un bras vigoureux, Adolphe saisit la rame. Il veut aborder le premier dans l'île de Cythère, et bien qu'elle offre encore l'image de la stérilité, il prononce que c'est là que se donnera la fête, et qu'elle sera consacrée à Vénus.

Parmi les paysannes, on distinguait telles jouvencelles, que la déesse eût facilement admises au nombre de ses prêtresses. Une petite Marguerite se faisait particulièrement remarquer. Parée de sa seule beauté et de son innocence, elle semblait attendre, et non provoquer l'amour; cependant, les mouvemens précipités de son sein annonçaient la fermentation du sang, ou, si vous l'aimez mieux, son extrême sensibilité.

Adolphe n'avait jamais senti battre son cœur, parce qu'il n'avait pas devancé l'époque où la nature fait, du plus doux des plaisirs, le plus impérieux des besoins. Il n'avait donc aucune idée de séduction. Mais, il pressait doucement la main de Marguerite, lorsqu'il dansait avec elle, et, lorsqu'il cessait de danser, il la conduisait sous sa tente, parce que; disait-il, elle y serait mieux qu'ailleurs.

François eût pensé qu'elle y devait être plus mal. Mais, François était occupé à répandre partout l'abondance, sans profusion; à empêcher que la joie ne fût portée jusqu'à l'ivresse, qui la tue; à veiller à ce que celle à qui la nature avait refusé ses dons, participât à la fête comme la plus belle de ses compagnes.

Adolphe et Marguerite, cachés sous cette tente, pouvaient tout et n'osaient rien. Adolphe regardait la beauté timide, qui baissait les yeux en rougissant, et que son trouble rendait plus belle encore. Pas un mot qui décelât leurs désirs. Quelques soupirs exprimaient leur embarras, et ils retournaient danser, pour sortir de la contrainte où ils étaient l'un et l'autre.

En passant dans l'île, en repassant, Marguerite, au moindre mouvement de la barque, s'appuyait sur le bras d'Adolphe, la première fois, parce qu'elle avait vraiment peur, les autres fois, parce qu'elle y trouvait du plaisir.

Sur la fin de la journée, ils se parlèrent un peu. La pastourelle rougissait encore, en regardant le beau jeune homme; mais, elle lui souriait quelquefois, et Adolphe, la voyant moins timide, s'enhardissait de son côté.

Il apprit qu'elle venait tous les jours apporter à manger à son père, et il ne l'avait pas remarquée! Il sut que son père s'appelait Jacques Dufour, et il se promit bien de doubler le prix de ses journées.

Une question en amenait une autre. Marguerite lui dit qu'elle était l'aînée de six enfans, et que cette famille ne vivait que du travail de son père. Adolphe décida à l'instant, que Jacques Dufour serait transformé en Caron, emploi facile et peu assujétissant; que la mère Dufour aurait le gouvernement des basses-cours; que les petits enfans feraient ce qu'ils pourraient, et Marguerite rien, parce qu'il ne fallait point qu'une aussi jolie fille se fatiguât. Le naïf Adolphe ne voyait dans ces arrangemens que de la compassion, que de la bienfaisance.

Et, comme les Champs-Élisées n'étaient pas

plantés encore, que les basses-cours n'existaient que sur les plans, et qu'il était indispensable de mettre la famille de Jacques Dufour dans une certaine aisance, Adolphe présenta sa bourse à Marguerite.

Marguerite avançait et retirait sa petite main. L'or a, comme l'aimant, sa force attractive ; mais, Marguerite, malgré son innocence, sentait l'inconvenance d'accepter. Adolphe leva ses scrupules, en la priant d'offrir de sa part cet argent à sa mère.

Elle retourna au village, uniquement occupée du généreux jeune homme, et elle marchait éloignée de ses compagnes, pour penser plus librement à lui.

Adolphe, renfermé dans sa tente, n'invoquait point Morphée : songes rians d'amour voltigeaient autour de sa couchette, et valaient mieux que le sommeil. Le jour le retrouva rêvant à la jolie fille, et formant des projets dont il ne dit rien à François, à qui, jusqu'alors, il n'avait caché aucune de ses pensées.

Il sortit, et se mêla parmi les ouvriers. Il comptait les minutes, les secondes ; ses yeux se tournaient sans cesse vers le village, et Marguerite ne paraissait point.

Une femme se montre dans l'éloignement, et le cœur d'Adolphe se dilate. Elle porte un panier au bras... C'est elle, c'est elle sans doute. Elle approche... Ce n'est plus elle ! ce ne sont point

XII. 4

les graces légères de Marguerite. Il regarde plus attentivement, il se flatte encore que ses yeux le trompent..... Non, non, dit-il enfin, ce n'est pas elle, et il soupire profondément.

Une femme de quarante ans entre dans l'enceinte, et cherche celui auquel le panier est destiné. Adolphe l'aborde en tremblant. O amour! tes premiers fruits sont les alarmes; les derniers sont les regrets.

« Ma bonne, vous cherchez peut-être Jacques « Dufour ? » Un *oui* très-sec fut sa réponse. « Vous êtes peut-être son épouse ? » Un *oui* plus sec fut tout ce qu'il obtint. Le moyen, après cela, d'oser parler de Marguerite!

La mère Dufour déposa son panier, et entra dans la tente de François. Adolphe croyait ne perdre qu'un jour, et cette perte lui paraissait insupportable. Qu'eût-il fait, s'il eût prévu les chagrins qu'on lui préparait?

« Monsieur, dit la bonne mère à François, on
« a donné hier cette bourse à Marguerite. On ne
« fait pas présent d'une somme aussi forte à une
« fille de seize ans, sans avoir sur elle de mau-
« vais desseins. Je suis pauvre, monsieur; mais,
« je ne vendrai pas l'honneur de mon enfant.
« Voilà la bourse. Rendez-là à M. Luceval, et
« dites-lui qu'on ne doit pas employer la richesse
« à corrompre l'innocence, et à porter la honte
« dans les familles. »

François n'était point préparé à cette scène, et

il n'avait pas le talent d'improviser. Il ne connaissait d'ailleurs ni Marguerite, ni sa mère. Il ignorait ce qui s'était passé la veille; il craignait d'entrer dans des détails défavorables à Adolphe, et cependant il fallait parler.

Un homme d'esprit eût dit de belles choses; François voulait en dire de bonnes. Il se recueillit, pendant que la mère Dufour essuyait des larmes qu'elle s'efforçait de cacher. Et, au village aussi, on rougit donc d'avoir des mœurs!

François voulut être instruit des moindres particularités, et Marguerite n'avait rien caché à sa mère. Elle n'avait dansé qu'avec le beau jeune homme; il lui avait souvent serré la main; il l'avait plusieurs fois conduite sous sa tente, et enfin il lui avait donné de l'or.

Notre tuteur, malgré son inexpérience, démêla à travers tout cela une inclination naissante, qui pouvait devenir un sentiment profond et dangereux. Tendre et prévoyant comme un père, il trembla à son tour.

Cependant il s'efforça de justifier la conduite de son pupille : il ne voulait pas qu'il eût à rougir, même devant la mère Dufour. Il observa qu'il était tout simple qu'un jeune homme dansât avec celle qui lui paraissait la plus aimable; que rien n'était plus innocent que de lui presser la main; qu'enfin un danseur qui sait vivre repose sa danseuse dans le lieu le plus commode. Il ajouta que la tente de M. Luceval n'avait ni portes ni verroux, qu'elle était restée ouverte à tout le monde, et qu'enfin le meilleur usage qu'il pût faire de son superflu, était de le verser dans le sein de l'honnête indigence.

En débitant ces lieux communs, qui ont servi si souvent de masque au vice, François affectait un air aisé, qui pouvait imposer à la mère Dufour, mais qui ne soulageait pas son cœur. La discrétion d'Adolphe y avait porté le coup le plus sensible.

Le bon homme s'occupa ensuite des mesures qu'il fallait prendre contre deux enfans que la nature rapprochait, et que les convenances séparaient sans retour. C'était une grande affaire pour François que de terminer celle-ci sans qu'Adolphe soupçonnât la part qu'il y avait prise. S'il allait passer de la dissimulation à l'indifférence, et peut-être à la haine? tel est cependant l'effet de la moindre comme de la plus légitime contradiction. François était frappé de cette idée, et, faible et bon, comme la mère Dufour, il mêlait ses larmes aux siennes.

Après avoir long-temps raisonné, ou déraisonné ensemble, ils convinrent que le terrassier en chef ferait une querelle à Dufour; qu'il serait rayé de la liste des pionniers, et qu'il toucherait le montant de ses journées jusqu'à ce qu'il eût trouvé de l'ouvrage; que Marguerite serait exactement surveillée, et que si Adolphe se permettait une démarche hasardée, François en serait aussitôt averti.

Pauvre François, pourras-tu t'armer de courage, déployer pour la première fois l'autorité que t'a confiée le père de ton pupille ? Je n'ose l'espérer.

La mère Dufour se retirait, et la bourse était toujours sur la table.

« Prenez, prenez, bonne femme, lui dit le « tuteur, j'approuve l'emploi qu'en a fait M. Lu-« ceval. » Et la mère Dufour, rassurée sur le principe du bienfait, reprit gaîment le chemin de son village.

Adolphe l'avait vue entrer dans la tente de François. Il s'en était approché, il avait prêté l'oreille, n'avait rien entendu, s'était éloigné, marchait au hasard, revenait sur ses pas, s'éloignait encore, abordait le père Dufour, brûlait de lui parler de sa fille, et sa voix expirait sur ses lèvres.

« Je n'ose confier ma peine, et j'ai un ami dis-« posé à tout faire pour moi ! allons trouver « François. Déposons ces alarmes dans le sein de « la probité; puisons-y du moins des consola-« tions. »

Il entre. François avait les deux coudes appuyés sur un secrétaire, et ses mains couvraient son visage. Il paraissait absorbé dans de profondes réflexions. Adolphe, debout près de lui, respectait sa méditation, et une voix intérieure lui disait qu'il en était l'objet.

François se relève, et voit le jeune homme dans une attitude suppliante. Il lui montre un siége de la main. Adolphe saisit cette main et la baise avec ardeur.

« Je vous entends, monsieur. Vous aimez, « vous projetez une folie, et vous attaquez mon « cœur pour en faire votre complice. Écoutez-« moi.

« J'ai été le domestique de votre père : ne me « le rappelez point ; je ne l'ai pas oublié. A ce « titre, je ne vous dois que de la condescen-« dance, je le sais ; mais, monsieur, votre père « m'a élevé au rang de son ami, il m'a confié, à « ses derniers momens, le soin de votre fortune « et de votre réputation. Je dois compte à sa mé-« moire de la conduite que je tiendrai dans cette « conjoncture difficile. Il m'en coûtera de vous « affliger ; mais si vous n'avez pas la force de « surmonter et de vaincre une affection d'un « jour, j'aurai, moi, celle de déployer l'auto-« rité que j'ai sur vous. Oubliez Marguerite, je « le veux, je vous l'ordonne au nom de votre « père.

« — Ah, François, comme vous me traitez ! « n'ai-je pu sans crime être sensible aux charmes « de l'innocence et de la beauté ? Ai-je cessé « pour cela de respecter en vous celui auquel « mon père mourant a transmis tous ses droits ?... »

Adolphe, en ce moment, pouvait consentir à se détacher de Marguerite. Une réplique ferme de François le rendait à lui-même, au moins pour quelques jours.

Mais, François arrangeait, lorsque son pupille entra, le discours qu'il venait de prononcer. Il attendait de la résistance, et la docilité d'Adolphe le toucha sensiblement. Il lui ouvrit ses bras, le pressa sur son sein... Ses forces étaient à bout.

« Asseyez-vous, mon cher enfant. Si j'ai tout
« fait pour vous depuis votre naissance; si pour
« vous j'ai renoncé à la douceur d'être père; si
« votre félicité future est depuis dix-sept ans
« l'unique objet de mes soins, n'abusez pas de
« ma faiblesse; ne me forcez pas à consentir à
« votre déshonneur, à en supporter seul tout le
« blâme, à mériter les reproches que vous m'adres-
« serez, quand l'ivresse sera dissipée et que votre
« raison s'armera contre moi.

« — Mon déshonneur, François, mon déshon-
« neur! — On dit Marguerite jolie, et je la crois
« sage. Mais, qu'en voulez-vous faire? Votre maî-
« tresse? vous n'êtes pas corrompu à ce point.
« Votre femme? elle ne vous convient pas.

« — Elle est jolie, elle est sage, et elle ne me
« convient pas! Quelle est donc la femme qui me
« convient, François? — Celle qui par sa fortune,
« son rang, son éducation, ses qualités, a droit
« de prétendre à vous, et remplira mes espé-
« rances.

« — Faut-il vous citer, François, ces souverains
« assyriens et grecs, qui ont porté leurs esclaves
« sur le trône! — Cet usage-là n'existe plus, mon-
« sieur. — Pierre-le-Grand l'a rétabli sans rien

« perdre de sa grandeur. — Pierre-le-Grand, que
« je ne connais pas, ne devait probablement
« compte de sa conduite à personne, et vous êtes
« comptable de la vôtre à vos égaux, qui sont
« nombreux, et à moi, qui vous conjure d'avoir
« pitié de la peine que vous me causez.

« Cruel enfant, connaissez-vous celle que vous
« voulez vous associer? Savez-vous si elle a les
« qualités que votre prévention lui suppose? Sa-
« vez-vous si vous l'aimerez dans un an, dans
« un mois? et quelles suites funestes ne devez-
« vous pas redouter de la précipitation qui vous
« égare! Quoi, parce qu'une fille vous paraît
« jolie, vous vous rendez sans examen, sans ré-
« flexion; vous allez braver pour elle l'opinion
« publique, souvent injuste, mais toujours res-
« pectable. Vous me citez des princes, esclaves
« eux-mêmes de leurs passions! Je vous citerai,
« moi, le grand Cyrus, respectant, fuyant la
« belle Panthée, que le sort des armes lui avait
« soumise, et la remettant lui-même dans les bras
« de son époux.

« Voilà un exemple de véritable grandeur,
« voilà le modèle qui vous entraînerait, si vous
« aviez le moindre rapport avec ces heros aux-
« quels vous vous assimilez. Mon cher enfant,
« n'empoisonnez pas mes derniers jours; accordez
« quelque chose à ce pauvre François, pour qui
« vous n'avez rien fait encore; qu'il ne dise pas
« en expirant de douleur : Je m'étais donné à un

« ingrat qui a sacrifié, sans remords, l'ami de son
« père et le sien à une fille qu'il n'avait fait
« qu'entrevoir. »

Quand François avait la tête montée, il parlait aussi bien qu'un autre.

Adolphe était assis, et François avait pris à son tour le langage, l'accent, l'attitude d'un suppliant. Adolphe était ému et ne se rendait point : François tomba à ses genoux.

« C'en est trop, c'en est trop ! s'écria le jeune
« homme. Je m'immole à la reconnaissance. Le
« sacrifice est fait : acceptez-le, François. »

Ainsi, l'exagération est le partage de la jeunesse. L'inclination la plus ordinaire est une passion profonde, qui doit durer autant que la vie, et on s'étonne à vingt ans de se réveiller indifférent pour celle qu'on croyait adorer la veille.

Ainsi, cette faiblesse de François, dont nous redoutions les effets, et qui pouvait être plus dangereuse qu'une excessive sévérité, cette faiblesse ramena Adolphe, parce que son cœur était pur et aimant.

Voilà pourtant comment nous jugeons de tout par anticipation, et, malgré l'expérience, nous ne voulons pas nous pénétrer de cette vérité, que l'évènement le plus simple dépend du concours de mille circonstances impossibles à prévoir. Revenons.

François n'avait jamais été amoureux, et cependant il réfléchit tout à coup que l'impression du moment dissipée, Adolphe reviendrait peut-être à un sentiment qui pouvait n'être pas durable, mais se prolonger jusqu'au dénoûment fâcheux qu'il n'avait pas le courage de prévenir. On a sitôt fait de se marier, quoiqu'il soit si rare de s'en féliciter ensuite ! Il résolut d'opposer à l'amour les sentimens qui peuvent flatter une ame sensible, et ceux qui doivent l'armer contre sa sensibilité.

Vous conviendrez que François ne raisonnait pas trop mal.

Après avoir remercié tendrement son pupille de sa condescendance à ses prières, l'avoir félicité de la victoire qu'il venait de remporter sur lui-même, il frappa le grand coup.

Il observa que Marguerite, jeune, intéressante, devait être sauvée des écueils de son âge ; qu'en renonçant à des projets que la raison ne pouvait avouer, il ne convenait pas à M. Luceval d'abandonner à son mauvais sort une jeune personne qu'il avait aimée un moment.

« Que Marguerite s'applaudisse toute sa vie,
« monsieur, de vous avoir rencontré ! Donnez-lui
« un époux jeune, laborieux, de mœurs irré-
« prochables. Qu'une dot honnête lui permette
« de choisir. Qu'au sein de l'aisance et de la paix,
« heureuse avec un homme de son état, épouse
« chaste, tendre mère, elle ne passe plus un jour
« sans penser à vous et sans vous bénir. »

De l'exagération à l'enthousiasme l'intervalle

est imperceptible. Adolphe saisit avidement l'idée d'accabler de bienfaits celle à qui il venait de renoncer. Donnons cent mille écus ! s'écria-t-il.

« C'est beaucoup, répondit François. Margue-
« rite et son mari voudront vivre dans le grand
« monde. Ils y seront neufs, gauches, déplacés.
« On les chargera de ridicule ; ils s'en aperce-
« vront, ils souffriront, et ils regretteront leur
« première médiocrité. Faisons-en de riches villa-
« geois. Donnez dix mille francs à Marguerite,
« quelques arpens de vigne à Dufour, et vous
« assurerez la félicité de toute une famille. »

L'imagination va vite. Celle d'Adolphe lui représente Marguerite couverte de soie, de dentelles, et ne sachant pas les porter. Ces petites révérences si jolies sous le bavolet, ces phrases naïves que dicte l'innocence, ces manières gênées qui peignent un modeste embarras, tous ces riens, charmans sur la pelouse, ou sous le chaume, sont infiniment déplacés sous des lambris dorés. Adolphe le sentait. Il voyait sa petite Marguerite constamment humiliée, et il ne se dissimulait pas que les ridicules de la femme sont partagés par le mari. Dix mille francs soit, répondit-il, après un moment de réflexion.

François vit bien qu'il avait frappé juste, et il se hâta de mettre Adolphe dans l'impossibilité de rétrograder. Il courut chercher le père Dufour, le père Dufour condamné une heure avant à être expulsé sans motifs. Il lui annonça en chemin les vues de M. Luceval; il lui détailla ce qu'il se proposait de faire pour lui; de sorte qu'en entrant sous la tente, le bon villageois n'avait plus que des remercîmens à adresser à Adolphe.

Il fut décidé que François et Dufour se rendraient de suite au village; qu'on interrogerait le cœur de la petite, et qu'on prendrait les arrangemens préliminaires. Adolphe marqua quelqu'envie de les accompagner. Il était dans les convenances, disait-il, qu'il offrît lui-même son présent. « Il est un genre de combat, lui répondit François, où on n'est vainqueur qu'en fuyant. Rappelez-vous le grand Cyrus. » Adolphe soupira, et ne répliqua point.

En marchant à côté du père Dufour, avec qui il était difficile d'avoir une conversation suivie, François fit une réflexion, un peu tardive à la vérité. Il pensa qu'Adolphe ne pouvait guère se marier que dans trois ou quatre ans, et que s'il fallait, jusqu'à cette époque, donner dix mille francs à chaque joli minois qu'il rencontrerait, le trésor public n'y suffirait pas.

Cependant, sa fantaisie pour Marguerite annonçait certain penchant trés-prononcé qu'il pouvait être dangereux de ne pas satisfaire, et qui ne devait l'être que d'une manière légitime. François était bien embarrassé.

Si du moins, pensait-il, il pouvait reprendre son premier goût pour la Grèce! Mais, que sont des Hélène, des Cléopâtre, auprès d'un bel œil bleu ou noir, qui est là, devant vous, qui vous attaque, qui vous poursuit, qui vous subjugue? C'était bien la peine de rassembler à grands frais, la ville d'Athènes, le fleuve Scamandre, l'Achéron, l'île de Crète, la vallée de Tempé, et autres semblables antiquailles. Diable! diable! diable!

CHAPITRE V.

Vanité plus forte qu'amour.

Marguerite était simple, elle était sage; mais elle avait un cœur, et que fait-on de son cœur à seize ans?

Elle n'avait vu dans Adolphe qu'un garçon plus beau et plus aimable que ceux qu'elle avait rencontrés jusqu'alors. Elle n'avait remarqué ni ses habits, ni l'opulence qui l'entourait. Il avait un cœur aussi, elle ne pouvait en douter; le reste lui était indifférent. Elle ignorait le mot *amour*, et elle se laissait aller au plaisir d'aimer, comme un ruisseau pur et calme suit la pente qui l'entraîne.

Elle ne concevait pas pourquoi sa mère lui avait défendu de retourner à l'atelier. Mais, soumise, même à des volontés qui lui paraissaient inexplicables, elle avait pris son ouvrage, s'était assise en face de la porte, regardant du coin de l'œil la bonne femme, qui allait et venait en garnissant son panier; elle la suivait de l'œil encore pendant qu'elle descendait la montagne, et à peine l'avait-elle perdue sous les ceps qui paraient le coteau, qu'elle avait couru sur un tertre, d'où l'on découvrait la prairie. Elle regardait la tente d'Adolphe, et ses joues se coloraient, son sein s'agitait doucement, une tendre mélancolie humectait ses paupières.

Depuis le retour de sa mère, elle n'avait cessé de parler d'Adolphe.

La bonne femme avait cru nécessaire de l'éclairer sur l'état de son cœur, et elle avait commencé un très-beau discours sur le danger d'aimer. Elle oubliait que vingt ans avant, son vieux père lui avait dit les mêmes choses, et les avait dites en vain.

La mère Dufour, aussi peu riche en pensées qu'en raisonnemens, eut bientôt épuisé son propre fonds, et elle débitait ce qu'elle avait retenu de monsieur son curé, sur ce qu'il appelait le péché capital, lorsque François et son mari parurent.

Dès que la petite entendit qu'il était question de la marier, elle cacha sa jolie figure dans le sein de sa mère; mais elle souriait, comme toutes les petites filles à qui on parle mariage pour la première fois. La pudeur se couvrait de l'aile maternelle; le sourire était pour François.

En effet, la présence du tuteur pouvait donner

des espérances. Quand Marguerite sut qu'elle était maîtresse de son choix, elle se releva un peu, pencha sa tête sur l'épaule de sa mère, et se déclara en rougissant, mais sans balbutier, pour le joli garçon avec qui elle avait dansé.

François était touché de ses charmes et de son ingénuité. Il sentit que cette précieuse égalité, qu'on cherche en vain sur la terre, c'est l'amour qui la donne. Il maudit intérieurement les préjugés ; mais, inébranlable dans son affection pour Adolphe, il dit nettement à Marguerite que M. Luceval était le seul excepté.

L'incarnat qui colorait ses joues s'éteignit à l'instant. Semblable à la tendre fleur que tranche la faux impitoyable, elle retomba sur le sein de sa mère.

« Allons, allons, dit le père Dufour, parlons
« raison, mon enfant. Ton joli danseur est un
« gros monsieur, qui ne peut descendre jusqu'à
« nous. Cependant, on ne le remarque pas à Paris.
« Tu n'y serais qu'une femme comme tant d'autres,
« et tu peux être la première du village.

« Nicolas Dupont n'a que vingt-cinq ans, et il
« n'est pas mal fait. Il est vrai qu'il est un peu
« bête ; mais, il ne faut pas tant d'esprit pour ai-
« mer sa femme, et faire ses petites affaires.

« Nicolas Dupont, reprit la maman ! bon travail-
« leur, garçon sage, économe, qui sera riche
« quand il aura payé les dettes de la succession

« de son père, et ta dot est plus que suffisante
« pour dégager ses terres.

« Ajoute, poursuivit le papa, qu'il joue du ser-
« pent comme un ange, qu'il est marguillier de la
« paroisse, et qu'au lieu d'être confondue dans la
« nef, tu figureras dans le cœur à la grand'messe
« et aux vêpres. Tu porteras tous les jours le tablier
« de taffetas, le fichu à dentelles, et nos femmes,
« en passant devant toi, te feront la révérence. »

Le cœur féminin est un composé de bien des cordes. Il en est une qui résonne toujours plus haut que les autres : celle que la vanité pince. La petite se remit sur son escabelle, et écouta assez tranquillement François, qui lui représenta qu'elle ne serait jamais madame Luceval; mais qu'elle pouvait être marguillière, dès que les formalités d'usage seraient remplies, et qu'il y aurait de la démence à sacrifier un bonheur prochain à des chimères.

Il se proposa ensuite pour faire à M. Nicolas les ouvertures nécessaires, parce qu'il est reçu qu'une fille doit mourir vierge, avant que ses parent fassent une proposition directe à l'homme qui lui convient le mieux.

La petite ne répondit rien, et vous savez... qui ne dit rien consent. Le père et la mère Dufour protestèrent à M. François qu'ils seraient éternellement ses obligés.

Nicolas était un gros réjoui qui profitait du bon

temps, qui supportait le mauvais, et qui devait, à sa gaîté inaltérable, cette égalité de caractère que n'ont ni les riches, ni ceux qui veulent s'enrichir, ni les courtisans, ni les coquettes, ni les fripons... Revenons à Nicolas.

Son bien rapportait quinze cents bonnes livres de rente; mais il fallait vendre la moitié des terres pour libérer l'autre.

Nicolas, qui savait s'accommoder aux circonstances, pensait qu'en joignant un travail modéré à sept cent cinquante livres de revenu, il serait encore le plus huppé du village, et il était disposé à faire le sacrifice que lui imposait la nécessité.

En écoutant les propositions de François, il entr'ouvrait des lèvres vermeilles; il montrait des dents blanches comme l'ivoire, et une fossette, au milieu de chaque joue, faisait valoir une figure riante, qui respirait et qui promettait le plaisir.

Nicolas pensait, en riant, qu'il est fort agréable de doubler ses petites rentes, sans se donner d'autre peine que de signer au bas d'un contrat de mariage. Il sentait combien il est doux de devoir à une très-jolie fille son bien-être, et ces nuits heureuses qui font oublier les travaux du jour. Déja, il se croyait dans son petit ménage, au sein de l'aisance et de la paix. Il s'éloignait à regret de sa gentille ménagère; il comptait les heures du jour... mais, le soir il revenait des champs, le sourire sur les lèvres, et la chansonnette à la bouche. Sa petite Marguerite l'attendait sur le seuil de la porte; ses bras s'ouvraient à l'époux fortuné, et un doux baiser était le signal du souper, du plaisir et du repos... Une réflexion attristante changea tout à coup la figure de Nicolas.

« Monsieur François, si j'osais m'expliquer avec
« vous... — Qui vous en empêche, monsieur Ni-
« colas ? — Je suis dans un embarras... Je crains
« de vous déplaire, et cependant il faut que je
« parle. — Nicolas, je suis un paysan comme
« vous; vous êtes, dit-on, honnête homme comme
« moi, et entre honnêtes gens, *franchise et*
« *loyauté*, c'est là ma devise.

« — Vous m'encouragez, monsieur François.
« Je vous dirai donc qu'il y avait autrefois ici
« une fille jolie comme Marguerite, et... et... diable!
« je ne sais comment vous conter cela. — Comme
« vous pourrez; mais, finissons-en. — Vous ne
« vous fâcherez pas, monsieur François ? — Hé,
« non, vous dis-je. — Hé bien, cette fille, qui res-
« semblait tant à Marguerite, et qui, comme elle,
« n'avait rien, se trouva riche tout d'un coup.
« Un pauvre diable, qui ne possédait que de la
« gaîté, se proposa, et fut écouté. Savez-vous ce
« qui arriva ? — Vous allez me le dire. — La gaîté,
« la paix, l'innocence, disparurent un beau jour
« de la maison, et l'enfer s'y établit. — Et la rai-
« son de cela, monsieur Nicolas ? — C'est que le
« pauvre mari était devenu père à la fin du
« sixième mois. — Quoi ! Nicolas ! vous me croi-

« riez capable... — Ecoutez donc, monsieur Fran-
« çois, cette affaire-là est assez sérieuse, pour
« qu'on aime à savoir ce qu'on fait. *Franchise et*
« *loyauté*, voilà votre devise : mettez le cœur sur
« la main. Comment Marguerite a-t-elle gagné
« cette dot de douze mille livres ? »

La question était pressante. François ne savait pas mentir, et il sentait que la vérité pouvait inspirer à Nicolas une défiance assez fondée.

Dans les circonstances difficiles, François, nouveau *Fabius*, prenait le parti de temporiser. Il engagea Nicolas à l'accompagner, et ils prirent en silence le chemin de la plaine de Marathon.

François marchait en réfléchissant sans relâche. Il croyait trouver quelque moyen propre à mettre dans le jour le plus éclatant la chasteté d'Adolphe, et je crois l'avoir dit, les idées que l'on cherche, ne sont jamais celles qu'on trouve. François ne trouvait que des phrases, et, comme des mots ne sont pas des preuves, il ne répondait rien aux questions réitérées de Nicolas. Il lui serrait de temps en temps la main d'un air qui voulait dire : Vous êtes un brave homme ; je suis content de vous.

Le brave homme, qui n'entendait rien à la pantomime, cherchait en vain la signification de ces serremens de main. Il ne concevait pas davantage le silence opiniâtre de M. François. Il pensait, au reste, qu'on ne le marierait pas malgré lui ; que M. Luceval serait sans doute plus communicatif que

M. François, et qu'un jeune homme vivement attaqué, répond toujours avec véhémence. Or, ajoutait Nicolas, quand on est en colère, on ne pense pas à tromper.

Le voilà donc marchant toujours, et arrangeant les traits principaux de sa harangue. Je l'ai dit encore quelque part : les hommes ont tous à peu près les mêmes idées; ils ne diffèrent que dans la manière de les rendre. Cette différence tient uniquement à leurs habitudes, et au tourbillon dans lequel les pousse l'aveugle déesse. Sixte-Quint, gardant ses cochons, n'était pas un politique aussi rusé que profond. Bossuet, vacher, ne nous eût pas laissé ses œuvres immortelles; mais il eût parlé avec éloquence de ses vaches et de ses prés. Ainsi Nicolas, agité, mu, entraîné par ses alarmes, devint orateur un moment.

Ils sont déja dans la tente d'Adolphe, et le bon tuteur n'a rien trouvé encore. Le jeune homme est assis devant une table chargée de livres. Son grand œil bleu a la douceur qui annonce le calme et le contentement de l'ame; la candeur siége sur son front; la vertu se peint dans tous ses traits.

« Vous allez connaître, monsieur, lui dit Fran-
« çois, les suites fâcheuses que peut avoir un
« désir innocent en lui-même, et vous sentirez
« la nécessité d'une circonspection absolue, sur-
« tout avec celles qui ne possèdent que leur ré-
« putation. Répondez à Nicolas; car, pour moi,
« je ne sais que lui dire.

« Monsieur, reprit Nicolas, la ligne droite est
« toujours la plus courte : je vais donc aller au
« but sans détour. Marguerite a seize ans, vous
« en avez dix-neuf; elle est jolie, vous êtes beau
« garçon ; elle a l'innocence de son âge, vous
« connaissez les vices des grandes villes; vous
« avez de l'or, vous en donnez, et on n'en donne
« pas sans motif.

« Excusez ma liberté, monsieur, et laissez-moi
« finir. Mes parens m'ont laissé peu de chose ;
« mais ils m'ont inspiré des sentimens dont je
« ne m'écarterai point, parce que c'est le meilleur
« des héritages. Si Marguerite a été faible, ou si
« elle a promis de l'être plus tard, vous me ferez
« mourir de honte et de chagrin. Marguerite,
« souillée par le vice, méprisée de ses compagnes,
« abandonnée enfin de vous, ne vivra plus que
« pour pleurer sa faute ; sa beauté se flétrira
« comme la rose que dessèche le vent du midi ;
« le cercueil sera son seul espoir, et elle y des-
« cendra avant le temps.

« Peut-être, après des années, passerez-vous
« par notre village. Peut-être penserez-vous à
« cette pauvre jeune femme que vous aurez tant
« aimée. Vous vous informerez d'elle, et on vous
« répondra : Son mari est mort de sa peine ; elle
« est morte de ses regrets. Ses enfans, sans sou-
« tien, errent à l'aventure, et c'est un beau mon-
« sieur qui a causé tous ces maux-là.

« Alors, vous couvrirez votre visage de vos

« mains; vous fuirez à grands pas, vous voudrez
« vous cacher aux autres et à vous; la justice
« éternelle vous poursuivra sans cesse; vous m'en-
« tendrez la nuit vous reprocher mon malheur;
« vous verrez Marguerite vous accuser de ses fau-
« tes; les cris plaintifs de ses enfans vous brise-
« ront le cœur. Plus de repos le jour, plus de
« sommeil la nuit. Vous appellerez la mort, et
« vous serez condamné à vivre pour souffrir (1). Il
« en est temps encore; évitez tant de maux. Lais-
« sez-nous des mœurs; éloignez-vous avec vos
« richesses, ou faites-nous les envier par l'usage
« que vous en saurez faire. »

Adolphe, frappé de la vérité et de la force du tableau, eût à l'instant renoncé à Marguerite, si déja le sacrifice n'eût été consommé. Docile, lorsqu'il avait des torts, il avait aussi cette noble fierté qui naît de l'estime de soi-même. Il croyait mériter des éloges, et il s'indignait qu'on le soupçonnât d'un crime.

« Voilà, dit-il avec dignité à Nicolas, voilà Cy-
« rus rendant à son époux la belle Panthée, qui
« lui appartenait par le droit de la guerre; voilà
« le jeune Scipion qui brûle pour la fiancée d'Al-
« lucius, qui triomphe de lui-même, et qui la

---

(1) Simple et honnête Nicolas, qui croit qu'une femme séduite, abandonnée, malheureuse, occupe un homme d'un certain *genre*, au delà de vingt-quatre heures!

« renvoie. Voilà le Chevalier sans peur et sans
« reproche respectant, dans une ville prise d'as-
« saut, la pudeur de sa prisonnière. Croyez-vous
« que celui qui relit de tels traits avec délices,
« que celui qui élève son ame jusqu'à celle de ces
« héros, puisse être un vil séducteur ? — Pardon
« encore, monsieur ; mais, je ne vous entends
« pas. Il est question ici de Marguerite et de Ni-
« colas, et non de Panthée et du Chevalier sans
« peur.

« Je vais me faire entendre, reprit Adolphe. Mar-
« guerite a surpris un moment un cœur qui n'avait
« pas aimé encore, et qui sentait le besoin de se
« donner. Le délire n'a été qu'un éclair, auquel a
« succédé le retour de la raison. Mais j'ai cru
« qu'en renonçant à Marguerite, je pouvais goû-
« ter au moins l'innocent plaisir d'en être estimé
« et béni ; j'ai cru qu'il est un prix que l'honnêteté
« peut décerner à la pudeur, et qu'elle peut re-
« cevoir sans rougir. Tels sont mes motifs, mon
« ami, et je jure, par la chaste Diane, que ja-
« mais... — Ne jurez pas, monsieur. Votre lan-
« gage, cette figure ouverte et franche, valent
« mieux que tous les sermens. — Vous croyez
« donc à ce que je vous dis, Nicolas ; vous croyez
« que Marguerite est pure, et que les bonnes
« mœurs peuvent s'allier à la fortune ? — Oui, je
« le crois maintenant, monsieur, et je vous prou-
« verai que l'intérêt n'est pas, toujours, ainsi
« qu'on le croit, ce qui dirige le pauvre. J'épou-

« serai Marguerite, et je l'épouserai sans dot. —
« Pourquoi sans dot ? Pourquoi me priver
« de la satisfaction que je me promettais en ce
« moment?—Je vais vous le dire, monsieur. Ceux
« qui sauraient que Marguerite est devenue riche,
« ne vous ont point entendu comme moi, et on
« médit au village comme à la ville. — Hé bien,
« brave homme, ce que je destinais à cette belle
« enfant, je vous l'offre, je vous le donne, à la
« seule condition de la rendre heureuse. — Non,
« monsieur, non. Il est, dit-on, des maris qui
« trafiquent de leurs femmes, et je ne veux point
« passer pour un de ces maris-là. Je suis jeune,
« je suis fort, je travaillerai un peu davantage, et
« ma jolie ménagère ne manquera de rien.

« Je croyais, reprit Adolphe, après un moment
« de réflexion, que pour faire le bien, il suffisait
« de le vouloir. François, mon cher François,
« trouvez donc quelque expédient qui concilie
« mes vues et la délicatesse de ce digne gar-
« çon-là. »

François, qui avait tout écouté dans le plus profond silence, commençait déjà à s'agiter sur sa chaise. Bientôt il se mit à sauter, en frappant ses genoux de ses deux mains : vous savez que c'est sa manière d'exprimer qu'il est content de lui. « Le
« voilà, dit-il, monsieur; je l'ai trouvé, je le tiens,
« et si Nicolas résiste encore, ce n'est qu'un or-
« gueilleux, un ingrat qui ne mérite pas qu'on
« daigne s'occuper de lui.

« Vous avez dans ces environs, deux cents ar-
« pens, divisés en vingt ou trente pièces, et loués
« verbalement à autant de particuliers. On peut
« retirer ces petits lots aux différens fermiers,
« sans faire un tort réel à aucun d'eux. M. Phidiot
« bâtira une jolie métairie vers le centre. Nous
« donnerons le tout à Nicolas. Nous lui ferons un
« bail de vingt ans, à un quart au-dessous de la
« valeur. Pendant la durée du bail, on pourra
« acquérir les parties qui divisent votre terrain,
« et cette ferme deviendra la plus belle du can-
« ton. Nicolas aura fait ses petites affaires, sans
« donner à parler sur son compte, et vous aurez
« arrondi vos propriétés, sans autre sacrifice que
« celui d'une portion annuelle de votre superflu. »

Ces développemens ramenaient la tranquillité dans le cœur de Nicolas, et la gaîté reparaissait sur sa figure. Ses lèvres rosées recommençaient à sourire, et son attitude peignait à la fois le contentement et la reconnaissance.

« Hé bien, monsieur Nicolas, ce moyen vous
« convient-il ? lui demanda Adolphe. — Monsieur,
« il est des propositions que je n'écouterai ja-
« mais ; mais je crois qu'il n'y a qu'un sot qui
« puisse refuser celle-ci. Je vais de ce pas deman-
« der Marguerite. Dans huit jours elle sera ma
« femme, et... — Un moment, Nicolas ! Vous sor-
« tez, et vous n'avez aucun garant de l'engagement
« que j'ai pris avec vous. Je veux qu'un titre... —
« Un titre, dites-vous, monsieur, un titre ! Croyez-

« vous que je n'aie pas un cœur aussi, ou le ju-
« gez-vous indigne de répondre au vôtre ? Je sens
« ce que vous valez tous deux. Aussi, mon pre-
« mier garçon se nommera Adolphe ; le second,
« François, et ils apprendront, en naissant, les
« devoirs que de tels noms leur imposent. » Luceval allait répliquer : Nicolas était déja loin.

Que voulait donc dire ce père Dufour, pensait
François ? Il trouve Nicolas un peu bête !... mais
c'est qu'il ne l'est pas du tout ce garçon-là... Ah ! je
vois ce que c'est. Le papa tendait un piége de plus à
la petite, et il voulait simplement lui dire : tu mè-
neras ton mari comme tu voudras. Il n'est pas
maladroit, le père Dufour, car j'ai en effet remarqué que la femme la plus douce aime à être la
maîtresse au logis.

Adolphe avait engagé, donné Marguerite. Il
venait d'élever entre elle et lui une barrière insurmontable, sans que pour cela elle lui parût moins
séduisante. Il sentait le besoin de relever, de soutenir son courage, et il continuait à parcourir ces
pages admirables de l'histoire, qui ne prouvent
pas que les héros, dont nous avons parlé, se sen-
tissent la force de combattre, mais que, pénétrés
du sentiment de leur faiblesse, ils se hâtaient
d'écarter des objets trop dangereux.

Adolphe, aussi grand, ou aussi faible qu'eux,
les admirait de bonne foi, sans prévoir qu'un
jour je le mettrais en parallèle avec Cyrus, Scipion, Bayard, et même avec le fameux Joseph,

qui, ne pouvant renvoyer sa belle Putiphar, prit le sage parti de s'enfuir.

Cependant, François, fatigué des efforts d'imagination qu'il avait faits pendant la journée, trouvait convenable d'en consacrer le reste au repos, et, pour employer utilement quelques heures de loisir, il lisait par dessus l'épaule de son pupille. « Dites-moi donc, monsieur, ce que c'est
« que Brescia ? — C'est une ville d'Italie. — Où
« combattit le Chevalier sans peur ? — Où il se
« couvrit de gloire. — Et qu'était-il, ce Chevalier
« sans peur ? — C'est ce fameux Bayard, qui donna
« tant de lustre aux armes françaises. — Com-
« ment, monsieur, le Chevalier sans peur était
« Français ! — Sans doute ; qu'y a-t-il d'étonnant à
« cela ? — Il était Français, il se montra chaste
« comme vos héros antiques, et il fut brave comme
« eux. Apprenez-donc, monsieur, à apprécier les
« modernes, et n'érigez pas en divinités, des
« hommes qui ne valaient pas mieux qu'eux. »

CHAPITRE IV.

La noce, la chasse, le théâtre.

C'était le jour des fiançailles. Nicolas, paré de son habit des dimanches, portait un gros bouquet à sa boutonnière, et un ruban, que lui avait donné Marguerite, flottait à son chapeau. Marguerite avait le juste de taffetas, le jupon de basin, le bas de soie blanc, et son joli pied, et la naissance de sa jambe, et un sein charmant que voilait une mousseline légère, mais que soulevait le zéphir, et ses yeux baissés, et ce teint un peu hâlé, mais où dominaient les roses, tout cela faisait dire aux jeunes garçons qui les rencontraient : Heureux Nicolas !

Elle tenait le bras du futur époux. Il la conduisait en folâtrant, en riant, en chantant. Elle marchait avec cette réserve, qui est un attrait de plus à son âge. La décence est le fard de la beauté.

Le père et la mère Dufour suivaient les jeunes gens. La satisfaction, l'ardeur de Nicolas, semblaient ranimer le bon homme. « J'étais ainsi au« trefois, disait-il tout bas à son estimable ména« gère. — Les temps sont bien changés, père « Dufour. — Il en reste au moins le souvenir. »

Ils suivaient tous quatre le chemin de la prairie. Ils allaient montrer à Adolphe les heureux qu'il faisait. Ils pensaient que la reconnaissance ajoute quelque chose au bonheur.

Nicolas s'était essayé avec succès dans le genre terrible. Il mettait quelque orgueil à se faire écouter dans le genre sentimental. Il allait sacrifier aux graces naïves, et il ne les connaissait pas.

« C'est vous, monsieur, qui avez ouvert mon
« cœur à l'amour et à l'espoir. C'est vous qui m'at« tachez à un être sage, bon et aimant. C'est vous
« qui avez aplani le chemin difficile qui mène

« à la félicité. Jouissez de votre ouvrage, et dai-
« gnez le couronner. Que votre présence embel-
« lisse la fête qui se prépare. Présentez Margue-
« rite à l'autel, et que je la reçoive de vos mains
« pures et vertueuses ! »

Marguerite rougissait ; Adolphe balbutiait.
« Pourquoi ce trouble, reprit Nicolas ? Je le vois;
« vous croyez tous deux qu'il me reste des soup-
« çons. Je n'en ai plus, ma jolie fiancée. Je serais
« indigne de toi, si j'en conservais. Qu'un baiser
« innocent exprime à monsieur ce qu'il nous ins-
« pire à l'un et à l'autre, et qu'il pense, en le
« recevant, que tu n'as rien de plus précieux à
« lui offrir. »

Marguerite rougit davantage et ne put faire un
pas. Adolphe s'élança ; il cueillit le baiser fatal, et
l'effet en fut terrible. Il oublia ses modèles hé-
roïques, leur courage, ses résolutions. Il allait
mettre aux pieds de la jolie enfant son cœur, sa
main et sa fortune. Qu'eût répondu la pauvre petite ? Vous le savez, mères, aujourd'hui si pruden-
tes, mais qui avez eu seize ans, et qui n'avez
point oublié le premier baiser de l'amour.

Ce premier baiser, François ne le connaissait
pas. Mais il fut alarmé, sans le concevoir, de
l'état où était son pupille. Il le tira par l'habit,
au moment où Adolphe allait faire une démarche
décisive. « Monsieur, lui dit-il, prouvez à ces
« honnêtes gens que vous remplissez scrupuleu-
« sement les obligations que vous vous imposez.

« Faisons voir à Nicolas sa métairie, qui s'élève
« qu'il juge si nous avons su y réunir l'utilité et
« l'agrément. » Bon François! il espérait que le
grand air, la conversation calmeraient l'effervescence trop caractérisée d'Adolphe : l'objet de notre amour peut seul nous calmer à vingt ans.

On va sortir. Le père Dufour et la bonne mère se retirent à reculons, et multiplient les révérences. Le papa renverse une table d'acajou; la maman veut retenir l'homme aux souvenirs, et s'embarrasse les jambes dans les piquets de la tente; elle tombe, Nicolas la relève; elle boite, Nicolas lui prend le bras, et le passe dans le sien. Il veut la reconduire au village; mais on bâtit l'habitation de sa fille chérie. C'est là qu'elle deviendra mère; c'est là que la grand'maman bercera l'enfant nouveau né; qu'elle lui apprendra à prononcer, à répéter *Adolphe*, ce qui voudra dire : Amour et respect au mortel bienfaisant.

La mère Dufour insiste donc pour voir le lieu, l'enceinte, le point où elle devait renaître, et elle gardait le bras de son gendre futur. Dufour avait découvert sa tête patriarchale, et priait M. François d'excuser son imprévoyance. François répondait avec sa bonté ordinaire, et la petite Marguerite, clouée à la place où elle avait reçu le fatal baiser, ne voyait, n'entendait rien. Adolphe n'était pas revenu à lui-même, et cependant il distinguait une main de l'intéressante enfant, qui semblait en attendre une autre.

Il avance la sienne, et celle de Marguerite ne se retire point. Il la prend, il la serre; il croit sentir un mouvement qui répond... C'est le coup de la barre électrique. Pour la seconde fois, Adolphe est prêt d'éclater. Une réflexion subite l'arrête : François a déja effrayé les amours; Nicolas, le père, la mère Dufour sont présens. Adolphe se compose. Il offre son bras avec des marques d'une déférence froide. Amour, qui dissimule comme toi, et où ne mène point la dissimulation! Est-ce la faute de l'amour, ou celle des institutions sociales?

On arrive à la ferme. Adolphe oublie auprès d'une jolie française, les beautés grecques et romaines. Il parle le langage que peut entendre la jeune nymphe, dont son bras amoureux caresse la main. En ce moment, il n'eût parlé à Sapho que des monumens de la Grèce; à Virginie, que de la dissolution de Rome; il devait parler amour et français à Marguerite.

« Voilà, disait-il, où s'aimeront les colombes
« que nourriront vos mains; voici le toit qui doit
« couvrir l'agneau que vous préfèrerez; ici sera la
« chèvre qui se présentera d'elle-même à la douce
« pression de vos doigts. Là, on plantera le po-
« tager. Aux choses nécessaires à la vie, se mêle-
« ront la rose votre image, et l'immortelle,
« symbole d'un sentiment... » Il n'osa achever.

Il essayait de se remettre; il voulait sincèrement vaincre. Il combattait toujours, et il revenait mal-

gré lui à Marguerite et à l'amour. « Regardez,
« ajouta-t-il, cette chambre basse; elle est desti-
« née aux occupations de l'intérieur. C'est là que
« vous apprêterez ces mets simples, qui répareront
« les forces de l'époux fortuné dont la sueur aura
« fertilisé vos champs. Cette autre pièce, meublée
« modestement, mais avec goût, sera celle où
« vous recevrez vos amis, vos vrais amis... En-
« tendez-vous, Marguerite ? »

La petite main pressa le bras d'Adolphe; le
sein charmant s'agita; l'incarnat le plus vif couvrit des joues arrondies... Avait-elle entendu ?

Adolphe continua d'une voix entrecoupée et
affaiblie : « Ici dessus, entre ces murs qui se des-
« sinent à peine, sera l'alcove.... l'alcove solitaire,
« où vous attendront le repos... et l'amour. »

L'amour ! répéta tristement la petite, et un profond soupir acheva sa pensée.

Pas de témoin de cette scène à peu près muette,
et pourtant si expressive. Nicolas, le père, la
mère Dufour, François ne s'occupaient ni de
colombes, ni d'immortelles. Ils parcouraient les
granges, les écuries, les étables; ils parlaient cul-
ture, agrandissement, économies. Les autres jouissaient.

On reprit le chemin de la prairie. Les femmes
ont dans le tact une délicatesse !.. Elles saisisssent
les convenanances avec une finesse que l'homme
injuste prend pour les effets de l'art, et qui ne
sont qu'un don, que la nature devait au sexe qui

ne peut opposer que l'adresse à la force. Marguerite avait pris le bras dont le joyeux futur pouvait disposer. Adolphe marchait seul, et murmurait tout bas. Il n'était pas assez fin pour sentir que la première course avait été consacrée au plaisir, et que celle-ci était un sacrifice qui ployait un jeune cœur au devoir.

Quelque mécontentement qu'éprouvât Adolphe, il eût voulu éterniser cette journée. Il proposa une collation qui fut acceptée avec franchise, et servie avec cordialité : c'était François qui faisait les honneurs. A la fin du repas, le jeune homme ouvrit une petite boîte, qui renfermait plusieurs bagues. « M'est-il permis, dit-il avec timidité, d'of-
« frir un présent de noces ? » Quelques pierres de prix devaient frapper les yeux : ceux de la petite se fixèrent sur un anneau d'or. Elle pensait probablement qu'elle pourrait conserver, porter celui-là. Cette fois, Adolphe devina Marguerite.

« C'est l'anneau de ma respectable mère, dit-
« il; il m'est bien cher. Je m'étais promis de le
« garder toujours; il me rappelait des vertus. Je
« le confie aux vôtres, mademoiselle, portez-le
« jusqu'à la mort. »

Il présenta l'anneau à Nicolas : « Ce ne serait de
« ma main qu'un gage d'amitié; qu'il soit de la
« vôtre un gage d'amour et de constance. » Oh ! comme en ce moment Adolphe cherchait à se mentir à lui-même.

Déja le soleil était caché par la cime de la montagne, et les bons villageois prirent congé de leurs hôtes. Marguerite se retournait souvent. Tantôt un caillou lui avait froissé le talon ; tantôt le derrière de son jupon s'embarrassait dans l'herbe ; une autre fois, elle hâtait de l'œil et de la main la marche tardive de son vieux père... Quand les vignes lui eurent dérobé la prairie, rien ne l'arrêta plus ; son pied foulait à peine le gazon.

Nicolas allait la quitter ; son père et sa mère allaient reposer ; elle allait être seule ; elle pourrait penser, et on trouve quelquefois une amertume consolatrice à s'entretenir avec soi. Pensées d'amour sont-elles jamais sans douceurs ?

Adolphe, resté seul avec François, avait de l'humeur, beaucoup d'humeur. Mécontent de son cœur, plus mécontent encore d'aimer sans espoir, regrettant sa condescendance pour son tuteur, s'occupant des doux momens qu'il venait de passer, et opposant, à ces souvenirs précieux, l'idée de l'éternelle séparation qui allait être prononcée au pied des autels... il pensait... il pensait... que ne pensait-il pas !

« Irai-je à la noce ? demanda-t-il enfin à Fran-
« çois. — Non, monsieur, non, n'y allez point. —
« Ce parti serait bien dur. — Mais bien sage. —
« J'ai toute ma vie pour être sage ; il ne me reste
« qu'un jour pour la voir, pour l'entendre, sans
« me rendre suspect à son époux, à ses parens,
« à vous. — A moi, monsieur, à moi ! — Oui,

« monsieur, à vous. Vous m'avez obsédé toute
« l'après-dînée; vous m'avez regardé d'un air... —
« Adolphe, un bon père commande-t-il à son
« cœur ? — Je ne suis plus un enfant, monsieur,
« et je ne peux souffrir que l'on me tyrannise
« ainsi. — Oh ! Adolphe ! Adolphe, l'amour rend-
« il donc ingrat, injuste, barbare ! — C'est vous,
« monsieur, qui êtes sans pitié, qui ordonnez
« des sacrifices, qui les faites consommer, et qui
« refusez au malheureux toute espèce de dédom-
« magement.

« Je regrette de n'être pas né dans la dernière
« classe du peuple. Je ne possèderais que mon cœur;
« mais du moins j'en jouirais librement. Ma fortune,
« ce qu'il vous plaît d'appeler ma naissance, me
« soumettent à un joug désormais insupportable.
« Je veux être au moins mon maître dans les cho-
« ses indifférentes, et j'irai à la noce, j'irai, en-
« tendez-vous, monsieur ! » Il sortit de la tente,
en continuant ses murmures; il visita les ouvriers
de tous les genres; il les brusqua tous, et, ne sachant plus à qui s'en prendre, il sella lui-même
son meilleur cheval, le monta, lui appuya les
éperons, lui donna vingt saccades, partit enfin
comme un trait, et s'en alla sans savoir où.

Le cheval le plus doux peut avoir aussi ses
momens d'humeur. Celui d'Adolphe, fatigué d'être
tourmenté, gêné dans tous ses mouvemens, se
fâcha avec raison contre un maître qui le ru-
doyait sans motif. Il prit le parti de ruer, jusqu'à ce

qu'il fût débarrassé de son cavalier, et la lutte ne fut pas longue, parce que Adolphe, qui savait le grec, ne savait pas monter à cheval.

Le fier coursier, libre de ses actions, repart, les naseaux au vent, la queue ondoyante, et regagne son écurie où il était si bien ! Le bon François veillait sur tout.

« Vite, vite, s'écrie-t-on, ne perdez pas un mo« ment ; la grosse jument au cabriolet. » C'était encore ce bon François, qui, à l'aspect du cheval caracolant, piaffant en liberté, ne voyait que chute, fracture, assassinat. Il voulait courir, voler ; mais, aussi mauvais écuyer, et plus raisonnable que son pupille, il savait que le moyen le plus sûr d'arriver n'est pas toujours le plus rapide. En effet, que de gens sont restés et resteront en arrière du but pour s'être trop hâtés !

Adolphe, galopant à l'aventure, cherchant en vain à classer ses idées, qui se multipliaient et se heurtaient dans une tête encore exaltée, Adolphe, poussé par un instinct invincible, avait été renversé à quatre pas du village... Vous savez lequel.

Il n'y avait pas d'apparence qu'un jeune homme, froissé, étourdi de sa chute, regagnât à pied la plaine de Marathon. Il était bien plus naturel d'entrer dans ce village, où on trouverait des amis et des soins.

Adolphe se relève, s'examine, se tâte. Il éprouve une légère douleur à la rotule du genou gauche... Etait-ce bien au genou gauche ? oui..... à moins pourtant que ce ne fût au genou droit. Il ne savait pas bien positivement de quel côté il souffrait; mais il crut convenable de boiter, parce qu'un joli homme, déja très-intéressant, l'est encore davantage quand il est blessé. Adolphe ne se disait pas cela; mais l'amour profite de tout, sans jamais calculer rien.

Il s'essayait à boiter d'une manière agréable et touchante, lorsqu'il entendit courir avec vivacité. Il lève la tête : « C'est Atalante, dit-il ; ce ne peut « être qu'elle. » Ce n'était pas Atalante, c'était Marguerite.

Vous vous rappelez ce tertre qui domine la prairie, et d'où la petite découvrait la tente de Miltiade. Assise au pied d'un tilleul, elle prenait le frais en travaillant, pendant que son père et sa mère soupaient. Mange-t-on quand on aime?

Elle avait vu le beau monsieur monter à cheval; elle l'avait suivi, galoppant du côté du village; son ouvrage était tombé à ses pieds; son sein battait avec plus de force que jamais, et en voici la raison : son petit cœur lui disait que c'était elle seule que cherchait Adolphe, et qu'on ne court pas ventre à terre, lorsqu'on n'a pas quelque chose de très-satisfaisant à annoncer. « Il est un « peu tard, ajoutait-elle tout bas; mais enfin, « Nicolas n'est encore que mon fiancé. »

Elle souriait à cette douce pensée, lorsque le bel Adolphe, enlevé de deux pieds au-dessus des arçons, tomba et roula sur la pelouse. La pauvre petite jette un cri perçant, se lève et court. Le père et la mère Dufour sortent précipitamment, reconnaissent leur bienfaiteur, et suivent Marguerite... de loin.

Déja elle avait appuyé la main du bien-aimé sur une épaule d'albâtre, dont la rapidité de sa course avait écarté le double fichu; déja elle lui souriait avec ce charme qui eût dissipé la douleur la plus aiguë; déja la tête d'Adolphe se penchait sur le plus joli cou du monde. Quelques mots sans suite, inintelligibles pour les cœurs froids, mais si expressifs pour eux, allaient et venaient, portés sur deux souffles de rose. Un baiser était pris, ce baiser était rendu... Le premier avait été si doux: pouvaient-ils n'en pas hasarder un second?

Adolphe boitait plus bas. Une vigne protectrice offrait un asile aux amours: Adolphe pouvait-il aller plus loin?

Où est, pensait Marguerite, le danger de s'arrêter avec un jeune homme qui ne peut plus se soutenir? N'y aurait-il pas de la cruauté à m'éloigner de lui dans l'état où il est, et quelle occasion plus heureuse de pratiquer le précepte qui ordonne d'aimer son prochain comme soi-même?

Ils allaient entrer dans la vigne; ils allaient peut-être cesser d'être innocens, sans pourtant être coupables: entre jeunes gens de cet âge, il n'y a de coupable que la nature.

Heureusement, ou malheureusement, le père et la mère Dufour se montrèrent en avant, et le cabriolet de François se fit entendre par derrière.

Adolphe, ivre d'amour, de désirs, d'espérances, et toujours contrarié, allait continuer la scène qu'il avait commencée avec son tuteur ; mais il démêla dans tous les traits de François une douleur si profonde, un intérêt si vif, une bonté si compatissante, qu'il n'eut pas la dûreté de vouloir l'affliger davantage. Il laissa la main de l'aimable petite ; il s'approcha du cabriolet, ouvrit, et se plaça auprès de son ami.

Il vit, en s'éloignant, Marguerite porter le coin de son tablier sur ses yeux. Il tira son mouchoir, et crut cacher des larmes... Le bon François les avaient vues, et elles ajoutaient à sa peine.

« Vous ne me dites rien, mon ami : vous êtes
« mécontent de moi. — Que vous dirais-je, mon-
« sieur, que vous ne vous soyez déja dit à vous-
« même ? Vous avez vu ce que je souffre, et votre
« docilité prouve que vous avez pitié de moi. »

Adolphe lui jeta les bras au cou, et lui mouilla le visage de ses pleurs. François le pressa contre sa poitrine. « Voilà mon enfant, disait-il en san-
« glotant ; le voilà, je l'ai retrouvé. J'oublie, j'ou-
« blie tout. — Et vous pleurez, mon ami ! — Ah !
« laissez-les couler ; celles-ci sont des larmes de
« plaisir. »

Pas un mot de plus pendant le reste de la route. Adolphe rappelait péniblement son courage ; François jouissait du retour de son pupille aux affections douces, et on parle peu, quand on est vivement affecté.

Le jeune homme se coucha en rentrant. Il ne sentait pas le plus léger sommeil; mais il caressait dans l'ombre et le silence, l'image chérie de Marguerite : c'est un plaisir bien innocent que celui-là.

François se coucha aussi pour ne pas gêner Adolphe. Il dormit bien, parce qu'il n'était pas amoureux; mais il pensait, en s'endormant, que celui que la reconnaissance seule ramène, doit respecter le plus sacré des devoirs... Douze heures encore, et Marguerite sera irrévocablement engagée.

Au point du jour, le tuteur était debout, et déja la toilette d'Adolphe était terminée. Il était inutile de lui demander où il allait; il était plus inutile encore de hasarder des remontrances qui pouvaient n'être pas écoutées. Il fallait le contenir par sa présence, et c'est à quoi François se décida.

Il faisait le plus beau temps du monde, et l'éclat du jour, celui d'une nature riante, tout ce que voyait, tout ce qui environnait Adolphe, le blessait également. Il eût voulu que la journée commençât par la subversion des élémens. Il fallait que l'Océan... oh! l'Océan, c'est trop fort; il fallait que la Marne franchît les bornes de son lit, et se précipitât entre Nicolas et Marguerite; qu'une éclipse totale dérobât la belle fille à tous les yeux...

excepté pourtant à ceux d'Adolphe; que François ne les retrouvât l'un et l'autre que lorsque le mariage existerait par le fond, et que son inaltérable probité lui imposerait la loi d'y joindre les formes... Il fallait, il fallait... que ne fallait-il pas?

Rien que de très-ordinaire n'arriva cependant. La Marne continua son cours doux et tranquille, et le soleil, brillant de la plus vive lumière, semblait être aux ordres de Nicolas. La cloche de l'église paroissiale frappa l'air d'un son argentin, et son premier coup retentit au fond du cœur d'Adolphe. Ses traits se contractèrent. François s'en aperçut, et soupira.

Ils arrivèrent à la chaumière du père Dufour. La victime était parée. Son air calme annonçait sa résignation; mais la pâleur avait remplacé les roses de ce teint, si animé la veille, au moment où l'amour allait les égarer tous deux. « Voyez, dit tout « bas Adolphe à François, regardez votre ouvrage. « C'est le sang d'Agamemnon, c'est celui d'Ido- « ménée versé par des pères barbares. Marguerite « mourra lentement, et c'est vous qui l'immolez. »

François avait une patience inaltérable. Il prévoyait une crise nouvelle, et la contradiction était le moyen le plus sûr de rendre l'explosion terrible; se ranger à l'avis de son pupille, était celui de tout perdre: il fallait opter cependant. Nicolas, les violons, les jeunes gens, la gaîté bruyante, le tumulte, tirèrent le tuteur d'embarras, et suspendirent les réflexions d'Adolphe. Idées joyeuses sont un baume pour la douleur. L'homme affligé écoute malgré lui, s'égaie insensiblement ; la plaie se cautérise ; pour se déchirer plus cruellement lorsque la solitude rend le malheureux à lui-même.

Adolphe offrit d'assez bonne grace la main à Marguerite. Il comptait, en marchant, les minutes, les secondes, qui restaient encore à l'amour innocent ; tant pour la route, tant à la municipalité, tant à l'église. Ainsi, l'infortuné qu'on traîne au supplice, mesure, d'un œil troublé, le court intervalle qui le sépare encore du néant absolu.

Cette dernière et triste ressource d'un cœur fortement blessé s'évanouit encore. On avait signé de très-grand matin l'acte civil, afin, avait dit Nicolas, que la cérémonie fût moins longue, et que M. Luceval s'ennuyât moins. Comme c'était le servir !

C'est déja l'épouse d'un autre que conduit Adolphe ; et il ne s'en doute pas. Cette idée déchirante le frappe, lorsque tout à coup les portes de l'église s'ouvrent devant lui. Ses genoux ploient, une sueur froide couvre son front, et il regarde Marguerite avec l'expression la plus touchante. Les yeux de la petite se portent sur les siens ; ils sont supplians, et semblent lui dire : Possédez-vous, de grace, ne me perdez pas.

« Non, non, lui dit Adolphe, je ne me donne-
« rai pas en spectacle ; je vous ménagerai autant
« que je vous aime. » Et il marcha d'un pas ferme à l'autel.

Là, il reçut le dernier coup. Un second et inutile *oui*, prononcé d'une voix timide, lui ôta l'usage de ses sens. Il revint à lui sur un lit environné des bons villageois, qui le bénissaient, le plaignaient, et lui prodiguaient les secours simples que fournissent les champs. Nicolas, plus touché que les autres, disputait à François le triste avantage de lui soutenir la tête, de lui administrer des cordiaux, de le rappeler à la vie et au malheur. Adolphe lui serra la main, et jura intérieurement de respecter son épouse.

Il était tout simple que la petite marquât le plus vif intérêt à son bienfaiteur; ses larmes, en ce moment, ne pouvaient être suspectes, et on attribua, en effet, à la reconnaissance, celles qu'elle donnait à l'amour malheureux.

Peines et plaisirs parvenus à leur comble, ne peuvent aller qu'en diminuant. L'affaissement suit toujours une émotion violente; c'est ce qu'on appelle métaphoriquement sagesse de la providence, ce qui signifie simplement et sans figures, que nos facultés, purement organiques, sont très-bornées, et qu'elles suspendent leur action quand elles ne peuvent plus agir.

C'est par cette cause toute naturelle, qu'Adolphe et Marguerite se remirent peu à peu, et que le calme des sens leur permit d'écouter la raison. La petite sentit qu'une imprudence pouvait éclairer son mari, détruire sans retour l'harmonie du ménage, et elle s'observa. Dissimulation, précau-

tion, prudence même, sont le partage exclusif...
Qu'allais-je dire, bon dieu! Heureux, sexe charmant, qui surprend vos secrets; anathème sur celui qui les divulgue!

Adolphe, moins adroit, pensait qu'il fallait jouer, sinon le protecteur, au moins l'homme d'un certain ton : les hochets de l'orgueil sont à l'usage des cœurs froids, et celui d'Adolphe l'était en ce moment. Il se rappelait les principes de François, et leur vérité lui paraissait incontestable. On lui offrit, comme de raison, la place d'honneur, et il fut contraint de s'asseoir auprès de la mariée. Cette position n'était pas du tout favorable à la sagesse; Adolphe en jugea ainsi, et au lieu du *bénédicité*, il prononça à voix basse : *Cyrus, Scipion, Bayard*. Ces trois mots devaient avoir la vertu d'un talisman.

Il mangea assez bien : c'est le moyen de recouvrer des forces. Il but quelques verres de Mâcon : cela réchauffe le cœur. Il commençait à regarder Marguerite; il lui prenait sa fourchette; il s'en servait, sans s'en apercevoir probablement. La petite prenait la sienne, et le moyen de faire autrement? il faut une fourchette à table.

Il est difficile d'en changer à chaque instant, sans que les mains se rencontrent; il est impossible d'être aussi près, sans que les genoux se touchent quelquefois. En faut-il davantage pour rendre aux facultés organiques leur première activité? Les deux enfans rougirent. Adolphe oubliait encore Cyrus, Scipion et Bayard. La petite disait mentalement et avec effusion : *Mon Dieu, ayez pitié de moi.*

Nicolas, tout au plaisir, Nicolas occupé à verser aux autres et à lui ; les autres, plus occupés à fêter Bacchus que leurs voisines, ne pensaient pas à s'épier. Le moment du repos était rempli par la chansonnette ; la chansonnette précédait une nouvelle libation. Les vieillards, observateurs dangereux, avaient déja la tête pesante. François seul, très-attentif, regardait sans cesse, et ne voyait rien.

« Je vous en prie, monsieur Luceval, dit un
« gros garçon, qui s'était furtivement glissé sous
« la table ; permettez que je prenne la jarre-
« tière. » Je ne sais comment la chose s'était faite ; mais la petite avait une jambe tellement prise entre celles d'Adolphe, qu'elle n'en pouvait plus disposer.

Oh ! cette fois François devina à peu près. Il regarda son pupille d'un air très-significatif ; le pupille, outré qu'un rustre ravît le ruban précieux qui appartient au plus galant, se précipita, leva le taffetas et le basin, ravit le trésor qu'on lui disputait, et en orna sa boutonnière, en disant : « Je le conserverai toute ma vie. »

Cependant, Adolphe ne sortait point de dessous la table. Qu'y faisait-il ? J'avoue encore que je n'en sais rien ; mais, la petite, confuse, colorée, l'œil voilé, la respiration inégale, se leva précipitamment, sortit de la chambre, et tira vivement la porte après elle.

Adolphe reparut alors, l'ivresse dans les yeux, et le désir dans le cœur. Il regarde, elle n'y est plus. Il s'inquiète, il s'afflige. L'aurait-il offensée ? perdrait-il jusqu'à son estime ? Il oublie que l'attention générale est fixée sur lui; il court sur les pas de Marguerite. François l'appelle d'un ton ferme; il n'entend pas plus sa voix qu'il n'a remarqué ses signes improbateurs. « Allez, mon-
« sieur, allez, lui dit Nicolas; ramenez-la, et
« apprenez-lui que la vraie sagesse est sans
« humeur. Mais, voyez donc quelle scène pour
« une jarretière ! » Les extrêmes se touchent, et Nicolas était passé d'une excessive défiance au défaut opposé.

Adolphe, fort de l'assentiment du mari, ne courait plus; il volait. François le suivait d'aussi près que le permettait son âge. Il voulait conserver au moins une ombre de décence; il voulait imposer silence à la malignité... s'il arrivait trop tard !...

Adolphe avait tiré après lui la porte de la chambre; il avait tiré celle du fournil, celle de la cour; il avait franchi en deux sauts un jardin de quatre perches, qui, tout en légumes, n'offrait aucun asile à la fugitive adorée. Au bout du jardin était une autre porte entr'ouverte. Elle donnait sur un petit bois, qui fournissait des bourrées à l'indigence, de l'herbe au bétail, du gibier au chasseur, de l'ombre, de la fraîcheur et du mystère aux amans.

Il avait fallu que François rouvrît toutes ces portes. Il n'avait eu garde de laisser derrière lui le poulailler, l'étable, la lapinière. Il visitait tout avec exactitude. Bon François! Adolphe est déja aux genoux de Marguerite.

Elle veut fuir; il la retient. « Vous me haïssez
« donc?. — Je ne hais personne. — Mais, vous
« ne m'aimez plus. — De grace, laissez-moi. —
« Non, vous ne m'aimez plus. Ce n'est pas assez
« de vous perdre, vous voulez que je renonce à
« votre affection, à votre estime; vous voulez
« que je meure de l'assemblage de tous les maux.
« — Non, Adolphe, non, ne mourez pas; oubliez-
« moi, et soyez sage. — Vous m'ordonnez de
« vous oublier! hé, le puis-je, grand Dieu! Vous
« m'ordonnez de vivre! hé, quel fardeau que la
« vie, si je n'obtiens mon pardon! — Je vous par-
« donne, Adolphe; je vous pardonne. »

Pauvre petite! elle avait à combattre son cœur, celui de son amant; elle avait à calmer des désirs qui ajoutaient aux siens, à contenir des transports qu'elle brûlait de partager. C'est plus que peut une femme qui aime.

Elle avait pardonné. Comment refuser de sceller le pardon d'un baiser, et un baiser n'en amène-t-il pas un autre? Sa voix faiblissait; celle de son amant prenait une force nouvelle. Ardent, impétueux, éloquent comme l'amour, entreprenant comme lui, chaque seconde était marquée par une jouissance, par un triomphe nouveau. La petite, toujours plus faible, lui disait : « Laissez-« moi... laissez-moi... je suis sans défense, vous « le voyez... je ne peux rien vous refuser... mais... « mais épargnez-moi. «

Sa perte semblait assurée. Il ne restait qu'un obstacle à vaincre, barrière précieuse pour l'athlète qui la brise. L'imminence du danger rendit quelque force à Marguerite. Une main s'établit péniblement entre elle et son vainqueur. « Voyez à « cette main, lui dit-elle, l'anneau que porta votre « vertueuse mère, et soulevez-la, si vous l'osez. » Elle ne put dire que cela.

Une révolution subite s'opéra dans les sens d'Adolphe, parce qu'il n'était pas corrompu. Cet anneau, qui ne rappelait que des qualités, cet anneau, qui avait été donné comme une sauvegarde à l'innocence, venait d'acquérir réellement les vertus que supposent les féeries. « Non, dit « Adolphe, non, cet anneau ne sera point souillé ; « je n'outragerai pas les mânes de ma mère. De-« meurez pure, et soyez heureuse par votre con-« science, si vous ne pouvez l'être par votre cœur. »

Ils entendirent quelque bruit : Adolphe s'éloigna d'elle, et courut se cacher dans le taillis. On marche directement de son côté : c'est François. « Ah ! mon père, mon père, sauvez-moi de moi-« même. » Et il cacha dans le sein de son tuteur sa douleur et sa honte.

« Il n'est qu'un moyen de revenir à moi-même;
« c'est de la fuir, et je ne la verrai plus. — Je
« vous l'ai toujours dit, monsieur; mais la jeu-
« nesse présume de ses forces. — Nouvel Icare,
« mon cher François, je n'écouterai plus que
« vous. » La ressemblance d'Adolphe avec Icare
ne frappait pas sensiblement François : il ignorait
ce qui s'était passé dans le bois. Que de belles
choses il eût dites; que de peines il eût ressen-
ties, s'il fût arrivé quelques minutes plus tôt!

Marguerite était déja rentrée. Assise auprès de
Nicolas, elle semblait chercher un asile contre
l'amour et sa faiblesse : c'était en effet le seul qui
lui restât.

Elle baissa les yeux lorsque Adolphe parut. Se
reprochait-elle les caresses innocentes qu'elle recevait alors de son mari, ou craignait-elle que ce
spectacle ne brisât le cœur de son amant?

Adolphe avait tout vu. Désespéré, anéanti, il
passa rapidement, et se cacha au milieu des
vieillards.

L'usage, constamment d'accord avec l'amour
pendant toute cette journée, arracha Adolphe de
cette retraite. Les violons se faisaient entendre, et
on lui réservait l'honneur dangereux d'ouvrir le
bal avec la mariée. Si l'on eût connu au village
cette danse luxurieuse, où la décence lutte sans
cesse contre la volupté; cette danse où les bras
s'enlacent, où les cuisses se rencontrent, se pressent, se croisent; où l'œil ardent du danseur

dévore un sein, qu'on ne pense plus à lui dérober; où les deux athlètes respirent mutuellement leur haleine; si l'on eût connu au village cette danse qui ne convient qu'à des filles sans pudeur et à des femmes perdues, c'en était fait d'Adolphe et de Marguerite.

Le menuet, si favorable au développement des graces du corps, et si opposé à la licence de nos mœurs; le menuet, abandonné par cette dernière raison, ne se voit plus que dans les champs. On l'y danse mal; mais on l'y danse, et du moins, la mère, qui aurait à la ville la faiblesse condamnable de permettre à sa fille de sacrifier son innocence à la mode, n'est pas obligée ici de la suivre de l'œil, d'observer ses moindres mouvemens, et de contenir, par sa continuelle présence, un téméraire danseur.

Ce fut donc un menuet que dansèrent Marguerite et Adolphe. Ils ne brillèrent point, parce qu'ils n'avaient pas fait une étude approfondie d'un aussi futile talent : ils ne soupçonnaient même pas qu'il pût être l'affaire importante de tant de gens. D'ailleurs, enfans gâtés de Terpsichore, ils eussent été gauches et contraints. Pense-t-on à ce qu'on fait, quand le cœur brûle?

Il remit la petite à sa place. Voilà, disait-il en lui-même, la dernière fois que je touche sa main. Non, je ne la toucherai plus. Il semble que cette main glisse du poison dans mes veines, et il se réfugia encore parmi les vieillards.

On distinguait, dans ce cercle vénérable, M. Bellement, oncle maternel de la mariée. Son père, son grand-père, son bisaïeul, avaient exercé avec distinction la profession de garde-chasse, et M. Bellement, profitant de l'expérience de ses aïeux, avait donné à son art une extension dont les gens superficiels ne le croyaient pas susceptible. Sec comme une momie, ridé comme un rhinocéros, marcheur infatigable, grand tireur, renommé surtout par sa méthode de dresser les chiens, M. Bellement était l'oracle et l'instituteur des jeunes gens aisés qui aspiraient à bien tirer un coup de fusil, et il citait parmi ses élèves, le prince celui-ci et son excellence celle-là. Jamais il ne sortait qu'avec une arme à deux coups sur l'épaule, et deux chiens à sa suite, exécuteurs fidèles de ses vastes conceptions. Sans pitié pour les braconniers, mais braconnant lui-même avec l'audace que donne l'impunité, sa bandoulière était la terreur du canton. Du reste, M. Bellement était un fort honnête homme.

Vous sentez quelle prépondérance devait avoir un tel personnage sur sept à huit pauvres vignerons. On l'écoutait avec la plus respectueuse déférence ; aussi, ne cessait-il de parler que pour boire, et il reprenait dès qu'il avait bu. C'était lui qui avait purgé les forêts voisines des loups et autres bêtes carnassières. Il avait eu aussi de ces coups étonnans, qui semblent réservés aux hommes extraordinaires, et que la postérité aura peine à croire. Par exemple, il tire sur une compagnie de perdreaux, et il en démonte un ; la mère perdrix le charge sur son dos, et l'emporte à tire-d'aile. Il rencontre un lièvre au gîte, il lâche son coup à bout portant, et coupe le quadrupède en deux ; crac, le train de devant se relève, et se retire au petit trot. Ses amusemens de tous les jours étaient des hirondelles tuées à balles, des bécassines culbutées après un demi-tour à droite, ou une prise de tabac aspirée au moment du lever, etc.

Après le récit de ces exploits, venait celui des réceptions brillantes qu'on lui faisait dans tous les châteaux des environs, des choses flatteuses que lui adressaient les seigneurs châtelains : c'était à n'en pas finir.

Si François n'était pas inventif, il saisissait facilement les idées d'autrui, il les tournait à son avantage, et cet art-là n'est pas à dédaigner. Que de gens très-marquans lui doivent à peu près tout leur mérite !

« Savez-vous pourquoi, dit le tuteur à son pu-
« pille, Hippolyte fut toujours maître de ses pas-
« sions? c'est qu'Hippolyte chassait, et en effet,
« monsieur, un exercice continuel et une vie
« sobre entretiennent, fortifient la santé ; le désir
« d'égaler ses rivaux en adresse, le plaisir de les
« surpasser n'occupent que la tête, et laissent le
« cœur en paix. — Vous avez raison, mon cher
« François ; je chasserai, je chasserai tous les

« jours, et, marchant sur les traces d'Hercule et
« de Thésée, je trouverai peut-être quelque
« monstre à combattre, quelque Ariane à délivrer;
« et qu'importe, après tout, par quel chemin on
« arrive à l'immortalité, pourvu qu'on y par-
« vienne. Fort bien, fort bien, monsieur, reprit
« Bellement. Vous serez un chasseur distingué,
« puisque vous sentez l'excellence, la supériorité
« de cet art, et en effet, que de qualités doit
« réunir un vrai chasseur! Bravant sans cesse la
« chaleur, le froid, le vent, la pluie; inépuisable
« dans ses projets, infatigable dans leur exécu-
« tion; joignant la ruse à l'adresse, la prudence
« à la force, il abat ou disperse ses ennemis. C'est
« un petit conquérant, une espèce de souverain,
« qui a son conseil dans sa tête, ses magasins dans
« sa carnassière, ses ministres, ses courtisans,
« ses soldats, dans ses chiens. Telle est, monsieur,
« la définition du chasseur, gravée en lettres d'or
« sur un marbre noir, placé dans la salle à manger
« du château voisin. Pensons d'abord à l'essentiel:
« Avez-vous des terres?

« Comment! s'écria François, piqué au vif d'un
« pareil doute, et oubliant sa résolution de ca-
« cher à son pupille l'état de sa fortune, com-
« ment, si monsieur a des terres! Cent vingt
« mille livres de rente en sept fermes parfaitement
« tenues; plus, ce magnifique parc que vous
« voyez d'ici; plus... » Il n'en fallait pas tant pour
pénétrer M. Bellement du plus profond respect.

Il se leva, se courba jusqu'à terre, et, bien qu'il eût plus d'élèves qu'il n'en pouvait former, à ce qu'il avait dit quelques minutes avant, il offrit de s'attacher exclusivement à M. Luceval, dont les bonnes graces le dédommageraient amplement sans doute des sacrifices qu'il allait faire.

François, incapable de soupçonner le moindre artifice, lui demanda très-sérieusement ce que lui rapportaient, par mois, tous ses jeunes gens réunis, et il s'obligea à payer pour son pupille ce qu'eussent donné à Bellement six élèves qu'il n'avait pas.

Encouragé par cette facilité, Bellement, qui ne laissait jamais échapper l'occasion de se pousser dans le monde, demanda aussitôt la garde du gibier du parc. « Nous y avons un homme sûr, « répondit François. — Un homme sûr, qui n'a « jamais tiré un coup de fusil ! — Mais qui con- « serve très-bien nos bois. — Qui est incapable « de faire rapporter un chien ! — Mais qui en a « deux qui sont la terreur des fripons. — Qui « boit... beaucoup. — Oh ! à cet égard, monsieur « Bellement, il me semble que vous n'avez pas « de reproches à lui faire. — Enfin, monsieur... — « Enfin, monsieur, le garde du parc fait très- « bien son devoir, il a besoin de sa place, il la « conservera, et je n'aime pas ceux qui cherchent « à s'avancer aux dépens des autres. »

M. Bellement sentit que ce n'était pas le moment d'insister ; mais il se promit bien, au premier lièvre que tuerait M. Luceval, de profiter de sa satisfaction et de sa confiance pour miner sourdement, et renverser enfin le titulaire. Il changea tout à coup d'entretien, pour faire oublier son indiscrétion

« Occupons-nous maintenant, monsieur, de
« votre équipage de chasse. Un bon fusil à deux
« coups, fabrique de Versailles. — Un fusil, dites-
« vous, un fusil ! Un arc, un carquois, des flèches.
« — De forts souliers, de longues guêtres de veau.
« — Des sandales attachées sur la jambe nue avec
« des laçures. — Une culotte de peau, une veste
« longue. — Une tunique de pourpre, monsieur,
« descendant au milieu de la cuisse. — La redin-
« gotte de taffetas gommé. — Le manteau de co-
« ton, gracieusement drapé, et fixé sur une épaule
« par une large plaque en or. — La casquette de
« cuir, couvrant entièrement les yeux. — Le bon-
« net ovale et plissé, à la Castor et Pollux. —
« Mais, monsieur... — Mais, mon ami... — On
« n'a jamais vu chasser dans un semblable équi-
« page. — Vous ne l'avez pas vu, je le crois. Mais
« apprenez que c'est là le beau, le grand, le su-
« blime costume, celui des demi-dieux, celui que
« j'adopte, que je veux, que j'aurai. »

Bellement regarda François d'un air qui voulait dire : Ce jeune homme aurait-il la tête dérangée ? François, qui trouvait très-bon tout ce qui éloignait pensers d'amour, parla dans le sens de son pupille. Il sentait que les apprêts du costume l'occuperaient quelques jours : autant de gagné. Le pis-aller serait de garder l'habit grec pour aller au bal, en y ajoutant décemment le pantalon de tricot couleur de chair.

Bellement était courtisan par instinct, comme le sont presque tous les hommes, ce qui fait qu'il y a tant de courtisans dans les cours, où il y en aurait si peu, si, pour être flatteur, il fallait avoir seulement le sens commun. Bellement se hâta de se ranger à l'avis du tuteur. Il observa, avec un sourire fort agréable, que cet équipage de chasse aurait au moins trois avantages : la nouveauté, la légèreté, la grace.

La grande difficulté était de trouver un tailleur capable d'habiller Adolphe en demi-dieu : on sait assez que ces messieurs ne sont pas versés dans la connaissance de l'antiquité. Le croiriez-vous ? ce fut une nourrice qui tira notre héros d'embarras.

La mère de son nourrisson lui avait fait voir le triste, misérable et lamentable Tippoo-Saïb. Comment la bonne femme n'eût-elle pas saisi l'occasion de faire, pour la centième fois, la description de l'ouvrage, des décorations, des habits ? Elle n'oublia point les pétards, qui font en effet l'intérêt de la pièce, et il fut décidé à l'unanimité que l'*artiste* costumier du théâtre de la Porte-St.-Martin devait être *grec*, très-*grec*, et qu'il aurait la préférence. François proposa de partir à l'instant pour Paris, et Adolphe, que l'émulation entraînait sur les traces d'Alcide, oublia un moment la petite, et accepta la proposition.

Vous allez reprocher à François de mettre dans ses démarches une précipitation, pardonnable tout au plus à un jeune homme. Daignez vous rappeler que François ne s'écarte jamais de son but. On parlait déja de la dernière cérémonie, cérémonie terrible pour un amant malheureux ; on allait conduire la mariée à la couche nuptiale, et sauver une crise douloureuse à Adolphe, c'était une jouissance pour François.

Les voilà sur la route de Paris, parlant chasse, combats, curées. « Ah ! disait Adolphe, en arrivant « à la barrière, si je trouvais dans mon parc un « serpent Python, une hydre de Lerne, ou du « moins le sanglier de Calydon ! » Pauvre enfant ! le ciel vous en garde, pensait à part lui François.

L'*artiste* costumier, très-flatté de la confiance qu'on avait en lui, se promit de la justifier, et, pour marquer son extrême envie de bien faire, il demanda huit jours, ce qui déplut fort à Adolphe, et ce qui entrait parfaitement dans les vues de François, qui parvint à modérer l'impatience de son pupille.

L'*artiste* se garda bien de consulter ses confrères. Que lui eussent-ils appris ? Il courut les bibliothèques publiques, compulsa les gravures en portefeuilles, examina attentivement les tableaux antiques du Muséum, qui lui plurent davantage, parce qu'ils indiquent au moins les couleurs.

Comme il ne savait pas dessiner, il prenait ses mesures à l'œil, courait, sous les combles de son théâtre, esquisser une partie du patron; revenait étudier une autre partie; retournait encore, et se trouva enfin en mesure de commencer un habit complet, exactement copié sur celui de l'archange Michel terrassant le diable, qu'il ne peut tuer, parce qu'il est immortel comme lui, et avec qui, par conséquent, ce n'était pas la peine de se battre.

Il est vrai que le costume de l'archange Michel diffère un peu de celui d'Hercule et de Thésée; mais le tailleur ne connaissant ni le vainqueur d'Antée, ni son célèbre imitateur, s'en était tenu à la figure qui avait le plus de rapport à celle du joli monsieur qui devait endosser l'habit.

Avouons cependant, en faveur de *l'artiste*, car l'équité est la première vertu d'un historien, avouons que le tailleur, par l'effet d'une modestie, rare et très-louable chez les ignorans, avait consulté, sur les noms et la patrie des personnages, un monsieur à lorgnette, grand amateur, grand connaisseur, qui l'avait assuré que le tableau représentait Alexandre, grec de la plus haute considération, tenant le pied sur la gorge au roi des rois Xerxès, qui consent à lui céder, en toute propriété, la presqu'île de l'Inde.

On avait huit jours à passer à Paris. François avait remarqué que le cerveau de son pupille était une cire molle où se gravaient facilement toutes espèces d'idées. Il observait que la dernière était toujours la plus vive, et qu'ainsi les anciennes s'affaiblissant en raison de l'exercice donné à l'imagination, il suffisait, pour faire oublier la petite, de frapper sans cesse le cervelet d'Adolphe de quelque objet nouveau. Si François eût étudié les hommes en général, il aurait jugé que cette recette peut heureusement s'appliquer à tous les jeunes gens, et même à certains vieillards.

François se mit donc à courir, avec Adolphe, les rues, les carrefours, les cafés, les promenades, les bals. Il ne lui laissait que le temps de dormir; il l'éveillait à la pointe du jour, et le remettait en course. Ils déjeunaient chez un restaurateur, et dînaient chez un autre. Adolphe, qui ne connaissait à fond que sa pension et les auteurs grecs, était quelquefois frappé d'étonnement; mais rien de ce qu'il voyait ne pénétrait jusqu'à son cœur, et, de temps en temps, il nommait Marguerite.

François l'entraînait aux Fantoccini, ou aux Ombres chinoises, spectacles très-instructifs, comme on sait, et les seuls que connût François. Adolphe regardait un moment, bâillait ensuite, se plaignait de l'odeur de l'huile, du défaut d'air, et il ne manquait pas d'observer que les spectacles grecs et romains avaient bien une autre majesté. Il s'était tû chez nos restaurateurs et dans nos promenades, parce qu'il sentait que l'avantage n'était pas en faveur des anciens. Il avait pourtant murmuré à demi-voix que nos bibliothèques ne sont rien, comparées à celle d'Alexandrie; mais il ajoutait que, puisqu'elle était brûlée, il fallait bien avouer que les nôtres sont quelque chose.

François ne voyait, n'entendait rien de ce que disait ou de ce que faisait Adolphe. Tout yeux, tout oreilles pour Polichinelle et la mère Gigogne, il ne soufflait pas. Adolphe, qui avait le bon esprit de savoir s'ennuyer, quand les circonstances l'exigeaient, restait par complaisance pour François, et pensait tantôt à la petite femme de Nicolas, tantôt au sanglier de Calydon.

En sortant de chez Séraphin, Adolphe, se frottant les yeux, blessés par le retour subit de la lumière naturelle, donna du nez contre une colonne, et notre premier mouvement est de regarder ce qui nous a frappé. Il trouve en lettres longues comme le doigt, IPHIGÉNIE EN AULIDE. Il se frotte les yeux de nouveau, il relit, il saute de joie. « Comment, mon ami, on joue ici les ouvra« ges immortels d'Eschyle et de Sophocle ; et vous « ne m'en dites rien ! — Ma foi, monsieur, je ne « m'en doutais pas. » Et François se met à lire l'affiche à son tour. « Hé, non, monsieur, c'est « une tragédie d'un nommé Racine, que vont « exécuter des comédiens français. — Diable, « diable, pourquoi la jouer en français ? — C'est « que personne ne l'entendrait en grec. — Je l'en« tendrais, moi, monsieur, et parfaitement. — « Mais, monsieur, on ne peut pas jouer la comé« die pour vous seul. — Allons, allons, mon bon

« ami, ne vous fâchez pas, et allons voir Iphigé-
« nie, qui est sans doute une traduction de
« l'Agamemnon d'Eschyle. »

Adolphe ne concevait point que le théâtre ne fût pas en plein air, qu'il fallût payer pour y entrer; que la salle fût si petite, qu'on y fût si mal à son aise pour son argent, que le spectacle ne s'ouvrît point par un prologue, ou par une *scholie*, chantée par les plus belles voix. Adolphe était disposé à trouver tout mauvais, et disait son avis très-haut.

Un petit monsieur, assez mesquinement mis, probablement parce qu'il était savant, lui répondit avec politesse : « Monsieur, les anciens aimaient
« le grand air, et nous voulons jouir sous un toit.
« Chacun a son goût, et, quoi que vous disiez, vous
« ne changerez pas le nôtre, et le plus court est
« de vous y conformer.

« Cette salle, que vous trouvez si petite, est
« cependant trop grande, puisqu'elle n'est pas
« remplie. Mais sachez qu'il y en a quatre ou
« cinq à Paris, à peu près aussi vastes, où on
« joue des ouvrages de genres différens, et qui
« tous les jours sont garnies de spectateurs. Il y
« en a sept à huit autres, à l'usage des ignorans
« et de la canaille, et je conviens que c'est un
« mal, parce qu'il vaudrait mieux que les pre-
« miers employassent le temps à s'instruire, et
« les ouvriers à travailler, que de le passer à
« écouter des inepties, qui perpétuent leur bêtise.

« Il n'en est pas moins vrai, malgré cela, qu'à
« cet égard, nous avons un avantage réel sur les
« anciens, qui n'avaient qu'un théâtre, où on re-
« présentait rarement.

« Vous vous plaignez de payer ici. N'est-il pas
« plus naturel que les gens oisifs achètent le plai-
« sir moyennant une somme modique, que de
« charger le gouvernement seul de les amuser à
« grands frais? Et d'ailleurs, qui faisait chez les
« anciens les fonds nécessaires à cette magnifi-
« cence si vantée? C'était sans doute le trésor pu-
« blic. Or, trouveriez-vous juste que l'honnête
« artisan, qui s'occupe en ce moment de l'exis-
« tence de sa famille, contribuât pour sa part au
« délassement que vous allez prendre?

« Vous êtes mal sur cette banquette? mais, mon-
« sieur, voilà près du théâtre des loges où vous
« trouverez des chaises, des fauteuils, des otto-
« manes, la facilité de vous dérober aux regards,
« si vous y conduisez une Aspasie, ou qu'ennuyé
« du spectacle, vous vouliez causer ou dormir. On
« se procure ces avantages à juste prix, et convenez
« encore qu'on ne trouvait de telles commodités ni
« au cirque de Rome, ni au théâtre d'Athènes.

« Vous voudriez que la pièce s'ouvrît par un prolo-
« gue, ou par un chœur? cet usage uniforme et fasti-
« dieux est supprimé, depuis qu'on sait faire l'ex-
« position du sujet d'une manière claire et précise.
« Molière et Racine, qui possédaient ce talent au
« plus haut degré, ont voulu cependant faire quel-

«. quefois des chœurset des prologues, et cela ne
« leur a point réussi, parce que l'esprit veut de l'é-
« conomie dans les paroles, et rejette tout ce qui
« est superflu. Et puis, monsieur, si vous aimez
« le chant, allez demain à l'Opéra-Comique. Vous
« y trouverez des tragédies en prose, avec des
« chœurs, plus que vous n'en voudrez.

« Hé bien, monsieur, reprit François, voilà
« encore une discussion qui ne tourne pas à l'hon-
« neur des anciens. Je vous le répète, vous re-
« viendrez aux modernes. » Adolphe allait répliquer... on leva le rideau.

Il fut assez satisfait des costumes et de la forme
des galères d'Agamemnon. Il trouva même les vers
aussi beaux qu'on peut en faire en français. Mais
il se récria, quand il vit paraître Ériphyle, et qu'il
eut pénétré le dessein de l'auteur. « Quelle absur-
« dité ! dit-il, pendant l'entr'acte, au petit mon-
« sieur. Votre Racine ne sait-il pas qu'Eschyle et
« Sophocle, et après eux Lucrèce et Horace, as-
« surent qu'Iphigénie a été en effet sacrifiée en
« Aulide ? — Mon Racine, que vous appellerez
« aussi le vôtre, savait fort bien cela. Mais il avait
« lu également Homère et Pausanias. Le premier,
« dans le neuvième livre de son Iliade, c'est-à-dire,
« neuf ans après l'arrivée des Grecs dans la
« Troade, fait proposer à Achille la main de la
« fille d'Agamemnon ; le second dit qu'on immola
« une Iphigénie, mais qu'elle était fille d'Hélène
« et de Thésée, et de deux opinions différentes,

« l'auteur a pu choisir la plus favorable à son
« plan. Sachez-lui gré enfin de ne pas faire mou-
« rir cette princesse : voyez comme elle est jolie !

« Monsieur, dit François au jeune homme, ne
« parlez plus à ce monsieur-là. Il vous bat, et cela
« me fait de la peine. » Adolphe se mordit les lèvres,
écouta la pièce, et regarda beaucoup Iphigénie,
qui lui paraissait charmante, et qui l'était en effet.

« Avouez du moins, dit encore Adolphe à la
« fin de la pièce, qu'il n'y a de grec dans tout
« ceci que les habits et quelques noms. Aga-
« memnon se conduit comme un roi d'Eu-
« rope, qui n'a pas un avis à lui, qui ne
« veut mécontenter personne, et qui ne sait
« comment faire pour arranger tout le monde.
« Achille s'exprime comme un mousquetaire. Rien
« qui tienne directement aux mœurs, aux habitu-
« des des anciens. La pièce est fort belle ; mais on
« sent trop que ce sont des Français qui parlent.
« — Oh ! cette fois, monsieur, je pense tout-à-
« fait comme vous. »

Le lendemain, Adolphe fut à l'Opéra-Comique.
Il y applaudit quelques talens distingués ; mais,
comme il n'avait pas le goût formé encore, il ne
put supporter la manière de quelques chanteurs
que tout le monde trouve divine.

Le troisième jour, il pria François de le conduire à l'Opéra. On donnait OEdipe à Colonne,
et il se retrouva par hasard auprès de son petit
monsieur. « C'est beau, c'est beau, répétait-il sans

« cesse. Quelle simplicité, quelle noblesse, quelle
« onction ! Et quel goût de terroir, reprit le petit
« monsieur! ne vous semble-t-il pas cette fois enten-
« dre des Grecs?—Mais pourquoi tous ces gens-là
« ouvrent-ils sans cesse des portes ? Pourquoi par-
« lent-ils si haut ?—C'est qu'ils ne viennent pas ici
« pour cet immortel ouvrage. Ils attendent impa-
« tiemment que d'autres personnages commencent
« à passer une jambe par dessus l'autre, ce qu'ils
« font très-adroitement. — Ce spectacle-ci est
« donc à l'usage des sourds ? — Ma foi, on serait
« tenté de le croire. »

Adolphe fut prévenu par son petit monsieur, que le jour suivant on jouerait Phèdre, et que la séduisante Iphigénie reparaîtrait dans cette pièce. Comme le petit monsieur avait donné une fois gain de cause à Adolphe, qu'ils s'étaient trouvés du même avis à l'Opéra, le jeune homme commençait à le trouver fort à son gré. Pour être sûr de le retrouver au spectacle, il l'invita à dîner pour le lendemain, et un savant ne refuse pas un dîner offert de bonne grace.

Il fallut donc que François retournât à la Co- médie-Française, qui l'amusait bien moins que les marionnettes. Mais il ne savait rien refuser à Adol- phe. Celui-ci fut très-aise de revoir son Iphigénie. Cependant, il trouva très-mauvais qu'elle repré- sentât une Aricie qu'on ne trouve pas dans Euri- pide. Le petit monsieur lui rappela un passage de Virgile, où il est dit expressément que cette princesse épousa Hippolyte, lorsqu'il eut été ressuscité par Esculape : les dieux anciens et modernes ont tous le don des miracles.

Adolphe se rendit à la force de la citation : il avait trop de plaisir à contempler son Iphigénie pour contester long-temps. Mais il ne put se défendre de citer à son tour. Il parla du précepte d'Aristote, qui veut que l'amour tienne le premier rang dans la tragédie, ou qu'il en soit banni tout-à-fait. Le petit monsieur convint que celui d'Hippolyte est froid et insipide ; « mais, ajouta-t-il, « vous ne savez pas qu'alors on ne recevait pas « de pièce où il n'y avait pas de rôle pour *l'a-* « *moureuse.* Vous ignorez que de nos jours, Vol- « taire fut obligé d'ajouter à son OEdipe l'amour « suranné de Jocaste et de Philoctète, sans quoi « les comédiens eussent refusé sa pièce. — Ah ! « ce sont les comédiens qui reçoivent. Ils sont « donc aussi gens de lettres ? — Je ne dis pas cela. « Mais, dès qu'ils sont reçus à la Comédie-Fran- « çaise, ils ont un tact sûr, un jugement sain, un « goût épuré : c'est un des priviléges attachés à « cette profession. »

«Voilà qui est singulier, reprenait Adolphe», et il se taisait, dès qu'Aricie paraissait. Le plaisir qu'il trouvait à la regarder croissait sans cesse, et il dit à François, à la fin de la pièce : « Hé bien, mon « ami, qu'en pensez-vous ? n'est-il pas vrai qu'elle « est charmante ?—Oh ! charmante !... elle n'est « pas mal. Vous êtes difficile, continua le petit

« monsieur : c'est la plus jolie personne de ce
« théâtre. — Voilà comme vous êtes, mon ami;
« il suffit qu'une femme me plaise, pour qu'elle
« ne soit pas de votre goût. »

Un moment après, il demandait au petit monsieur s'il était bien difficile d'avoir accès chez elle.
« Mais je crois qu'un jeune homme aimable, bien
« élevé, peut se présenter partout. Aïe! aïe! dit tout
« bas François, en faisant une mine, mais une mine!

« Savez-vous, mon ami, reprit Adolphe, quelle
« différence je trouve entre une véritable princesse et une princesse de théâtre ? la voici. La
« souveraine d'un état quelconque joue ce rôle
« jusqu'à sa mort, ou jusqu'à la dissolution de son
« empire ; mais elle règne toujours sur les mêmes
« états. Elle voit sans cesse les mêmes mœurs,
« les mêmes costumes, les mêmes visages; elle
« dit et fait sans cesse les mêmes choses. Le
« jour qui commence doit s'écouler comme le
« précédent, et le lendemain, elle trouvera encore l'ennui, entre l'étiquette et l'orgueil. La
« princesse de théâtre règne alternativement sur
« toutes les parties du globe. Tous les jours, elle
« dit et fait des choses nouvelles; tous les jours,
« elle reçoit l'hommage de courtisans et de
« spectateurs nouveaux. La toile est-elle baissée,
« elle rentre dans la classe des femmes amusantes
« et amusables. Elle oublie les intérêts politiques
« de la Grèce et de Rome, et elle dispose d'elle à
« son gré. Cette vie-là doit être ravissante.

8.

« Parbleu, mon cher François, il me vient une
« idée excellente. Je crois que je jouerais les hé-
« ros avec une grande vérité. J'ai de l'élévation
« dans l'ame, une profonde sensibilité, et je pré-
« sume qu'Aricie ne me refuserait pas ses conseils.
« Tenez, mon ami, l'habit qu'on me fait, irait à
« merveille dans le rôle d'Hippolyte. »

Allons, pensa le tuteur, que l'habit soit fait ou non, nous retournerons demain à Athènes : il n'y a pas à balancer.

Le petit monsieur reprit la parole. Il entra dans le détail des difficultés de l'art théâtral ; des injustices, des humiliations que le vrai talent éprouve trop souvent ; de la facilité d'éviter ces désagrémens, en s'amusant sur des théâtres de société ; de la folie enfin de sacrifier à des succès incertains un état brillant, où conduit toujours une grande fortune unie à des qualités réelles. François serra la main au petit monsieur.

Adolphe ne goûtait pas du tout ses réflexions. Cependant, il lui demanda son adresse. Il se nommait Duval, et logeait à l'Observatoire. J'ai toujours pensé que le projet d'Adolphe était d'aller furtivement s'instruire, chez M. Duval, des moyens de se faire présenter chez la princesse Aricie : François avait décidé autrement.

Au point du jour, il éveilla Adolphe, le pria de s'habiller et de monter en voiture. Adolphe résistait ; François insista. L'un murmurait, l'autre grondait. Le jeune homme voulait attendre son habit; le tuteur répondait qu'il était emballé. Le pupille ne pouvait partir sans prendre congé de son savant; François y avait pourvu par un billet fort honnête. Adolphe ne trouvant plus de prétextes, se montra si récalcitrant, que François fut obligé de composer : on convint qu'on bâtirait à Athènes un théâtre, dont la princesse Aricie serait priée de faire l'inauguration.

Allons, pensait François, en partant, voilà encore du temps de gagné. La princesse a affaibli le souvenir de Marguerite : j'espère que la chasse fera oublier la princesse. Mais plus de femmes, plus de femmes, ni de près, ni de loin.

Cependant, ajoutait-il en lui-même, le temps où il doit être maître de ses actions n'est pas fort éloigné. La première paysanne, la première princesse qui lui plaira deviendra sa femme, et je perdrai le fruit de mes soins.

Il faut le faire chasser, chasser à outrance; qu'il n'ait que le temps de manger et de dormir. Pendant qu'il se livrera à cet amusement, je chercherai une jeune personne, sage, aimable, bien née, jolie surtout, et, puisqu'il faut qu'il se marie, qu'il soit père avant l'âge où l'homme est en état de se conduire lui-même, faisons-lui du moins faire un mariage dont il n'ait pas à rougir.

On arriva à Athènes, dont les travaux, poussés à force d'argent, touchaient à leur fin. Tout y était pittoresque; tout y fixait, y flattait l'œil. Adolphe, à qui huit jours d'absence avaient préparé des jouissances nouvelles, Adolphe ne remarqua rien, et parcourut comme un fou sa petite Grèce. François, étonné, le regardait aller, et lui vit planter un jalon au milieu d'un vaste boulingrin : c'est là que devait s'élever le théâtre d'Athènes.

Il chercha le commis de M. Phidiot, lui remit, pour l'architecte, une longue lettre, qu'il finissait en déclarant qu'il entendait poser la première pierre, le lendemain, à son retour de la chasse.

Avant de se coucher, il expédia à M. Bellement un valet avec l'ordre de le venir prendre au lever du soleil.

François, qui voulait faire de la chasse une passion dominante, par les raisons que vous savez, François n'avait rien négligé de ce qui pouvait rendre le début séduisant. Sous son air froid et réfléchi, il cachait une ame active, et sans rien dire à son pupille, sans même qu'il soupçonnât rien, il avait tout disposé à Paris. Il courait, lorsqu'Adolphe reposait; il courait avant son lever; il écrivait, lorsqu'il ne pouvait courir.

Le jeune homme n'attendait qu'un garde-chasse et un chien, et au point du jour il est réveillé par des fanfares guerrières. Il se lève ; il sort précipitamment de sa tente... ô surprise ! ô délices ! six Grecs à cheval, armés d'épieux, et sonnant de la trompe ; trente couples de chiens ; la halte chargée sur un chariot de forme antique, traîné par des bœufs aux cornes dorées... « C'est cela,

« c'est cela, criait Adolphe, ravi, enchanté. » Il saute de joie ; il embrasse son tuteur, et demande son habit et ses armes.

Il s'habille en toute hâte, et n'avance point, parce qu'il n'a pas l'habitude de s'habiller à la grecque. François veut lui aider, et n'est pas plus chanceux. L'*artiste* costumier est appelé dans la tente, et arrange, en un tour de main, les différentes parties du costume, qu'il ne manque pas de faire valoir, à mesure qu'il les présente.

Adolphe observait que l'habit était plutôt romain que grec ; que le casque, surmonté d'un dragon portant un énorme panache, était macédonien, et qu'on ne chassait pas en casque lors de la vingtième olympiade. L'*artiste* lui présenta un miroir, et le jeune homme se trouva si bien que les observations expirèrent sur ses lèvres. Il n'observa même pas que la mise des gens à trompettes, empruntée au magasin de l'Opéra, était d'un goût plus sévère que la sienne. Il se mit le carquois sur le dos, prit son arc de la main gauche, et un javelot de la droite.

« Seigneur Hippolyte, lui dit François, ces
« messieurs qui vous attendent sont vos pages...
« — Les rois anciens n'en avaient pas. — Vos
« piqueurs, vos gardes. — A la bonne heure. »

On présente au jeune homme un cheval couvert d'une jolie selle à la mode, et d'une housse richement galonnée. La bride était en tissu d'or ; les bossettes, les boucles de la gourmette en ar-

gent. « Moderne, moderne ! s'écrie Adolphe. Je
« veux bien être Français, quand les circonstances
« l'exigent; mais aujourd'hui tout doit être grec!
« Du grec, mon bon ami, du grec. — Ma foi,
« monsieur, je vous avoue que je ne sais pas com-
« ment les selles grecques étaient faites. — Ni moi
« non plus; mais pour ne pas me tromper, je
« vais monter à la manière des Numides, qui, du
« moins, étaient des anciens. Point de bride, point
« de selle. A bas tout cet attirail. »

Au moment où le cortége partit, M. Bellement, stupéfait, ouvrait les yeux autant qu'il le pouvait et une bouche telle que personne n'en a encore ouverte. A la stupéfaction succédèrent des ris immodérés que, très-heureusement pour lui, Adolphe n'entendit pas. François, qui avait envie de rire lui-même, prit le garde-chasse dans son cabriolet. Il voulait lui faire la leçon en route.

Vous jugez comme un héros, qui n'a pas de culotte, est à son aise, monté à nu. Le nôtre n'était pas encore arrivé au parc, qu'il avait besoin de la sauce piquante; mais rien n'alarme un grand cœur. Le pansement, d'ailleurs, ne pouvait être long : Adolphe n'avait que sa jaquette à lever. Il la leva en effet, en entrant chez le garde de son parc. Sa femme, parvenue à cet âge où on n'est plus d'aucun sexe, s'empressa de bassiner les parties macérées. Le sel, le poivre, le vinaigre faisaient leur effet. La figure d'Adolphe annonçait des convulsions; mais comme on se conduit toujours noblement devant témoins, il tâcha de se remettre, en pensant qu'Hercule souffrit bien davantage, lorsqu'il endossa la fatale chemise, et il entra bravement dans le parc, suivi de tous les siens.

Les trompes sonnent le lancer, et il ne part que des perdrix et des lièvres ; mais il en part une telle quantité, que la volatille obscurcit l'air, et que les quadrupèdes, effrayés, étourdis, se jettent dans les jambes des chasseurs. Les pages, les piqueurs, les gardes se passent la trompe au cou, et ajustent la flèche à l'arc. Le seigneur Hippolyte en a tiré deux, trois, cinq, six. Les flèches bientôt volent de toutes parts. Elles se croisent ; elles prennent les compagnies en queue, en flanc, en tête ; presque tous les coups portent, et il ne tombe pas une pièce.

C'est que François, qui ne voulait pas qu'on crevât les yeux à son pupille, ni qu'il les crevât aux autres, avait acheté ces armes-là chez M. Darbaud, célèbre marchand de joujoux, passage du Théâtre Feydeau.

Le père Bellement, riant sous cape, avançait lentement, tirait à chaque pas, et tuait à chaque coup. Déja il avait vidé deux fois sa carnassière dans le char antique dont on avait déchargé les provisions chez le concierge. Il avançait toujours ; il faisait un ravage épouvantable, les autres couraient, se fatiguaient, s'excédaient, et ne faisaient rien.

« Que diable, dit Adolphe à François, serait-il
« vrai que les armes modernes valent mieux que
« les anciennes ? — Vous le voyez, monsieur. —
« Cependant, les anciens tuaient avec leurs flè-
« ches, et, corbleu, je tuerai comme eux. » Il tire,
il tire, il tire ; ses Grecs tirent comme lui ; les carquois se vident... et rien.

Adolphe n'osait éclater ; mais il était piqué au
vif. François lui propose de prendre un fusil. Il
répond que cette arme ne va pas avec son costume. François réplique que les Grecs s'en fussent
servis, s'ils l'eussent connue. Adolphe, intérieurement convaincu de l'avantage des armes à feu,
ne fait plus qu'une grimace de forme, prend le
fusil, et Bellement se range auprès de lui.

Trois ou quatre lièvres partent à la fois. Adolphe porte la crosse à sa poitrine, ferme les yeux,
et lâche la détente. Bellement, qui règle ses mouvemens sur les siens, tire en même temps. Un
malheureux lièvre, renversé sur la place, se débat
encore. Adolphe court, et le ramasse d'un air
triomphant. « Plus de flèches, dit-il, plus de flè-
« ches. Je conçois que cette arme, trop sujette
« à l'action de l'air, doit souvent perdre sa direc-
« tion. Il est probable que les anciens l'employaient
« seulement à la guerre. Le javelot, mes amis,
« l'épieu. — Hé ! monsieur, répondit François,
« vous ne tuerez pas de perdreaux à l'épieu. —
« Vous avez raison, mon ami ; mais nous pour-
« suivrons, nous atteindrons le lièvre fugitif, puis-

« que nous n'avons pas de monstres à combattre.
« — Qui vous l'a dit, monsieur ? — Des mons-
« tres ! il y en aurait ! Allons, mes amis, en avant,
« tête baissée... — Un moment, monsieur, il faut
« déjeuner. Cela repose, donne des forces ; et on
« ne peut en avoir trop pour ce qui vous reste
« à entreprendre. — Oh ! déjeuner, déjeuner !
« cela n'a rien d'héroïque. — Hé ! monsieur, les
« héros d'Homère et de Virgile étaient gens de
« bon appétit. — C'est vrai, c'est très-vrai. Allons,
« mon ami, déjeunons. — Vous profiterez d'ail-
« leurs de la circonstance pour vous faire frotter
« encore... vous savez où. — A propos de cela,
« savez-vous que la manière de monter à cheval
« des Numides n'était pas commode du tout. —
« C'est ce que j'ai déja pensé. — Il se pourrait
« que les historiens nous eussent fait un conte à
« cet égard. — Comme à beaucoup d'autres, mon-
« sieur. »

Ils avançaient en causant. Hippolyte tenait, par
les pattes de derrière, son lièvre, qu'il n'eût pas
donné, en ce moment, pour les petits états de
Thésée. Il écoutait, il répondait à François, qui
se gardait bien de le contredire, mais qui l'amenait peu à peu à déclarer franchement que nous va-
lons les anciens sous bien des rapports, et que notre manière de vivre est au-dessus de la leur.

Le déjeuner fini, on rentre dans le parc. On
lâche la meute entière. Le son du cor anime chasseurs et chiens. Les piqueurs battent le taillis ;

Hippolyte les devance. François et Bellement suivent, ayant chacun un fusil sur l'épaule.

On a dépassé de deux cents toises l'endroit où le jeune homme a cru tuer son lièvre, et on n'a rencontré encore que des animaux timides. Notre héros se désole, se dépite. François lui a donné l'espérance de combattre un monstre; il n'y compte pas; mais il se flatte de trouver au moins un animal qui ne fuira pas devant lui.

On aperçoit, à travers les branches, une mare, sur laquelle s'élèvent des joncs, et que domine une roche, dont la pointe s'avance au-dessus du niveau de l'eau. Tous les chiens donnent à la fois. Miraud, le plus intrépide des limiers, se jette à l'eau. Il avance, il enfonce, il recule, il avance encore. Il invite, de la voix et de la queue, les autres chiens à le suivre. Hippolyte enchanté lui décerne à l'instant le nom célèbre de *Mélampe*.

Cependant, Mélampe seul cherche à s'élancer sur l'animal; les autres s'arrêtent et se couchent. Hippolyte indigné veut les relever avec la pointe de sa javeline. Les plus intrépides, Briffaut, Ronflant, Rustaut, se laissent piquer, et poussent lâchement des cris de douleur.

Hippolyte se reproche de ne pas seconder le brave Mélampe. Il cherche un détour, parce qu'il ne se soucie pas de s'ensevelir dans la fange. Il traverse des broussailles, des ronces, des joncs. Il n'est plus qu'à trente pas de la roche, dont la cavité recèle sans doute le monstre que Mélampe ne cesse de menacer... Tout à coup ! Ciel ! ô ciel !...

> Un effroyable cri, sorti du fond des flots,
> Des airs, en ce moment, vient troubler le repos,
> Et, du sein de la terre, une voix formidable
> Répond, en gémissant, à ce cri redoutable.
> L'onde approche, se brise, et vomit à leurs yeux,
> Parmi des flots d'écume, un monstre furieux.
> Son front large est armé de cornes menaçantes ;
> Tout son corps est couvert d'écailles jaunissantes.
> Indomptable taureau, dragon impétueux,
> Sa croupe se recourbe en replis tortueux.

L'Hippolyte moderne, loin de saisir *ses javelots, de pousser au monstre,*

> Et, d'une main sûre,
> De lui fendre le flanc d'une large blessure,

notre Hippolyte, incertain, s'arrête, recule, se place entre François et Bellement : on aurait peur à moins.

Cependant, le monstre approche de la rive ; il faut prendre un parti. Se déshonorer par une fuite marquée, serait trop fort. S'exposer à se faire déchirer, serait trop dur. Notre héros jette les yeux sur son tuteur. Il le voit sourire, il se remet. Il n'est venu trouver François et Bellement que pour leur communiquer son plan d'attaque : quel homme n'est pas un peu gascon ?

Il leur déclare d'abord qu'il n'entend pas que personne partage avec lui l'honneur de la victoire.

Il ajoute qu'il dédaigne l'avantage de l'arme à feu. C'est avec l'épieu, c'est corps à corps qu'il veut combattre.

Il dit et s'élance. Il frappe l'animal dans le côté, et le parc retentit des gémissemens du monstre et des cris de joie que l'admiration arrache aux spectateurs. « Je lui ai brisé les côtes, disait Hip-
« polyte. Il ne peut plus soutenir son énorme
« queue, disait François. Voyez ses ailes tom-
« bantes, disait Bellement. » Et un chorus universel, couvrant toutes les voix, porte l'enthousiasme à son comble.

Il fallait retirer l'épieu, porter un second, un troisième coup pour achever le monstre. Hippolyte fait de vains efforts : la pointe de l'épieu, faite en langue de serpent, est arrêtée par ces côtes effrayantes, qui doivent avoir si pouces de large au moins. Hippolyte tire de son côté, et le monstre du sien. Le plus fort devait entraîner le plus faible : Hippolyte tombe embarrassé, non *dans ses rênes*, mais dans la queue et les pattes de l'animal. Il pousse de nouveaux cris... ceux-ci sont de frayeur.

Bellement s'avance, met le bout du canon dans l'oreille du monstre, fait feu, et dégage notre héros.

Quand Hippolyte fut convaincu que son terrible ennemi était mort, bien mort, il trouva très-mauvais qu'on lui eût ravi une partie de l'honneur du combat. Ses derniers cris étaient ceux d'un assaillant, irrité de la résistance qu'on lui oppose. Cependant, il trouva convenable de s'éloigner de quelques pas, parce que l'air qui l'environnait, était *infecté* de l'haleine du monstre. Il ordonna qu'on le portât sur le char, et il ferma, à pied, la marche triomphale qui le conduisit chez le concierge.

« Ma foi, disait-il à François, je commençais à
« douter de la vérité des travaux d'Hercule,
« comme de la manière de monter à cheval des
« Numides. Mais il est constant qu'il y a des
« monstres, puisque j'en ai tué un, et alors Her-
« cule peut fort bien en avoir détruit un demi-
« cent. Ah ! répondait François, vous n'avez pas
« encore eu le temps de bien examiner celui-ci.
« Au reste, si quelque poète prenait la peine de
« mettre en beaux vers votre aventure, je ne sais
« pas trop ce qu'on en penserait dans deux mille
« ans. »

Le cortége arrive chez le concierge. Huit hommes suffisent à peine pour enlever le mort, et le déposer sur deux grandes tables rapprochées à cet effet. Ils paraissent ployer sous le fardeau, et Hippolyte observe, de la porte, que son ennemi conserve encore cet air menaçant, qui ne l'a point intimidé.

Dans le fond de l'ame, le jeune homme ne savait trop que croire. Il avait vu François sourire, et ce sourire l'avait encouragé, parce qu'il savait son tuteur incapable de l'exposer au moindre péril. D'un autre côté, le premier tireur du monde, Bellement était là pour veiller à sa sûreté, et pourquoi cette précaution, s'il n'y avait pas de danger? C'est ainsi qu'autrefois Minerve veilla sur Télémaque combattant Adraste, et qu'elle soutint ses forces épuisées. Il est très-honorable sans doute pour M. Bellement d'être comparé à Minerve, et cette idée, tout absurde qu'elle était, fut celle qui fixa notre Adolphe, parce qu'elle flattait son amour-propre. Il trouvait pourtant assez extraordinaire qu'un animal d'une forme aussi bizarre se fût trouvé dans un parc. Au reste, il n'y avait pas moyen de douter de l'identité.

François proposa d'écorcher le monstre, d'empailler sa peau, et de la suspendre à la voûte d'un arc de triomphe, qu'on éleverait sur le mont Ida, en mémoire de ce grand évènement. Adolphe applaudit beaucoup à la proposition, et il s'approcha bravement des deux tables, précédé de quatre hommes, armés chacun d'un bon couteau... Mais, hélas! hélas! et quatre fois hélas! que les choses les plus mémorables sont quelquefois ridicules pour ceux qui les voient de près!

On met l'animal sur le dos, et Adolphe observe que ses pattes grêles n'ont aucune proportion avec le reste du corps. D'un seul coup on lui ouvre le ventre de la clavicule au scrotum, et Adolphe remarque que cette peau crie en se déchirant comme du taffetas gommé. On écarte à droite et à gauche ces prétendues côtes de six pouces de large, et elles se brisent comme un paquet d'allumettes. Cependant, l'intérieur ressemble à la caverne de Polyphème ; mais on n'en tire qu'un joli cochon de six mois, et il ne reste sur les tables qu'un manequin d'ósier, recouvert d'une toile peinte à l'huile, et enduite de poix et de glu.

Adolphe est stupéfait, humilié, et les spectateurs se pincent les lèvres pour ne pas éclater. « Monsieur, dit François qui voulait corriger son « pupille, sans lui faire rien perdre de sa considé- « ration, monsieur, il n'est pas nécessaire, pour « prouver qu'on est brave, de tomber sous la dent « meurtrière d'un tigre ou d'un lion. Il suffit de « chercher le péril où on est convaincu de le « trouver, et c'est ce que vous avez fait de la « meilleure grace du monde. Mais, comme vous « ne pouvez fusiller un cochon tous les jours, « parce que ce passe-temps deviendrait un peu « cher, que d'ailleurs l'illusion étant détruite, « cette chasse n'aurait plus rien d'héroïque, je « vous conseille de vous en tenir aux lièvres et « aux perdrix. — Mais, mon ami, cette manière « de chasser n'a rien du tout qui déroge. Si les « sévères Spartiates forçaient la grosse bête sur le « mont Taygète, Xénophon nous apprend qu'ils « ne dédaignaient pas les perdrix et les lièvres « que leur fournissait la plaine. — Hé bien, mon- « sieur, suivez leur exemple. Vous aurez du moins

« le mérite de l'adresse, et c'est quelque chose
« que cela. »

Ce dénoûment devait amener des réflexions opposées aux premières. Il se pourrait fort bien, pensait alors Adolphe, que les monstres anciens aient beaucoup de rapports avec celui-ci, et d'après l'origine donnée à Hercule, il se pourrait encore qu'il n'ait pas existé du tout. Adolphe se gardait bien d'émettre cette opinion : il se fût cru coupable du crime de lèse-antiquité. « Allons, al-
« lons, dit-il, si les prodiges d'Alcide ne sont pas ri-
« goureusement démontrés, au moins ne me con-
« testera-t-on pas les siècles brillans d'Alcibiade
« et de Périclès... — Pas plus, monsieur, que
« ceux d'Auguste, des Médicis, et de Louis XIV.
« Vous voyez que je commence à connaître les
« modernes. — Vive donc, vive à jamais l'Attique !
« Chassons au fusil dans ce parc ; mais soyons
« Grecs dans ma nouvelle Athènes.

« Ah ! mon dieu, poursuivit le jeune homme,
« dont les sens calmés devenaient accessibles à la
« douleur, ah ! mon dieu, qu'ai-je donc aux jambes
« et aux cuisses ? — Vous les avez déchirées, san-
« glantes. — Il est pourtant incontestable que les
« anciens avaient les bras, les jambes et les cuis-
« ses nus. — Peut-être, monsieur, n'y avait-il
« dans les forêts de la Grèce, ni ronces, ni épines,
« ni chardons, ni branches de bois sec. — Ah !
« vous plaisantez, monsieur François. Nierez-vous

« que les Grecs soient peints à peu près comme
« me voilà, et ne viens-je pas de vous dire qu'on
« chassait dans ce pays-là, comme dans un autre?
« — Hé, monsieur, une jolie femme court-elle
« les rues de Paris, au mois de janvier, avec son
« habit de bal ? — Voilà ce que vous avez dit de
« plus raisonnable. Il se pourrait, en effet, que dans
« certaines circonstances, les Grecs chaussassent
« une espèce de long cothurne, et c'est ce que
« j'aurais dû faire comme eux. — Oui, monsieur,
« une culotte, des bas, une bonne veste, et une
« selle sur le dos de votre cheval. »

Adolphe n'était ni satisfait, ni convaincu; mais il n'avait rien à opposer à l'expérience, et il eut le bon esprit de profiter de celle qu'il avait acquise à ses dépens. Il se vêtit, il apprit à tirer, et il convint qu'un fusil vaut bien un arc, et qu'il est plus agréable de courre le renard, que de combattre des monstres.

DEUXIÈME PARTIE.

CHAPITRE PREMIER.

L'inauguration.

Athènes était sortie de ses ruines, et l'ensemble des travaux présentait déja un abrégé riant de la Grèce. Le théâtre, ainsi que les autres édifices, allait être terminé, et la princesse Aricie était totalement oubliée. Marguerite l'avait emporté sur Aspasie, et la chasse sur la princesse. Mais tout ce qui a des rapports directs avec nous, est borné comme notre être : voilà probablement pourquoi nous nous lassons de tout, ou plutôt pourquoi tout nous lasse.

Ainsi Adolphe, ennuyé de la chasse, avait conçu un nouveau projet : c'était de jouer la tragédie dans la langue de ses fondateurs, et quoi de plus facile? il savait le grec, et les savans, qui habiteraient ses maisonnettes, le sauraient aussi. Il lui paraissait assez difficile de trouver deux ou trois femmes qui pussent le seconder. Mais enfin il y a eu une madame Dacier : pourquoi, en cherchant bien, n'en trouverait-on pas quelque autre? et puis, n'a-t-on pas la voie des Petites Affiches, qui vous trouvent tout ce que vous voulez?

L'imagination montée là-dessus, Adolphe se promenait, Eschyle, Sophocle ou Euripide à la main. Il déclamait à haute voix dans l'île de Cythère, dans la vallée de Tempé, sous le péristyle du temple d'Éphèse, sur la pointe du rocher de Leucade. Il déclamait, en se promenant sur son lac, dans ses Champs-Élysées, et partout il retrouvait d'antiques souvenirs. Après avoir déclamé, il chantait sur un air impromptu, une scholie de Sapho, ou d'un autre, et ses ouvriers le prenaient pour un sorcier qui débitait le grimoire.

Quelquefois, excédé de fatigue, et inhabile à articuler, il reprenait son fusil. Assez souvent il allait voir Marguerite, et la petite le recevait toujours bien, parce qu'elle lui devait son bonheur.

Elle l'avait aimé quelque temps encore après son mariage. Mais Nicolas était jeune, bon, sensible; il lui parlait la langue de la nature; il avait ouvert son cœur au plaisir, et il est des leçons qu'une femme reconnaissante oublie difficilement.

Adolphe la trouvait embellie par un air de gaîté qui ne lui échappait point, et qui blessait son amour-propre : il était piqué qu'on pût aimer un autre que lui. Quand ses yeux se portaient sur une taille qui s'arrondissait chaque jour, quand un coin du fichu trahissait ces sources charmantes, dans lesquelles s'élaborait déjà la première, la plus nécessaire des liqueurs, il rougissait, il soupirait. Ce n'était plus de l'amour qu'il sentait ; il ne se le dissimulait point. Il s'avouait même que jusqu'alors ses sens seuls avaient parlé ; mais il éprouvait que, dans cette situation, l'objet présent est toujours celui qui sait plaire.

Malgré la rigidité de ses principes, il se laissait quelquefois aller au charme qui l'entraînait ; il tenta même de renouveler la scène de la noce, que peut-être vous n'avez pas oubliée. Mais ses avantages n'étaient plus les mêmes. La petite avait acquis de l'expérience, et ses sens étaient satisfaits. Elle répondait par des plaisanteries à des expressions brûlantes ; elle riait des soupirs et des reproches, et femme qui rit, n'est pas disposée à se rendre.

Adolphe sentait cela, et cependant le désir le ramenait toujours auprès de Marguerite : désirer, c'est déjà jouir. La petite, en dépit de sa sagesse, était intérieurement flattée des assiduités du beau monsieur. Osait-il entreprendre, elle lui échappait en folâtrant, j'en conviens ; mais paraissait-il mécontent, rebuté, elle agitait la cendre par un regard voluptueux, par le plus doux sourire ; l'étincelle scintillait, le feu se communiquait partout. Voilà du manége, de la coquetterie, allez-vous dire. Hé, mon cher, au village comme à la ville, on ne voit que cela, et femme est partout bien aise de plaire, même à celui qu'elle ne veut pas aimer.

Adolphe eût été long-temps dupe de ces petites ruses, si des objets majeurs ne l'eussent soustrait à cette espèce de séduction.

Il s'agissait de l'inauguration de la nouvelle Athènes, et cette importante cérémonie devait réunir la pompe et le goût qui distinguaient les fêtes antiques. Adolphe, plein d'érudition, eut la modestie, ou sentit le besoin de consulter son ami Duval. Ils discutèrent gravement et longuement; enfin, le dixième jour, le plan, les détails arrêtés et écrits, il fut convenu que le savant amènerait à Athènes des confrères capables d'en apprécier les beautés et dignes de figurer à la fête.

Les confrères, très-flattés de l'espoir de contempler le tableau vivant de l'objet de tant de recherches, arrivèrent à l'heure indiquée, avec leurs épouses, leurs filles, et ceux de leurs élèves qui connaissaient un peu l'alphabet grec.

Les costumes, les chars, les draperies étaient déposés chez Nicolas et le père Dufour. Deux heures avant le lever du soleil, Adolphe réveilla tous ses hôtes. Ce procédé parut un peu dur à de jolies femmes qui ne connaissaient l'aurore que par ses bontés pour Titon. Les représentations, les plaintes ne furent point écoutées. Il fallut partir pour le village, et passer successivement par les mains des coiffeurs, de douze ou quinze habilleuses de différens théâtres, après avoir été, selon l'usage antique, baignées et parfumées par les plus jolies filles du lieu.

Au point du jour, des Faunes, des Sylvains, des Corybantes, portant des pipeaux, des lyres, des cythares, ouvrirent la marche. Comme ces messieurs ne savaient pas jouer de ces instrumens, qui, d'ailleurs, étaient de carton, on les avait fait suivre par un char portant un Olympe, chargé d'un quarteron de divinités, et dans les flancs duquel était cachée la moitié de l'orchestre de l'opéra.

Or, comme ceux qui cultivent les arts sont les enfans chéris des dieux, Plutus excepté, après l'Olympe, paraissait immédiatement un Parnasse, sur lequel les connaisseurs remarquaient Dédale, Hésiode, Homère, Dibutade, Arion, Solon, Ésope, Simonide, Anacréon, Théano, Pindare, Socrate, Xénophon, tous les tragiques et comiques grecs, enfin, Hippocrate, parce que la médecine se glisse partout, et la ressemblance était frappante, ainsi que vous pouvez le croire.

Huit athlètes choisis parmi les forts de la halle, venaient ensuite, portant une colonne de bois érigée à Cécrops, fondateur de la vieille Athènes.

Sur un petit char fort joli, était perchée Marguerite, couronnée d'épis, portant une faucille d'une main et une gerbe de l'autre. On avait choisi de préférence cette Cérès, pour désigner plus précisément tous les genres de fécondité qui devaient faire fleurir la colonie.

M. Adolphe, M. François, M. Duval, messieurs ses confrères, messieurs leurs élèves, mesdames leurs épouses, mesdemoiselles leurs filles, suivaient sur un vaste amphithéâtre roulant. Les hommes représentaient les demi-dieux et les sept sages ; les dames figuraient en Graces, en Naïades, en Néréides. La vaste machine était traînée par six chevaux blancs, qu'Adolphe assurait être de la race de ces chevaux de Sicyone, si vantés par Démosthènes, et il en donnait une preuve incontestable : c'est que le marchand à qui il avait demandé de cette espèce, lui avait à l'instant fait la généalogie de ceux-ci, et l'avait affirmée véritable.

Derrière l'amphithéâtre, marchait un chœur de jeunes filles, qui ne chantaient rien, parce qu'un jour comme celui-là, on ne pouvait chanter que du grec.

En récompense, elles riaient beaucoup, parce qu'elles étaient vigoureusement lutinées par une vingtaine de charbonniers, dont on avait fait des satyres.

La pompe triomphale était fermée par une troupe d'Oplites, ou, pour être plus clair, de soldats pesamment armés.

On se promena deux heures dans le chemin tortueux qui régnait sur le pourtour de la Grèce, et qui fut nommé l'Hippodrome, en commémoration du lieu où se faisaient les courses de chars et de chevaux. Or, comme deux heures d'une promenade uniforme sont fort longues, on commençait à bâiller, lorsqu'on s'arrêta devant le temple d'Éphèse.

C'est là que Adolphe prononça un discours grec, dans lequel il avait réuni toute son érudition, et qui, par cette raison, ne finissait point. Les bâillemens redoublèrent, ce qui est humiliant pour un orateur. Comme on ne comprenait point celui-ci, et qu'au fond, il lui était assez indifférent de s'arrêter plus tôt ou plus tard, il termina en disant que son Athènes ne serait point, ainsi que l'ancienne, consacrée à Minerve, dont la sévérité effraie les ris et les jeux; mais à Vénus, leur bonne, sensible et très-facile mère.

Cette idée, rendue en Français par M. Duval, faisant fonctions de truchement, réveilla l'auditoire, qui applaudit beaucoup, qui réapplaudit à plusieurs reprises, parce qu'il espérait dîner bientôt, et qu'un bon repas vaut mieux que la meilleure harangue : on n'était pas encore à table.

Du discours, qui avait eu si peu de succès, on passa aux préparatifs d'un sacrifice à Diane, qui ne devait pas réussir davantage. Adolphe, qui ne calculait pas encore, avait parlé, à Paris, d'un hécatombe de cent bœufs, et François avait jeté les hauts cris. L'ami Duval avait fait observer que ces monstrueux sacrifices ne se faisaient que lorsque le clergé était affamé, et qu'ils n'étaient offerts que par une nation en corps, ou un souverain puissant. Adolphe avait eu beaucoup de peine à se restreindre à une biche ; mais il voulut au moins qu'elle fût blanche, et quoi que pût dire François, il fut obligé d'envoyer Bellement aux Ardennes, lequel, après beaucoup de soins et de dépenses, n'en ramena qu'un cerf.

On avait coupé ses bois, on l'avait couronné de fleurs, on l'avait bardé de fleurs, on avait couvert de fleurs les parties indicatives du sexe ; ce cerf enfin jouait la biche de manière à tromper tous les yeux.

Mais quand les Graces et les Nymphes de l'amphithéâtre virent le pontife s'approcher de la biche, les manches retroussées, et un grand couteau à la main, elles détournèrent la tête, en s'écriant que l'Hiérophante avait l'air d'un boucher, et c'en était un de la rue Saint-Martin.

Lorsqu'il plongea la main dans le corps de la victime, qu'il en arracha les entrailles fumantes, qu'il y chercha l'avenir avec la gravité d'un prêtre, accoutumé à faire son métier sans rire, un cri général d'improbation s'éleva de toutes parts.

Les femmes se plaignaient qu'on les eût menées à la boucherie, elles qui ne peuvent voir tuer un poulet, mais qui en mangent tous les jours ; les savans eux-mêmes, en rendant justice à la vérité des tableaux de M. Luceval, observaient que les fêtes antiques valent mieux en description qu'en réalité. Ils auraient pu en dire autant des modernes.

Vous jugez combien de telles irrévérences faisaient souffrir Adolphe, et combien elles étaient agréables au tuteur, qui voulait, à toute force, faire un Français de son pupille. Le jeune homme, pour imposer silence aux critiques, fit jouer la plus bruyante des fanfares.

Messieurs les Faunes, les Sylvains, les Corybantes, dirigèrent la marche vers un trou préparé pour recevoir la colonne de Cécrops. Autre discours d'Adolphe, en l'honneur du fondateur de la véritable Athènes, dans lequel il rappelait ce que ce grand homme avait fait d'utile. Il cita Pausanias, Platon, Thucydide, et, plus infortuné cette fois que la première, il eut la douleur d'entendre ronfler ceux qui étaient assis, et de voir les autres, cédant à la force des pavots que distillait sa jolie bouche, s'asseoir et fermer les yeux.

Il y avait de quoi entrer en fureur, ou du moins on pouvait gémir sur la décadence du goût et le peu de respect porté à la sublime antiquité. Adolphe ne crut pas qu'il convînt à sa dignité de hasarder un troisième discours. Que peut en effet le législateur le plus puissant, contre l'opinion et les circonstances?

Cependant il fallait secouer les dormeurs. La ressource des fanfares n'était plus neuve, et un politique profond n'emploie jamais de moyens incertains. Adolphe fit partir, au grand trot des chevaux, son amphithéâtre, l'Olympe et le Parnasse, espérant que les fantassins suivraient de loin ou de près.

On arrive, en trottant, à l'ouverture du temple de Delphes, car vous sentez qu'un fondateur d'empire ne manque jamais de consulter l'oracle, qui répond toujours de travers, mais dont on interprète les réponses suivant que les colons ont besoin d'être animés ou calmés, éclairés ou trompés. Les prêtres d'Apollon, de la façon d'Adolphe, savaient déja parfaitement leur métier. Ce que c'est que l'esprit de la robe !

Au fond de la grotte, sur un trépied couvert d'une peau de chèvre, parce qu'on n'avait pu se procurer celle du serpent Python, était assise une vieille édentée, aux yeux rouges, aux quatre ou cinq poils gris sur le sommet de la tête, et dont le bout du nez reposait sur la pointe d'un menton retroussé. C'était la dernière des sauteuses du cimetière de Saint-Médard, qu'on avait dénichée de son grenier à force de courses et de recherches, et qui, à volonté, grinçait des gencives, écumait, se tordait les bras, et recevait des coups de bûche sur l'estomac sans qu'il y parût.

Interrogée en grec si la colonie prospérerait, elle répondit *oui*, *ou non*, en français, bien qu'elle prétendît avoir le don des langues; mais, déterminée à gagner son argent de quelque manière que ce fût, elle fit tant de contorsions, de grimaces, elle eut de si horribles convulsions, que les Néréides et les Naïades sautèrent de l'amphithéâtre sur le gazon, et se dispersèrent par toute la Grèce, pour prévenir les attaques de nerfs.

Les savans demandèrent à Adolphe si enfin il n'avait pas fini. Il répondit, en soupirant, qu'il ne restait plus qu'une représentation des jeux olympiques, dont l'exécution les étonnerait, et qui ne durerait guère que trois heures. A ces mots, ils descendirent de l'amphithéâtre, les uns sous un prétexte, les autres sous un autre. Le Cécrops moderne était resté seul avec l'ami Duval, qui, d'intelligence avec François, hasardait de loin en loin quelques mots propres à déraciner un reste de manie grecque. Le moment n'était pas venu : l'enthousiasme que l'activité et le brillant du rôle avaient rallumé, était encore à son comble.

« Mes jeux olympiques, dit Adolphe, qui n'en-
« tendait pas même ce que lui disait Duval, mes
« jeux olympiques sont réglés précisément sur
« les descriptions qu'en ont laissées Aristote et
« Diodore de Sicile, et je verrai seul, s'il le faut,
« une image fidèle de ces fêtes qui ravissaient
« toute la Grèce. Vous êtes de l'Attique, vous,
« qui ne me quittez point : les autres sont de
« grossiers Béotiens, indignes de jouir d'un tel
« spectacle.

« Descendons et marchons, répondit Duval.

« — Non pas, s'il vous plaît. — Deux hommes
« seuls sur ce vaste amphithéâtre ne sont presque
« qu'un point dans l'immensité. — A la bonne
« heure ; mais vous savez très-bien qu'aux jeux
« olympiques les spectateurs étaient rangés sur
« des amphithéâtres. J'en voulais douze, et je
« n'ai pu obtenir de M. François que celui-ci.
« Qu'il y en ait au moins un à mes jeux. De la
« vérité, de la vérité, Monsieur Duval ; rien n'est
« beau que ce qui est vrai. »

Le malheureux cocher qui avait autant d'envie
de dîner qu'un autre, fut obligé de tourner vers
la vallée de Tempé, où était préparée l'arène.
Adolphe chercha des yeux ses luteurs, ses coureurs, ses athlètes... Ennuyés, comme les Grecs
de toutes les classes, ils s'étaient dispersés comme
eux.

Adolphe jure qu'ils n'auront pas impunément
manqué au public, et ce public se réduisait à
deux personnes. Il coupe les traits d'un des chevaux de Sicyone, saute dessus, et galope çà et
là, pour rassembler ses gens. Duval profite du
moment pour descendre, le cocher pour dételer.
Tout fuit ou se cache devant l'infortuné Cécrops,
qui crie à tue-tête, et qui ne parvient pas à réunir quatre personnes. A ses vociférations, à ses
plaintes, on ne répond qu'un mot : *A dîner*.

Il retournait vers l'arène, la tête basse, l'ame
froissée, lorsqu'il eut la douleur de rencontrer le

digne habitant de l'Attique, qui, à son aspect, chercha à se cacher comme les autres. « Et vous « aussi, vous m'abandonnez, lui dit Adolphe avec « un profond soupir ! Ma foi, mon ami, lui ré- « pondit Duval excédé, je vous demande bien « pardon, mais je n'y tiens plus. — Encore une « heure ou deux seulement. — Non, en vérité. « Je pense maintenant, comme mes confrères, « que le plus mauvais office que vous puissiez « rendre aux commentateurs, aux glossateurs, « aux lecteurs, c'est de mettre en action ce qui « n'est bon qu'à être lu. — Et vous osez émettre « une telle opinion, vous que je croyais un des « plus fermes soutiens du parti ! — Ah ! voilà le « vrai mot, *un parti*. On nous berce avec des « niaiseries, nous cherchons à nous persuader « de leur réalité, et nous nous ferions mettre en « pièces pour les défendre. — Ah ! Duval, Duval, « je suis donc le seul Grec qui reste au monde ! « — Hé, morbleu, pourquoi vouloir être Grec, « quand la nature vous a fait Français, et Fran- « çais aimable ? Croyez-vous d'Epernon fort au- « dessous d'Alcibiade ? pensez-vous que Rousseau « ne vaille pas Pindare, et Bouflers Anacréon ? « Présentez vos avantages de manière à les faire « valoir, et cessez de prodiguer l'or, pour n'ache- « ter que des ridicules.

« — Ah ! divin Jupiter, qu'entends-je là ! une « cloche ! c'est une horreur, une abomination. « Jamais, en Grèce, appela-t-on les convives au

« banquet au son de la cloche ! — Pourvu qu'on
« sache qu'on est servi, qu'importe que ce soit
« par une cloche ou autrement ? — L'illusion est
« détruite, il n'y en a plus. Mon festin grec man-
« quera son effet, et il est composé sur le Cui-
« sinier Sicilien de Mithœcus, et la Gastronomie
« d'Archestrate. »

Adolphe continuait, en marchant, d'exhaler ses regrets, et il se laissait conduire par Duval. Il résistait un peu, mais seulement pour la forme : il se sentait prêt à tomber d'inanition.

Ce que n'avaient pu faire ses prières, ses représentations, la cloche l'avait fait en un instant. Hommes et femmes, poussés par un appétit dévorant, se rassemblaient de toutes parts, se précipitaient sous une tente légèrement drapée, où était dressée une table circulaire de cent cinquante couverts.

L'odorat fut flatté d'abord de l'odeur des parfums qui brûlaient aux quatre coins du pavillon; mais on rit aux éclats en voyant autant de lits qu'il y avait de convives. On avait bien voulu être Grec une partie de la journée; mais on voulait au moins être Français à table. Les hommes trouvèrent l'attitude incommode ; les dames déclarèrent que lorsquelles se couchaient pendant le jour, ce n'était pas pour manger. Adolphe les supplia de se conformer à l'usage antique. Au lieu de l'écouter, chacun s'assit sur le bord de son lit, et promena ses regards sur les différens mets dont la table était chargée. Plus d'illusion, plus d'illusion, répétait Adolphe.

Des esclaves se présentèrent avec des aiguières pour donner à laver. On leur répondit qu'on n'avait pas besoin d'eux pour se tenir les mains nettes, et on les envoya promener. De nouveaux esclaves entrèrent avec des couronnes. Les jeunes femmes se laissèrent couronner en minaudant ; les mamans, qui craignaient le ridicule, refusèrent net ; les hommes demandèrent si on ne se lasserait pas de se moquer d'eux... Adolphe n'avait plus sa tête à lui.

Il pria qu'on voulût bien tirer au sort le roi du banquet, chargé par toute la Grèce de maintenir l'ordre, de fixer les momens où on boirait à longs traits, de désigner les santés qu'on porterait, et de faire exécuter les lois établies parmi les buveurs.

Les dames répondirent à l'unanimité, qu'où règne la décence, il n'y a pas de désordre à prévenir ; qu'elles n'avaient point l'habitude de boire à longs traits ; qu'elles portaient les santés de qui bon leur semblait, et que les lois des buveurs étaient faites pour les cabarets.

Adolphe proposa de prélever au moins les prémices de chaque plat, pour les offrir à Vénus. Vénus n'a besoin de rien, lui répondit-on, et nous mourons de faim.

Le pauvre jeune homme ne se possédait plus. Il essaya cependant de se remettre, et emplit

une coupe de vermeil. Il y porta les lèvres, et la passa à son voisin, qu'il invita à la faire circuler. Cette cérémonie, dit-il, était le symbole de l'amitié qui doit unir les convives. « On ne
« s'aime ni plus ni moins, répondit une grosse
« maman, pour boire à la même tasse, et je ne
« me soucie pas de cela. Permettez que nous
« ayons chacun notre verre. Goûtons d'abord le
« vin. »

« Hélas, madame, dit Adolphe, j'aurais voulu
« vous offrir du Corcyre, du Naxos et du Chio.
« Je n'ai que du Saint-Emilion, du Clos-Vougeot,
« de l'Hermitage, du Madère et du Champagne
« mousseux. — On s'en contentera, on s'en con-
« tentera, s'écrièrent les convives. Il est excellent,
« le Bordeaux! — Il est délicieux le Bourgogne! »
A ces douces paroles, Adolphe se relève sur son lit, en soutenant avec grace sa tête d'un bras arrondi à l'antique, et il salue gracieusement l'assemblée.

« Monsieur Luceval, reprit la grosse dame,
« qu'est-ce, s'il vous plaît, que ces ragoûts, dont
« aucun ne m'est connu? — Voici, madame, des
« œufs de paon, accommodés avec du thym et
« du miel. — Et ceci? — Ce sont des têtes d'agneaux
« à l'oximel. — Ah! ah! — Voici un foie de san-
« glier au fromage et aux raisins secs; le ventre
« d'une truie, assaisonné avec du cumin, du vi-
« naigre et du silphium; des tourterelles à la
« menthe et au romarin; un cochon de lait à la

« sesame, à la coriandre et à l'ail; des oies... —
« J'entends, monsieur, j'entends. Rien de français
« dans tout cela. Au reste, il ne faut pas se laisser
« aller à la prévention. Essayons de la cuisine
« grecque. »

On s'empresse de découper; on fait circuler les plats; chacun se sert, goûte... C'est détestable, disait l'un; c'est du poison, reprenait l'autre. Les esclaves enlevaient les assiettes toutes chargées. On prenait d'un autre mets, et on répétait les mêmes grimaces et les mêmes exclamations. « Tout
« ici est grec, jusqu'au pain, reprit la grosse dame.
« Ce pain, répondit modestement Adolphe, dé-
« solé, déconcerté, est cependant fait d'après Athé-
« née, avec du lait, de l'huile et du sel. — Fort
« bien, monsieur, fort bien! après nous avoir
« fatiguées pendant cinq à six heures, vous nous
« renvoyez sans dîner! — Vous voyez, madame,
« que ce n'était pas mon intention. Au reste, si
« ce service vous déplaît, passons au second. —
« Et peut-on savoir, monsieur, de quoi il est com-
« posé?

« — J'avais inscrit sur le menu la murène, la
« dorade, le xiphias, le pagre. M. François m'a
« représenté qu'en crevant cent chevaux, ce pois-
« son n'arriverait pas frais, et je vous demande
« pardon, madame, de ne vous présenter qu'un
« turbot, des maquereaux, des soles.... — Et vou-
« driez-vous me dire, monsieur, s'ils sont aussi à
« l'oximel, à la coriandre et à la menthe? — Oh!

« madame, cela était indispensable. — Allons, je
« vois bien que c'était un parti pris. Monsieur
« voulait nous guérir pour la vie des rêveries
« grecques. Croyez-moi, mesdames, gagnons le
« village; dînons de ce qui se trouvera, et pen-
« dant qu'on nous apprêtera quelque chose à la
« hâte, reprenons nos habits. Surtout ne parlons
« à personne de cette mystification; les rieurs ne
« seraient pas de notre côté... La Grèce, la Grèce!
« Vive la France, mesdames, vive la France!
« Vive la France! répétèrent tous les convives, en
« se levant. » A ces derniers mots, Adolphe retomba sur son lit, au désespoir, et dans l'attitude
la plus grecque que put lui fournir sa mémoire.

« Mesdames et messieurs, dit François, d'un air
« d'importance, j'ai prévu à peu près tout ce qui
« est arrivé aujourd'hui, et j'ai pris en particulier
« mes petits arrangemens. Prenez la peine de me
« suivre jusqu'au théâtre, qui n'est qu'à deux
« cents pas d'ici, et là, nous redeviendrons Fran-
« çais de toutes les manières. Monsieur, continua-
« t-il, en s'adressant à Adolphe, vous avez dé-
« pensé considérablement, sans jouir de rien;
« venez vous dédommager, et surtout vous res-
« taurer : vous en avez grand besoin. »

On sort, on court, on vole. François prend
Adolphe sous un bras, Duval sous l'autre, et on
arrive au théâtre. Un plancher, élevé sur le par-
terre, avait fait du tout un vaste salon; le foyer
était transformé en cuisine et en office; les habits

français avaient été rapportés du village, et répartis dans les loges destinées aux acteurs.

On avait proposé d'abord de quitter le costume ; mais, ma foi, à la vue d'une nouvelle table, couverte de mets succulens et délicats, on oublia l'antipathie qu'on avait conçue pour la Grèce, et on s'occupa de l'essentiel : on dîna.

Adolphe, qui n'avait avalé lui-même le cumin, le miel et la sesame que par opiniâtreté, mangea en Français affamé, et, au dessert, il convint d'assez bonne grace que si la première cuisine était plus respectable, celle-ci était infiniment plus de son goût.

Il est cependant très-présumable que les Grecs, aussi voluptueux que nous, combinaient leurs assaisonnemens de manière à flatter le palais le plus insensible. Mais le cuisinier français, qui n'avait pas l'habitude des procédés de Mithœcus et d'Archestrate, devait gâter tout. François avait compté là-dessus, et ne s'était pas trompé.

A l'humeur que donne une longue abstinence, avait succédé la gaîté que fait pétiller le Champagne. On rit beaucoup des niaiseries du matin, et si Adolphe ne rit pas avec les autres, il eut au moins le bon esprit de ne pas s'affecter des traits qui lui étaient directement adressés. Il se promettait bien d'être toujours Grec ; mais il jura à demi-voix, dans son idiôme favori, de cesser de le paraître. « Et vous aurez raison ; il faut toujours
« être de son siècle », lui répondit, dans le plus

pur dorien, une jeune personne assise près de lui, que son trouble, sa petite humiliation, et surtout son appétit, ne lui avaient pas permis de remarquer très-particulièrement encore.

Étonné, il la regarde, et il s'étonne encore plus. Ce n'est pas une beauté parfaite, c'est la plus jolie petite figure, animée par la vivacité française ; ce sont des graces naturelles et naïves ; c'est de l'espièglerie, tempérée par la décence ; c'est une fille charmante et qui parle grec !

O Marguerite, ô Aricie! votre empire est éteint. Une fille charmante, et qui parle grec !

« Comment est-il possible, dit Adolphe, de « réunir tous les dons naturels à l'esprit le plus « cultivé ! — Oh ! parlons français, monsieur. Une « femme peut avoir des connaissances pour sa « satisfaction personnelle, mais elle doit éviter de « ressembler à un professeur de langues. — Vous « ne ressemblerez jamais qu'à ce que... à ce qui... « Oh ! parlons grec, je vous en supplie ; je vou- « drais n'être pas entendu de tout ce monde-là. » Et ces derniers mots furent prononcés à voix basse. « Quoi, monsieur, vous pensez à me dire « des choses que tout le monde ne peut entendre ? « reprit très-haut la jeune personne. — Qu'y « a-t-il donc, Manette ? — Rien, maman ; une « observation que je me permets de faire à mon- « sieur. »

Adolphe, plus déconcerté encore qu'à son dîner athénien, baissa les yeux et rougit. Il les releva peu à peu; il regarda mademoiselle Manette d'un air timide; sa jolie figure n'exprimait pas la colère, et il chercha à renouer la conversation.

« Madame est donc votre mère, mademoiselle? « — Oui, monsieur. — Elle a l'air très-respec« table. — Et elle l'est en effet. — Monsieur votre « père est sans doute ici? — J'ai eu le malheur « de le perdre il y a trois ans. — C'est un malheur « trop réel. Et oserais-je vous demander ce qu'il « était? — Colonel au corps du génie. »

Une jeune personne accomplie, qui est la fille d'un colonel, et qui sait le grec... Hé bien, je suis sûr que celle-ci ne conviendra pas encore à monsieur François, pensait Adolphe.

Il me vient une excellente idée, dit Duval. Nous formons une nombreuse et assez plaisante mascarade. Si messieurs de l'Opéra étaient jaloux de faire leur cour à ces dames, dans un quart-d'heure au plus commencerait le bal masqué. Il ne faut que le temps d'enlever la table, et, pour ne pas gêner le service, allons courir un peu la prairie et le bosquet, qu'il est assez inutile d'appeler désormais la vallée de Tempé et les Champs-Élysées.

« Sortons, sortons! s'écrièrent les jeunes per« sonnes. Sortons, » répétèrent les mamans, toujours empressées de procurer de l'agrément à leurs filles. Adolphe saisit avec transport la main de mademoiselle Manette, la passa à son bras, et s'éloigna avec elle de la foule, autant qu'elle voulut bien le permettre.

« Hé bien, messieurs, reprit Duval, vous ne
« répondez point à mon invitation? — Nous dé-
« libérons, dit le plus important et le moins habile
« de la troupe. Nous serons trop heureux sans
« doute de faire quelque chose qui soit agréable
« à ces dames; mais nous nous demandons si
« des membres du premier orchestre du monde
« peuvent, sans déroger, descendre jusqu'à la
« contredanse. — Hé, messieurs, ne faites-vous
« pas danser tous les jours Télémaque et Achille?
« — Mais ce sont des héros. — Pendant qu'ils en
« ont les habits, et nous les avons comme eux.
« Dans cette circonstance, d'ailleurs, vous avez
« cent pour cent à gagner : nous vous tenons
« quittes des répétitions.

« — Tout cela est fort bien, monsieur; mais je
« vous prie d'observer que messieurs nos admini-
« strateurs sont excessivement jaloux de l'honneur
« du corps, et que... — Je vais mettre votre amour-
« propre à couvert par la plus flatteuse des compa-
« raisons. Le roi David, qui valait bien à lui seul
« tout un orchestre, ne dédaigna pas de jouer et
« de danser tout à la fois. Voulez-vous gagner
« cent pour cent encore? ne dansez point. Ou
« bien, tenez, arrangeons cela de manière à ce
« que vous puissiez gagner tout, tout absolument.
« Vous êtes trente : que six seulement veuillent
« bien, et par tour, contribuer aux plaisirs de la
« société, et que les vingt-quatre autres parta-
« gent ceux qu'ils auront procurés. Vous serez

« véritablement plus grands qu'à l'Opéra où vous
« ne franchissez jamais les bornes de l'orchestre ;
« vous serez en analogie parfaite avec le grand
« roi David, et vous conviendrez, messieurs,
« qu'il est beau pour un musicien, de quelque
« classe qu'il soit, de se ranger sur la ligne des
« souverains.

« Mais, en effet... dit un petit cor... Hé ! certai-
« nement, reprit l'alto. Le roi David était un
« très-grand prince, ajouta un basson. Il a au-
« jourd'hui plus de réputation que jamais, con-
« tinua une clarinette. Et on peut se contenter
« d'être jugés dignes de la comparaison, affirma
« une contre-basse. — Sans doute, sans doute, il
« faut savoir se rendre justice. — C'est clair ; tout
« le monde ne peut pas régner — Ce n'est pas
« que nous ne soyons très-en état de gouverner,
« comme tant d'autres. — Parbleu, il faut bien
« plus de talent pour manier le bâton de mesure,
« que le sceptre. »

« Puissamment raisonné, messieurs, reprit Du-
« val. Allons, descendons un moment du trône,
« et faisons danser ces dames. »

Une autre conversation, bien plus intéressante
sans doute, se continuait dans les parties reculées
des jardins. « Mais, quelle manie avez-vous donc,
« monsieur, de chercher ainsi les petits coins ? —
« Ah ! mademoiselle, c'est que... c'est que... —
« C'est tout ce qu'il vous plaira, monsieur ; mais
« je n'aime pas la solitude. — Il est pourtant bien

« doux, quand on est deux, qu'on s'aime, qu'on
« peut se le dire, de s'isoler du monde entier, de
« ne vivre que pour soi. — Je ne vous entends
« plus. — Ah! mademoiselle désire que je m'ex-
« plique plus clairement? — Je ne désire rien,
« monsieur, rien du tout, je vous assure. — Mais
« vous permettrez du moins que je ne laisse pas
« échapper une occasion que je ne suis pas sûr
« de retrouver de long-temps? — Non pas, non,
« je ne permets point... En vérité, tout ceci est
« bien extraordinaire : monsieur parle, je l'écoute,
« je lui réponds... vous êtes d'une extravagance...
« — On extravague, on extravague, parce qu'on
« peint ce qu'on sent! — Ce que vous sentez! ah!
« il est vrai que nous nous connaissons depuis si
« long-temps! — Hé! mademoiselle, faut-il des
« années... — Pour m'apprécier, n'est-ce pas, mon-
« sieur? — Il ne faut que vous voir... — Pour
« perdre la tête; c'est trop flatteur, trop flatteur.
« Ainsi donc, vous allez partager vos hommages
« entre la Grèce et moi? — Voilà du persiflage,
« maintenant.

« — Vous vous plaignez, je crois. — Mais, je
« pourrais, ce me semble... — En effet, j'aurais
« dû vous répondre avec une belle révérence, et
« d'un ton pénétré : Je suis très-sensible, mon-
« sieur, à l'aveu que vous daignez me faire; je
« n'ai garde de douter de l'impression profonde...
« Ah! finissez donc, s'il vous plaît. Je n'entrerai
« pas dans cette grotte qu'a profanée votre ef-

« froyable Pythie. — Un seul instant, je vous sup-
« plie. — Prétendez-vous me faire rendre aussi
« des oracles?—Ah! si vous vouliez répondre
« franchement à une seule question! — Et vous
« me permettrez de me retirer?—Je ne crois pas,
« mademoiselle, avoir employé la contrainte...
« — Vous verrez que j'ai suivi monsieur volon-
« tairement, que j'ai écouté avec plaisir les contes
« qu'il lui a plu de me faire... Mais voyons donc,
« monsieur, voyons cette question. — Mademoi-
« selle, je vous aime. — Ce n'est pas là interroger.
« — Mademoiselle, m'aimez-vous? — Non, mon-
« sieur, je ne vous aime pas. » Et la petite espiègle
dégage son bras, et court pour rejoindre sa mère.

« Encore un mot, mademoiselle; encore un
« mot, par grace, criait Adolphe en courant après
« elle. — Mais possédez-vous donc, monsieur;
« vous allez me compromettre. — J'en serais au
« désespoir, mademoiselle; mais c'est vous qui
« m'y forcez. — Il ne serait pas maladroit de me
« charger de vos torts. — Oui, mademoiselle, je
« vous aime — Vous me l'avez déja dit. — Je suis
« pressé de me marier. — Je le vois bien. — J'ai
« une fortune considérable. — Oh! ce n'est pas
« une qualité. — Ce n'est pas non plus un dé-
« faut. — A la bonne heure. — Quant à ma per-
« sonne... — Il est inutile d'en parler; j'ai des
« yeux. — Enfin, mademoiselle... — Enfin, mon-
« sieur? - Si vous approuvez que je parle de
« mes sentimens à madame votre mère... — Ap-

« prouver, monsieur! c'est tout ce que je pour-
« rais faire, si je vous aimais. — Si du moins vous
« ne me le défendez pas... — Je n'ai pas d'ordres à
« vous donner. » Et mademoiselle Manette se remet à courir, et à peine a-t-elle fait quatre pas,
qu'elle rencontre, derrière une touffe de lilas, sa
mère, François et Duval, qui les suivaient, en se
glissant de buisson en buisson, et qui n'avaient
pas perdu un mot du dialogue.

Mademoiselle Manette, plus pénétrante qu'Adolphe, commença à croire à certain projet, et rougit... comme une jeune personne qui saisit d'un
trait la signature, la cérémonie, et tout ce qu'il
doit en résulter.

Adolphe croyait qu'une circonstance aussi ma-
jeure exigeait un discours dans les règles, et il
n'avait pas eu le temps de préparer sa harangue.
Il s'arrêta devant madame d'Egligny, les bras pendans, la bouche ouverte, et n'articula pas une syl-
labe. Il est donc vrai qu'un amant et un sot se
ressemblent quelquefois.

« Allons donc, dit François, qui sentit la néces-
« sité de parler de quelque chose d'indifférent,
« allons donc, nous vous cherchons partout pour
« ouvrir le bal. — Mademoiselle me fera-t-elle
« l'honneur de danser avec moi? — Très-volon-
« tiers, monsieur. — Je dois vous prévenir, made-
« moiselle, que je danse assez mal. — On danse
« toujours bien, monsieur, quand on s'amuse, et
« qu'on ne manque pas la figure. »

Mademoiselle Manette avait raison en principe; mais Adolphe ne savait ce qu'il faisait. Il dérangeait tout, et personne n'avait l'air d'y prendre garde : un homme qui donne une fête magnifique et qui peut en donner encore! A droite, à gauche, en arrière, lui disait sa danseuse, et c'était toujours à elle qu'il allait. Elle riait, il était du plus grand sérieux, et ne s'apercevait point que madame d'Egligny, François et Duval ne se quittaient plus, ne cessaient de chuchoter, et le regardaient en parlant. Rien de cela n'échappait à mademoiselle Manette, qui pourtant ne paraissait occupée qu'à guider son danseur.

Sa figure est céleste, pensait-elle; il manque d'usage; mais cela prouve en faveur de ses mœurs, et quel trésor plus précieux une jeune personne peut-elle ambitionner? Vous voyez que le cœur de mademoiselle Manette allait aussi son petit train.

Tout entier à elle, l'ingrat ne cherchait plus même des yeux cette Marguerite naguère si chérie, cette Marguerite aux genoux de laquelle il fût tombé la veille encore, avec tant de plaisir. C'est que l'amour, souvent guidé par la folie, veut toujours l'être par l'espoir; que la petite était inflexible, et que les vœux les plus doux d'Adolphe pouvaient, sous peu de jours, être comblés par mademoiselle Manette. Nous d'abord, notre maîtresse ensuite, l'inconstance après.

Cependant, il y avait deux heures au moins

que notre petite Cérès avait quitté les attributs de la divinité, pour reprendre les habits d'une simple mortelle. Un accident, tout naturel, l'avait rappelée aux maux de la triste humanité.

La contredanse était à peine finie, que Nicolas entra en courant, se fit faire place avec ses coudes, et dit à Adolphe, en riant de tout son cœur : « Monsieur, vous nous avez mariés; vous ne re« fuserez pas de nommer notre premier enfant ? « vous devez porter bonheur à tous ceux à qui « vous vous intéressez. » J'en accepte l'augure, dit à part elle mademoiselle Manette.

« Oui, oui, Nicolas, je tiendrai l'enfant avec « un vrai plaisir, pourvu qu'il me soit permis « de choisir ma commère. — Comment donc, « monsieur, mais je vous en prie. Quelle qu'elle « soit, elle nous fera beaucoup d'honneur.

« — Si j'osais, mademoiselle, vous proposer...
« — Osez, monsieur, osez, et si maman le per« met... » Sans en entendre davantage, Adolphe courut répéter l'invitation à madame d'Egligny, avec une aisance, une liberté d'esprit, une grace, dont il fut lui-même étonné. C'est qu'il est bien différent de demander à une mère la permission de faire avec sa fille, un chrétien.... à l'église, ou...

D'après le plan, auquel nous commençons à croire, il était tout simple que madame d'Egligny se rendît avec facilité. Il fallait pourtant faire la petite résistance d'usage. La journée du lendemain devait être donnée au repos; on serait donc obligé de passer deux jours au moins chez M. Luceval : ce serait l'incommoder; ce serait abuser de sa complaisance; ce serait... « Pas du « tout, pas du tout, madame, au contraire... »

A une réponse de cette force, de cette concision, de cette logique-là, madame d'Egligny ne pouvait répliquer que par un signe d'acquiescement. Elle sourit; François et Duval sourirent. Adolphe était enchanté d'avoir deux jours à passer encore avec mademoiselle Manette, et il était trop modeste pour se douter de rien. La petite personne était tout-à-fait au courant.

Adolphe tira son tuteur à part : « J'espère, mon « bon ami, que vous ferez les choses grandement. « Il faut envoyer à Paris un domestique intelligent... « - Oh! oui, monsieur, dépensons... cent mille « écus. — Ah! mon ami, vous allez me rappeler « les folies que j'ai voulu faire pour Marguerite. « Tout cela est parfaitement oublié. — Tant mieux; « rien de si dangereux que de se passionner trop « facilement. — Hé, mon dieu, est-on le maître « de cela? Si je vous avouais... — Quoi donc, « monsieur? — Vous allez trouver encore cent « objections... — Je n'en fais jamais à ce qui me « paraît raisonnable. — C'est que votre raison et « la mienne se ressemblent si peu ! — Achevez, « mon cher enfant, achevez. Pensez que jamais « vous n'avez eu de secrets pour moi, et que je « n'ai pas mérité de perdre votre confiance.

« — Hé bien, mon bon ami, je suis amoureux.
« — En vérité ! — Comme je ne l'ai pas été en-
« core... — Et jusqu'à ce qu'un objet nouveau
« vous fasse oublier celui-ci. — Oh ! j'aime, j'aime
« pour la vie. — Pour la vie ! voilà qui est sérieux.
« Vous avez donc fait un choix... — Oh ! que je
« peux avouer à toute la terre. — Et peut-on,
« sans indiscrétion, vous demander le nom de la
« jeune personne ? — Mademoiselle d'Egligny,
« rien que cela, monsieur. » Et Adolphe se frottait
les mains ; il riait, il sautait, il regardait François
d'un air qui voulait dire : Pour cette fois, vous
n'avez rien à m'opposer.

« Mademoiselle d'Egligny ? reprit le tuteur, sans
« rien perdre de son sang-froid ; mais elle m'a
« paru assez bien. — Assez bien ! vous n'avez
« donc pas d'yeux ! elle est charmante, monsieur.
« — On la dit bien née. — Je le crois, vraiment.
« La fille d'un colonel du corps le plus instruit
« de France ! — Je ne sais même si M. Duval ne
« m'a pas dit que, sans être aussi riche que vous,
« elle aura pourtant une fortune très-honnête. —
« Ah ! M. Duval la connaît ? — C'est lui qui a fait
« son éducation.

« — A propos de cela, mon ami, savez-vous
« qu'elle parle grec aussi bien que moi ? — Tant
« pis, monsieur ; une femme savante... — Oh ! elle
« déteste le pédantisme. Ce n'est que pour sa sa-
« tisfaction personnelle qu'elle acquiert des con-
« naissances. — Elle vous a instruit de cela ? vous

« avez donc eu avec elle une conversation suivie.
« — Hé ! sans doute, mon ami. Je lui ai déclaré
« mes sentimens. — Hé bien ? — Hé bien, elle
« s'est moquée de moi. — Voilà un mariage fort
« avancé. — Mais elle m'a à peu près permis de
« m'ouvrir à madame sa mère. — Que concluez-
« vous de là ? — Qu'on n'autorise point un jeune
« homme à faire une telle démarche, pour l'humi-
« lier ensuite par un refus. — Votre observation
« me paraît assez juste.

« — Ah ça, mon bon ami, puisque M. Duval
« a été l'instituteur de mademoiselle Manette, il
« a nécessairement du crédit sur l'esprit de madame
« d'Egligny. — Mais je le présume. — Vous pour-
« riez le prier de la pressentir ; car, pour moi, je
« n'oserai jamais... — Hé bien, je lui parlerai de
« cela.... dans quelques jours. — Dans quelques
« jours, dans quelques jours ! mais monsieur, il
« n'y a pas un instant à perdre. — Oh ! voilà les
« jeunes gens ! — Et voilà les tuteurs !

« Raisonnons, mon cher Adolphe. — Non,
« monsieur, non, ne raisonnons point ; cela ne
« finirait pas. — Voulez-vous que madame d'Egli-
« gny pense que votre amour n'est qu'une fan-
« taisie que le même jour voit naître et s'éteindre ?
« A-t-on jamais vu demander brusquement en
« mariage une jeune personne qu'on connaît de-
« puis quatre heures ? Est-ce par une conduite
« aussi légère qu'on persuade à une mère qu'on
« est capable de conduire sa maison ? — Oui...,

« oui, voilà des raisons : j'en sens la solidité ; mais
« je ne veux pas attendre.

« — Et puis, j'ai lieu de craindre que madame
« d'Egligny ne soit pas prévenue en votre faveur.
« — Et pourquoi donc, s'il vous plaît ? — Pour-
« quoi, pourquoi ? Avez-vous oublié les en-
« nuyeuses folies qui ont rempli les deux tiers
« de la journée ? Ne peut-on pas les attribuer à
« une sorte d'originalité ? et quelle est la mère
« sensée qui donne sa fille à un fou ? — Oh ! j'ai
« promis à mademoiselle Manette de n'être plus
« Grec que dans mon cabinet, et j'en ratifierai
« l'engagement devant M. Duval, devant madame
« d'Egligny, devant tout l'univers. Mais allez
« donc, mon ami, allez trouver monsieur l'in-
« stituteur ; déclarez-lui mon état ; pressez-le de
« me rendre le bon office que j'attends de lui.

« — Un moment. Pour disposer M. Duval à
« vous être utile, il faut le persuader lui-même
« de votre retour à la raison. Commençons par
« congédier les Grecs, dont nous n'avons pas be-
« soin. Qu'il ne soit plus question d'Athènes, de
« Cythère, du mont Ida, du rocher de Leucade,
« ni de la barque à Caron. Que chaque chose
« reprenne le nom indiqué par l'usage, et que
« ces maisonnettes soient simplement un hameau
« charmant, situé au centre du plus pittoresque
« des jardins anglais. Enfin, puisque mesdames
« d'Egligny passent deux jours ici encore em-

« ployez-les à gagner l'estime de la mère, et le
« cœur de la fille.

« — Ah ! mon ami, il n'est pas de sacrifices
« que je ne fasse à mademoiselle Manette. Que
« sont auprès d'elle la Grèce, et tout ce qu'elle
« a produit d'illustre ! »

Il court chez lui, se débarrasse du costume, se fait habiller avec la dernière élégance, et rentre, empressé de savoir quel effet produira sa métamorphose.

Madame d'Egligny lui sourit de la manière la plus affectueuse, et Duval lui serra la main. La jeune personne se dit : Il renonce pour moi à ses plus chères habitudes ; comment douter de son amour ?

« Mesdames, dit la grosse maman qui avait cri-
« tiqué la cuisine grecque, puisque le maître de
« de ces lieux nous donne l'exemple, je ne vois
« point pourquoi nous ne reviendrions pas à nous-
« mêmes. Je vous avoue franchement que je ne
« suis pas contente de moi sous cet attirail ; il ne
« s'accorde pas avec mon embonpoint. — Ni avec
« mon âge, reprit Duval. Allons, messieurs, allons
« nous franciser. D'ailleurs la nuit s'avance : il est
« temps de penser au retour.

« J'espère bien, lui dit Adolphe à l'oreille, que
« vous m'aiderez à faire à ces dames les honneurs
« de chez moi. — Oh ! je suis très-peu galant, et
« que voulez-vous que je dise à mademoiselle

« Manette ? Il y a tant de disproportion entre
« nos goûts, nos habitudes ! — Eh bien, je me
« chargerai d'elle. — Voilà déja un obstacle levé.
« — Vous promènerez madame d'Egligny; vous
« la dissiperez; vous l'intéresserez. — Cela vous
« arrange-t-il ? — Beaucoup. — En ce cas, je
« reste. »

Pendant qu'on faisait les toilettes, on servait un joli ambigu; Duval rassemblait les cochers et les voitures, et François, assis devant sa caisse, vidait des sacs dans les poches de ceux qu'il avait employés.

Quand on est fatigué, on préfère le repos aux saillies. Aussi se pressa-t-on de quitter la table. La foule inutile monta en carrosse et partit.

CHAPITRE II.

La petite guerre.

Adolphe avait offert, par amour, un bras à mademoiselle Manette, sur lequel elle s'appuyait avec complaisance. Il avait offert l'autre, par convenance, à madame d'Egligny : elle tenait déja celui de M. Duval.

Adolphe ne parlait pas; il faisait mieux, il serrait la main chérie contre son cœur, et cette main ne cherchait pas à s'échapper. « Ah ! j'ai lieu de l'espé-
« rer, s'écria-t-il, mon hommage ne vous a pas dé-
« plu. » Et crac, la petite main se dégage; mademoi-

selle Manette rejoint sa mère en deux secondes, marche en avant, et saute en chantonnant un air... de qui? Ma foi, je n'en sais rien.

Adolphe suivait tristement; Adolphe avait de l'humeur. Avait-il tort ? oui. Il est des aveux qu'on se plaît à faire, et qu'on n'aime pas à laisser surprendre, n'est-il pas vrai, mesdames ?

Notre jeune homme fut très-étonné de voir ses hôtesses dépasser sa porte. François assura que ces dames seraient plus commodément dans la maison voisine; qu'à la vérité on l'avait arrangée à la hâte; mais qu'il comptait sur l'indulgence de madame d'Egligny.

Adolphe était stupéfait de l'élégante simplicité et du goût qui régnaient dans ces petits appartemens. « Je vous remercie bien sincèrement, mon « ami; mais je ne conçois pas comment vous avez « pu faire. »

Il y avait quinze jours au moins qu'on travaillait à décorer cette maison, et Adolphe croyait la sienne seule habitable. Savez-vous que François se forme sensiblement ?

Le pupille avait une démangeaison de parler, et le tuteur une envie de dormir! il était sur les dents. En deux tours de main il fut au lit. Adolphe avait laissé sa porte ouverte, et faisait, en se promenant en long et en large, ce qu'il pouvait pour renouer l'entretien. François lui répondait d'abord par monosyllabes, et bientôt ne lui répondit plus du tout. On parle seul entre ses draps, comme debout ; Adolphe finit par se coucher. Il s'endormit enfin, en pensant à mademoiselle Manette ; il s'éveilla en pensant encore à elle, et quel plus joli passe-temps ?

La jeune personne avait été bercée par songes légers d'amour. Ce sexe-là se communique moins, et le cœur gagne d'une part ce qu'il s'interdit de l'autre.

Le premier objet qui s'offrit à elle, fut sa femme de chambre qui bâillait sur son ottomane, en lui préparant le déshabillé le plus galant. « Depuis « quand es-tu ici, Louison ? — Depuis hier à midi, « mademoiselle. — Mais nous t'avions laissée à « Paris ? — J'avais reçu des ordres de madame. » Ah ! dit en elle-même la jeune personne, les mamans ne pensent pas à tout : on a oublié de recommander le secret. Donner des ordres le matin sur une invitation qui ne doit être faite que le soir, et avec un naturel, une adresse ! allons, il n'y a qu'à se laisser aller, et cela n'est pas difficile : le jeune homme est charmant.

Madame d'Egligny entra, et donna à la toilette de sa fille la plus sévère attention. « J'ai cru, ma « bonne amie, que tu serais bien aise d'avoir « quelque chose à mettre ce matin. — Ah ! je vous « remercie, maman. — J'ai prié M. François de « faire partir un cabriolet cette nuit... » Et un signe très-prononcé disait à Louison : Vous parlerez d'après cette donnée. Un autre signe de Louison répondit : il est trop tard ; j'ai tout dit.

Madame d'Egligny comprit qu'elle saisissait le sens de la leçon, et elle continua : « J'ai eu quel-
« que peine à faire lever cette pauvre Louison.
« Mais c'est une bonne fille, qui t'est si attachée ! »
Louison partit d'un éclat de rire... — « Qu'avez-
« vous donc, mademoiselle ? — Oh ! madame,
« un rhume épouvantable. — Allez tousser plus
« loin, mademoiselle ; vous faites un bruit af-
« freux.

« Hé bien, ma chère enfant, tu t'es ennuyée
« hier. — Oh ! à mourir, maman. — Il y avait ce-
« pendant quelques jeunes gens aimables. — Je
« ne m'en suis pas aperçue. — M. Luceval, par
« exemple, m'a paru bien. — Figure sans expres-
« sion. — Une taille bien prise... — Mais gauche.
« — Une fortune immense. — C'est le mérite de
« tout ceux qui n'en ont pas. » Ici la chère maman
se mord les lèvres.

« A propos, j'ai entendu murmurer que son
« tuteur pense à l'établir. — Je crois qu'il aurait
« tort, maman. — Tu le trouves un peu jeune,
« peut-être ? — Et pas de caractère du tout. —
« Mais tu le juges bien sévèrement. — Oh ! je le
« juge sans prévention. — Cependant, M. Fran-
« çois m'a dit... — Il vous a dit, maman ? — Que
« M. Luceval... — Que M. Luceval ?... — Avait
« eu avec toi un entretien assez vif. — C'est aussi
« d'après cela que j'ai conçu de lui une opinion
« assez mince. »

Maintenant madame d'Egligny ne sait plus ce

qu'elle fait. Elle attache une épingle, elle en ôte deux ; le lacet casse; la percale est froissée, etc., etc.

« Ma chère maman n'est pas à ce qu'elle fait.
« — Je l'avoue, ma fille, je suis péniblement af-
« fectée... — Ah ! mon dieu, maman, qui peut
« altérer votre sérénité ordinaire ? — Vous me le
« demandez, mademoiselle, vous ! — Je serais
« dans ceci pour quelque chose ! vous m'effrayez,
« maman. — Cruel enfant ! et on en désire ! —
« Ma bonne maman, passons dans ce cabinet ;
« nous y causerons plus librement. — Nous som-
« mes fort bien ici, mademoiselle. — Mais tout y
« est en désordre; pas une chaise dont on puisse
« disposer. — N'approchez point de cette porte,
« Mariette.

« — Ah ! maman, l'agréable surprise ! mon
« piano... ma musique ! rien n'est oublié. Votre
« trictrac !... Une malle encore ! oh ! comme cette
« pauvre Louison a dû être mal à l'aise dans
« son cabriolet ! — Elle ne s'en est pas plaint,
« mademoiselle. — Ah ! j'y suis. Le trictrac sous
« les pieds, la malle derrière... et le piano ? où
« le mettrons-nous, maman ? sur la capote. A la
« vérité, il y avait de quoi tout briser ; mais avec
« des précautions...

« Je fais une réflexion : ces effets sont arrivés
« cette nuit... Hé, par où les a-t-on entrés ici ; je
« ne vois de passage que par ma chambre. — On
« les a entrés, on les a entrés... — Par la fenêtre,
« de peur de me réveiller, n'est-ce pas, ma-

« man ? » Et mademoiselle Manette se met à rire de tout son cœur.

Sa mère la regarde et ne sait comment prendre cet écart. S'en fâcher, ne lui paraissait pas très-juste ; en rire avec sa fille, n'était pas le moyen de la disposer à la persuasion ; revenir sur ses pas, avouer que depuis un mois le mariage était arrêté, c'était convenir qu'on avait rusé, qu'on avait joué la comédie. L'embarras de madame d'Egligny croissait à chaque instant.

L'amour-propre de la petite espiègle était piqué. Elle avait été bien aise de prouver qu'il n'était pas facile de la jouer. Mais elle aimait sa mère, et elle sentait l'inconvenance de prolonger son anxiété. Elle l'embrassa avec cordialité. Mère qu'on caresse, n'est-elle pas désarmée ?

« Tenez, ma bonne maman, nous avons beau-
« coup d'esprit toutes les deux ; mais il ne brille
« jamais qu'aux dépens du cœur, et puis

« Corsaires à corsaires
« Ne font pas, dit-on, leurs affaires. »

« Corsaires à corsaires, reprend, en souriant, ma-
« dame d'Egligny !

« Oui, maman, oui. Vous me placez à table à
« côté de M. Luceval ; vous me recommandez de
« lui adresser quelques mots grecs, et jusque-là,
« je ne vois que le désir assez naturel de faire va-
« loir mon éducation. — Oh ! je n'avais pas d'au-
« tre motif, je t'assure. — En vérité, ma petite
« maman ? pourquoi donc nous suivre dans les

« bosquets, M. Duval, M. François, et vous ? pour-
« quoi cet air déconcerté, quand je vous ai surpris ?
« Vous ne nous écoutiez pas, n'est-il pas vrai ?
« vous n'aviez nul intérêt à nous entendre ?

« Et pendant que nous dansions, les petits
« mots à l'oreille allaient leur train; on nous re-
« gardait, on souriait; et à la proposition de tenir
« un enfant, vous acceptez pour deux jours, lors-
« qu'on ne vous en demande qu'un; et à cette
« proposition arrangée d'avance, en succèdera
« probablement une autre, car on ne fait pas ve-
« nir pour quarante-huit heures un piano, une
« malle et un trictrac; et tout cela était ici hier à
« midi; oui, ma petite maman : c'est la première
« chose que Louison m'ait dite ce matin.

« Mais on suppose qu'une jeune personne de
« seize ans ne voit rien, n'entend rien; qu'elle est
« sans pénétration, et on vient, avec un grand
« sérieux, sonder les replis les plus cachés de son
« cœur ! On dit, d'un air indifférent, que M. Lu-
« ceval est bien, sa taille élégante, sa fortune con-
« sidérable, et on se dépite parce que la pauvre
« petite oppose un moment la ruse à la ruse.
« N'est-ce pas cela, maman ?

« — La ruse à la ruse ? ah ! tu te mentais donc
« à toi-même avec ta *figure sans expression*, ta
« *tournure gauche*... — Hé ! sans doute, maman.
« J'ai, de ce cher petit homme-là, précisément
« la même opinion que vous. — Ah ! mon en-

« faut, que je suis heureuse ? — Et moi donc,
« maman, et moi ! »

« Ah ça, Manette, il faut nous entendre.—Je ne
« demande pas mieux, maman. — M. Luceval est
« jeune.—C'est un joli défaut.—Et il a besoin d'être
« conduit. — Je m'en charge, maman. — Mais
« n'as-tu pas un peu besoin toi-même... — Oh !
« moi, je suis si raisonnable ! — Pas trop, ma
« petite, pas trop. Au reste, voici nos projets. —
« Contez-moi cela, maman.

« — Luceval s'est déclaré, m'a-t-on dit. — Et de
« la manière la plus positive.—Et tu as répondu?..
« —Par des lieux communs, des mots insignifians.
« — Bon, il faut que ton cœur soit le prix d'une
« renonciation formelle à ses folies grecques. —
« Oui, elles lui donnent du ridicule. — Et elles
« coûtent cher. — Oh ! à cet égard-là, maman, il
« est parfaitement d'accord avec moi. Passons. —
« Tu lui inspireras le goût de la bonne société : elle
« forme l'esprit et le goût. — Je lui inspirerai
« tout ce qu'il me plaira. — Tu es modeste. — Il
« m'aime, ce mot explique ma pensée.

« — Il est essentiel qu'il ne soupçonne pas notre
« intelligence. — Rapportez-vous-en à moi. — Il
« faut qu'il n'obtienne ta main qu'à force d'in-
« stances. — Pour qu'il y attache plus de prix ? —
« Non, mademoiselle, pour que François, cédant
« d'une part, puisse faire ses conditions de l'au-
« tre. — Ah ! et quelles conditions, maman ?

« D'abord, M. Luceval s'interdira, par le contrat,
« la faculté de rien aliéner de ses biens avant vingt-
« cinq ans accomplis. — Et le revenu, maman ? —
« Vous en disposerez sous nos yeux... — Ah ! nous
« habiterons ensemble ? — Pendant les deux pre-
« mières années. — Toute la vie, toute la vie,
« maman. — Une maison pour toi et ton mari. —
« Mon mari ! que ce mot est agréable à l'oreille !
« qu'il est doux au cœur ! — Je prendrai la se-
« conde. — Charmant, charmant. Duval et Fran-
« çois occuperont la troisième. — Et les quatre
« autres ? — On en tirera un parti avantageux.
« Il est inutile de te rappeler que François a
« élevé M. Luceval, qu'il lui a sacrifié ses plus
« belles années... — Et qu'enfin il fait mon ma-
« riage. J'ai perdu mon père, maman..... — Tu
« en trouves un second. — Oui, oui, je serai sa
« fille, et tous les amis d'Adolphe me seront chers.

« Ces dames sont servies, dit un valet. »

Adolphe, rongé d'impatience, avait fait couvrir la table, comme on s'imagine quelquefois que la soupe servie a la vertu de hâter les convives qui se font attendre. La porte s'ouvre, il s'élance.... Madame d'Egligny lui présente sa main : ce n'était pas celle qu'il cherchait.

Mademoiselle Manette est déja assise... Où ? entre Duval et François.

Adolphe se désole ; c'est toujours par là qu'il commence. Il cherche des yeux, qui évitent les siens sans affectation, et il se dépite. Il veut ramener l'attention sur lui, au moins pour un instant... « Prenez garde, monsieur, j'ai les pieds « extrêmement sensibles. » C'est madame d'Egligny qui parle, et Adolphe ne répond que par une inclination profonde.

Pour entendre du moins celle qui ne voulait pas le regarder, il fallait qu'il montât la conversation sur un ton qui convînt à tout le monde. Il était bien aise d'ailleurs de donner à madame d'Egligny une certaine opinion de son jugement et de son esprit. Malheureusement, il n'était fort que sur la connaissance de l'antiquité, et on était à peu près convenu de ne plus traiter ces matières-là. Il réfléchit quelques minutes, et s'écria enfin : Ah! le beau temps !

Manette rit... comme une petite folle; sa mère laissa tomber sa serviette; François crut sentir un gros chien sous la table; Duval se baissa pour le chasser, et trois personnes qui rient, ne donnent pas lieu aux remarques quand elles ont la tête sous la nappe. Adolphe était rouge jusqu'au blanc des yeux.

François eut pitié de lui. « Oui, reprit-il, la « journée sera superbe, et l'observation de mon- « sieur n'est pas inutile, car, si ces dames aiment « la promenade, nous pourrons nous rendre à « pied chez Nicolas. C'est, je crois, ce que nous « pouvons faire de mieux, reprit Adolphe : on est « si mal dans une voiture quand il fait chaud ! » Et puis on donne nécessairement le bras à sa commère ; et si on a quelque chose de particulier à se dire... Quel est l'amoureux qui ne fasse pas ces réflexions-là ? « Je le veux bien, continua madame « d'Egligny ; nous irons à pied, » et la conversation tomba pour la seconde fois.

« C'est une bien belle chose que le baptême,
« dit Adolphe, qui voulait à toute force la rele-
« ver. On a une commère... une commère... —
« Dont on est le compère, n'est-ce pas cela, mon-
« sieur ? » Ici c'est une fourchette qui tombe ; une crampe au pied, sur lequel on ne peut se dispenser de porter la main ; un accès de toux, qui oblige à se couvrir la bouche d'un mouchoir.

« Les crampes et les rhumes m'ont écarté de
« mon sujet. — Tâchez de vous remettre, mon-
« sieur. — Je ne sais, mademoiselle, si je pourrai...
« Je voulais observer... je voulais... Ah ! m'y voici.
« Il est assez singulier que l'établissement, si joli,
« des marraines, et qui mène quelquefois si loin...
« — Ah ! cela ne mène qu'où on veut, dit madame
« d'Egligny. Poursuivez, monsieur. — Que cet
« établissement soit dû à une secte de chrétiens
« qui n'existe plus. Aux Marcionites, je crois, re-
« prit Duval. Il n'est pas moins extraordinaire,
« continua-t-il, en voyant Adolphe déconcerté de
« la réplique de madame d'Egligny, il n'est pas
« moins extraordinaire que nous ayons emprunté
« des Egyptiens, la plus nécessaire des institutions
« chrétiennes. Et tant d'autres choses, dont nous
« nous croyons les inventeurs, dit Adolphe.

« Ah ! par exemple, mon jeune ami, reprit Du-
« val, vous ne prétendrez pas que les anciens aient
« trouvé l'imprimerie, la poudre à canon, l'élec-
« tricité, la machine pneumatique, les bésicles,
« les télescopes et l'horlogerie. Ils n'ont découvert,
« ni les propriétés de l'aimant, ni l'Amérique.

« Ils n'ont pas connu davantage le vrai système
« de l'univers ; ils ne savaient presque rien en
« anatomie ; ils n'avaient pas d'idée de la pesan-
« teur de l'air, de l'attraction, de la gravitation,
« de la décomposition de la lumière, et c'est quel-
« que chose que tout cela.

« Si nous voulons descendre des hautes scien-
« ces aux objets d'agrément, ou d'utilité, je crois
« que l'avantage pourrait être encore pour les mo-
« dernes. Les postes aux lettres, imaginées par
« Charlemagne, et rétablies par Louis XI ; les
« tapis de Turquie et de Perse, surpassés par
« ceux de la Savonnerie ; les tapisseries des Go-
« belins, nos porcelaines, étaient ignorées des an-
« ciens. Ils n'avaient, ni ottomanes, ni nos chaises
« longues, ni nos glaces à réflexion ; ils ne con-
« naissaient point l'art de multiplier les tableaux
« par la gravure ; ils ne connaissaient l'usage, ni
« des bas, ni du linge ; ils étaient privés du cho-
« colat, du thé, du café, du sucre, des sorbets
« et des glaces à fruits ; enfin, leurs voitures dé-
« couvertes ne peuvent être comparées à nos ca-
« rosses élégamment suspendus sur des ressorts,
« et fermés par des glaces.

« Mon jeune ami, heureux, dit Voltaire, celui
« qui, dégagé de tous préjugés, est sensible au
« mérite des anciens et des modernes, apprécie
« leurs beautés, connaît leurs fautes, et les par-
« donne !

« Oh ! à merveille ! à merveille, s'écria François;
« voilà donc la grande question décidée ! Ma foi,
« monsieur, si j'avais su toutes ces belles choses-
« là, c'est moi qui aurais eu l'honneur de votre
« conversion.

« Messieurs, messieurs, dit madame d'Egligny,
« pensez donc que je ne suis pas savante, et ayez
« la bonté de descendre jusqu'à moi. Je n'aurais
« pas cru devoir faire cette observation à M. Lu-
« ceval. » Elle l'attaque, il répond. Elle met à ce
qu'elle dit de l'amabilité et de la grace; Adolphe,
à son aise, quand il ne faut point parler amour,
devant témoins, retrouve de l'esprit, et le fait valoir. Mademoiselle Manette se mêle à la conversation ; elle veut aussi qu'Adolphe brille; elle
l'agace, elle le pousse; il ne sait plus où il en est.
Elle se dépite à son tour; elle se lève, elle sort;
elle monte en chantant, sans la moindre envie de
chanter. Adolphe n'écoute plus madame d'Egligny; il veut sortir; il cherche un prétexte; il n'en
trouve pas de satisfaisant, et, selon l'usage des
gens embarrassés, le plus gauche est celui qu'il
préfère. Il porte son mouchoir à son nez, et se
retire précipitamment.

Plus on s'est contraint devant ceux qu'on ne

veut pas désobliger, plus on cède au besoin de se satisfaire, quand on se croit seul, absolument seul. Madame d'Egligny, Duval et François éclatèrent de la manière la plus bruyante. « Voilà une « hémorragie bien heureuse, s'écria la maman. Si « je lui portais un verre d'eau, dit Duval. Oh! ce « ce serait trop cruel, répliqua François. Sans doute, « sans doute, continua madame d'Egligny. Gau- « cheries d'amour sont toujours si pardonnables! »

Les plus fins se livrent quelquefois. On ne se doutait pas qu'Adolphe, frappé de ces éclats de rire, écoutait à la porte. « Gaucheries d'amour, « répétait-il, sont toujours si pardonnables! Oui, « je viens d'en faire, et beaucoup. Mais madame « d'Egligny dit franchement ce qu'elle en pense « devant mon tuteur... Hé bien, ils sont d'intel- « ligence, la chose est claire. Je cours annoncer à « mademoiselle Manette que madame sa mère « consent, et nous verrons si elle résistera en- « core. »

Il monte l'escalier en quatre sauts. A l'antichambre, au salon, personne. Les bienséances ne sont guère calculées que par les gens froids : il entre dans la chambre à coucher..... personne encore. Il ouvre le cabinet... Une femme de chambre, qu'il n'a pas vue jusqu'alors, à genoux devant une grande malle ouverte, et le dos tourné à la porte... Une armoire déja à demi garnie, un piano... Il a tout saisi en un clin d'œil, et la porte est refermée.

Louison se lève, ouvre, appelle... Adolphe est déja dans les jardins.

Il entend ouvrir la fenêtre... il se jette derrière des seringats.

« Est-ce vous, mademoiselle, qui venez de mon-
« ter ? — Oui, j'ai été prendre mon voile. » C'est Adolphe qui répond. Mademoiselle Manette se promenait lentement à quinze pas de la cachette d'Adolphe. Nous savons qui elle attendait.

« Ah ! ah ! se dit-il en lui-même, on se fait beau-
« coup prier pour m'accorder deux jours, et on
« s'arrange pour passer l'été ici ! Mademoiselle
« Manette a très-certainement vu les effets entas-
« sés dans ce cabinet ; elle sait donc tout, et elle
« dissimule ! On me joue, et elle est du complot.

« Oh ! comme je vais me venger ! Me venger,
« et de qui ? d'une fille que j'adore, qui peut-être
« ne fait qu'obéir, et qui, piquée à son tour...
« Non, non, je ne me vengerai pas... Si fait, si
« fait, une heure seulement. Prouvons à ces dames
« et à monsieur François, que l'homme le plus
« franc, et même le plus simple, peut avoir aussi
« ses petites finesses. »

Il se relève à demi, il a l'air très-occupé à arranger un bouquet, et il chante : c'est un moyen sûr de se faire remarquer. Mademoiselle Manette tourne un peu la tête, l'aperçoit, sourit et s'éloigne. C'est pour elle qu'Adolphe a cueilli des fleurs ; il va courir, voler, s'empresser de les lui offrir : pas du tout.

Le brave Adolphe prend une route opposée, joue avec son bouquet, et continue sa chansonnette, dont l'air était passablement gai. Un massif le dérobe à mademoiselle Manette; il s'arête; il entr'ouvre doucement, bien doucement les tendres branches, et il voit... la jeune espiègle regardant de son côté, le cherchant, et fronçant son joli sourcil.

Il suit son allée. Un autre massif se présente; il recommence sa petite manœuvre; il fait les mêmes observations, et il croit remarquer certain mouvement du pied, qui pourrait bien annoncer du dépit.

Je suis aimé, je suis aimé, se dit-il; je n'en saurai douter. Ne poussons pas la vengeance plus loin; ne soyons pas cruel à nous-même, et hâtons-nous de jouir de la plus pure félicité. Il s'élance... il s'arrête.

Oui, mais... elle ne manquera pas de motifs pour expliquer son petit air boudeur, et ses trépignemens. Elle me persifflera, je ne saurai que répondre, et bien que *gaucheries d'amour soient toujours très-pardonnables*, je ne veux plus être gauche du tout. Allons, allons, un peu de courage, et voyons la venir.

Mademoiselle Manette ne concevait rien à la conduite d'un jeune homme qui, la veille, s'était si vivement déclaré, qui lui convenait sous tant de rapports, et qui lui plaisait tant. « Aurait-il cessé « d'aimer? cela n'est pas présumable. Je suis bien,

« très-bien, et personne ici qui puisse faire la
« plus légère impression. François aurait-il parlé,
« et ce joli monsieur-là ferait-il déja le mari?.. Oh !
« comme je le punirais ! Mais, non, François n'a
« rien dit : comment imposer des conditions, en
« terminant avec cette facilité ? Il y a pourtant
« quelque chose d'extraordinaire, quelque chose
« que je ne pénètre point, et cela me désole.

« Tournons de ce côté. Son allée et la mienne
« aboutissent au temple. J'ai une brochure dans
« mon sac... Hé ! mon dieu, non, elle n'y est pas,
« étourdie !... ah ! bon, mon ouvrage... je m'as-
« soierai, il passera devant moi... à moins pour-
« tant qu'il ne lui plaise de me tourner le dos, et
« alors affectation marquée, amour mécontent, et
« voilà tout. »

Assise sur les degrés de marbre, dont elle efface
la blancheur, elle semble être la divinité du temple, qui, fatiguée de sa gloire, descend jusqu aux
simples mortels, et invoque les jouissances de la
douce égalité. Ce n'est pas Vénus ; elle n'en a pas
la beauté ; mais elle lui a dérobé sa ceinture. Les
Graces jouent dans les plis légers de sa robe ;
Zéphyr caresse les boucles de ses cheveux, et
l'amour anime la figure la plus jolie et la plus
piquante.

Adolphe s'arrête devant elle. Il oublie ses résolutions, il s'oublie lui-même ; il est prêt à tomber à ses genoux. Mademoisele Manette n'a jamais
été si séduisante ; elle le sent, elle s'en applau-

dit ; mais elle perd tous ses avantages en parlant la première. Cependant l'amour inquiet sait-il se taire ? Elle prend un petit ton sec.

« Ah ! c'est vous, monsieur ; je croyais être
« seule. — J'ai cru m'apercevoir que vous le dé-
« siriez, mademoiselle. — Monsieur est plein de
« pénétration. — Et je n'avais d'autre dessein que
« de vous saluer en passant. — Ah ! monsieur
« passe. — Oui, mademoiselle, je me livre à des
« idées... — A des idées ? — Qui m'occupent pro-
« fondément. — Et peut-on savoir ce qui occupe
« monsieur ? — Si mademoiselle l'ordonne... —
« Elle vous en prie.

« — Vous savez, mademoiselle, que je ne puis
« penser qu'à vous. — Monsieur voudra bien
« croire que je ne cherchais pas à m'attirer cette
« réponse. — Mais je vous avoue, avec la même
« franchise, qu'il est difficile d'écarter de votre
« image des souvenirs.... — Des souvenirs ?... —
« — Propres à rappeler cette force de caractère,
« qui rend l'homme maître de lui.

« — Prenez garde, monsieur ; ceci ressemble à
« des reproches. — Vous ne pouvez avoir de torts
« à mon égard, mademoiselle ; mais moi... — Mais
« vous, monsieur ? — J'ai pensé qu'avant de se
« livrer au charme du sentiment le plus doux,
« un homme raisonnable devait être à peu près
« sûr de réussir. — Comment donc, monsieur,
« joindre les avantages de la jeunesse au jugement
« d'un âge mûr !... — C'est plus que je ne puis

« encore, mademoiselle; cependant j'espère quel-
« que jour justifier une opinion aussi flatteuse...
« — Oh ! je n'en doute nullement, monsieur. —
« Car j'ai déja eu le courage de penser... — De
« penser ? — Qu'ayant le malheur de déplaire...
« — Je ne me rappelle pas, monsieur, de vous
« avoir dit cela. — Non pas précisément, made-
« moiselle; mais vous m'avez déclaré très-positi-
« vement que vous ne m'aimez point. — Ce n'est
« pas la même chose, monsieur. — Je crois que
« vous vous trompez, mademoiselle : un homme
« délicat n'épouse ni la femme à qui il déplaît,
« ni celle qui ne l'aime pas. — Enfin, monsieur ?
« — Enfin, mademoiselle, j'ai résolu de combat-
« tre une inclination, déja très-forte sans doute,
« mais à laquelle il est encore temps d'opposer la
« raison. Vous voyez que je ne suis pas loin d'ac-
« quérir quelque chose de cette maturité que
« vous vous plaisiez tout à l'heure à reconnaître
« en moi.

« — Mais c'est encore du grec que tout cela,
« monsieur. Voilà la franchise la plus lacédémo-
« nienne... — Je supplie mademoiselle de se rap-
« peler qu'elle a eu la bonté de me corriger d'un
« travers, et que nous sommes convenus de ne
« plus parler des anciens. — Ah ! monsieur me fait
« la leçon, maintenant. Ce n'était du tout la peine
« de m'aborder pour me dire de pareilles choses.
« — Il me semble que c'est mademoiselle qui m'a
« fait l'honneur de m'adresser la parole. — Oh !

« bien certainement non, monsieur. Il y a même
« long-temps que vous devez vous apercevoir
« combien cet entretien me fatigue. — Alors,
« mademoiselle, permettez-moi de me retirer. —
« Vous le permettre ! mais ne semble-t-il pas que
« je retienne monsieur, que je provoque les pro-
« pos désobligeans qu'il ne cesse de me tenir ?...
« Je ne l'aime pas !... non, je ne vous aime pas, je
« ne vous aimerai jamais... Vous vous éloignez, je
« crois. — Je vous obéis, mademoiselle. — Fort
« bien, monsieur, fort bien ; mais souvenez-
« vous... » Adolphe fait une profonde révérence,
et s'enfonce sous un bosquet touffu. Ses forces
étaient épuisées.

« Voilà, dit-il, un terrible combat. J'en suis
« sorti vainqueur; mais qu'il m'en a coûté ! Chère
« Manette, comme tu t'es trahie, comme tu étais
« aimable dans ton trouble, dans ta petite colère !
« Oh ! combien je te dédommagerai de la courte
« épreuve à laquelle je t'ai mise... Par quelles ca-
« resses, par quels tendres soins !... Oui, mais...
« elle ne reviendra pas la première, elle ne le
« doit pas, elle ne le peut pas. Il faudra donc que
« je lui dise : Charmante espiègle, vous vous êtes
« moquée de moi; je vous l'ai bien rendu. Abju-
« rons toute finesse, et livrons-nous sans réserve
« à l'amour.

« C'est cela, c'est bien cela, je ne trouve pas
« un mot à ajouter. Mais elle est femme, elle a
« de l'esprit, beaucoup d'esprit ; elle le sait sans

« doute. Elle se sentira humiliée; elle opposera
« son amour-propre à son cœur, et voilà notre
« union retardée... de vingt-quatre heures au
« moins, et je suis vraiment si pressé de me marier!
« j'en ai un besoin si prononcé! Cruelle situation!
« j'avais bien besoin de vouloir prouver que je
« ne suis pas un sot! ne m'eût-elle pas connu
« plus tard, et ne pouvais-je pas lui laisser le petit
« plaisir de croire que mon développement était
« son ouvrage?.. Il n'y a pas à balancer. Je retourne
« au temple, je m'accuse, j'obtiens mon pardon,
« et je l'épouse demain, ce soir, tout de suite. »

En effet, il revient sur ses pas; mademoiselle Manette n'y était plus. Quelle femme permet qu'on la voie dans l'état où Adolphe l'avait mise? Quelle femme consent qu'on la pénètre? Le boudoir le plus reculé, le demi-jour le plus complet, et une migraine : voilà ce qui vous sauve, mesdames.

La pauvre petite s'était retirée, la poitrine gonflée, les yeux pleins de larmes. Elle avait pris cent détours pour échapper à tous les yeux, et Adolphe seul la cherchait. Parens, amis parlaient arrangemens, amour, ivresse, avec la satisfaction intime d'honnêtes gens, qui croient assurer le bonheur des autres.

Elle monte à son appartement, sans rencontrer personne; elle ferme les persiennes de son salon; elle tourne la clé; elle se jette sur une chaise longue, et donne un libre cours à ses larmes.

« Quel homme! et je l'aimais, je l'aurais aimé

« toute ma vie. Combien j'ai été sa dupe ! avec
« quelle facilité j'ai cru à un amour qui n'a duré
« qu'un moment, et avec quel sang-froid il a dé-
« chiré le voile de l'illusion !... C'est ma faute aussi.
« Légère, inconsidérée, je l'ai traité hier comme
« s'il eût été trop heureux de m'offrir son hom-
« mage, tandis que mon cœur, mon faible cœur
« volait au-devant du sien... Adolphe, Adolphe,
« tu m'as jugée ; mais avec quelle cruauté tu m'as
« punie ! »

Elle entend quelque bruit dans le cabinet ; elle se croit surprise ; elle se lève précipitamment. Elle essuie ses yeux, elle court... « Encore ici ma-
« demoiselle Louison ! — Madame m'a ordonné
« de ranger. — Et vous ne finissez rien. — Hé,
« mon dieu, mademoiselle, comment voulez-
« vous que j'avance ? vous ne faites qu'entrer et
« sortir. — Voilà la première fois que j'ouvre ce
« cabinet. — Je crois que mademoiselle se trompe.
« Lorsqu'elle m'a répondu qu'elle venait de pren-
« dre son voile... — Il était dans ma chambre à
« coucher. — Vous n'êtes pas entrée ici, vous en
« êtes bien sûre ? — Hé, non, vous dis-je, non, et
« cent fois non. — Et ce porte-feuille que j'ai
« trouvé derrière moi en me relevant... — Je
« n'aime pas qu'on me tourmente, Louison.
« Voyons, que prouve ce porte-feuille ? Je ne re-
« connais pas... Ah ! dieu, quel trait de lumière !
« donne, donne, et continue de ranger. »

Elle se remet sur sa chaise longue, tourne,

retourne le porte-feuille. Pas de secret, pas même de fermeture. L'ouvrira-t-elle ?... Oh ! non, non, il y aurait plus que de l'indiscrétion. Se refuser cependant à éclaircir un soupçon... Oh ! la curiosité ! la curiosité et l'amour, quelle femme résiste à deux passions aussi fortes !

Adolphe, si heureux une heure auparavant et maintenant si tourmenté, Adolphe revenait tristement les bras pendans, la tête sur la poitrine. Il s'entend appeler.... c'est François. Le cher homme a un air en dessous, qui annonce qu'il a encore arrangé quelque conte. Son pupille le pénètre, et il y a fort peu de mérite à deviner quelques détails, quand on a saisi l'ensemble d'un plan.

Adolphe se pique ; il se fâche sérieusement que tout le monde, sans exception, se flatte de l'abuser. Une jolie femme, passe : ces petits êtres-là ont le privilége de jouer impunément tout un sexe ; mais un homme, un homme quel qu'il soit !.. ah ! M. François, je vous ferai voir que je peux être la dupe de mon cœur ; mais celle de votre esprit ? oh ! ce serait trop fort. « Monsieur, voilà « l'heure de la cérémonie. — De laquelle, mon « vieux ami ? — Hé ! parbleu, du baptême. — Hé « bien, partons, je suis prêt. » Et ils prennent ensemble le chemin de la maison.

Vous jugez bien que le baptême n'était que le prétexte. François se grattait l'oreille... Il ne savait par où commencer. « Mais, monsieur, où est donc « mademoiselle d'Egligny ? — Je l'ignore. — Je

« vous croyiez avec elle. — Je l'ai entrevue un
« moment. — Et les amours, heim? vous ne m'en
« parlez point. — Oh! les amours... j'ai eu de grands
« sujets de réflexion, mon cher François. — Des
« réflexions auprès d'une jolie femme! — Qui
« n'a guère que ce mérite-là, je vous assure. —
« Que voulez-vous dire, mon cher Adolphe? vous
« m'en parliez hier avec un feu!... — Je la con-
« nais un peu davantage, et je la crois étourdie,
« altière, exigeante... — Je ne lui aurais soup-
« çonné aucun de ces défauts. — Je le crois bien :
« vous ne lui avez pas adressé quatre mots. Et
« puis, mon bon ami, je saisis avec plaisir l'occa-
« sion de vous marquer ma déférence à vos con-
« seils. — Ah! mais... que voulez-vous dire? —
« Hier encore, vous m'avez parlé avec tant de rai-
« son du danger de s'enflammer trop facilement...
« — Oui... oui... je me rappelle... Mais il me sem-
« ble que mes observations ne portaient point sur
« mademoiselle d'Egligny. — Pardonnez-moi, par-
« donnez-moi. — Au reste, il se pourrait que je
« me fusse trompé. — Pas du tout, vous avez
« frappé juste; j'en suis trop malheureusement
« convaincu. Savez-vous quel est l'époux qui con-
« vient à mademoiselle Manette? un homme d'un
« âge mur, qui prenne d'abord sur elle un ascen-
« dant décidé. Mais moi, avec mes vingt ans, ma
« facilité, ma douceur, je serais victime de sa lé-
« gèreté, de ses caprices, de son humeur... —
« Vous ne le serez pas, vous ne le serez pas. Je
« sacrifierais mon enfant!...

« Diable ! diable ! mais c'est que je comptais
« vous marier, moi. — En vérité ? — Vous bien
« marier. J'avais arrangé tout cela avec M. Duval.
« — Ah ! que de bonté ! — Mais après tout, il n'y
« a rien de fait encore. — Fort heureusement,
« mon ami. — Un jeune homme beau, bien fait,
« riche comme vous... — Ah ! vous me flattez. —
« Choisira parmi ce qu'il y a de mieux, et en
« étudiant les caractères... — C'est là le point es-
« sentiel.

« — Ah çà, mais me voilà dans un embarras
« affreux. — Ah ! contez-moi cela. — Madame
« d'Egligny raffole de vous. — Vous plaisantez. —
« Non, ma foi. Votre conversation de ce matin
« l'a enchantée. — Oh ! par exemple, voilà qui
« est malheureux. — Et ce n'est rien que cela. —
« Ah ! mon Dieu, qu'y a-t-il donc encore ? —
« Vous avez inspiré à mademoiselle Manette les
« sentimens les plus vifs. — Cela n'est pas croya-
« ble. — Parbleu, elle en a fait l'aveu à sa mère.
« Si j'avais prévu ce triste dénoûment-là, moi, je
« n'aurais pas... je n'aurais pas fait... — Hé bien,
« voyons, qu'avez-vous fait, mon ami ? — Hé !
« pendant que vous promeniez l'Olympe et le
« Parnasse, leur mobilier roulait sur le chemin
« de Paris. Une de vos maisons en est encombrée.
« — Hé bien, tout cela repartira. — Tout cela
« repartira ! c'est fort aisé à dire. Pensez-vous à
« l'éclat... et puis, l'embarras, le désagrément d'une
« rupture...

« — Mais permettez-moi de vous faire observer que
« vous avez mis à tout cela une précipitation... — Hé,
« que voulez-vous ? au premier coup d'œil la tête
« vous tourne pour Marguerite, pour mademoiselle
« Aricie : j'avais lieu de croire que mademoiselle
« Manette, qui réunit à toutes les convenances la
« plus séduisante figure... — Oh ! elle a fait sur
« moi la plus profonde impression. — Et d'après
« le bien que m'en avait dit Duval, j'ai cru... —
« Ne savez-vous pas comment se passionnent ces
« gens qui ont la manie de faire des mariages ?
« Si vous m'aviez confié tout cela... — Je ne le
« pouvais pas. Je voulais... je voulais... je disais...
« — Vous disiez ? — Ce cher enfant est si jeune !
« maître de ses actions, il mésusera peut-être de
« sa fortune. — Oh ! je crois la jeune demoiselle
« bien faite pour ruiner un mari. — Et je voulais,
« d'après ces considérations, vous faire acheter un
« peu mon consentement... afin... afin de vous
« amener à vous laisser lier les mains... — Ah !
« François, mon cher François, de la dissimulation
« avec moi, qui viens de vous donner de ma
« confiance les preuves les plus complètes ! —
« — Eh bien, oui ; je vois que j'ai eu tort, et je
« vous en demande pardon.

« Il m'embrasse, ce cher enfant ! il a bien le
« meilleur cœur !... Allons, voyons, monsieur,
« comment nous nous tirerons de là. C'est que
« notre position à tous deux est vraiment cruelle !
« vous vous êtes déclaré à la demoiselle ; moi, j'ai

« tout arrêté avec la mère... — Oh ! je suis sorti
« d'embarras. — Et comment avez-vous fait? —
« J'ai déclaré très-poliment à la jeune personne
« que je ne conservais pas la moindre prétention.
« — Vous avez eu ce courage ? — Mais, rien de
« simple comme cela. — Je suis ravi, enchanté.
« Vous déclarerez plus facilement encore à ma-
« dame d'Egligny que je retire ma parole, et... —
« Un moment, mon ami, un moment. Vous me
« permettrez de faire une distinction. — Mais il
« n'y en a pas, mon cher Adolphe. — Vous allez
« en convenir.

« Deux jeunes gens s'aiment, ou croient s'aimer ;
« ils rompent aussi légèrement qu'ils se sont en-
« gagés, cela ne tire pas à conséquence. Mais est-
« il convenable que j'aille dire à madame d'Eli-
« gny que je ne veux pas sa fille ? — Sans doute,
« puisque c'est vous qui deviez l'épouser. — Mais
« c'est vous qui avez arrangé le mariage. Et puis
« il y a entre elle et vous un rapport d'âge qui
« autorise une sorte de confiance, et madame
« d'Egligny peut entendre de votre bouche, ce
« qui de la mienne serait un aveu formel que vous
« avez manqué à vos conventions particulières. —
« J'entends. Elle pourrait me savoir mauvais gré
« de vous avoir fait, avant l'instant convenu, des
« ouvertures... — Et elle vous reprocherait avec
« raison d'avoir compromis sa fille. — Il est incon-
« cevable que j'aie pris toute cette affaire à con-
« tre-sens. — Mais, non, mais non. Pourquoi au-

« riez-vous seul le privilége de ne jamais vous
« tromper ?

« — Il faut donc que j'aille dire à madame d'Egli-
« gny... Je ne sais, d'honneur, ce que je lui di-
« rai. — Oh ! le plus difficile, c'est de trouver la
« première phrase. — Mais c'est que je ne la
« trouve point. — Eh bien, vous commencerez
« comme vous avez fait avec moi, par des mots
« qui ne signifient rien, et ceux-là mènent à d'au-
« tres. — Voyez-vous, le jeune espiègle ! il a pé-
« nétré mon embarras. Je l'avoue, je ne sais pas
« dissimuler ; mais ici, que je dirai ce que je
« pense... — Vous serez brave. — Et maladroit.
« N'importe.

« — Nous voilà chez nous. Je vais prendre la
« corbeille du baptême, la présenter, car enfin
« on peut être le compère d'une jeune personne
« qu'on n'épouse pas. — Sans doute, sans doute.
« Il faut toujours mettre les procédés de son côté.
« — Je suis à vous dans un quart d'heure ; c'est
« plus qu'il ne vous en faut pour tout terminer. »

Bon, pensait Adolphe, c'est maintenant le tour
de madame d'Egligny : il faut que chacun ait
le sien. Elle est bien, la corbeille, très-bien. Si
François eût demandé tout cela après la conversation que nous venons d'avoir, il eût réduit les
choses de moitié, de deux tiers. Bon François !
mais n'ai-je pas quelques reproches à me faire ?
Oser jouer à mon âge le plus vrai, le plus solide
des amis, la femme la plus respectable !... Eh !

pourquoi aussi me traiter toujours comme un enfant, me cacher l'affaire qui m'intéresse le plus, et s'entendre pour me lier les mains? Me lier les mains! je n'ai donc pas de caractère, pas de jugement? je suis donc incapable de me conduire? Ils prétendent donc me tenir en tutelle jusqu'à cinquante ans? Voilà certainement de quoi justifier beaucoup d'humeur... si j'en avais. Ce sera là la base de ma défense envers François et madame d'Egligny, et qu'auront-ils à faire? rire de la revanche que j'ai prise, et revenir à leur premier projet... Mais, mademoiselle Manette, mademoiselle Manette.... Oh! je serai si tendre, si pressant, et il doit être si doux de pardonner à ce qu'on aime! Allons, allons, ce que j'ai fait, ce que j'ai dit, je ne pouvais le mieux faire, ni le mieux dire.

François était arrivé chez madame d'Egligny, cherchant ses mots, les arrangeant, les dérangeant, et ne trouvant point, pour entrer en matière, de phrase plus heureuse que celle-ci : Madame, me voilà de retour; parce que, pensait-il, cette phrase mène à tout.

On était très-gai au salon. M. Duval tenait le plan de la fête grecque, écrit de la main d'Adolphe. Mademoiselle Manette, appuyée sur l'épaule de son instituteur, avait à la main un petit carré de papier. Elle venait, selon les apparences, de comparer les deux écritures, et lorsque François entra, elle sautait, elle embrassait sa mère, et s'écriait en riant : « C'est cela, c'est cela! Le porte-

« feuille est à lui ; il nous rend malice pour ma-
« lice, et il fait bien, n'est-ce pas, maman ? et
« moi qui ai cru... qui ai pleuré... mais pleuré
« comme un enfant ! »

Ici on aperçoit le tuteur. Mademoiselle Manette se tait, et tremble d'en avoir trop dit. M. François, qui n'entend pas à demi-mot, et qui est tout à ce qu'il va dire, M. François commence : « Ma-
« dame, me voilà de retour. — J'en suis fort aise,
« monsieur. — Hélas ! madame... — Qu'avez-vous,
« monsieur ? — Rien qui me touche personnelle-
« ment, madame. Mais j'ai une confidence à vous
« faire... — A moi, monsieur ? — Et une confi-
« dence pénible. — Oh ! mon Dieu, vous m'ef-
« frayez. »

Duval et Manette se jettent un coup d'œil d'intelligence. Madame d'Egligny a saisi l'esprit de son rôle ; elle y est tout entière.

François reprend. « Je vous effraie, madame, et
« je le suis moi-même de ce que j'ai à vous dire.
« — Ah ! monsieur, l'incertitude est plus cruelle
« que le mal même : de grace, expliquez-vous.
« — C'est là ce qui est difficile. Ce mariage... —
« Ce mariage est arrêté ; au fait. — Il l'a été, ma-
« dame, il l'a été ; mais mon pupille... — Votre
« pupille ?... — A fait, dit-il, de mûres réflexions,
« et... et... — Vous m'avez préparée à tout. Par-
« lez, monsieur, j'écoute. — Vous ne m'en vou-
« drez pas. — Hé ! non, monsieur. — Votre pa-
« role ? — Je vous la donne. — Au moins vous

« me mettez à mon aise. — Ah ! mon dieu, que
« de préliminaires ! — M'y voilà, madame, m'y
« voilà. — C'est bien heureux.

« — M. Luceval renonce à la main de made-
« moiselle. — Vous êtes bien sûr de cela, mon-
« sieur ? — Il vient de me le déclarer, à l'instant.
« — Voilà la lubie la plus complète, l'imperti-
« nence la plus caractérisée... — Vous m'avez pro-
« mis d'être calme, madame. — Vous avez raison,
« monsieur. Je me possède. Je vous fais observer
« seulement qu'on ne fait point à une demoiselle
« d'un certain rang, un affront aussi marqué, sans
« les raisons les plus positives. — Hélas ! madame, il
« m'en a donné. — Quelque folie grecque encore,
« que vous avez la faiblessse de supporter. —
« Pardonnez-moi, madame, pardonnez-moi. Je
« suis même forcé, jusqu'à certain point, de par-
« tager son opinion, et... — Enfin, monsieur,
« que vous a-t-il dit ? — Quoi ! madame, les pro-
« pres mots ? — Oui, monsieur. — C'est qu'ils
« sont d'une clarté ! — Voilà pourquoi je veux
« les entendre. — Vous vous rappellerez, ma-
« dame, que vous l'avez ordonné. — Je ne l'ou-
« blierai pas.

« M. Luceval trouve mademoiselle légère, étour-
« die, capricieuse, humoriste, altière, exigeante,
« faite pour ruiner son mari... »

Manette et Duval sortent : ils n'y tiennent plus.
Madame d'Egligny conserve le sérieux le plus
imperturbable.

« Puisque M. Luceval a trouvé à ma fille des
« défauts, que je ne lui connais point, il fait
« très-bien de ne pas s'avancer davantage. Je vous
« rends votre parole, monsieur, et je retire la
« mienne. Ma fille, quoi qu'on ait pu vous dire,
« peut prétendre encore aux partis les plus dis-
« tingués, car si M. Luceval vous a parlé de son
« amour, vous ne lui avez rien confié de nos
« arrangemens particuliers : ainsi pas d'indiscré-
« tion à craindre de sa part; cette rupture sera
« ignorée... — Ah! madame, vous me faites sentir
« la faute que j'ai commise. — Monsieur a tout
« dit. — Que voulez-vous, madame! cet enfant
« m'est si cher, et lorsqu'il attaque mon cœur...
« - C'en est trop, monsieur, c'en est trop. Ecou-
« tez-moi. La cérémonie du baptême va réunir pro-
« bablement tous les habitans. Vous voudrez bien
« profiter de ce moment pour faire charger et
« partir mes meubles. Epargnez-moi du moins le
« désagrément des interprétations, des propos...
« — Je vous obéirai, madame; mais que je serais
« malheureux, si vous conserviez le plus léger
« ressentiment... — Il ne me reste rien à vous
« dire, monsieur. Permettez-moi de me retirer. »

François reste seul, les yeux fixés au plafond,
et le cœur navré. Madame d'Egligny rejoint sa
fille et Duval. Manette l'interroge sur la fin de
l'entretien, et met à ses questions l'intérêt.... que
vous y auriez mis il y a trente ans, peut-être, madame, qui me lisez.

On rit facilement, quand on passe de la plus cruelle anxiété à la conviction du sort le plus désiré. Les éclats de rire se prolongeaient à l'infini ; et François, forcé d'entendre, disait : « Ce jeune « homme voit mieux que moi. Ces dames-là ont « une singulière façon de penser. Rire de cette « manière, lorsqu'elles devraient être affectées du « congé le plus clair, le plus positif !

« Louison, tu fermeras tout, tout exactement ; « tu prendras les clefs, car enfin il est inutile que « nos meubles partent, n'est-ce pas, maman ? — « Mais je crois qu'il serait bien de laisser charger « une ou deux voitures. — Et à quoi bon, maman? « —Pour ramener M. Luceval, le forcer... — Mais « je prévois, maman, que les préliminaires de « paix seront arrêtés d'ici au village. — Non pas, « ma fille, non pas. — C'est que deux cœurs qui « souffrent, ont tant d'intérêt à se rapprocher ! — « C'est que trop de facilité rend ces petits êtres- « là si exigeans ! — Je ne sais pas, maman. — « Mais, je le sais, ma fille. — Pas de règles sans « exception, M. Duval me l'a dit. — Et ton amant « est excepté de droit. — Oh ! mon Adolphe est « si doux, si aimant ! — Ton Adolphe est un « homme. — Tant mieux, maman. »

Adolphe trouve François cloué sur la même planche. « Eh bien ! mon ami ? — Tout est fini, « monsieur. — Absolument ? — Sans retour. — Et « qu'a dit madame d'Egligny ? — Elles ont beau- « coup ri. — Elles ont ri ! mademoiselle Manette

« a ri ! — Elle a ri. — Cela n'est pas croyable. —
« Cela est, et moi-même, à présent, j'en fais
« assez peu de cas. — Un moment, mon ami, ré-
« fléchissons. — Nous réfléchirons ce soir. Montez,
« monsieur : il y a trois quarts d'heure au moins
« que la cloche du village vous appelle. — Elle
« a ri ! — Mais montez donc ; il faut en finir, et
« laisser partir ces dames. — Partir, dites-vous !
« — Hé ! sans doute ; que voulez-vous en faire ?
« Marchez donc ; au nom de Dieu, marchez. »

M. Luceval frappe discrètement à la porte. Ouvrez dit mademoiselle Manette, et elle reprend
son sérieux en voyant Adolphe. Il salue de la manière la plus respectueuse, et on lui rend des révérences jusqu'à terre. Le laquais qui le suit
s'avance, et présente la corbeille. Madame d'Egligny y jette les yeux : « Ma fille, je ne permettrai
« pas cela. Ces cadeaux n'avaient rien que de na-
« turel, lorsque vous pouviez prétendre... — Il est
« vrai, dit François, que j'avais compté réunir les
« présens de noce à ceux du baptême. Per-
« mettez du moins, madame, que mademoiselle
« choisisse les bagatelles qui lui plairont le plus.

« — Le bouquet, des gants, à la bonne heure ;
« quelques boîtes de dragées, passe. — Il est joli,
« maman, le bouquet ! — Très-mal composé pour
« les circonstances. Otons les immortelles, ma
« fille. — Ah ! madame ne dérangez rien, de grace.
« — M. Luceval prétend m'apprendre comment
« je dois me conduire ? — Je vous prie de croire,

« madame, que je n'ai ni présomption, ni finesse.
« - Vous me dispenserez, monsieur, de m'en
« rapporter à ce que vous m'en dites. Voulez-
« vous bien présenter la main à ma fille? »

Mademoiselle Manette prend le bras d'Adolphe. François ose offrir le sien; madame d'Egligny accepte. Duval rencontre en chemin la mère Dufour, qui venait annoncer que le curé avait déjà eu le temps de barbouiller son surplis blanc de tabac. Duval sait parler agriculture comme astronomie et physique : il se charge de la mère Dufour.

François pensait beaucoup; mais il ne trouvait rien à dire, et ne disait rien. Madame d'Egligny s'amusait de son embarras et de son silence. Il est, quoi qu'on en dise, telle femme qui peut se taire et jouir.

Adolphe et Manette se regardaient à la dérobée. Tous deux brûlaient de parler; mais qui commencera? La jeune personne? elle en a grande envie; mais les convenances! Adolphe ne savait, lui, qu'elle tournure faire prendre à la conversation. Elle a ri; il y a encore quelque finesse làdessous. Le parti le plus court serait peut-être de tourner tout cela en plaisanterie. Oui, mais le plus sûr est de filer une scène dramatique, bien sentimentale, bien forte d'expression... Des sens suspendus, de grands gestes, un genou en terre, et enfin une petite main qui s'abandonne et qu'on baise avec transport... Mais en plein champ, quand on a derrière soi une maman et un tuteur, dont on s'est un peu moqué, et qui ne manqueront pas de prendre leur revanche!

Mademoiselle Manette, excédée du silence d'Adolphe, se décide à parler. Ne peut-on, sans se compromettre, commencer par des choses indifférentes, et amener insensiblement celles qu'on voudra? La jeune fille la plus sage a toujours quelque arrière-pensée, dont nous sommes complètement dupes, nous autres amoureux de bonne foi. Mais que de bons mariages manqueraient si ces dames n'avaient l'adresse de nous amener à leur but, et nous, le bon esprit de nous y laisser conduire!

« Le joli paysage ? — Superbe, mademoiselle.
« — Que de choses séduisantes un peintre exécu-
« terait ici! — Surtout s'il mettait en scène cer-
« taine personne... — Monsieur parle probablement
« de lui. — Vous ne le croyez pas, mademoi-
« selle. »

Encore un silence, mais court. Vous savez... on veut arriver au but. « — Je ne connais rien
« d'aussi ravissant que les arts. — Ils doivent ajou-
« ter au bonheur. — Ils répandent sur les peines
« de la vie un baume consolateur. — Sous ce der-
« nier rapport, mademoiselle ne doit pas les con-
« naître. — Vous les cultivez sans doute, mon-
« sieur? — Je les ai négligés jusqu'à présent. —
« Moi, je suis un peu musicienne. — Je le sais.
« Mademoiselle touche du piano. — J'en ai même

« un ici. — C'est ce que m'a dit mon tuteur.

« — Monsieur va quelquefois à Paris? — Assez
« fréquemment, mademoiselle. — Et monsieur
« aime peut-être la musique? — Oh! passionné-
« ment. — Si monsieur nous fait l'honneur de
« nous venir voir... — Si mademoiselle le permet...
« — Comment donc, monsieur, mais je vous y
« invite. Parce qu'on ne s'épouse point, faut-il
« qu'on se haïsse !

« J'accompagne quelquefois un jeune homme...
« — Un jeune homme! — Qui chante! ah! il vous
« fera le plus grand plaisir. — Je n'aime que les
« voix de femme. — Un jeune homme bien né,
« d'un extérieur agréable, d'une éducation soi-
« gnée... — Ses qualités ne m'intéressent pas, ma-
« demoiselle : — Qui même paraissait avoir quel-
« ques prétentions... — Vous ne l'aimez pas,
« mademoiselle ; je vous assure que vous ne l'ai-
« mez pas. — J'en conviens; mais je commence à
« croire que les mariages de raison ne sont pas
« les plus malheureux. — Si vous parlez sérieuse-
« ment, je suis donc bien coupable... et bien à
« plaindre.

« — A propos, monsieur, n'avez-vous pas perdu
« votre porte-feuille? — Je ne crois pas mademoi-
« selle. — Vous êtes distrait, monsieur ; vous
« n'êtes pas à ce que je dis. — Pardonnez-moi,
« mademoiselle... Mon porte-feuille ; n'est-ce pas
« de cela qu'il s'agit? — Eh bien, vous ne l'avez
« plus, votre porte-feuille. — Je ne l'ai plus...

« vous avez raison ; non, je ne l'ai plus. — N'est-
« ce pas celui-ci? — Vous l'avez trouvé? — Dans
« les jardins. — Mille remerciemens. — Vous
« faites fort bien des vers. — Oh! ciel, vous
« l'avez ouvert! vous avez lu... — Et je les sais
« par cœur.

« Quoi! si rusée à l'âge le plus tendre!
« Quoi! si jolie et si fière à la fois!
 « Beauté qui veut donner des lois,
 « Nous autorise à nous défendre.
 « Elle ne rentre dans ses droits,
 « Que lorsqu'elle daigne se rendre.

« — Eh bien, mademoiselle, voilà qui explique
« ma conduite. — Mais je ne demande pas d'ex-
« plication, monsieur. — Et moi, j'en ai un be-
« soin! — Je vous ai parlé d'un jeune homme...
« — Qui n'existe pas, j'aime à m'en flatter. —
« Vous me direz, avec la même franchise, quelle
« est la beauté nouvelle à qui s'adressent vos
« vers. — Mademoiselle, vous abusez de ma situa-
« tion. N'est-ce pas assez d'une tracasserie perpé-
« tuée depuis vingt-quatre heures?

« — Commencez-vous à sentir le mal que fait
« une tracasserie? — Si je le sens! ne le voyez-vous
« pas? — Et qui a commencé, je vous prie? —
« Oh c'est bien vous. Je ne vous aime pas, je ne
« vous aime pas! vous l'avez dit, vous l'avez ré-
« pété. — Ah! vous ne cessez de revenir là-dessus.
« Et ces souvenirs inséparables de mon image, et

« qui sont si propres à rappeler un jeune homme
« à lui-même, et cette résolution d'opposer la
« raison à l'amour! — Oh! comme je mentais. —
« Et pourquoi mentir? — Et vous, mademoiselle,
« pourquoi dissimuler? — Voilà de la fatuité, à
« présent. — Allez-vous me faire encore une que-
« relle ? — Je le devrais, monsieur.

« — Charmante Manette? — Monsieur Adol-
« phe? — L'amour ne vit ni d'esprit, ni d'humeur.
« — Je vous vois venir. Je ne vous tiens pas
« quitte à si bon marché. Affecter, en m'adres-
« sant les choses les plus dures, un sang-froid
« dont j'ai été dupe! Froisser mon pauvre petit
« cœur, me tirer des larmes! — Des larmes! des
« larmes! — Oui, monsieur, j'ai pleuré pendant
« que vous vous amusiez, peut-être, de ma crédu-
« lité, de ma faiblesse. — Dieu ! grand dieu! je
« suis courbé sous le remords et le repentir. —
« Ah ! c'est ce dernier mot que j'attendais. Il
« efface tout. J'oublie ce que j'ai souffert. — Vous
« pardonnez! — Il le faut bien. — Manette! —
« Adolphe! — Plus de finesses. — Oh! cela fait
« trop de mal. — Soyons enfans, ingénus comme
« l'amour. — Et surtout francs comme lui.

« — Vous m'aimez, chère Manette. N'est-ce
« pas, que vous m'aimez? que j'aie enfin le bon-
« heur de l'entendre de votre bouche. M'aimez-
« vous? — Hé, sans doute. — Et vous m'aimerez
« toujours? — Quand on aime une fois, n'est-ce
« pas pour la vie? — On le dit. — Je le sens. —

« Et moi, et moi donc! je suis dans une ivresse...
« — Puisse-t-elle durer autant que nous! — Oh!
« amour éternel. — Vous le jurez, Adolphe? —
« Et vous, Manette? — Oui, mon ami, amour
« éternel.

« — Convenons maintenant de nos faits. —
« Ah! voyons. — Nous nous marierons... — Oui,
« Adolphe. — Tout de suite. — Le plus tôt pos-
« sible. — Et madame d'Egligny? — Oh! elle a ri
« de tout cela. — Mais François? il a pris la chose
« au sérieux. — On le désabusera. — Je lui dois
« un dédommagement. — Vous le lui donnerez.
« — Nous arrangerons tout cela au village. —
« C'est bien prompt. — Un jour perdu pour le
« bonheur, ne se retrouve pas. — Il est vrai. —
« Il y a là un notaire; je le verrai. — Oui, on
« peut s'échapper un moment. — Passer à l'étude.
« — Faire dresser les articles. — Les apporter à
« signer.

« — Alors, la plus aimée des femmes est ma
« fiancée. — Mais, à peu près, mon ami. — Alors,
« plus de réserve. — En vérité, monsieur? — J'en-
« tends l'union intime des cœurs. — Bien. — Ces
« entretiens si doux, ces délicieux épanchemens,
« ces innocentes caresses... — Oh! c'est charmant,
« mon adolphe, charmant. »

Et ils se mettent à courir et à sauter. La régularité de la marche est interrompue; la dignité de la cérémonie souffrira peut-être; mais n'est-ce pas ainsi qu'on s'est disposé à donner l'être au petit individu qu'on va ondoyer, et qu'elles heureuses dispositions, pour faire un chrétien, que le désir et la volonté d'en faire promptement un autre!

François, qui s'étonne de tout ce qu'il ne conçoit pas, blâme fortement la versatilité de son pupille. Passer tout à coup du grand sérieux, du maintien le plus grave, aux ris, aux jeux, à l'aimable folie! Au reste, ces disparates tiennent un peu à son âge. Mais mademoiselle Manette qui folâtre avec l'homme qui vient de la dédaigner! Oui, oui, il l'a bien jugée, et certes, c'est moi qui, maintenant m'opposerais au mariage, s'il n'avait eu le bon esprit de le rompre. Telles étaient les réflexions secrètes de François.

Madame d'Egligny ne doutait pas que la paix fût faite, et elle souriait au bonheur de sa fille.

On entre dans le village. Monsieur Adolphe laisse au milieu d'une rue sa commère, qui ne paraît pas affectée du procédé. Allons, pense encore François, tout est égal à cette demoiselle-là. Cependant il appelle Adolphe... Il avait déjà tourné une rue, deux rues... On ne le voyait plus.

Mademoiselle Manette, toujours sautant, toujours dansant, vient prendre le second bras du tuteur. Cette familiarité ne le flatte pas du tout; mais il sait vivre, et il se prête, tant bien que mal, à la bruyante espièglerie de la jeune personne.

Nicolas vient au-devant d'eux. Il est plus joyeux

encore que de coutume, parce qu'il tient le nouveau-né sur ses bras. Le père Dufour arrive en trottillant. Avant de pouvoir se faire entendre, il a découvert sa tête chauve et salué vingt fois de la main. Les paysans du village font une double décharge de leurs vieilles canardières.

Nicolas est frappé de la félicité qu'exprime chaque trait, chaque geste de Manette. « Vous « paraissez heureuse, mademoiselle. Voulez-vous « l'être davantage? mariez-vous, et soyez mère. « Oh! vous allez voir quel bien cela fait. » Qu'elle soit mère tant qu'elle voudra, pensait le tuteur : ce ne sera pas de notre façon.

Marguerite les attendait, parée du plus beau de ses bonnets ronds, du plus blanc de ses corsets. Elle comptait sur sa parure, et on ne voyait qu'elle. Rayonnante de joie et de beauté, elle semblait dire à ceux qui l'entouraient : J'ai payé ma dette à la nature. Elle me donne en récompense un soutien pour mes vieux ans.

L'enfant jeta quelques cris. Nicolas le rendit à sa mère. Elle dénoua d'une main empressée et impatiente, les cordons du blanc corset. Elle offrit le plus rond, le plus joli des seins. Le bouton de rose disparut aussitôt sous les lèvres vermeilles du petit. Marguerite paraissait fière d'être mère tout-à-fait.

« Bien, dit Duval, bien. Laissez la mode à ces « femmes frivoles qui la préfèrent à tout. Qu'elles « soient punies de leur coupable insouciance par

« les ravages que produit tôt ou tard cette liqueur
« qu'elles détournent de ses sources; qu'elles soient
« punies par l'indifférence de l'enfant qu'elles ont
« rejeté de leur sein.

« Ma foi, monsieur, répondit Nicolas, je suis
« de votre avis. Il faut que chaque chose serve à
« son usage. Sans doute, reprit François. Si la
« nature eût voulu des nourrices, elle eût donné
« le lait aux unes et la fécondité aux autres.

« Il est bien fâcheux, continua Nicolas, pour
« certaines dames, qui trouvent si aisément des
« nourrices, de ne pouvoir pas, pour leur argent,
« charger quelque autre femme du fardeau et des
« incommodités des grossesses. Ah ! parbleu,
« s'écria Duval, si cela était ainsi, on ne verrait
« de mères que dans les campagnes. — Et alors,
« monsieur, les villes seraient bientôt désertes.
« — Pas du tout, mon ami. La grande dame recon-
« naîtrait, prendrait l'enfant qu'une autre aurait
« porté pour elle; et elle serait sa mère, à peu
« près comme elle l'est de celui qu'elle a chassé
« au moment de sa naissance, à qui elle a fait
« sucer un lait étranger, qui en a pris les affec-
« tions bonnes ou mauvaises, et qui n'a plus
« rien de commun avec elle, quand on le lui ra-
« mène. »

Très-heureusement pour vous, mesdames les
demi-mères, cette conversation fut interrompue
par M. Adolphe, qui entra, le plaisir dans les
yeux, l'espérance dans le cœur. Il s'approcha de

Manette. « Tout sera prêt dans deux heures. » Ces mots sont inintelligibles pour tout le monde. Madame d'Egligny ne peut en demander l'explication sans quitter son masque. Manette, qui la devine, ne trouve pas le moment de la satisfaire, parce qu'Adolphe lui prend le bras et l'entraîne. Tout le monde suit.

Je ne vous parlerai pas de l'administration du sacrement. Là, comme ailleurs, cela se fait avec un peu d'eau et d'huile rance, quelques grains de sel et du grimoire.

En échange de ces belles choses, on donne beaucoup d'argent au curé; on en donne au bedeau, au sonneur; on en donne au suisse et à l'organiste, quand il y en a un, et on veut bien avoir la complaisance d'aller signer à la sacristie, sur un registre qui n'y devrait pas être.

Il est vrai que ces dons ne s'accordent pas précisément au curé et à ses valets; c'est un hommage à notre amour-propre, qui nous empêche quelquefois de dîner le lendemain. Mais on a eu le plaisir d'entendre murmurer à ses oreilles : le beau baptême! le généreux parrain! Et quand le parrain a descendu les degrés de l'église, on ne pense plus à lui, et on va manger gaîment son offrande. Oh! c'est de l'argent bien placé.

On trouva au retour une très-jolie collation au milieu de laquelle s'élevait une vaste pyramide de boîtes de dragées. Adolphe en chargea le lit de la petite maman, et prit, en échange, un baiser.

Une bonne mère refuse-t-elle cela à quelqu'un qui vient de sauver son fils de la damnation éternelle?

Je ne sais comment ce baiser fut pris et donné; mais mademoiselle Manette rougit et fronça un peu le sourcil. Adolphe la regarda d'un air suppliant, lui prit la main et la baisa avec transport. François se leva vivement et regarda son pupille d'un air qui voulait dire... tout ce qu'on peut imaginer de plus fort. Adolphe baisa encore cette main qu'on lui abandonnait. François, hors de lui, dit à demi-voix : « Vous allez voir que, ne « pouvant être sa femme, elle consentira... » Tout le monde rit et de la sortie de François, et de ses mines tragi-comiques. Le bonhomme allait éclater, lorsqu'il vit entrer un monsieur à révérences, son chapeau dans une main et du parchemin dans l'autre.

« Eh bien! dit François, que veut encore celui-« ci? — Hé! c'est notre notaire, répond Nicolas. « — Comment, un notaire! y a-t-il quelque tes-« tament à faire, ici? — Non, monsieur, c'est « pour quelque chose de plus agréable que je suis « mandé. »

Adolphe court; il embrasse, sur les deux joues, son tuteur, qui veut en vain s'en défendre; il le supplie d'écouter. Il fait faire place; il invite le notaire à s'asseoir, à prendre un verre de marasquin, et à lire.

Madame d'Egligny, Duval, François, stupéfaits,

ouvraient des yeux... mais des yeux ! Adolphe et Manette souriaient... comme la malice lorsqu'elle pique sans blesser.

Le monsieur commence.

« Par-devant, *et cœtera*.

« Furent présens, monsieur Adolphe Luceval,
« et mademoiselle Marie d'Egligny...

« Hé ! mais, s'écria le tuteur, cela commence
« comme un contrat de mariage. — C'en est un,
« mon bon ami. — Entre mademoiselle et vous ?
« — Oui, mon bon ami. — Et vous croyez que je
« permettrai... — Oui, mon bon ami.

« — Désabusez-vous, monsieur. Jamais je ne
« consentirai à votre malheur. Quelques séduc-
« tions nouvelles vous ont fait oublier les plus
« sages résolutions ; mais j'ai observé aussi de
« mon côté, et mademoiselle ne vous convient
« pas. »

Allons, pensait Marguerite, voilà un jeune homme charmant, à qui il ne sera jamais permis d'aimer.

« Monsieur François, dit madame d'Egligny,
« vous nous traitez bien durement. — J'en suis
« fâché, madame ; mais je sens que je ne sauverai
« ce jeune homme qu'en disant ouvertement ce
« que je pense. »

Duval entreprend d'expliquer les quiproquo, qui n'ont cessé de ce succéder : François ne l'écoute point. Adolphe veut parler, et n'est pas plus heureux.

Mademoiselle Manette se lève, vient s'asseoir près du tuteur, le regarde... comme vous savez regarder, mesdames, lorsque vous voulez plaire, ou fixer l'attention. François détourne la tête ; elle lui prend la main... « Vous êtes fort jolie, « mademoiselle ; mais je ne suis pas si facile qu'on « le pense, et quand j'ai pris un parti... » Mademoiselle Manette presse la main qu'elle tient ; ses lèvres purpurines effleurent une joue de François. « Eh bien ! voulez-vous m'épouser aussi ? — « Je veux seulement, monsieur, que vous m'é- « coutiez. — Parlez, mademoiselle, parlez ; mais « vous n'y gagnerez rien. — C'est ce que nous al- « lons voir. »

Elle raconte comment les chuchotemens, les coups d'œil à la dérobée, lui ont fait soupçonner les projets de sa mère ; comment un piano a achevé de la convaincre ; comment elle a rusé avec ceux qui dissimulaient avec elle ; comment, soumise au plan général, elle a caché ses sentimens à M. Adolphe ; comment M. Adolphe a tout découvert en entrant furtivement dans le cabinet ; comment, à son tour, il a cherché à se venger de tout le monde ; comment son porte-feuille, trouvé aux pieds de Louison, a découvert ses petites menées ; comment, enfin, on est convenu d'entretenir l'erreur de M. François, pour le punir d'avoir manqué au traité, en faisant part, avant le temps, à son pupille, des arrangemens convenus.

D'après cette explication, les ris, les sauts, la légèreté apparente, la douce ivresse, qui suit une réconciliation, ne pouvaient plus être défavorablement interprétés. Tous les sujets de plainte que croyait avoir François, étaient évanouis. Il était persuadé; cependant, mademoiselle Manette avait cessé de parler depuis cinq minutes, et il écoutait encore.

Il partit à la fin d'un éclat de rire prolongé, qui fut suivi d'un second, puis d'un troisième... Il ne finissait pas. « Au moins, mesdames, vous
« savez de quoi je ris. Nous ne le saurions pas,
« reprit madame d'Egligny, que nous nous gar-
« derions des interprétations défavorables qui ont
« pesé sur nous. — Ma foi, mesdames, les miennes
« vous font honneur. Elles prouvent que vous
« avez fort bien joué vos rôles, puisque j'ai été
« complètement votre dupe. Mais c'est que tout
« cela est trop plaisant. Savez-vous qu'on en ferait
« une comédie? »

« Mon bon ami, reprit Adolphe, j'espère que
« vous voudrez bien, maintenant, permettre au
« notaire de continuer. — J'entends, j'entends. Je
« vois que le mariage se fera quelques jours plus
« tôt que nous ne l'avions projeté; mais je tiens
« à mes conditions, je vous en avertis. Au sur-
« plus, entendons le contrat; s'il ne me convient
« pas, monsieur voudra bien le recommencer. »

La première clause était qu'Adolphe ne pourrait vendre ou aliéner, avant l'âge de trente ans.

« Je ne voulais, dit François, retarder la ma-
« jorité absolue que jusqu'à vingt-cinq; mais à
« cet âge on est encore fort jeune : ainsi je loue
« votre prudence, et j'approuve l'article. Pour-
« suivez, monsieur.

Loin d'exiger une dot, M. Luceval abandonnait à sa belle-mère, pendant sa vie, la jouissance de la totalité de ses biens.

« Madame, ce trait seul peint son cœur. Mon
« cher Adolphe, vous honorez, vous aimez vos
« parens : puissent vos enfans vous le rendre un
« jour ! »

Manette ouvrit ses bras au bien-aimé. Elle lui présenta sa main et sa joue : qu'eût-elle dit qui valût cela ?

Le troisième article doublait la pension viagère accordée à François par M. Luceval père.

« Cet article ne restera point. — Mon bon ami,
« les dons de l'amitié n'humilient pas, et l'hom-
« mage de la reconnaissance honore également
« celui qui l'offre, et celui qui le reçoit. — Mon
« cher enfant, j'ai peu de besoins; mon traite-
« ment me suffit. — Mon bon ami, vous aurez
« du superflu, et il vous reste encore des années
« à faire le bien. — Non, monsieur, non. Votre
« père a donné ce qu'il a jugé convenable. Aller
« au-delà de ses volontés, ou les restreindre, c'est
« également cesser de les respecter. »

François se lève, prend la plume, et veut rayer l'article.

On s'écrie, on court. Adolphe lui saisit la main; mademoiselle Manette lui arrache la plume; M. Duval met le contrat dans sa poche; madame d'Egligny se place entre le tuteur et le notaire.

« Croyez-vous, monsieur, dit-elle à François,
« que j'aie moins de véritable fierté et de désinté-
« ressement que vous? J'ai pu accepter la jouis-
« sance d'une fortune modérée, dont une fraction
« n'eût pas ajouté au bien-être de M. Luceval.

« Il ne pense pas sans doute que mille écus de
« plus, ou de moins, par an, puissent l'acquitter
« envers vous; mais il vous donne, de son estime
« et de son affection, la seule marque qui dépende
« de lui, et c'est à ce titre qu'elle doit vous être
« chère.

« M. Luceval père vous a payé sa dette person-
« nelle. Ne pas interdire à son fils la faculté d'ac-
« quitter quelque chose des siennes, c'est recon-
« naître qu'il en pouvait contracter à son tour,
« et lorsque vous rejetez le tribut de la plus
« légitime reconnaissance, après avoir applaudi à
« un don auquel je n'ai pas de titres encore, vous
« m'imposez la loi de refuser comme vous. Vous
« nous ôtez à l'un et à l'autre le plaisir de devoir
« quelque chose à Adolphe; vous froissez un
« jeune cœur, pour qui une belle action est la
« plus pure des jouissances.

« Choisissez donc ou de suivre mon exemple,
« ou de faire ajouter au contrat, et en faveur
« de ma fille, les deux tiers de tout ce que je
« possède. »

François balançait encore : il était loin de prévoir l'usage respectable qu'il ferait un jour des bienfaits d'Adolphe. On l'entoure, on le presse, on le caresse, on le gronde ; il se rend enfin.

Le contrat finissait par le protocole ordinaire. Le douaire et autres stipulations étaient fixés selon la coutume.

Après la pièce essentielle, on s'occupa d'un préliminaire sans lequel le contrat de mariage était sans force : l'acte d'émancipation d'Adolphe.

C'est par celui-là que le notaire eût commencé sa lecture; mais le jeune homme avait voulu surprendre, étonner, se faire un peu admirer peut-être, et pour cela, il ne fallait rien qui préparât les esprits à ce qu'on allait annoncer.

Adolphe fut émancipé sans la moindre réclamation.

Le tuteur, la mère, l'ami, s'entretenaient entre eux, parlaient à Marguerite, écoutaient la vieille Dufour, lorsque tout à coup ils s'aperçurent que nos jeunes gens étaient disparus. Le chapitre des conjectures commença aussitôt, et la petite maman, aussi habile à conjecturer qu'une autre, appela son Nicolas, et lui dit deux mots à l'oreille.

Nicolas sortit en riant, à son ordinaire, parce qu'il ne voyait plus de danger après la signature du contrat, et que, selon lui, épouser sa femme sous le ciel ou sous des rideaux, c'est toujours épouser.

Où croyez-vous que la petite l'envoyait? elle n'avait point oublié ses noces, et le jardin, et le petit bois. Tentations d'amour s'oublient-elles jamais? elle avait eu le temps de réfléchir sur la différence des plaisirs légitimes et des plaisirs défendus. Ceux-ci sont plus vifs; les autres sont plus durables; et puis elle sentait, par instinct, que l'empire de son sexe n'est établi que sur l'estime. Nicolas était allé fermer les portes.

La bonne précaution, pensait-il en mettant les verroux, d'empêcher de rentrer des gens qui sont si aises d'être dehors!

« — Eh bien! lui dit tout bas Marguerite?... — « Eh bien! ils feront le grand tour. — Ils étaient « sortis? — Parbleu! — Et tu as tout fermé! — Ne « me l'as-tu pas dit? — Imbécille! — Ma foi, ma « chère amie, le plus haut degré de perfection « où puisse atteindre un bon mari, c'est d'obéir à « sa femme, exactement, sans interprétation, et « sans réflexion. »

CHAPITRE III.

Le mariage, et quelques autres bagatelles.

Adolphe était pressé de se marier; il l'a dit, il l'a répété, et on peut l'en croire. Mais c'était un jeune homme fort en principes, et qui ne voulait pas que l'amour dérobât rien à l'hymen, du moins dans cette circonstance. Egoïste ! et Marguerite, et le petit bois ?... Passons, passons sur les faiblesses de nos amis.

Mademoiselle Manette était sensible et curieuse. Sensibilité tenait à son âge; curiosité à son sexe. Elle éprouvait, comme Adolphe, un empressement passablement prononcé, quoiqu'elle n'en convînt pas, et deux êtres qui tendent au même but, agissent de concert, sans être convenus de rien.

Adolphe avait glissé les actes dans sa poche, et Manette en avait prestement rabattu la grande patte. Adolphe avait fait un signe à Manette, et Manette l'avait suivi. Adolphe cherchait la maison du maire; Manette la demandait à tous les passans. Ils le rencontrèrent, la hotte sur le dos et la binette à la main.

En général, ces maires de village sont de pauvres honnêtes gens, qui veulent le bien, qui ne savent comment le faire, qui prennent les avis de tout le monde, et qui font sans cesse des bévues, que le préfet leur pardonne, parce qu'il n'y a pas de vice d'intention.

Depuis un mois, celui-ci n'avait pas touché son registre poudreux, et Adolphe ne voyait pas de difficulté à ce que l'affiche de son mariage fût antidatée de trois semaines. Le maire observait que rien ne peut justifier un faux. Manette répliquait qu'un faux qui ne nuit à personne, et qui fait deux heureux, est un acte méritoire. Le maire ne saisissait pas la force de ce raisonnement ; mais

Manette avait de petites manières si engageantes ! et, sous une peau tannée, un maire de village cache un cœur comme un autre.

Adolphe prend le registre, lit deux ou trois actes pour se mettre au courant de la forme, et rédige la publication de son mariage. Il passe de suite à l'énoncé de la célébration. Mademoiselle Manette, son contrat à la main, dicte les noms, prénoms et qualités. Le maire, étonné d'être mené par deux enfans, réclame en vain. On le flatte, on le caresse, on lui propose de signer; il n'ose. On l'entraîne, et il se laisse conduire. Lui, son registre, et les deux amans arrivent chez Nicolas. Le dépôt des actes de l'état-civil est ouvert sur les débris d'une *charlote* qui poissent un peu la couverture de parchemin; mais qu'importe la couverture ? il faut du veau-racine aux rapsodies, comme un plat de vermeil fait passer du gargotage, et un habit brodé, l'homme qui n'est bon à rien.

Madame d'Egligny et François demandent au moins le temps de se reconnaître. Adolphe répond qu'on ne réfléchit plus devant la municipalité. Mademoiselle Manette se garde bien de parler, elle eût dérogé à la dignité de son sexe; mais elle rendait la plume au tuteur avec autant d'empressement qu'elle la lui avait ôtée; elle la poussait, elle la plaçait entre ses trois doigts, elle l'y tenait fixée, elle portait sur l'écritoire la main de François, qui voulait en vain se défendre, et qui finit par signer avec paraphe.

Qu'avait à faire madame d'Egligny ? un bon exemple est si doux à suivre ! et la silencieuse Manette lui disait tant de choses des yeux ! Le nombre requis d'assistans signa, et le maire, convaincu de la validité de l'acte, signa à son tour, en déclarant qu'il ne comprenait rien à la rapidité de l'opération.

Adolphe lui donne le temps de respirer; c'est bien la moindre chose. Il lui choisit ce qui reste de meilleur, il lui verse le vin le plus vieux, et dans les mariages de campagne, le banquet est la partie intéressante pour le maire, qui est toujours invité de droit.

Adolphe poussait celui-ci de manière qu'il était obligé de doubler ses morceaux. Il les lui faisait humecter si fréquemment, que le bonhomme ne distinguait plus les feuillets de son registre, d'un plat de crème fouettée qui en était tout près. Il fallait cependant qu'il conservât l'usage de la parole, et Adolphe tira de sa poche un morceau de serge rouge, qu'il avait trouvé sous la huche, et qui servait alternativement d'écharpe au maire, et de bonnet de nuit à madame son épouse.

Il ceignit les reins du paysan-magistrat, du chiffon qui a la double vertu de lier ceux qui veulent l'être, et de dégager de leurs fers ceux qui les trouvent trop pesans. Il souffla les paroles magiques que le maire cherchait en vain dans le fond de son verre, et, comme il n'avait plus besoin de lui, il le renvoya avec vingt-cinq louis dans sa poche, le registre sous son bras, et il lui donna pour escorte Nicolas et le père Dufour.

« Ma foi, dit Nicolas en sortant, je crois qu'on
« peut rouvrir la porte du petit bois. Je ne crois pas
« que cela soit nécessaire, répondit en souriant
« Marguerite. — Non, non, reprit Adolphe en
« rougissant de plaisir. Il est des asyles plus sûrs
« pour l'amour et le mystère.

« Eh bien ! où courent donc ces enfans, s'écria
« Madame d'Egligny ? — Maman, mon mari m'em-
« mène. — Mon aimable belle-mère, mon épouse
« me suit. — Tout cela est fort bien ; mais il faut
« que votre union soit consacrée... — Eh ! ma
« pieuse belle-mère, comment se sont mariés
« Abraham, Isaac et Jacob de glorieuse mémoire ?
« — Arrêtez-donc, méchans enfans ! On clabau-
« dera. — Qu'on clabaude. — On vous blâmera.
« — Qu'importe ? — Enfin, l'usage... Mais, allez
« donc, monsieur François, vous voyez bien que
« je ne peux les suivre... — Et où voulez-vous
« que j'aille, madame ? —Comment, vous ne pré-
« voyez pas... — Pardonnez-moi, je prévois tout.
« — Ah ! mon Dieu, je ne les vois plus. Si nous
« avions pris une voiture... — Nous arriverions
« trop tôt. — Du moins donnez-moi le bras. —
« Et marchons sensément, nous qui ne venons
« pas de nous marier

« Mon mari ? —Ma femme ? —Nous allons bien
« vite. — Pas assez, pas assez. — Ecoute, mon
« Adolphe, il ne me paraît pas dans les convenan-

« ces... — D'aimer, de se le prouver, de se le prou-
« ver encore ? — Au contraire, mon ami, je crois
« tout cela très-convenable ; mais ma mère que nous
« laissons là-bas... — Elle a Duval, elle a François.
« Mais avance donc, petite femme adorée ! tu ne
« vas pas. — L'ingrat ! je ne cesse de courir. » Ils
couraient en effet, et ils entrèrent en courant,
non au temple d'Ephèse, mais dans celui de
Gnide. Ce soir-là, la mère des amours avait ses
autels dans la chambre à coucher de la jolie, de
la sensible, de la séduisante Manette.

Adolphe tire sa montre. « Neuf heures ! Ma
« bonne amie, pour se bien porter à la cam-
« pagne, il faut se coucher avec le soleil. — Mais
« je n'ai pas envie de dormir. — Ni moi non plus.
« — A quoi bon se coucher ? Mais laisse donc,
« petit ami ! laisse donc. »

Petit ami allait son train. Jamais femme de
chambre ne déshabilla aussi prestement sa maîtresse. Il est vrai que Adolphe brisait ce qui ne se
dénouait pas, ce qui ne se détachait pas assez vite.
La jeune épousée se plaignait... elle grondait, et
ses yeux disaient : Va donc, va donc.

Aussi faisait le beau, le radieux Adolphe. La
voix de Manette faiblissait. Quelques baisers donnés, reçus, rendus, allaient lui ôter tout-à-fait
l'usage de la parole. Luceval ne cesse d'avancer ;
Manette recule encore, mais du côté de l'autel
de Gnide. Si ce retranchement n'est pas le plus
sûr, du moins est-ce le seul qui reste à la beauté,
dépouillée de ses voiles.

Dans l'inégalité des mouvemens, on rencontre, on heurte, on renverse une chiffonnière, dont le marbre se brise en vingt éclats. Louison effrayée, accourt; elle ouvre, elle entre... Oh! combien elle se repent de n'avoir pas été au-delà des ordres, de n'avoir pas fermé cette chambre comme celles où on a entassé les meubles de madame d'Egligny! Réflexion trop tardive! le mal est fait, ou peu s'en faut. Dieu! grand dieu! voilà tout ce qu'elle peut dire.

L'exclamation était très-pieuse, mais ne remédiait à rien. Sa jeune maîtresse était dans un désordre, où on ne met pas ordinairement une femme qui ne s'est pas un peu prêtée; M. Luceval, lui-même, était très-avancé dans sa toilette de nuit. Louison pensa que du moins sa présence serait un frein pour l'entreprenant jeune homme. Elle resta stupéfaite, pétrifiée, terrifiée; une sueur froide lui couvrait tout le corps; ses yeux fixes et ternes distinguaient à peine les objets.

Cet état ne pouvait durer. Louison était naturellement verbeuse; elle retrouva bientôt une volubilité faite pour étourdir quiconque n'eût pas été aussi plein de son sujet qu'Adolphe. Reproches, insinuations, menaces, elle employa tout, et elle se tut enfin, parce qu'un enrouement subit, produit par sa loquacité, ne lui permit plus de se faire entendre.

Luceval saisit ce moment, le seul qu'on puisse avoir avec certaines femmes. Il montra la porte

à Louison, et la pria de passer, vite, vite. « Me
« retirer, dit-elle d'une voix éteinte. — Oui, ma-
« demoiselle. — Et vous permettre... — S'il vous
« plaît. — Laisse-nous, Louison, laisse-nous ! —
« Et vous aussi, mademoiselle ! Ah ! quel mal vous
« me faites ! combien vous regretterez votre fai-
« blesse ! — Adolphe m'a juré le contraire. — Et
« vous le croyez ! — Oui, Louison. »

Cet entretien n'ayant pas du tout le mérite de
l'à-propos pour un jeune marié, l'impatient Adolphe poussa Louison dehors, tourna tous les tours
que voulut faire la clé, traîna une commode contre la porte, alluma dix bougies, et... et... encore
un souvenir pour vous, mesdames.

Madame d'Egligny rentrait. Le premier objet
qu'elle aperçoit est Louison, dans un état difficile à décrire. « Qu'as-tu donc, mon enfant ? —
« Ah ! madame !... — Eh bien ? — Comment vous
« dire... — Achève. — Hé ! le moyen de vous ca-
« cher... mon devoir d'ailleurs... — Oh ! je de-
« vine, j'y suis. — Impossible à deviner, madame.
« Moi, qui l'ai vu, je peux à peine le croire. —
« C'est donc quelque chose de bien terrible ? —
« Epouvantable ! M. Luceval... — Qu'a-t-il fait ?
« — Il m'a chassée de la chambre de mademoi-
« selle. — Je ne vois rien de tragique à cela. —
« Mais mademoiselle y est avec lui. — Oh ! la
« petite espiègle ! — Vous riez, madame ! vous ne
« savez pas que mademoiselle était dans le plus
« grand désordre. — Ah ! ah ! — Que M. Luceval

« était à moitié déshabillé, et s'est permis même
« devant moi... — Vous verrez qu'ils auront fini
« par coucher ensemble. — Madame, je n'en doute
« pas. — Eh bien! dépêche-toi de nous apprêter
« du thé, et nous nous coucherons aussi.

« — Ah! mon Dieu, cet évènement lui a trou-
« blé la raison. Du thé, madame, du thé! — Oui,
« Louison, du thé. — Du monde, madame, des
« leviers; faites enfoncer la porte... Ciel, juste ciel!
« entendez-vous? Le tuteur et votre ami ont voulu
« sans doute leur faire entendre raison, et M. Lu-
« ceval vient de tirer sur eux... Encore une dé-
« charge! je succombe... je me meurs. »

La nouvelle du mariage s'était répandue dans les environs, et les paysans ne voulaient rien perdre. Ils avaient raison : les petits doivent vivre du superflu des grands. Ils apportaient des guirlandes de fleurs ; ils venaient offrir des fruits et du laitage, et ils brûlaient quelques cartouches pour avertir de leur arrivée.

Quel fut l'étonnement de Louison, lorsqu'elle vit François et Duval les présenter à sa maîtresse, lorsqu'elle entendit le plus savant de la troupe souhaiter aux jeunes époux toutes sortes de prospérités! Elle passa d'un genre d'indignation à un autre. Elle se plaignit amèrement qu'on eût paru vouloir éprouver sa fidélité en lui cachant un semblable évènement ; elle assura que la réserve de ses maîtres, humiliante pour elle, lui avait causé une révolution dont elle pouvait mourir.

On l'apaisa par un moyen tout puissant sur une femme de chambre : un présent de noces, fort honnête, ramena le calme dans son cœur. Quelques largesses au reste des domestiques et aux villageois, répandirent la gaîté sur toutes les figures. Louison servit le thé ; on le prit, et maîtres et valets, paysans et bourgeois, s'allèrent coucher, très-contens d'eux et des autres.

Mais le lendemain, le lendemain ! quel moment pour une jeune mariée, que celui de la réunion générale ! On est à la fois si confuse et si aise de son bonheur ! on voudrait n'exprimer que la pudeur, et l'abattement de la volupté perce, domine, décèle les secrets les plus doux. On le sent, on en rougit, et c'est dans le sein d'une tendre mère qu'on va cacher son embarras et sa rougeur.

Le marié, au contraire, fort de sa félicité, fier en proportion de ses victoires, se présente avec cet air de triomphe, qui ajoute à la confusion de l'épouse, et qui sied si bien à un sexe fait pour attaquer et pour vaincre. Il regarde, il semble défier la fade plaisanterie, et sa noble audace lui impose silence.

Tels étaient exactement Manette et son Adolphe. Duval et François, qui n'étaient pas plaisans, les embrassèrent avec cordialité, et cela vaut mieux que des quolibets. Pendant le déjeuner, on ne parut pas s'occuper d'eux. On ne parla que de choses qui ne devaient pas fixer leur attention. Ils n'étaient pas à la conversation, et c'est ce qu'on voulait. Ils sentaient leur bonheur; ils s'en pénétraient; ils en jouissaient, même au sein de la société; ils n'étaient pas gênés, ils ne gênaient personne : j'aime assez cette manière de lendemain.

« Madame, dit enfin François à madame d'Egli-
« gny, ce bien-ci coûte fort cher, et il est difficile
« d'en tirer un bon parti par les moyens ordi-
« naires. J'ai conçu, à cet égard, un projet aussi
« singulier que celui de la restauration de la
« Grèce; mais au moins il est dans nos mœurs,
« et je vais vous le communiquer. — Volontiers,
« monsieur François.

« — La première chose à faire, pour mettre
« nos maisonnettes en valeur, c'est de les rendre
« habitables. — Sans doute. — Elles seront donc
« incessamment meublées et fournies de linge. —
« Ah! vous donnez meubles et logement? — Vous
« allez voir, vous allez voir.

« Ces maisons ne sont pas spacieuses; mais cha-
« cune peut suffire à une famille de trois ou qua-
« tre personnes... — Et quatre personnes rappor-
« tent plus qu'une. » Les mères calculent pour
leurs filles, qui ne calculent point. — « Chaque
« maisonnette a son jardinet. Ainsi on sera chez
« soi, quand on voudra s'isoler, et pour voir du
« monde, il n'y aura que quatre pas à faire.

« Veut-on jouir de la promenade, sans se com-
« muniquer? les détours du vaste jardin anglais
« peuvent dérober trente couples à tous les yeux.

« Cherche-t-on le plaisir de la lecture? j'ai trans-

« formé, sous la direction de M. Duval, le tem-
« ple d'Ephèse en une jolie bibliothèque.—Vous me
« faites bien de l'honneur, et comme il faut que
« chacun soit utile, je me charge de l'emploi de
« bibliothécaire.

« — Au milieu de la bibliothèque, est une ta-
« ble autour de laquelle pourront s'asseoir vingt
« personnes, et sur laquelle on dépose tous les
« matins les meilleurs journaux.

« Est-on musicien ? on trouve dans la grotte,
« dont j'ai ôté les lyres et les cythares de carton,
« tous les instrumens à l'usage des amateurs, et
« les œuvres des plus agréables compositeurs.

« Aime-t-on l'eau ? une salle de bain est prati-
« quée sous le rocher de Leucade, et j'ajoute
« une ou deux chaloupes élégantes à la barque à
« Caron.

« Veut-on des jeux d'exercice ? la balançoire
« dans l'île de Cythère; un billard sur le mont
« Ida; le jeu de bague dans les Champs-Elysées.

« Voilà, s'écria madame d'Egligny, le plus joli
« rêve poétique !... — Oh ! madame, j'ai tant lu !
« — Il faut exécuter ce plan. — N'est-il pas vrai ?
« — Il est charmant. » Et François enchanté saute
et rit, en frappant ses genoux de ses mains : il
conserve ses vieilles habitudes.

Il reprend. « Passons maintenant à l'utile : il
« faut faire vivre nos locataires. Le Scamandre et
« le lac Mœris fourniront le poisson. Nos vaches,
« belles comme Io, donneront le lait et des fro-

« mages. On tirera de nos ruches le miel du mont
« Hymette. On trouvera, à la basse-cour, les œufs,
« les chapons et les poulardes. Les perdreaux et
« les lièvres viendront du parc voisin. — On peut
« laisser à nos co-habitans le soin de les tuer et
« de les apporter eux-mêmes. — Vous avez rai-
« son, madame. Je ne pensais pas à la chasse.
« Attrait de plus qui fera monter les loyers.

« Je continue. Tous les jours la plus jolie main
« fera la revue des espaliers. — Monsieur Fran-
« çois, gardons-nous de proclamer telle main plus
« jolie que les autres ! Que nos dames soient al-
« ternativement chargées de pourvoir le fruitier.

« — Vous avez encore raison, madame ; mais,
« dans mon rêve, il n'est pas question de fruitier.
« Un marché couvert sera établi dans la vallée de
« de Tempé. Sur des gradins élevés seront rangées,
« avec art, toutes les choses utiles ou agréables à
« la vie. Montée sur une estrade, qui l'élève
« au-dessus de ses corbeilles, une jeune paysanne,
« propre, gentille et polie, distribuera gratuite-
« ment aux habitans ce qui sera nécessaire à leur
« consommation de la journée. — Et à celle de
« ceux qui viendront les voir, monsieur François :
« ils faut qu'ils puissent recevoir du monde. —
« Diable, madame, et s'il leur plaisait de donner
« tous les jours des repas de vingt couverts ? —
« Un article du règlement les bornera. — A la
« bonne heure.

« Il y a un objet de consommation auquel je

« n'ai pas pourvu, et qui m'embarrasse : c'est le
« vin. — Oh ! à cet égard, les goûts sont si diffé-
« rens, qu'il faut que chacun ait sa cave. Ajoutez
« à cela, dit Duval, ses liqueurs, son sucre et
« son café. Poursuivez, François.

« — Je finis. Nous avons des chevaux blancs
« de Sicyone, et d'autres encore de je ne sais
« quel pays. Une berline à six places partira tous
« les jours pour Paris, et reviendra le soir. Elle
« sera gratuitement encore à l'usage de ceux que
« leurs affaires, ou le besoin de varier leurs plai-
« sirs, conduiront dans la capitale.

« — Et, à propos, monsieur François? — Qu'est-
« ce, madame. — Il ne faudra pas oublier, dans
« l'annonce, l'agrément de pouvoir jouer la co-
« médie sur un joli théâtre, garni de ses décora-
« tions. — Eh ! sans doute. Le théâtre d'Athènes
« ne m'était pas venu à l'esprit. Ce que c'est pour-
« tant que de se communiquer ses idées ! elles
« s'étendent, elles se perfectionnent. Savez-vous
« bien, madame, que je crois qu'un homme qui
« aurait vécu seul, ne serait qu'un sot ! Parbleu !
« s'écria Duval, qu'est-ce que notre esprit ? ce n'est
« presque que de la mémoire. Revenons, François.
« Tout ce que vous venez de proposer peut
« s'exécuter à peu de frais, sans dépense habi-
« tuelle que celle de deux ou trois femmes de plus..
« — Et j'utilise tout ce qui est ici. — Fort bien.
« Je n'ai plus qu'une question à vous faire. Vous
« donnez tout, ou à peu près, à vos locataires :

« à quel prix fixez-vous les loyers ? — Mais....
« croyez-vous que deux mille écus par maison...
« — Ils vous paraissent suffire, et ce n'est pas
« assez. Supposons dans chaque maison quatre
« personnes, maîtres et valets ; ajoutons-y les visi-
« tans, et pour faire une compensation à peu près
« juste des jours où vous aurez sept à huit pro-
« meneurs, avec ceux où il n'y en aura point du
« tout, comptons-en seulement un par journée :
« voilà cinq personnes que vous voulez loger,
« meubler, nourrir, baigner, instruire et amuser
« pour environ cinquante louis par tête. Il faut
« mettre chaque maison à douze mille francs.
« — Oh ! c'est trop cher. — Réfléchissez qu'il y
« a dans Paris dix mille familles très-aisées, très-
« ennuyées et très-ennuyeuses, qui ne connais-
« sent que la mode, qui bâillent à côté d'elle, et
« qui courront au devant de votre annonce, pour
« s'arracher à leur apathie et avoir l'air de donner
« le ton. Ce prix, d'ailleurs, dit madame d'Egli-
« gny, influera sur la composition de la société.
« Sans doute, reprit Duval. Cependant, il ne faut
« louer que pour un an. J'entends, répliqua Fran-
« çois. On se réserve ainsi la facilité de se défaire
« de ceux qui ne conviennent point. Oh ! il ne
« faut pas me dire les choses deux fois.

« Mon dieu, que je suis donc aise d'avoir
« trouvé le moyen d'augmenter tout d'un coup
« de quarante-huit mille livres le revenu de M. Lu-
« ceval ! Il est vrai que vous m'avez un peu aidé ;
« mais l'idée originaire est de moi.

« Allons, monsieur Duval, prenez une plume,
« et rédigez une annonce qui amène des amateurs.
« — Cela ne presse point. — Pardonnez-moi, par-
« donnez-moi. — Et votre salle des bains, et votre
« billard, et votre marché, qui n'existent que
« dans votre tête ? — Je ne veux pas perdre mes
« idées ; je n'en ai pas tous les jours. Faites l'an-
« nonce, on s'en servira quand il en sera temps. »

Duval, doux et complaisant, ne se fit pas presser davantage. Il répéta à peu près les dispositions de François. Vous les connaissez ; passons.

Il imagina ensuite un règlement, à la rédaction duquel madame d'Egligny contribua beaucoup. Il fallait que rien ne nuisît à la liberté ni au plaisir ; mais il était indispensable de bannir la licence, de prévenir les divisions, et d'empêcher l'abus qu'on eût pu se permettre de la libéralité du propriétaire. Il fallait surtout que la défense fût cachée sous les graces du style, sous le sel de la fine plaisanterie, et cela n'était pas facile pour Duval : il n'eût fait qu'un grave règlement de collége, qui eût effrayé les ris et les amours. Madame d'Egligny les caressait, en remplissant son objet. Que de circonstances pourtant, où nous devrions consulter nos femmes ! mais le sot orgueil que donne cette barbe, si incommode, si sale !...

Les arrangemens qui précèdent avaient été arrêtés, sans que nos jeunes gens entendissent ou vissent rien. Heureux penchant, qui rend indifférent à tout ce qui n'est pas lui, qui se nourrit de lui-même, et qui a le pouvoir magique de donner à l'illusion les formes de la vérité !

« Il faut les distraire, dit madame d'Egligny ; il le faut. Ne leur laissons pas user leur amour. »

Ils étaient retirés dans l'embrasure d'une croisée. Ils se parlaient très-bas, de très-près, de si près, que souvent il ne leur était plus possible de parler.

« Manette, Manette... ma fille ? — Maman appelle,
« je crois ? — Viens, mon enfant, viens lire un
« un plan nouveau... — En faut-il pour aimer ? —
« Qui ajoutera beaucoup à ta fortune. — La voilà,
« ma fortune, mon bonheur, ma vie : c'est mon
« Adolphe. Souhaitez-lui donc un agrément, une
« grace qu'il n'ait point !

« Monsieur Luceval, dit François ? — Oh ! lais-
« sez-moi faire l'amour à ma femme. — Eh ! mon
« dieu, vous avez le temps de faire l'amour. —
« Et je n'en veux pas perdre. Les cruels enfans !
« s'écrièrent à la fois, madame d'Egligny et le tu-
« teur.

« — Mon mari ? — Ma femme ! — Nous leur
« faisons de la peine. — Tu le crois ? — Ecoutons-
« les. — Tu le veux. — Je t'en prie. — Et tu me
« dédommageras... — Je te le promets. »

O douce fièvre d'amour, pourquoi n'es-tu pas éternelle !

« Madame d'Egligny lut ce que Duval venait
« d'écrire. Bien, dit la jolie petite femme, mon-

« sieur s'est fait bibliothécaire ; moi, je me nomme
« à l'emploi de surintendante de la musique ; j'é-
« lève M. François, à celui d'intendant-général
« de la colonie ; et toi, mon Adolphe, que veux-
« tu être ? — Ton amant, toujours ton amant.

« — A propos de musique, ma fille, tu ne vas
« pas voir si ton piano est d'accord ? — Eh ! qu'im-
« porte, maman ? — M. François, le meilleur ami
« de ton Adolphe, François, que tu dois tant ai-
« mer, sera bien aise de t'entendre. — Je m'em-
« presserai toujours, maman, de faire ce qui lui
« sera agréable. Donne-moi ton bras, Adolphe.
« — Un bras pour passer d'un appartement à un
« autre ! — Mais comment avez-vous donc aimé,
« maman, si vous ne soupçonnez aucun charme
« à ces enfantillages-là ? — Mais avance donc,
« Manette ! je ne te reconnais pas. — Ni moi non
« plus, maman. »

Elle est à son piano. Elle prélude, elle badine, elle joue avec ses touches, et déjà l'attention est fixée. Déjà François admire, et Luceval retient son haleine ; il craint de perdre un son.

Elle commence un morceau, non de ceux qui ne disent rien à l'ame, qui ne satisfont que de prétendus connaisseurs, qui n'admettent d'autre mérite que celui de la difficulté vaincue, et qui applaudissent également le danseur de corde et le virtuose : le morceau qu'elle touche convient à tous les auditeurs bien organisés, qui ne connais-sent pas les préceptes de l'art, mais qui en saisissent les effets. Aussi chacun écoute, chacun jouit. Que de concerts où on cause, où on bâille, parce qu'on n'y exécute que pour les maîtres, que pour désoler ses émules, sans s'occuper un instant de ceux qui composent essentiellement l'assemblée !

On la prie de chanter. Elle a le bon esprit de ne pas se faire prier, et de ne pas froncer le sourcil, lorsque le bruit d'un mouchoir, ou d'un éventail qui tombe, absorbe une demi-mesure. Elle a encore la délicatesse de ne pas chanter dans une langue qui n'est pas entendue de ceux qui l'environnent, qu'elle sait mal, et qu'elle prononce... comme toutes les jeunes personnes qui ont appris l'italien à Paris. Inintelligibles pour les italiens mêmes, leur maître et leur maman croient les entendre, et n'entendent que du bruit.

Madame Luceval professe un respect marqué pour la langue de Racine. Elle la préfère avec raison à un baragouin harmonieux par l'abondance de ses voyelles, mais qui n'est qu'une corruption de la langue romance, qui elle-même avait corrompu celle de Cicéron et de Virgile.

Madame Luceval est convaincue que l'auteur du chant doit se borner à faire valoir les paroles. Aussi articule-t-elle avec la plus grande netteté. Elle croit encore qu'un français connaît mieux qu'un italien la prosodie de notre idiôme, et elle soutient que sans cette connaissance, la musique ne saurait être en analogie avec les paroles. Aussi se plaît-elle à chanter Grétry, cet homme sublime, qui ne vieillira pas, quoiqu'on ait affecté de prendre une autre route, par le désespoir de ne pouvoir l'égaler (1).

J'en suis fâché pour vous, mesdemoiselles ; mais c'est en vain que vous faites parade d'une érudition que vous n'avez pas, que vous poussez pendant dix minutes consécutives des *tchi* et des *tcha*. Vous ne plairez qu'à ceux qui ont leurs raisons de vous trouver parfaites, et à ces hommes-femmes, qui croient honorer le sexe en caressant ses ridicules. Les autres vous diront s'ils sont francs : Chantez un concerto, puisque vous dédaignez nos paroles, et ne nous fatiguez pas d'une répétition soutenue des cinq voyelles.

Lorsque madame Luceval eut cessé de chanter, Adolphe ravi s'écria : « Oh ! j'apprendrai la musi- « que. — Et tu m'accompagneras, mon ami ? — « Ce n'est que pour cela que je veux l'apprendre. « Mon violon te parlera amour. — Mes moindres « actions te peindront le mien. »

Il est désagréable pour moi d'arrêter mon lecteur à une pensée humiliante pour nous deux, et

---

(1) M. Guillard, qui a fait OEdipe à Colonne, et qui n'est pas de l'Institut, me faisait observer à cet égard que la musique de son chef-d'œuvre est d'un italien; mais il convint aussi que d'abord il n'entendait pas son poëme, qu'il fut obligé de le lui lire dix fois, de lui expliquer ses moindres intentions, d'être enfin son propre traducteur.

malheureusement trop vraie, c'est que nos facultés intellectuelles et physiques dépendent absolument de notre estomac, et s'il est doux d'aimer, de chanter et de rire, il est indispensable de rétablir par un bon repas l'équilibre entre la puissance et la volonté. Aucun des membres de la société ne fit le calcul des moyens suffisans, parce qu'il n'y avait pas là de méthaphysicien. Il firent mieux : ils coururent sur les pas du valet officieux qui venait de prononcer l'avertissement d'usage.

Le dîner fut gai, sans être bruyant. On fait ordinairement du bruit pour se persuader qu'on s'amuse. L'amitié, l'amour même, parlent peu, parce qu'ils sentent beaucoup. Quelques mots jetés et saisis, auxquels souvent on ne répond pas, mais que le cœur classe et conserve, telle est la manière de converser de ceux qui sont nés l'un pour l'autre, et que leur bonne fortune a rapprochés.

On venait de servir le café. François se leva d'un air sérieux. Ses traits, sans rien perdre de leur sérénité ordinaire, avaient pris un caractère auguste. Il est des circonstances où l'homme de bien, fort de sa conscience, éprouve une sorte d'orgueil en levant le voile qui la couvre.

François sortit, et rentra bientôt, chargé d'une cassette, qu'il déposa sur la table : elle était pleine de papiers.

« Vous êtes maintenant, monsieur, maître de vos
« actions. J'ai donc des comptes à vous rendre. Vous

« ne m'en parlez pas, et je ne vous dissimule point
« que cette marque de confiance me flatte, autant
« qu'elle m'honore. Je vous prie d'observer cepen-
« dant que cette confiance pourrait tenir unique-
« ment à votre âge. Incapable de tromper, les
« jeunes gens le sont également de se livrer au soup-
« çon, et il m'importe à moi de ne rien devoir à
« votre inexpérience, mais d'obtenir d'un examen
« sévère, le témoignage authentique de l'intégrité
« de ma gestion.

« Voici mon bordereau général. Voilà l'état de vos
« revenus à la mort de votre père. Voilà l'emploi des
« fonds qu'il vous a laissés. Voici enfin le tableau
« des nouvelles propriétés que vous avez acquises.

« Ces papiers-ci sont des mémoires justificatifs
« et quittancés. Ceux-là sont des expéditions des
« actes des notaires... »

Le digne homme ne put ajouter un mot. Déja il était pressé, étreint dans les bras d'Adolphe, de Manette et de madame d'Egligny. Duval le regardait en silence, et, sans y penser, sans le vouloir, il avait pris tout à coup une attitude respectueuse. François sentit et s'écria que trente ans de probité sont un fonds pour la vieillesse, et qui console de mourir.

Pendant que l'honnête homme observait et s'écriait, Manette enlevait la cassette et courait droit devant elle. Elle passa devant la cuisine... on venait de mettre le feu au four; elle y jette cassette et papiers, et, pendant que tout brûlait, elle chantait devant la bouche du four, et disait à Louison étonnée : « Voilà comment se terminent « les comptes entre gens de probité. »

Adolphe, de son côté, écrivait une décharge aussi flatteuse que générale. Il la remettait à François, lorsque sa petite femme rentra, toujours dansant, et chantant, sur un air connu : J'ai tout brûlé, j'ai tout brûlé. « Ah ! madame, qu'avez-vous fait ? « s'écria François. Il vous en coûtera cent louis « pour faire tirer de nouvelles expéditions, dont « vous ne pouvez vous passer. — Hé ! monsieur « François, ne peut-on dépenser cent louis pour « prouver son estime au plus respectable des « hommes ? on en dépense bien davantage en fêtes « grecques, qui ne prouvent rien. — Tu te moques « de moi, ma femme ? — Tu ne m'en supposes « pas même l'intention. — Tu me persifles, au « moins. — Allons, enfant que tu es, ne boude « pas, et viens faire un tour de jardin.

« Nous vous suivons, dit madame d'Egligny ; il « fait le plus beau temps du monde. — Ah ! ma« man, j'ai tant vu le soleil ! — Et moi aussi, « n'est-ce pas ? — Je ne dis pas cela, maman. — « Mais tu te passeras fort bien du soleil et de « moi. — Ah ! maman, laissez faire mon cœur, « ne l'interrogez pas. »

CHAPITRE IV.

La colonie se forme. Une grossesse, et ce qui s'ensuit.

« Partons pour Paris, monsieur François; sau-
« vons ces enfans d'eux-mêmes. Je le répète, ils
« useront, en quinze jours, un siècle de bonheur.
« — Mon Adolphe était sage, madame, et ce qui,
« pour la plupart des jeunes gens, n'est qu'habi-
« tude du plaisir ou débauche d'esprit, est pour
« lui le plus impérieux des besoins. Il est né sen-
« sible; votre fille est charmante; c'est elle qui
« lui a fait connaître le prix de son existence : dans
« une telle position, un jeune homme doit aimer
« long-temps.
« — Monsieur François, vous êtes garçon, et
« je ne doute pas que vous n'ayez aussi été très-
« sage. Il est donc mille petits inconvéniens dont
« vous n'avez pas d'idée, et que je prévois, moi,
« qui ai connu l'amour, et une félicité, qui n'a pas
« toujours été sans nuages. Croyez-moi, les femmes
« seules possèdent l'art de fixer les hommes, si
« pourtant on les fixe jamais. Prévenons la satiété;
« ne souffrons pas que nos jeunes gens cherchent
« et trouvent des nuits de vingt quatre heures.
« L'hymen, comme l'amour, peut avoir sa coquet-
« terie, et les motifs de celle-ci la rendent légi-
« time. Je partage l'opinion de madame, reprit

« Duval. Partons, puisque vous le voulez, ajouta
« François. Aussi bien, il faut voir M. Phidiot,
« et le presser de mettre les lieux en état de re-
« cevoir de nouveaux habitans.

« — M. Phidiot! et le carrossier, et le tapissier?
« Vous n'avez ici que des voitures grecques, et
« vous voulez meubler quatre maisons. Ne faut-il
» pas, d'ailleurs, faire part à nos amis communs
« de ce mariage impromptu? — Les billets arri-
« veront un peu tard, madame. — Monsieur Fran-
« çois, il vaut mieux tard que jamais. Allons, des
« chevaux à votre cabriolet et au mien.

« Un mot, dit Duval. On se propose de louer
« chaque maison douze mille francs. Nous devons
« en occuper une, François et moi : savez-vous
« que six mille francs pour un savant... — Diable!
« et moi, qui n'ai que cela tout juste, depuis que
« M. Luceval a doublé mon revenu? — Mon cher
« François, point de maison pour nous. Le vil-
« lage est à deux portées de fusil; nous y cher-
« cherons... — Finissez donc, messieurs. Com-
« ment, l'intendant-général, le bibliothécaire de
« la colonie, ne résideraient pas dans son sein!
« vous garderez votre maison, et vous paierez vos
« douze mille livres. — Non, madame, non, nous
« ne les paierons pas; nous ne le pouvons pas. —
« Pardonnez-moi, messieurs, pardonnez-moi. Il
« est des moyens de tout concilier, et mes enfans
« ne me désavoueront pas. M. l'intendant-général
« aura quatre mille livres d'émolumens, et il les

« gagnera bien. M. le bibliothécaire recevra les
« mêmes appointemens : il aura peu à faire d'a-
« bord; mais il ne refusera pas à mes petits-en-
« fans les soins qu'il a si généreusement accordés
« à ma fille. — Mais, pensez donc, madame... —
« Tout est vu, tout est réfléchi et arrêté : une
« portion du bonheur de ma fille doit se reporter
« sur ceux à qui elle le doit. Les chevaux, les
« chevaux ! »

Elle sort, elle parcourt les jardins, personne.
« Ni le soleil, ni moi, je m'en doutais bien. Il
« faut faire du bruit, beaucoup de bruit. On
« s'oublie à l'ombre, et je dois être sage pour
« eux. »

Tantôt madame d'Egligny frappait la terre de
son ombrette; tantôt elle traînait sur le cailloutage
un pesant rateau; elle parlait ensuite à la fau-
vette, au pinson qu'elle voyait, ou qu'elle ne
voyait pas. Elle eut quelqu'envie de chanter, cela
s'entend de plus loin; mais sa fille chantait beaucoup mieux qu'elle; elle ne pouvait se le dissimuler... et elle était femme.

Elle avait fait le tour des jardins, en continuant
ses petites manœuvres. Certaine d'avoir passé partout, par conséquent d'avoir été entendue, elle
appela sa fille à haute voix du milieu de la vallée
de Tempé. Le soleil donnait là d'à-plomb, ainsi
Manette devait être loin, et il est de la prudence
de donner, à ceux qu'on ne veut pas surprendre,
le temps de se remettre.

« Je crois que maman appelle. — Oh! depuis
« un quart d'heure. — Nous lisions sous ces aca-
« cias. — L'endroit est vaste, aéré, bien choisi. »
Madame d'Egligny avait traversé deux fois cette
salle de verdure. Le cœur de Manette palpitait
encore; quelques épingles, précipitamment et
maladroitement ratachées, déposaient contre sa
franchise : rien n'échappe à l'œil pénétrant d'une
mère. Mais il est des circonstances où elle veut
bien avoir l'air de croire ce qu'on lui dit.

« Ma fille, nous partons pour Paris. — Maman,
« nous sommes si bien ici!-pas d'importuns, pas
« de fâcheux. — Gens qui s'aiment se trouvent bien
« partout. — Très-certainement, madame, ma
« femme ni moi ne partirons. Aller nous jeter au
« milieu de la foule, nous séparer, nous perdre
« dix fois le jour; nous interdire, en nous rap-
« prochant, ces doux épanchemens, ces tendres
« caresses qui font le charme de notre vie, et
« tout cela pour des êtres qu'on connaît à peine,
« qu'on dédaigne quelquefois, et qui ont tout dit
« quand ils vous ont proposé une bouillotte! Je
« n'aime pas la bouillotte, moi, madame; j'aime
« ma femme, je reste ici, et je l'y garde. — J'es-
« père, Manette... — Mon mari a prononcé, ma-
« man; mon devoir est de lui obéir, et je ne suis
« pas femme à manquer à mon devoir.

« — Écoute, mon enfant, il me reste quelques
« affaires à régler, des arrangemens définitifs à
« prendre; tu ne l'ignores pas. Me chargeras-tu

« seule d'un fardeau que tu peux partager ? ne se
« présentera-t-il pas telle difficulté qu'un homme
« aplanit plus facilement que nous? mon gendre
« me refusera-t-il ses bons offices? n'ai-je pas
« acquis des droits à son affection, à sa complai-
« sance, et poussera-t-il l'indifférence et l'injus-
« tice, jusqu'à aliéner de moi le cœur de ma
« fille? — Je ne résiste plus; partons, madame,
« partons. Mais il est bien extraordinaire qu'on ne
« puisse disposer, maintenant, ni de sa femme,
« ni de soi. »

Les voitures attendaient. « Allons, mon gendre,
« donnez-moi la main. » Adolphe place madame
d'Egligny, et vite, il tire, il pousse Duval après
elle; il loge François sur la banquette; il prend
sa petite femme dans ses bras, la porte dans le
second cabriolet, y saute après elle, saisit les
rennes et part. « Bien joué, bien joué! disait-il
« en piquant son cheval : la raison là-bas, et
« l'amour ici. — Peut-être, mon ami, eût-il été
« plus convenable que tu accompagnasses maman.
« — Convenable, peut-être, mais pas si doux. »
Et de propos en propos, la conversation se monta
bientôt sur le ton le plus passionné. Je ne sais si
notre Adolphe voulut la ramener où elle en était
lorsque madame d'Egligny l'interrompit dans le
bois; mais je ne doute pas qu'il fût question de
toute autre chose que du soin de conduire.
Les distractions furent même poussées au point,
qu'Adolphe n'aperçut le fossé qui bordait la route,

que lorsqu'il y fut tombé avec sa femme et son cabriolet.

Manette et Adolphe se relevèrent sans contusions, mais très-embarrassés. On m'a même assuré qu'ils furent obligés de se retirer un moment derrière leur voiture..

Cependant madame d'Egligny jetait les hauts cris. « Quelle imprudence! peut-on exposer ainsi « une jeune femme! a-t-il réfléchi à l'état où elle « peut-être! » Et tout ce qu'une mère prévoyante et sensible ajoute ordinairement en pareil cas. Elle fit descendre Duval et François, descendit elle-même, et fut prendre Luceval par la main. « Vous ne savez pas conduire, monsieur. Vous « tuerez votre femme et vous. Montez avec moi; « je prendrai les guides. » Adolphe eut beau dire, il eut beau faire, il fallut en passer par là. Mariés hier, et séparés aujourd'hui, pensait-il, oh! c'est bien dur.

Pendant que François s'entendait avec M. Phidiot, que Duval faisait encaisser ses livres, ses instrumens, sa table et ses six chaises, madame d'Egligny promenait le matin sa fille et son gendre : il faut se respecter en public... vous m'entendez.

Elle les menait dîner en ville, ou elle dînait en tiers avec eux, et la journée se terminait par un cercle, un thé, un concert de société, où les jeunes gens bâillaient... Au reste, il n'est pas nécessaire d'être amoureux pour s'ennuyer de tout cela.

« C'est une tyrannie, disait Adolphe à sa femme,
« quand il pouvait lui glisser deux mots à la dé-
« robée. Quoi ! des journées entières perdues
« pour l'amour, et on ne parle pas de retourner
« à la campagne ! — Modère-toi, mon ami : dans
« une heure ou deux, nous serons chez nous. —
« Eh ! mon Dieu, les nuits sont si courtes, et les
« jours si longs ! » Le dépit était à son comble.

Ce n'était rien encore. Adolphe, rentrant un soir, trouva le lit de sa belle-mère monté dans sa chambre. Elle avait jugé, à travers une assez mince cloison, qu'on avait un besoin absolu de repos, et en sortant, elle avait donné ses ordres à Louison. Le prétexte était que les croisées et les portes des hôtels garnis ferment mal, et que les vents coulis lui faisaient mal aux yeux. Elle couchait pourtant dans une alcove fermée par de doubles rideaux. Ce fut ce qu'observa le jeune homme, en s'efforçant de maîtriser une rage qui éclatait malgré lui. Il ajouta que sa femme ne craignait pas les vents coulis, qu'elle ne consentirait pas à gêner sa mère, et qu'il allait rouler leur lit dans l'alcove.

Madame d'Egligny, forcée dans ses derniers retranchemens, déclara, avec les ménagemens d'usage, ses véritables motifs; elle prit la clef de la chambre, et termina en déclarant d'un ton ferme qu'elle entendait que les choses fussent ainsi. Il fallait se soumettre, ou manquer à tous les égards, et Adolphe en était incapable.

« C'est bien la peine de se marier, murmurait-il
« à l'oreille de sa femme. — Prenons patience,
« mon ami. — Cette nuit sera éternelle. — Dor-
« mons... si nous pouvons. — Oui, dormir! c'en
« est fait, je prends mon parti. — Et lequel? —
« Demain, je t'enlève, ma femme. — Je le veux
« bien, mon mari. »

Tout cela se disait très-bas.

Cette nuit avait été consacrée au sommeil, et personne ne dormit. Manette boudait, et se taisait par considération pour sa mère; mais elle pensait, avec quelque dépit, que les vertus d'une demoiselle ne sont plus celles d'une jeune femme. Au reste, elle devait être enlevée le lendemain, et c'est un puissant motif de consolation qu'un enlèvement.

Adolphe, très-remuant de sa nature, ne cessait de se tourner, de se retourner, et à chaque mouvement d'Adolphe, madame d'Egligny, qui avait l'oreille très-attentive, toussait, se mouchait, ou prenait du tabac. On était convaincu qu'elle ne dormait pas, et c'est ce qu'elle voulait.

On se leva, comme on s'était couché, assez mécontens les uns des autres, et Adolphe se disait en s'habillant : Si je ne dors point la nuit prochaine, du moins, n'enragerai-je pas.

Madame d'Egligny se livrait aussi à ses idées. Ce n'est que par degrés, pensait-elle, qu'on se décide aux grands sacrifices. Trop exiger d'abord, est le moyen de ne rien obtenir. Celui dont je viens d'user les a préparés à tout, et la nuit prochaine chacun aura son lit... Mais Adolphe suppliera, s'emportera... Eh bien, au déclin du jour, j'enlève Manette, je disparais avec elle, nous allons loger ailleurs, et je fais rendre à Luceval un billet, qui dissipe, sinon son humeur, du moins ses inquiétudes.

Eh! mais, si je faisais davantage ?... oui... pourquoi non ? qui empêche que je propose une capitulation ? Ardent, impétueux, brûlant de revoir sa femme, il se soumettra à toutes les conditions, et je n'en prescrirai qu'une dont l'acceptation sera jurée devant François et Duval : une nuit à l'amour, et une à la raison.

Je crois pouvoir conclure des craintes de madame d'Egligny, que feu son cher époux n'était pas très... ou qu'elle-même était...

« Où sont-ils donc allés, Louison ? — Ordon-
« ner le déjeuner, madame. — Ils ne peuvent
« donc rien faire l'un sans l'autre ! Nous verrons
« après la capitulation... Allons, achève de m'ha-
« biller, et envoie chercher un remise. — Oui,
« madame. — Je les mène ce matin au Muséum,
« à la Bibliothèque nationale, aux Gobelins, et
« peut-être à Sèvre. La vue d'objets aussi précieux
« que séduisans, les dissipera, je l'espère.

« Qui est là ? — C'est le restaurateur, madame.
« — Qu'il entre et serve. Allons, Louison, le ca-
« rosse... Ah ! fais remonter mes enfans.

« Sors donc, Manette, sors donc vite ! Tour-

« nons le coin de cette rue. — Oui, mon ami. —
« Tiens, voilà un passage. — Sauvons-nous par-là.
« — De quel côté irons-nous ? par ici. — Mon
« mari, vois-tu ces fiacres ? — Prenons-en un,
« ma femme.

« — Où faut-il vous conduire, not' bourgeois?
« — Où Manette ? — Où tu voudras, mon ami,
« Pourvu que nous soyons bien cachés... — Hé
« parbleu, à un bel et bon hôtel garni, qui ne soit
« pas rue de Richelieu. — J'ai votre affaire, not'
« bourgeois.

« — Dis donc, Adolphe ? — Quoi ! ma petite ?
« — Tu m'as emmenée avec une précipitation...
« — Oh ! en amour comme en guerre, il faut tou-
« jours saisir le moment. — Mais je suis en bon-
« net de nuit. — Tant mieux, c'est autant de fait.
« — En robe du matin. — Tant mieux encore ;
« cela ne tient à rien. — Pas une chemise à mettre.
« — Oh ! on peut s'en passer au lit. — J'entends,
« nous ne nous leverons pas. — Et le moyen,
« quand on n'a pas de quoi s'habiller? — Je me
« résigne, mon ami.

« A propos, et de l'argent ? moi, je n'ai pas le
« sou. — Attends donc... Oui, oui, sept, douze,
« quinze, vingt louis, des boucles d'or, une mon-
« tre à répétition... Avec cela, lorsqu'on n'a ni
« marchande de modes, ni tailleur, ni bijoutier,
« ni valets, ni voitures, ni loges au spectacle, on
« peut vivre deux mois. — Deux mois, mon ami,
« deux mois ! oh ! c'est délicieux. »

Pendant qu'ils réglaient les affaires de leur petit ménage, le cocher faisait ses réflexions sur son siége. Lorsque les jeunes gens l'avaient pris, ils étaient hors d'haleine ; donc ils avaient couru, donc ils avaient eu des raisons de courir. Ils sont à peine habillés, donc ils se sont échappés furtivement. Il leur est égal d'aller ici, ou là, pourvu que ce ne soit pas dans la rue de Richelieu, et qu'ils soient bien cachés... il est clair que c'est une jeune personne qui s'évade de chez ses parens. Commençons la journée par une bonne œuvre, qui, sans doute, ne restera pas sans récompense.

Il change de route, il prend le Pont-au-Change, la cour du Palais, tourne dans l'impasse à droite, enfile une grande porte-cochère, fait un signe au concierge, et la porte se referme à l'instant.

La voiture arrête, et le cocher ouvre une portière. « Voilà un hôtel garni bien fréquenté, di-
« sait Adolphe. Oh ! oh ! un piquet d'infanterie ! on
« loge sans doute ici quelque grand seigneur. —
« Vous n'y êtes pas, not' bourgeois. Cet hôtel est
« celui de la police. — Comment, coquin, tu as
« l'effronterie d'y conduire ma femme ! — Bah !
« vot' femme ? — Très-certainement, je suis sa
« femme. — Laissez donc, ma petite demoiselle.
« — Malheureux ! et quelle est ton intention ? —
« De vous faire parler à ces messieurs. — Je vais
« remarquer ton numéro, et si jamais je te ren-
« contre, cent coups de bâton... — Allez, allez,

« mon beau monsieur, de long-temps vous n'en
« pourrez donner à personne. »

L'homme aux bonnes œuvres dit deux mots au commandant du poste, et à l'instant la voiture fut entourée. Quelques minutes après, un monsieur se présenta, et pria civilement Adolphe et Manette de descendre. La pauvre petite, confuse, désolée, cherchait en vain son voile. Un simple mouchoir de poche servit à cacher, à peu près, la plus piquante des physionomies.

Ils furent encouragés par la bonté affable de leur interrogateur. Il était du nombre de ceux qui se plaisent à employer ces formes douces qui ne sont pas incompatibles avec l'exercice de l'autorité.

Adolphe n'avait que vingt ans; mais il connaissait assez le monde pour ne pas douter que sa sincérité le tirât de ce mauvais pas. Il commença par déclarer son nom et celui de sa femme. L'ancienne réputation de M. Luceval père commanda des égards pour le fils. Le colonel d'Egligny avait joui d'une estime prononcée, sa fille était très-jolie, et ces considérations-là disposent toujours favorablement.

Adolphe passa ensuite à l'histoire de son mariage. Le public en était instruit : pas de doute que M. Luceval eût épousé mademoiselle d'Egligny; mais quelle raison de s'échapper des bras d'une mère, et de courir les rues dans un état aussi peu convenable ? Telles étaient les observations de l'interrogateur. Il ne doutait que de l'identité, et pas un papier pour la prouver.

Il proposa d'envoyer chercher madame d'Egligny, et de lui faire reconnaître ses enfans. Manette, transie de peur, accepta une proposition qui devait tout terminer. Adolphe ne fut pas du tout de cet avis. Il entra dans les plus petits détails sur les motifs de leur fuite, et sur leurs projets pour l'avenir. Il contait avec naïveté, avec enjouement; il intéressa, il fit sourir le chef de la division, déja persuadé par l'acquiescement de Manette à ses vues.

« Vous êtes maître de vos actions, leur dit-il.
« Vous voulez faire une retraite de deux mois ; je
« n'ai ni le droit, ni la volonté de l'empêcher.
« Mais réfléchissez à la longueur du tête à tête : je
« ne crois pas que l'amour y gagne. Et puis, lais-
« serez-vous madame votre mère dans l'inquiétude
« où je la suppose ? — Je vais lui écrire, mon-
« sieur. — Bien, voilà du papier. — Je lui propo-
« serai une seule condition. — Laquelle, mon
« ami ? — Liberté absolue. — Mais c'est bien juste,
« n'est-il pas vrai, monsieur le magistrat ? — Je
« pense comme vous, madame. — Si ta mère
« accepte, nous rentrons à l'instant. — Mon ami,
« maman est fine. — Demandons-lui une garantie.
« — Je crois que nous ferons bien. — L'obser-
« vation du traité sera jurée devant Duval et Fran-
« çois. On peut s'en fier à eux, n'est-ce pas,
« Manette ? — Oh ! oui, mon ami.

« Voulez-vous bien vous charger, monsieur, de
« faire tenir cette lettre?—Volontiers, monsieur.
« — Demain, je viendrai prendre la réponse. —
« Je vous verrai toujours avec plaisir. — Vous
« nous permettez de nous retirer ? — Comme il
« vous plaira. » Et l'officier public présente la
main à madame Luceval, afin de la voir plus
long-temps.

Le cocher attendait dans la cour sa récompense,
ou du moins des promesses positives. Stupéfait
des égards dont on comblait la jeune dame, il
sentit qu'il avait fait une bévue, et il se sauva à
toute bride. Les jeunes époux, enchantés d'être
rendus l'un à l'autre, oublièrent le mauvais tour
qu'il avait voulu leur jouer. Ils firent avancer une
autre voiture et partirent.

Voilà, pensait le chef de division, en retournant à
son cabinet, la première affaire de cette nature qui
ait été portée à la police. Des époux qui se cha-
maillent, cela se voit tous les jours ; mais un mari
qui enlève sa femme ! en vérité, c'est admirable.

Adolphe regardait attentivement les enseignes,
et de peur d'un nouvel évènement, il fit arrêter
en face du premier hôtel qui lui parut logeable.
Il descendit avec sa petite femme, et fit appeler
le maître de la maison. Celui-ci conçut, en les
voyant, les soupçons qu'avait eus l'homme aux
bonnes œuvres. Il tira le cocher à part, et l'interrogea. Dès qu'il eut appris que les jeunes gens
sortaient de la préfecture de police, et qu'ils

étaient au mieux dans l'esprit des chefs, il ne s'occupa plus que d'attraper leur argent.

Il les aborda avec cette affabilité qui prévient la défiance, et leur demanda des ordres. « Une « seule chambre, dit Adolphe, mais jolie, commode, écartée, et d'une vue agréable. — Prenez la peine de me suivre, monsieur.

« — Oui, c'est cela. Combien ? — Six louis « par mois, en conscience. — En voilà huit, et « que la chambre soit prête à l'instant ! — Gene« viève, Thérèse, Antoine, où êtes-vous donc ? « Allons, ici, au numéro 10... Agissez donc! Faut« il une heure pour faire un lit, et monter de « l'eau et des serviettes ? Monsieur n'a besoin de « rien pour le moment ? — Pardonnez-moi, nous « n'avons pas déjeuné, et.... — J'entends. Du « beurre frais, des petites raves, des rognons au « vin de Champagne, et une bouteille de Chably. « — Rien de tout cela. Un pâté de jambon, une « volaille froide, deux pains de quatre livres, deux « bouteilles de vieux Bourgogne, et de la liqueur « des îles. — Vous allez avoir tout cela. »

Ces enfans-là, pensait l'hôte en descendant, ont une manière de vivre aussi extraordinaire que celle dont ils s'habillent, et sans le rapport du cocher... Au surplus, ils paient, et la délicatesse ne me permet pas de vouloir pénétrer ce qu'on ne juge pas à propos de me dire.

Il entre chez le restaurateur, prend ce qu'on lui a demandé, paie un louis, monte les provisions, en tire trente-six francs, reçoit l'ordre d'envoyer Geneviève toutes les fois qu'on sonnera, et se retire après les politesses d'usage.

Adolphe ferme sa porte à deux tours et à deux verroux. Il tire le lit au milieu de la chambre ; établit à droite son magasin de subsistances, à gauche, ce qui sert à certains besoins ; il délie les deux ou trois cordons de la robe du matin ; le bonnet de nuit était placé ; il s'enveloppe la tête d'une serviette, et ma foi... La digne petite femme que sa femme !

Sachons un peu ce que faisait madame d'Eligny, si complètement dupe de ses projets. On dit que les mamans sont faites pour cela : je ne l'assurerai point ; mais je sais que cela leur arrive quelquefois.

Elle s'était mise à table, en attendant ses enfans. Elle coupait, elle chargeait les assiettes... Elle s'impatienta enfin.

Elle sonne à casser tous les cordons. « Où sont-
« ils donc ? — Madame, je les cherche. — Tu ne
« les a pas trouvés ! — Je crains bien, madame,
« qu'ils ne soient sortis. — Bah ! en robe de cham-
« bre l'un et l'autre... — Ah ! madame, ils sont si
« gentils tous deux ! — Mais le ridicule ? — Mais
« l'amour !

« — Tu sais quelque chose, Louison. — Je soup-
« çonne, madame... — Et que soupçonnes-tu ? —
« Qu'une mauvaise nuit en fait désirer une meil-
« leure. — Et sur un prétexte aussi frivole, ils me

« fuiraient, moi qui ne vis que pour eux, qui n'ai
« pas une pensée qui ne se rapporte à eux, qui
« ne fais rien, enfin, que pour leur bonheur réel ?
« non, cela n'est pas possible. Va donc, Louison,
« va donc interroger le portier !

« Il faut que je convienne cependant que la
« contradiction irrite ; elle monte la tête, et je ne
« saurais raisonnablement me plaindre qu'ils aient
« eu la même idée que moi. Mais l'exécuter avec
« cette vivacité, cette audace !.. Ce monsieur Adol-
« phe est capable de tout. C'est bien le plus mau-
« vais petit sujet...

« — Madame, ils sont sortis. — Qu'on coure
« après eux. — Et où les trouver, madame ? on
« se cache si aisément dans Paris ! — Tu parais
« avoir de l'expérience, Louison. — Ah ! madame,
« on entend tant de choses à l'office ! — Fais ve-
« nir Lafleur. »

Elle se met à son secrétaire; elle fait une liste
de toutes les personnes qu'elle connaît ; elle ordonne à Lafleur de prendre un cabriolet de place,
et de courir de tous les côtés.

« Cette espèce de recherche, après tout, ne
« peut paraître que plaisante à nos amis... La dé-
« marche de Manette ne prouve au fond que son
« attachement pour son mari. Oui, mais la preuve
« n'en est pas ordinaire. Il faudra, pour justifier
« cette escapade, que je publie les précautions
« qui ont déterminé ces enfans, et alors que pen-
« sera-t-on de ma fille ? que l'attrait du plaisir...

« et le ridicule dont on me chargera... Si j'atten-
« dais qu'ils revinssent ? car, enfin, ils finiront
« par là. Mais dans quel état reviendront-ils ? Ils
« faudra faire voyager le mari en Russie, la femme
« en Espagne. Les cruels enfans ! les cruels en-
« fans !

« Louison, rappelle Lafleur. — Madame, il est
« en course. — Eh bien, va chercher Duval et
« François. — Je ne les trouverai point à l'heure
« qu'il est, madame. — Tu as raison. Que Baptiste
« monte à cheval ; qu'il galope jusque chez Nico-
« las ; qu'il le prie de s'introduire chez nous, de
« voir, de parler... Il y a de quoi perdre la tête,
« il y a de quoi perdre la tête. »

La journée s'écoula en courses de toute espèce...
et rien. Louison remit la lettre d'Adolphe. Elle
ajouta à l'humeur qu'on avait déja, et ne donnait
point de lumières. Duval et François vinrent sur
le soir, et madame d'Egligny leur conta, sans la
moindre restriction, ce qui s'était passé depuis la
veille jusqu'à ce moment.

« C'est votre faute, madame ! s'écria François
« en colère. — Comment donc, monsieur ? —
« Oui, madame, je vous ai déclaré que Adolphe
« avait toujours été sage, et qu'il n'y avait pas
« d'inconvéniens à... — Eh, monsieur, vous ne
« pensez qu'à votre Adolphe. Qu'il soit de fer,
« j'y consens ; mais ma fille, monsieur, ma fille...
« — Votre fille, votre fille, madame... Je vous
« avoue que je ne connais rien à tout cela. — Je

« m'y connais, moi, monsieur. — Et quel est le
« résultat de votre expérience ? d'empêcher tout
« le monde de dormir. Croyez-vous que je re-
« pose, lorsque j'ignore ce qu'est devenu ce cher
« enfant ? — Vous croyez peut-être que je repo-
« serai davantage. — Ce que c'est que l'amour-
« propre ! prétendre tout savoir ! vouloir tout faire
« bien ! — Monsieur François, observez, je vous
« prie, que je ne suis pas faite à un ton...

« — Pardon, madame, pardon. Je gronde... —
« Et beaucoup trop. — Allons, allons, nous avons
« tous deux des torts, pardonnons-nous-les mu-
« tuellement, et décidons-nous à quelque chose.
« Il faut les trouver. — Sans doute. — Et com-
« ment faire ? — Je ne sais. — Ni moi. Eh ! par-
« bleu, puisque nous ne devons pas dormir, em-
« ployons notre temps. Je prendrai le quartier
« des spectacles; M. Duval, le faubourg Saint-
« Germain, et Louison...

« La belle idée qu'a François ! dit Duval en
« riant. Il s'imagine que c'est pour se promener
« que ces enfans ont fui. Réfléchissons, arrêtons-
« nous à quelque chose de raisonnable, et demain,
« nous verrons.

« — Demain ! demain ! et qui sait ce qui peut leur
« arriver d'ici là ? — Rien que d'agréable, pro-
« bablement. — Vous êtes toujours confiant, mon-
« sieur Duval. — Et vous, toujours inquiet, mon-
« sieur François. — J'ai lieu de l'être, monsieur
« Duval, et si je vous faisais envisager... »

XII.

En se querellant, en se réconciliant, en se consultant, ils s'endormirent chacun dans leur bergère. Il était grand jour lorsque Duval sentit à la tête une fraîcheur, causée par l'absence de sa perruque, qu'avait accrochée un clou doré de son fauteuil. Le mouvement qu'il fit et sa première exclamation réveillèrent François, qui, à son tour, réveilla madame d'Egligny, par l'extension d'un bras qui renversa un sucrier.

Madame d'Egligny fut un peu étonnée d'avoir passé une nuit entre deux hommes, qui, à la vérité, n'avaient pensé à rien; mais les femmes sur le retour craignent tant la médisance! Ne craignent-elles pas autant qu'on ne les trouve plus faites pour plaire? ce sexe-là a toujours une arrière-pensée.

Madame d'Egligny pria ces messieurs de passer dans l'antichambre. Elle se mit au lit, et fit appeler Louison.

Louison, en entrant, rencontra ces messieurs, et à leur mine allongée, au désordre de leur toilette, il lui fut facile de juger qu'ils n'étaient pas sortis. La bonne précaution que venait de prendre sa maîtresse! « Madame paraît fatiguée.—J'ai un mal
« de tête affreux. —Il est bien extraordinaire aussi
« que deux hommes aient l'indiscrétion de passer
« toute une nuit au chevet d'une femme... — Com-
« ment, mademoiselle, à mon chevet! apprenez,
« puisque tout ce que je fais tourne contre moi,
« que nous avons passé la nuit debout, et que je

« viens de me coucher. — Madame ne me doit
« pas de compte de sa conduite. — Je le sais bien,
« mademoiselle ; mais je me défie des interpréta-
« tions malignes, et je vous en crois très-suscep-
« tible. — Je ne pense pas avoir donné lieu à
« madame... — S'il transpire un mot de tout ceci,
« je vous chasse. — Madame peut mettre ma dis-
« crétion à toutes sortes d'épreuves. — Je n'en
« aurai jamais besoin, mademoiselle. Faites mon-
« ter quelque chose de chaud, et dites à ces mes-
« sieurs de rentrer.

« Ces gens-là ont une façon de tout interpréter...
« A la vérité, j'ai fait une imprudence. Une veuve
« jeune encore, passablement jolie... d'autres que
« ces messieurs, peut-être... » Et madame d'Egligny souriait complaisamment en pensant le reste
d'une phrase qu'elle n'osait articuler. Pourquoi
toutes les femmes finissent-elles par être prudes,
et quelquefois dévotes ?

On déjeuna, on raisonna, on divagua, et on
n'arrêta rien, parce qu'il était, en effet, difficile
de se décider pour quelque chose. A midi cependant chacun se mit en route, alla, sans savoir
où, regarda aux croisées, eut l'air d'interroger
les passans, et la seule idée à prendre et à suivre fut précisément celle qui ne vint à personne.

Vous prévoyez sans doute que l'heureux, le
très-heureux Adolphe ne pensait pas à aller cher-

cher la réponse de madame d'Egligny. La vertu essentielle d'un jeune homme n'est pas de s'occuper de ses parens.

Le chef de division était père. Il sentait ce que la position de madame d'Egligny avait de fâcheux, et, lorsque la matinée fut écoulée, il jugea que madame Luceval faisait tout oublier à son mari. Il fit appeler un agent subalterne, et l'envoya savoir du cocher de la voiture au numéro 50, où il avait déposé les jeunes gens. C'est quelquefois une très-bonne chose que l'habitude : le monsieur, en reconduisant la jeune dame, avait remarqué le numéro du fiacre, sans se douter de quelle utilité serait sa mémoire.

Par un hasard assez singulier, madame d'Egligny, François et Duval se rencontrèrent sur le Pont-Neuf. Hasard de roman, allez-vous dire. Ils jetteront les yeux sur la rivière ; en les relevant, ils reconnaîtront le jardin anglais de la préfecture ; l'hôtel de la police les fera nécessairement penser à ceux qui l'exercent, et les voilà qui courent, qui arrivent, qui sollicitent des recherches.

Vous n'y êtes pas, mon cher lecteur ! Fatigués, désolés de l'inutilité de leurs courses, ils prennent une voiture et vont dîner. Un désagrément, un chagrin médiocre, n'ôtent pas tout-à-fait l'appétit.

Mais en rentrant à l'hôtel... ah ! voilà ce que vous n'avez pas prévu ; le portier remet un billet à madame d'Egligny. Elle ouvre, elle lit, elle s'é-

« crie : « Ils sont retrouvés, ils sont retrouvés ! Li-
« sez, François ! lisez, Duval !

« Madame,

« Il n'est pas de père de famille qui ne doive
« prendre part à l'inquiétude que vous éprouvez
« sans doute, et je me félicite de remplir des fonc-
« tions auxquelles je dois les moyens de la termi-
« ner. Vous trouverez vos enfans rue de Cléry,
« hôtel d'Irlande, sur le derrière. Montez au nu-
« méro 10, et prenez garde qu'on ne s'échappe
« par un jardin, très-favorable à une seconde
« évasion.

« J'ai l'honneur de vous saluer. »

« Sauter dans le jardin ! s'exposer à se tuer ! je
« leur suis donc devenue odieuse. — Madame,
« nous entrerons dans ce jardin, M. Duval et
« moi. S'ils sautent, nous les recevrons. — Non
« pas, s'il vous plaît, monsieur François. Je ne
« vois pas de nécessité à me faire écraser. — Et
« moi, monsieur, je me ferais réduire en poudre
« pour lui éviter une fracture, une contusion.
« Vous avez une manière d'aimer vos amis... —
« Chacun a la sienne, monsieur. Ma sensibilité ne
« se manifeste point par des exclamations, et je
« ne suis pas pour les partis extrêmes. — Quel
« expédient plus modéré trouvez-vous ?... — Par-
« bleu, c'est bien difficile à imaginer ! — Mais
« encore ? — Eh ! monsieur, cinq à six matelas
« sous la croisée... — Il a raison, madame. — Il

« a raison, François. Mais partons, partons; ne
« perdons pas un moment. S'ils allaient s'aviser
« de changer de domicile !... »

On remonte en voiture, et les trois têtes sont
aux portières. « Y sommes-nous bientôt ? — Nous
« ne sommes encore que dans la rue Feydeau. —
« Oh ! nous entrons rue Montmartre. » Et les trois
voix s'écrient ensemble : « La voilà, la voilà,
« cette rue de Cléry ! — Cocher, à l'hôtel d'Ir-
« lande. — Regardez bien. — Ne passez pas. » Et
le cocher, qui n'est pas dans les secrets de la
famille, est convaincu qu'il mène trois fous.

« Ici, cocher, ici. — Arrêtez. — Ouvrez vite. —
« Le maître de la maison ? — Où est-il ? — Qu'on
« l'appelle ! — Que désirent madame et ces mes-
« sieurs ? — Six matelas sous la croisée du nu-
« méro 10. — Si madame voulait être plus claire...
« — Six matelas, vous dis-je. Au nom de Dieu,
« six matelas ! — Il me semble que madame n'est
« pas absolument à ce qu'elle dit. Pardonnez-moi,
« reprit Duval, madame y est, c'est vous qui n'y
« êtes point, et cela n'est pas étonnant : on vous
« parle comme si vous étiez au courant de l'af-
« faire. Entrons chez vous, et tâchons de nous
« entendre.

« Deux jeunes gens sont venus hier loger chez
« vous. — A quoi tend cette question ? — Ce n'en
« est pas une. Je vous répète que deux jeunes
« gens sont venus hier matin chez vous. Vous
« les avez mis sur le derrière, au numéro 10, et

« il faut nous les rendre. — Monsieur serait-il
« attaché à la police?—Non, monsieur; mais je
« suis autorisé par un des chefs de cette admi-
« nistration... Lisez et reconnaissez la signature.—
« C'est fort bien, monsieur, c'est à merveilles ;
« voilà qui change tout-à-fait la face des choses.
« Asseyez-vous, je vous en prie ; un fauteuil à
« madame. — Nous ne sommes pas venus pour
« nous asseoir, mais pour agir. — Tout ce qu'il
« vous plaira, monsieur. Permettez-moi seulement
« une légère observation. On vient de me de-
« mander cette chambre pour deux mois ; je l'ai
« refusée, parce qu'il n'est pas dans mes prin-
« cipes de déranger personne ; ainsi il me semble
« que ce que j'ai reçu... — Est à vous, sans con-
« testation. — Monsieur, mes gens sont à vos
« ordres. »

Les têtes froides ont toujours été en possession
de maîtriser les autres, et le flegmatique Duval
fut chargé, par les confédérés, des dispositions
du siége. Un savant est bien aussi vain qu'un
autre, et celui-ci, flatté de la justice qu'on lui
rendait, se disposa à faire le petit Turenne. Il
fit garnir d'abord le dessous de la croisée, bien
que les persiennes, exactement fermées, annon-
çassent plutôt l'intention de soutenir un assaut
que de faire une sortie. Mais Duval pensait,
d'après le marquis de Feuquières, qu'il ne faut
jamais juger des desseins de l'ennemi sur les apparences, mais prévoir tout ce qu'il peut tenter. Il

avait chargé François de faire remplir d'eau une grande cuve, pour le cas où Luceval mettrait, ou ferait semblant de mettre le feu à la maison. Madame d'Egligny était placée à la porte de la chambre. Celle de la rue était fermée. Tout cela s'était fait dans le plus grand silence ; il ne restait plus qu'à convenir du plan d'attaque.

On se réunit; on conféra très-sérieusement et très-longuement, et on sentit que la bienséance ne permettait pas à des hommes d'entrer dans une chambre où une très-jeune femme était couchée... On ne savait trop comment. On avait réfléchi au danger d'effrayer par des voix masculines, celle à qui, selon les apparences, Dieu avait accordé le don de fécondité; on jugea enfin que l'organe maternel, naturellement doux, devait s'adoucir encore, pour inspirer la confiance et prévenir tout accident. Madame d'Egligny retourna donc à la porte du numéro 10, Duval au jardin, et François à sa cuve.

Toujours des précautions inutiles. Nos jeunes gens, accablés des plus douces fatigues, reposaient dans les bras l'un de l'autre. Ainsi l'amour dormait sur le sein de Psyché.

Madame d'Egligny met l'oreille au trou de la serrure... pas le moindre mouvement. Seulement deux haleines douces et fraîches semblent tantôt se mêler, et tantôt se répondre. Manette, ma fille? dit-elle, d'un ton très-bas. Puis un peu plus haut : Ma fille, Manette? puis enfin le petit coup de doigt au panneau; ensuite un coup plus fort, un autre plus fort encore, et toujours : Manette, ma fille, répondez donc?

« Adolphe, Adolphe, éveille-toi : j'entends quel-
« qu'un. — Hé, non, ma bonne amie, tu te trom-
« pes. — Elle ne se trompe pas, monsieur. C'est
« sa bonne mère, c'est la vôtre... — Ah! mon dieu,
« c'est maman... — Pour qui vous avez eu le pro-
« cédé le plus blâmable... — Et vos vents-coulis,
« madame? Ce tour-là vaut bien le nôtre. — Ne
« parlons plus de tout cela; ouvrez-moi, mes en-
« fans, et partons. — Vous ouvrir, ma chère belle-
« mère! oh! comme vous vous moqueriez de moi!
« — Eh! que prétendez-vous faire? — D'abord
« nous sommes ici à merveilles. — Je ne vous y
« laisserai pas. — Eh bien! capitulons. Vous avez
« reçu ma lettre? — Elle n'a pas le sens commun.
« — Vous rejetez ma proposition? — Absolument.
« — Je romps la conférence.

« — Riez, riez, il y a matière. Vous jouez là
« une scène bien décente, et moi un rôle fort
« agréable. — Petit ami, ceci devient trop fort. —
« Ta maman est la maîtresse de terminer tout à
« l'instant.

« — Vous me poussez à bout, Adolphe. Eh
« bien, je ne bougerai pas d'ici. — Ah! vous
« voulez nous prendre par famine? nous avons
« encore des vivres pour deux jours. Après cela
« nous verrons. — Je vais faire enfoncer la porte.
« — Prenez garde, madame, que cette scène-là

« fera bien plus d'éclat que la nôtre. — Il a raison,
« ce mauvais sujet-là.

« Manette, je ne plaisante plus. Ouvre-moi, je
« l'exige. — Sérieusement, maman, je ne peux pas
« ouvrir. Il a traîné contre la porte une grosse ar-
« moire et une commode. »

Madame d'Egligny va consulter, en grondant,
François et Duval. Ils sont d'avis d'accorder tout,
puisqu'on ne peut rien refuser, et surtout de ne
pas se donner plus long-temps en spectacle aux
gens de la maison. Ils montent tous trois. Madame d'Egligny propose tous les tempéramens que
lui fournit son imagination. « Liberté absolue, li-
« berté absolue ! répond Adolphe à chaque pro-
« position. Liberté donc, puisqu'il le faut, dit en-
« fin la maman. — Vous le jurez ? — Je le jure. —
« Duval et François sont-ils là ? — Ils y sont. —
« Que je les entende ! — Oui, oui, nous y sommes,
« finissez-en. — Et vous vous rendez garans de la
« promesse de madame ? — De par Jupiter. — Et
« Vénus. — Votre parole d'honneur, cela vaut
« mieux. — Nous la donnons.

« — Retirez-vous, à présent, si vous voulez
« que j'ouvre : je ne suis pas en état de paraître.
« Mais comment se fait-il, disait madame d'Egli-
« gny en descendant, que ces petits êtres-là nous
« amènent toujours où ils veulent ? Leurs enfans
« vous vengeront, répondait Duval. — A propos
« d'enfans, savez-vous que je tremble réellement
« pour ma fille ? — Hé ! madame, seize ans et la na-

« ture, qu'a-t-on à craindre avec cela?—Puissé-je
« me tromper! » et elle se trompa.

Luceval parut bientôt, fait comme un diable;
mais c'était un diable si joli! Il conduisait sa jeune
femme, si pleine de son bonheur! «Allons, allons,
« dit-il, la guerre autorise bien des choses; la paix
« ramène toujours des ennemis généreux aux
« sentimens d'estime et d'affection qu'ils se doi-
« vent. Permettez, madame, que votre gendre
« vous salue et vous embrasse. — Et ta petite
« Manette, ma bonne maman? — Je devrais vous
« fermer mes bras et mon cœur, méchans que
« vous êtes; mais je me punirais la première.
« Viens... venez tous deux.

« Ote ce bonnet chiffonné et prends mon voile.
« Enveloppe-toi dans mon schall, et partons, car
« enfin il faut dîner. »

On dîna bien : les uns et les autres en avaient
besoin. A peine eut-on quitté la table, que Louison fut mandée. Le désordre de madame Luceval lui donnait un petit air libertin qui lui allait
à merveilles, mais qui ne pouvait convenir que
dans un tête à tête conjugal. Pendant que Louison
l'habillait en femme respectable, Adolphe remplissait, tant bien que mal, une valise de tout ce
qui se trouvait sous sa main, et Lafleur avait reçu
l'ordre de mettre un cheval au cabriolet.

Madame d'Egligny fit, sur ce départ précipité,
quelques réflexions qui n'eurent point de suite,

parce qu'on écoutait peu, ou qu'on lui répondait : Liberté absolue, vous l'avez juré.

Ce qu'elle crut pouvoir faire de mieux, fut de les suivre à la campagne, pour diriger au moins la maison : deux enfans qui commencent à faire l'amour, ne savent faire que cela.

On venait de terminer à la colonie les travaux projetés. Duval et François restèrent à Paris, pour faire circuler des annonces, bien détaillées, bien emphatiques, qui ne trompent jamais personne; mais qui ont l'utilité de faire marcher et digérer les oisifs, embarrassés de l'emploi de leur temps.

« C'est joli, c'est séduisant, ma bonne, disait,
« en ruminant, un homme très-volumineux au-
« jourd'hui, et très-mince il y a vingt ans.—Mais,
« mon bon, on pourrait voir cela. — Nous n'avons
« que soixante mille livres de rente, ma bonne. —
« Et nous en dépensons quatre-vingts, mon bon. —
« Ce qui nous ramènera bientôt au point d'où nous
« sommes partis, ma bonne.—La singularité de
« l'établissement couvrira nos vues économiques.
« — Et nous fera remarquer. — J'aime qu'on s'oc-
« cupe de moi. — Et personne n'y a pensé de-
« puis notre dernière banqueroute. — Allons voir
« cela, ma bonne. — Allons voir cela, mon bon. »

« Mais c'est un petit Spa, disait à sa maîtresse un
« jeune homme qui avait le bonheur de n'avoir
« ni père ni mère, et à qui il était permis de se
« ruiner avant l'âge de raison. — Oh ! c'est supé-

« rieur à Spa, mon ami, car enfin, qu'y avons-nous
« vu? des rochers qu'on ne peut gravir, et de
« grands seigneurs qui ne nous regardaient pas.—
« Ici les prix sont fixés de manière à écarter éga-
« lement la haute opulence et la médiocrité, et il
« est incontestable qu'un homme comme moi tien-
« drait là le premier coin. — Et comme on y sera
« abondamment fourni de tout, j'économiserai les
« appointemens que tu me donnes, ce qui ne
« laisse pas d'être avantageux. — Mais, Émilie,
« pourras-tu supporter la langueur d'une vie pu-
« rement pastorale.—Avec toi, mon ami, je vivrais
« dans un désert. Que mon petit coiffeur, dont
« je ne peux me passer, vienne là seulement cinq
« jours de la semaine, et je n'aurai rien à désirer.
« — Prends ton habit d'amazone, ton cheval an-
« glais et partons. »

« C'est une spéculation sûre, madame, disait un
« autre, qui malheureusement ne pouvait dîner
« qu'une fois chaque jour; mais qui avait une indi-
« gestion toutes les nuits, et qui maigrissait à me-
« sure qu'il arrondissait son coffre. Je louerai les
« quatre maisonnettes; je gagnerai là-dessus vingt-
« cinq pour cent, parce que les propriétaires
« seront obligés, pour avoir la paix avec moi, de
« donner le double de ce qu'ils se sont engagés à
« fournir. — Et s'ils sont aussi tracassiers que
« vous, monsieur?—Je leur ferai vingt procès,
« madame, et en mêlant à nos nouvelles lois d'an-
« ciennes lois romaines, qui devraient être abro-

« gées, et que la chicane maintient par égard
« pour ses intérêts, j'embrouillerai si bien les
« affaires qu'on se croira trop heureux de m'aban-
« donner ce domaine, pour conserver les autres. »

« Cultive qui voudra la vigne du seigneur,
« s'écriait un quatrième. J'ai hérité de vingt mille
« livres de rentes, et je ne me soucie plus de
« prêcher des gens qui ne veulent pas entendre,
« ni d'écouter les ennuyeuses pécadilles d'un tas
« de vieilles femmes. Je louerai une de ces mai-
« sons, j'y conduirai une très-jolie gouvernante,
« et si monseigneur m'interdit, il me fera plai-
« sir : nous n'aurons plus rien de commun en-
« semble. »

« J'ai été à trente batailles, disait un vieux mi-
« litaire à une vieille sœur qu'il soutenait. J'ai
« laissé une jambe en Italie, et un bras en Egypte.
« L'état me paie ces membres dispersés fort au
« delà de leur valeur, et me donne le droit de
« reposer ceux qui me restent. Sortons de Paris,
« ma sœur, où je ne vois que des intrigans,
« des fripons, des désœuvrés ennuyés et ennuyeux,
« des jeunes gens vaniteux et impudens, et des
« femmes frivoles, quand elles ne sont que cela.
« Allons nous fixer à cette campagne, où nous
« trouverons peut-être des gens qui aiment l'hon-
« neur et le bon vin. Ils me parleront raison, et
« je leur parlerai batailles. Si ce ne sont que des
« Parisiens, du moins seront-ils en petit nombre,
« et il sera facile de les éviter. Mes exploits, mon

« Polybe, mon Folard, mon jardin et vous,
« m'aideront à mourir loin des objets qui blessent
« ma vue.

« Peut-être encore trouverai-je là quelques
« pères de famille, dont les enfans sont dans nos
« rangs, que les chances de la guerre n'ont pas
« mis en évidence, qui n'ont besoin que d'un
« appui pour obtenir le prix de leurs services. J'y
« trouverai peut-être quelques-unes de leurs
« veuves, qui pleurent, parce que personne ne
« daigne les consoler. Protection aux premiers,
« notre superflu aux secondes, et si tu me survis,
« ma sœur, je te lègue à l'état : il ne t'abandon-
« nera point. Partons. »

Duval faisait parler ceux qui se présentaient. Il pesait froidement leurs paroles, il démêlait leurs pensées. De ces aspirans et de cent autres, il choisit le vieux général, dont la probité était rarement aimable, mais toujours sûre ; une jeune veuve, qui venait de perdre un mari adoré, et qui voulait cacher sa douleur, ses talens et sa beauté ; un ancien magistrat qui s'était illustré par trente ans de travaux et d'intégrité, enfin deux jeunes époux, heureux comme Adolphe et Manette, pour qui l'amour était tout, le monde rien, et qui voulaient user ensemble leur cœur et leur vie.

La maison du général n'était composée que de lui et de sa sœur. Une petite fille du village venait soir et matin faire les gros ouvrages. Point de domestiques. Il ne voulait, disait-il, nourrir ni des espions, ni des paresseux. Il allait lui-même au marché de la colonie prendre ses fruits, ses légumes, son laitage et autres objets. Sa sœur lui faisait observer que ces soins s'accordaient peu avec son rang. Il lui répondait qu'il était son frère avant que d'être officier.

Pendant qu'elle apprêtait le dîner, il lui lisait ses tacticiens, qu'elle n'entendait pas plus que les longs commentaires qui interrompaient ses lectures. La bonne fille apprenait Polybe et le chevalier Folard, comme elle avait appris à prier Dieu en latin.

Après son dîner, le général faisait ordinairement un piquet ou une partie de tric-trac avec le président. Perdait-il? Il jurait. Jurait-il? La douceur du président le ramenait à lui-même. Le président aimait l'austère franchise et le ton grivois du général. Il allait le chercher s'il se faisait trop attendre, et ces deux hommes, d'un caractère si opposé, sentaient le besoin qu'ils avaient l'un de l'autre. Le général ranimait l'imagination du président; le président tempérait la vivacité du général.

Le matin, le magistrat passait quelques heures à la bibliothèque. Il y lisait, ou causait avec Duval, dont la conversation l'attachait. Après son piquet, il allait faire sa cour aux dames, et il en était reçu avec autant de plaisir que de distinction. Un vieillard aimable, et sans prétentions, est accueilli partout : malheureusement, il y en a peu.

La jeune veuve, madame Ducoudrai, ne cherchait pas la société. Un enfant de quatre ans, qui lui rappelait son père, nourrissait sa douleur et pourtant l'attachait à la vie. Son fils lui suffisait; cependant elle n'évitait ni le président ni le général. Le premier lui parlait un langage conforme à sa situation; l'autre lui racontait l'histoire de ses campagnes, et les femmes écoutent volontiers les héros.

M. et madame Luceval, M. et madame Sancy, ces jeunes époux dont je vous parlais tout à l'heure, avaient la délicatesse de ne jamais se présenter chez elle: ils craignaient de lui offrir l'image d'un bonheur évanoui.

En revanche, ils se quittaient peu. Même âge, mêmes goûts, même situation, en faut-il plus pour se lier de la manière la plus étroite? Le jeu de bague, la balançoire, le ruisseau, le lac, les nacelles, la grotte, les bois touffus, le théâtre, tout cela semblait fait pour eux seuls. On se balançait, on ramait, on pêchait, on se séparait, on se retrouvait sortant de la grotte, ou d'un bosquet mystérieux, et on allait parler au théâtre une scène du Temple de Gnide, le seul livre de la bibliothèque dont on fît cas.

Sancy jouait très-bien du violon, et donnait des leçons à Luceval. Madame Luceval en donnait de piano à Madame Sancy, qui lui montrait à faire résonner une harpe. Des jeux, des concerts, de la santé, beaucoup d'amour, et on croit avoir fixé le temps! on s'est étourdi sur la rapidité de son vol.

Madame d'Egligny voulait plaire à tout le monde, et elle y réussissait. Souvent elle se mêlait aux jeux de ses enfans. Elle avait le bon esprit de sentir que pour vivre avec eux, il fallait renaître à leurs goûts. Elle répétait fréquemment ce vieil adage :

« On ne médit de la jeunesse que par le regret
« de vieillir. »

Duval et François se communiquaient peu. L'un vivait avec ses livres et ses télescopes ; l'autre s'occupait sans cesse des besoins et de l'agrément de tous. On honorait les connaissances profondes du premier ; on tenait compte au second de ses attentions, de son zèle ; on aimait sa simplicité. On ne les cherchait ni l'un ni l'autre ; on se plaisait avec eux.

Cette société, composée de gens qui se ressemblaient si peu, vivait cependant dans la plus douce union : c'est que personne n'exigeait rien, qu'on respectait les opinions des autres, qu'on était sensible à un procédé, et, qu'à cet égard, on craignait de se laisser prévenir.

Venait-il des visites de Paris ? ceux qui arrivaient étaient les amis de tous. On s'était séparé avec peine ; on se réunissait avec joie, parce que les étrangers aimaient à oublier un moment leurs habitudes, pour partager des plaisirs qu'on avait soin de varier.

On se rassemblait au théâtre, après dîner. Souvent on y dansait, et Luceval faisait le ménétrier, en attendant qu'il pût faire mieux. Quelquefois on y jouait un opéra-comique, une comédie, répétés d'avance, et les répétitions avaient été autant de parties de plaisir.

Les rôles principaux étaient remplis par les quatre jeunes gens. Madame d'Egligny se chargeait volontiers du rôle d'une très-jeune maman, pourvu qu'on l'en priât un peu, et le général voulut bien jouer un jour le capitaine Sabord.

A travers tant de scènes différentes, nos jeunes époux cherchaient et retrouvaient l'amour. Ce qui devait arriver, arriva. Mesdames Luceval et Sancy changèrent si sensiblement, qu'il n'était plus possible de représenter une ingénuité, ou une soubrette de bonnes mœurs. Il fallut renoncer aussi à la balançoire et à la danse. On avait tant d'autres moyens de dissipation!

Les enfans de l'amour sont toujours chers à leurs mères. Les jolies petites femmes avaient résolu d'être mères tout-à-fait. Les jeunes époux partageaient leurs sentimens : est-ce par l'expulsion et l'exil qu'on prouve à ses enfans qu'on est digne d'être père?

Il arriva enfin, ce jour également désiré du père et de la jeune maman. Ce fut du sein des douleurs que madame Luceval passa aux plus délicieuses sensations. Madame Sancy avait donné le jour à un fils qu'avait reçu son amie. Elle reçut à son tour une fille qui n'avait aucun des traits de ses parens.

« N'importe, disait Manette, en la baisant, tu « ne m'en seras pas moins chère. Tu ne plairas « que par tes qualités; mais aussi tu ne plairas « pas à demi. Ce triomphe plus lent, n'est que « plus certain et plus flatteur. »

TROISIÈME PARTIE.

CHAPITRE PREMIER.

Tout change, parce que tout doit changer.

On ne parlait à Paris que de la colonie Luceval ; c'est ainsi qu'on la nommait. On comparait François à Guillaume Penn : même franchise, même simplicité. On enviait le sort des paisibles habitans du hameau ; on désirait, comme on désire à Paris, très-vivement, d'en augmenter le nombre. On pressait le propriétaire de bâtir vingt maisons encore, et de tripler les produits, ce qui n'est pas à dédaigner.

Duval, général en chef, rue de Cléry ; Duval, alors ministre des relations étrangères, et de plus forcé d'être orateur, car il n'avait pas de secrétaire, Duval répondait laconiquement à ces instances si flatteuses, que le bonheur d'une colonie n'est pas en proportion de son étendue et de sa population ; qu'un petit état est plus facile à gouverner qu'un grand, et, comme il n'est pas de principe qui ne doive être appuyé sur l'expérience, il observait que Robinson et Vendredi vécurent parfaitement heureux tant qu'ils furent seuls ; et il ajoutait que sept à huit personnes opulentes et unies n'ont pas d'intérêt à courir des chances qui, sans rien ajouter à leur bien-être, peuvent nuire à leur tranquillité.

Rien d'aussi chatouilleux que l'amour-propre ; chacun a le sien, et le plus sot n'est pas celui qui en a le moins. On trouva les défaites de Duval offensantes, injurieuses ; on ne dit pas hautement ce qu'on pensait, mais on passa subitement de l'engouement au dédain. On débita dans tous les cercles de Paris tout ce qu'on peut imaginer d'absurde sur la nouvelle colonie. On crut donner des ridicules aux colons : on les mit à portée de juger ceux qui venaient périodiquement manger leurs chapons, leurs abricots, et leurs fromages à la crême.

De cette foule, que la curiosité et le désœuvrement avaient amenée chez Luceval, il ne resta que quelques honnêtes gens qui aimaient véritablement nos colons et la campagne. Attachés à tous les habitans, chéris de chacun d'eux, ils logeaient indistinctement chez les uns ou les autres ; assez ordinairement chez le premier qu'ils rencontraient en arrivant. On en était venu insensiblement à tout mettre en communauté, tout, jusqu'aux affections du cœur.

On trouvait là ce dont on parle sans cesse, et ce qui peut-être ne s'est réellement rencontré que chez Luceval, des plaisirs innocens et variés, de la raison sans pédantisme, des talens sans orgueil, de l'esprit sans prétention, de la gaîté sans licence. On était presque toujours réunis, et cependant chacun avait des habitudes relatives à sa situation ou à son âge. Mesdames Luceval et Sancy, par exemple, avaient remplacé les jeux d'exercice par des plaisirs doux, plus convenables à des femmes qui allaitent leurs enfans. Les soins intérieurs, qui ne sont pas sans agrément, parce qu'ils occupent; le déjeuner, moment de la confiance et de la liberté; des lectures agréables ou utiles, employaient une partie de la matinée.

Vers le midi, les petites mamans prenaient leurs enfans, et se réunissaient sur le boulingrin. Les jeunes bonnes suivaient, la barcelonnette au cou, roulant chacune un joli chariot, destiné à reposer les bras délicats de nos jolies dames. Un simple ruban fixait l'enfant. Chaque mère saisissait le timon léger. On parcourait les jardins, foulant tantôt l'herbe fine, tantôt s'égarant dans les bosquets qu'on aimait à revoir, parce qu'on y retrouvait à chaque pas d'heureux souvenirs. On riait, on chantait, on s'arrêtait; on parlait aux enfans, qui souriaient à ce qu'ils paraissaient entendre, et qui vraiment n'entendaient rien. Un baiser, récompense de leur intelligence prétendue, rendait de nouvelles forces aux jeunes mères. Montait-on le rocher ou la colline sur laquelle était bâti le temple? madame d'Egligny disputait aux petites bonnes le plaisir de pousser les chariots. Descendait-on ? les jeunes mamans reprenaient leur course, et ne s'apercevaient pas que Zéphyr, dont elles semblaient défier l'agilité, se vengeait en dessinant des formes réservées à deux amours : c'étaient Luceval et Sancy. Ils en avaient la jeunesse, les graces, la fraîcheur. Ils étaient de toutes ces promenades, et ce qu'ils étaient forcés de sacrifier à la décence, tournait au profit du cœur.

On s'arrêtait enfin sous un ombrage touffu et frais. On s'asseyait sur le gazon ; on y formait un cercle. Les enfans passaient des bras de leurs mamans dans ceux de leurs pères, de leurs amis. « Mon dieu, ma fille, que tu es laide ! s'écriait « quelquefois Manette, en regardant sa Caroline. » Et elle partait d'un éclat de rire, et le plus tendre baiser était la douce expiation que lui offrait sa mère.

Madame Sancy cherchait à ménager son amie : elle ne parlait jamais de son fils. Elle le caressait en silence, et ce même silence donnait lieu à des réflexions secrètes, qui n'étaient pas à l'avantage de la petite Caroline.

C'est sous cet ombrage mystérieux, loin des regards profanes, que s'ouvrait le fichu discret, que se dénouait l'échelle de rubans, que paraissaient ces vases séducteurs que pressaient de petites mains impatientes ; c'est sous des lèvres avides que disparaissait la rose, d'où jaillissaient les sources de la vie.

Bientôt un doux sommeil fermait ces yeux, faibles encore. On apportait les barcelonnettes, on y déposait les enfans, et on n'entendait plus que le gazouillement des oiseaux. Les mères attentives se partageaient entre leur ouvrage d'aiguille et leur tendre anxiété; les jeunes pères tiraient des coffres des chariots un échiquier pliant; madame d'Egligny y prenait un livre; les petites bonnes renouvelaient les guirlandes de fleurs qui paraient les barcelonnettes.

La cloche rappelait chacun chez soi. On avait jugé convenable de dîner tous à la même heure, pour être libres en même temps. C'est alors qu'on se rassemblait selon son goût et les plaisirs du jour. C'est alors que madame Ducoudrai cherchait un air plus pur sous les bosquets solitaires. Quelquefois elle s'arrêtait devant un groupe; elle écoutait, lorsqu'on y parlait raison, ce qui arrivait fréquemment; elle y laissait son fils, son cher Edouard, que la solitude n'amusait pas, qui cherchait les jeux de l'enfance, qui n'avait pas de camarades de son âge, mais qui s'en était fait un du général, depuis qu'il était entré furtivement chez lui un matin, pour lui cacher sa jambe de bois. Le général avait décidé qu'un enfant espiègle est toujours un excellent militaire, et il apprenait à Edouard ses vieilles romances; il jouait avec lui à la bataille; il lui faisait des sabres de bois, des fusils de roseau; il lui montrait l'exercice; il lui permettait de tout retourner chez lui, et il n'y paraissait jamais, parce qu'une maison bien ordonnée et celle d'un vieux garçon ne se ressemblent point.

En conséquence, Edouard s'échappait de chez sa mère le plus souvent qu'il pouvait; d'abord, parce qu'elle était triste, ensuite, parce qu'elle lui montrait à lire, et à dessiner des yeux, ce qui l'ennuyait à la mort. Il courait de tous les côtés, jusqu'à ce qu'il eût trouvé le général, et quand madame Ducoudrai voulait le ravoir, c'est là qu'elle l'envoyait chercher.

Elle savait gré au brave officier de ses soins et de ses complaisances. Elle ne le lui disait pas; mais elle s'arrêtait plus volontiers avec lui qu'avec les autres. Ce corps mutilé ne lui rappelait rien des jouissances de l'amour; sa conversation était toujours étrangère aux sensations du cœur; elle s'oubliait auprès de lui. Il était le seul qui pût la faire parler, et il en concevait une sorte d'orgueil.

« Corbleu ! messieurs, disait-il à Luceval et
« à Sancy, vous croyez que pour plaire à une
« femme charmante, il faut être un Adonis ! Re-
« gardez-moi; je ne suis pas beau, ou que le dia-
« ble m'emporte ! eh bien, c'est toujours moi que
« cherche madame Ducoudrai; ce n'est que moi
« qu'elle écoute et à qui elle répond. Sa tristesse
« se modère, elle reprend ses pinceaux, et savez-
« vous le premier usage qu'elle en fait ? elle me
« peint en pied, messieurs, avec ma jambe de

« bois, et un bras de moins. Allons, président,
« notre piquet. Je me crois en veine aujour-
« d'hui, et je vous gagnerai vingt fiches. — Vous
« les perdrez, général. — C'est ce que nous
« verrons. »

Ce fut au milieu d'une de ces parties, lorsque Duval finissait une leçon d'astronomie, que les amis de Paris se plaçaient pour entendre une nouvelle symphonie concertante qu'allaient exécuter monsieur et madame Sancy, monsieur et madame Luceval, que François, allant et venant à son ordinaire, rencontra le père Dufour haletant, la pâleur sur le front, la douleur dans les yeux.

Le vieillard aborda François : c'est toujours à lui que s'adressaient ceux qui avaient besoin de secours ou de consolations.

« Il vous est arrivé un malheur, père Dufour?
« — Le plus grand de tous, monsieur. — Parlez,
« mon ami, parlez. — Notre gendre... — Nicolas,
« le bon Nicolas!.. —En se laissant glisser de dessus
« une meule de foin... — Il est tombé ? — Sur
« les pointes d'une fourche qu'on avait imprudem-
« ment plantée... — Oh! mon dieu, mon dieu!
« vit-il encore ? — Bientôt il ne vivra plus. —
« Lafleur, Champagne, vite un cabriolet! Hâtez-
« vous, il n'y a pas un instant à perdre. — Que
« de bonté, monsieur! vous allez envoyer... —
« — Je vais moi-même, père Dufour, chercher,
« amener les gens de l'art les plus célèbres... —

« Il suffirait, monsieur François, de charger un
« domestique... — Mon ami, ne laissons jamais à
« d'autres le plaisir d'être utiles, quand nous
« pouvons le goûter nous-mêmes », et François
monte en voiture; il est déja sur la route de Paris. Il presse, il pique le meilleur des chevaux
de Luceval; dans deux heures il sera de retour.

Le vieillard le regardait aller; et quand il cessa
de le voir, il éleva les yeux et les bras vers le
ciel : « Bénissez-le, mon Dieu, qui lui avez donné
« votre bonté ! »

Les jeunes mères folâtraient, couraient sur le
gazon. L'attitude du vieillard les frappe. Elles
s'approchent, elles l'interrogent. Aussitôt la triste
nouvelle se répand. Plus de ris, plus de jeux : on
n'écoute que le cri de l'humanité souffrante.

Madame Luceval met des cordiaux dans un petit panier; madame Sancy en remplit un autre de
vieux linge. Elles veulent porter, présenter elles-mêmes l'offrande au malheur : elle en sera plus
chère à Nicolas. Il verra qu'on l'estime, qu'on
l'aime, et, s'il ne doit pas survivre à son accident, cette idée consolante l'aidera à mourir.

Tout le monde prend le chemin du village. Le
général tenait Edouard par la main. « Viens, lui
« disait-il, accoutume-toi de bonne heure à voir
« des malheureux : tu ne rencontreras que cela
« dans le monde. »

Madame Ducoudrai marchait seule, l'œil morne,
la tête penchée sur sa poitrine. Pauvre petite Mar-

guerite ! pensait-elle, bientôt, peut-être, tu sentiras comme moi qu'on perd plus que la vie en perdant ce qu'on aime. La conformité de notre sort comblera l'intervalle qui nous sépare ; nous mêlerons nos larmes, et à qui parlerait-on de sa peine, qu'à l'être infortuné, qui seul sait compatir à des maux qu'il éprouve ?

On entre en silence dans la maison qu'habitaient la veille encore le contentement et la paix. Le malheureux était mourant. Le père et la mère Dufour, la jeune et intéressante Marguerite, deux enfans, qui balbutiaient à peine, étaient autour du lit, et demandaient à Dieu un père, un époux, un gendre. Dieu fut sourd à leurs prières.

Que j'aime ce rustre du bon La Fontaine, qui

> ....Chez lui gardait un dieu de bois,
> De ces dieux qui sont sourds, bien qu'ayant des oreilles.
> Le rustre cependant s'en promettait merveilles ;
>   Il lui coûtait autant que trois.
> ....
> A la fin, se fâchant de n'en obtenir rien,
> Il vous prend un levier, met en pièces l'idole.
> .... Quand je te fais du bien,
> M'as-tu valu, dit-il, seulement une obole ?
> Va, sors de mon logis, cherche d'autres autels.
> ....

Et, puisque nous sommes en train de citer, rapportons un extrait de cette autre fable :

> Un bloc de marbre était si beau,

Qu'un statuaire en fit l'emplette.
Qu'en fera, dit-il, mon ciseau ?
Sera-t-il dieu, table ou cuvette ?

Il sera dieu; même je veux
Qu'il ait en sa main un tonnerre.
Tremblez, humains ! faites des vœux ;
Voilà le maître de la terre.

L'artisan exprima si bien
Le caractère de l'idole,
Qu'on trouva qu'il ne manquait rien
A Jupiter, que la parole.

Même l'on dit que l'ouvrier
Eut à peine achevé l'ouvrage,
Qu'on le vit frémir le premier,
Et redouter son propre ouvrage.

Il était enfant en ceci :
Des enfans n'ont l'ame occupée
Que du continuel souci
Qu'on ne fâche point leur poupée.
. . . .

L'infortuné Nicolas parut se ranimer à l'aspect des soins qu'on lui prodigua, et du vif intérêt qu'il inspirait. Son œil, presqu'éteint, exprima encore la reconnaissance et l'affection. Il souleva avec effort une main déja glacée, et montra Marguerite et ses enfans. Madame Ducoudrai fondit en pleurs. « Tels furent, s'écria-t-elle, le dernier « signe, le dernier vœu de mon époux. On les a « oubliés, avec lui : la dernière volonté de Nicolas

« sera respectée. » Elle embrasse la mère désolée ; elle prend un enfant sur chacun de ses genoux ; elle les presse contre son sein ; elle les a adoptés. Nicolas lui adresse un regard, qui eût payé les mines de Golconde.

François parut, accompagné d'un médecin et d'un chirurgien. Ils décidèrent, au simple attouchement du pouls, qu'il n'y avait pas de ressources. Ils essayèrent cependant de placer un appareil, et le blessé expira dans leurs mains.

Aussitôt la maison retentit des gémissemens de ces infortunés. Madame Ducoudrai prit la main de Marguerite, soutint les pas chancelans de l'aîné des enfans, remit l'autre entre les bras du général, et sortit, sans s'inquiéter si les amis communs la suivaient ou non. Elle n'adressa pas un mot à Marguerite : persuade-t-on la douleur ? elle pleurait avec la jeune femme.

Les habitans de la colonie retournèrent chez eux, tristes, pensifs, et se parlant à peine. Les gens fortunés ont besoin de ces scènes d'affliction qui les ramènent au sentiment de leur faiblesse, et du vide des plaisirs. C'est alors que, se reployant sur soi-même, on se compare aux êtres souffrans dont on est environné ; qu'on sent que pour mourir en paix, il faut faire un digne emploi de la vie.

Luceval marchait seul, et ne paraissait pas plus profondément affecté que les autres. Se rappelait-il l'impression désagréable qu'avait fait éprouver à madame Luceval le dernier baiser pris à Marguerite le jour du baptême ? craignait-il de laisser pénétrer ses véritables sentimens, ou était-il du nombre de ceux que la satiété en tout genre conduit à l'insouciance ?

François, toujours sévère envers lui-même, et juste et franc envers les autres, s'approcha de Luceval. « Monsieur, lui dit-il, j'ai cessé d'être votre
« tuteur... — Mais vous êtes toujours mon meil-
« leur ami, François. — Eh bien ! un ami vrai doit
« toujours la vérité à son ami, et si ses conseils
« ne sont pas suivis, du moins n'a-t-il rien à se
« reprocher. Voyons, monsieur, que comptez-
« vous faire pour cette malheureuse famille ? —
« Mais, mon bon ami, nous verrons. — Monsieur,
« le bienfait différé perd beaucoup de son prix ;
« c'est le choix heureux du moment qui fait valoir
« ce qu'on donne. — Eh bien, François, nous nous
« consulterons. — Pensez-vous, monsieur, à la
« froideur de vos réponses ? vous conservez la plus
« vive affection pour madame Luceval, et elle la
« mérite sans doute ; mais l'amour qu'elle vous
« inspire a-t-il fermé votre ame à la délicatesse et
« à la reconnaissance ? — Comment, François, à
« la reconnaissance ? — Avez-vous oublié que
« Marguerite est la première auprès de qui vous
« avez senti battre votre cœur, et ne devez-vous
« rien à celle qui vous a communiqué une seconde
« vie ? Avez-vous oublié que vous l'avez jugée di-
« gne de votre main, et que vous avez voulu la

« combler de richesses pour la consoler de vous
« avoir perdu ? Ce sentiment s'est éteint; mais la
« délicatesse vous permet-elle de l'abandonner à
« l'infortune et à sa douleur, lorsque, par l'ac-
« complissement constant de ses devoirs, elle a
« acquis de nouveaux droits à votre estime ? Ré-
« fléchissez, monsieur; interrogez votre cœur; il
« vous parlera comme moi. — Mon ami, mon bon
« ami, je ne demande pas mieux que d'adoucir le
« sort de cette jeune femme; mais encore faut-
« il le temps de penser... — J'ai pensé pour vous,
« et je vous laisserai la satisfaction d'agir. — Voyons,
« mon bon ami, que croyez-vous qu'on puisse
« faire?

« — J'occupe le bas d'une de vos maisons. J'ai
« six pièces, et deux me suffisent. Je logerai la
« malheureuse famille. — Bien. — M. Duval étudie
« et travaille à la bibliothèque; ainsi, le bruit,
« les jeux des enfans ne lui donneront pas de dis-
« tractions. — Ensuite ? — J'occuperai Marguerite,
« je l'emploierai utilement pour vos intérêts; elle
« gagnera à la colonie de quoi élever honnête-
« ment ses enfans. Elle a un bail très-long et très-
« avantageux; vous lui permettrez de disposer de
« la ferme d'après mes avis. Je placerai pour elle
« les bénéfices qu'elle en retirera; elle joindra
« tous les ans ses intérêts à ses capitaux; à l'ex-
« piration du bail, elle aura de quoi se faire un
« sort indépendant, et ces arrangemens, monsieur,
« ne vous coûteront qu'une signature.

« — Je la donnerai avec le plus grand plaisir;
« mais il est dans les convenances que je prévienne
« madame Luceval. — Vous ne pouvez vous en
« dispenser; mais je crois, monsieur, qu'elle pen-
« sera comme nous. Elle est à l'âge heureux où
« le cœur suffit à peine au besoin d'aimer, où tous
« les genres d'affections lui sont propres, et le
« plaisir simple et pur de secourir l'humanité souf-
« frante, peut reposer un moment des agitations
« de l'amour. »

Madame Luceval ne fut pas précisément de l'avis de ces messieurs. En volant au secours de Nicolas, en consolant sa femme, elle avait cédé à un premier mouvement, toujours favorable au malheur. Mais, au retour, elle avait eu le temps de réfléchir. Marguerite était encore très-jolie; les gens de Luceval avaient parlé; François lui-même avait jeté, sans s'en douter, quelque lumière sur cette liaison éteinte. Cependant, comment se refuser ouvertement à un acte de bienfaisance, que désiraient, que sollicitaient tous les membres de la société? Il fallait donner des prétextes plausibles, et la jeune dame sentait qu'une jalousie, sans fondement réel, n'eût été qu'un ridicule.

Elle se rendit au vœu général avec cette facilité que semblait exiger la circonstance, et cette froideur qu'éprouvera toujours de l'épouse celle qui plut au mari, ne fût-ce qu'un instant. Elle observa seulement que la société était composée de manière à ce qu'on ne pût admettre Marguerite et ses enfans dans l'une des sept maisonnettes ; qu'il serait absurde d'exposer les habitans de la colonie à rencontrer à chaque pas une femme, intéressante sans doute par sa situation, mais qui d'ailleurs ne pouvait convenir à personne ; qu'enfin, il y avait quelques bâtimens éloignés, où on pouvait la loger conformément à son état.

Ces observations faisaient souffrir François. Parvenu près de son ancien maître, de l'état de domestique au rang d'ami et d'ami intime, il ne connaissait, depuis trente ans, que deux classes d'hommes, les honnêtes gens et les fripons. Il avait résisté aux premiers désirs de Luceval, parce qu'il avait senti que son pupille pourrait lui demander compte un jour d'une faiblesse qui eût excité le blâme général ; mais il ne concevait rien à ces raffinemens, qui font adopter par la société une femme couverte de dentelles, et qui la forcent à en rejeter une autre qui se présente avec l'auréole des vertus. Bon François ! il n'était pas du dix-huitième siècle.

Luceval se tut ; François ne répliqua rien. Il savait combien il était facile de réchauffer la bienfaisance de son élève ; mais il sentait le danger de mettre en opposition la femme et le mari.

Le silence de Luceval, les ménagemens de François, n'influèrent en rien sur le sort de Marguerite. Madame Ducoudrai était maîtresse absolue chez elle : elle y reçut la mère éplorée et ses malheureux enfans.

Marguerite était douce; madame Ducoudrai n'était pas exigeante. Il s'établit entre elles une sorte d'intimité, que le même genre d'infortunes rendait chaque jour plus étroite. Elles ne sortaient presque jamais, et si elles voulaient jouir d'une heure de promenade, elles choisissaient le moment où elles étaient sûres de ne rencontrer personne dans les jardins. Le général, seul, était régulièrement admis chez elles, et il disait tout haut que madame Ducoudrai était aussi estimable que belle, et que s'il avait son bras, sa jambe et vingt-cinq ans de moins, il faudrait, parbleu, qu'elle l'épousât.

Une belle action enflammait l'ame du vieux général; il la louait, parce qu'il y trouvait du plaisir et de la justice. Sa franche vivacité ne lui permettait jamais de réfléchir; il disait d'abord ce qu'il pensait, sans s'inquiéter des conséquences. Cependant, ces éloges répétés semblaient être une satire directe de l'insouciance de quelques uns des habitans. Madame Luceval s'appliquait secrètement des traits qui ne s'adressaient ni à elle, ni aux autres. Elle laissa échapper plusieurs fois des marques de mécontentement, et le président en parla enfin au général. « Je ne critique « personne, répondit celui-ci; je ne cherche à « mécontenter personne; mais, il y aurait de la « lâcheté, de la bassesse à me taire, d'après des « considérations frivoles, sur ce que je vois de « beau, de grand, de sublime, et, ventrebleu! « je ne me tairai pas. »

On ne voyait plus madame Ducoudrai, et il était dans les convenances que Luceval allât quelquefois s'informer de sa santé, savoir si on fournissait exactement à ses besoins, et à ces petites fantaisies que nous aimons tant à satisfaire. Ces visites, toujours très-courtes et peu fréquentes, inquiétaient madame Luceval. Son mari avait aimé Marguerite ; il lui avait plu. Elle était libre ; elle pouvait se rappeler ses premières affections ; la vanité, l'intérêt pouvaient faire le reste. A la vérité, l'amour de Luceval ne paraissait pas s'affaiblir ; mais, qui peut lire dans l'avenir? et les cœurs timides semblent se complaire à se créer un avenir effrayant.

Quelquefois aussi la jeune dame riait de ses craintes. Brillante de jeunesse, d'attraits, de parure, pouvait-elle craindre une simple paysanne? Cette réflexion, que l'amour-propre reproduisait souvent, eût peut-être calmé des inquiétudes qui n'étaient pas encore fondées, si madame d'Eligny n'avait eu sur l'inconstance des hommes une opinion qu'elle devait probablement à son expérience, et qu'elle n'avait pas la sagesse de dissimuler. Eclairer une femme trompée, c'est perdre une maison. Alimenter le soupçon au cœur de celle qui n'a aucun sujet légitime de craindre, c'est détruire le charme de l'illusion, et notre bonheur ne se compose que de cela.

Déjà les habitans commençaient à se voir moins. Une réserve marquée avait succédé à la confiance et à la gaîté. On n'avait à se plaindre de personne, et on croyait s'apercevoir qu'on cessait de se convenir.

Le président regrettait ces jours d'abandon et d'aimable folie, qui plaisent à tous les âges, quand ils sont réglés pas la décence. Plein de pénétration, il démêla facilement la cause de la mésintelligence qui commençait à se manifester, et il entreprit d'en effacer jusqu'au souvenir.

Il ne se fatigua point à combattre des opinions, à dissuader ceux qui ne voulaient pas l'être ; il attaqua le mal dans sa source. « Monsieur, dit-il
« à François, les crises violentes durent peu :
« Marguerite doit commencer à se calmer et à
« sentir la nécessité de se suffire à elle-même.
« M. Luceval a signé l'acte qui l'autorise à dis-
« poser de sa ferme ; il faut maintenant qu'un
« travail utile pour le propriétaire et pour elle,
« lui permette d'économiser ses petits revenus :
« tels étaient, je crois, vos projets. — Mais, mon-
« sieur le président, elle ne dépense rien, rien
« absolument chez madame Ducoudrai. — La dé-
« licatesse ne lui permet pas d'y rester plus long-
« temps. L'occupation, d'ailleurs, la distraira des
« idées affligeantes que nourrit l'oisiveté, et sur
« lesquelles elle a ramené madame Ducoudrai,
« qui déja avait assez de sa douleur. Employez
« Marguerite dans les bâtimens extérieurs ; qu'elle
« n'ait plus de communication directe avec nous :
« le sort de toute la vie de monsieur et de ma-

« dame de Luceval dépend de la conduite que
« vous allez tenir. — Vous m'effrayez, monsieur
« le président. — Des alarmes ne remédient à
« rien. — Mon pupille serait-il capable de s'ou-
« blier, de manquer à sa femme ? — Je ne le
« crois pas. Cependant, cela n'est pas impossible.
« Madame Luceval le craint, et c'est assez.

« Mais, croyez-vous, monsieur le président,
« que madame Ducoudrai permette à Margue-
« rite... — Mon cher François, à vingt-quatre ans,
« on pleure facilement, on peut trouver même
« de la douceur à pleurer; mais, à vingt-quatre
« ans, on ne se voue pas aux larmes. Un mo-
« ment d'exaltation nous fait quelquefois agir
« contre nos intérêts. Nous sentons plus tard les
« désagrémens d'une association qui n'a de rap-
« ports ni avec nos goûts, ni même avec nos
« moindres habitudes. Un amour-propre mal en-
« tendu nous empêche de revenir sur une fausse
« démarche ; mais, nous cédons avec facilité, et
« nous conservons une reconnaissance secrète
« pour celui qui a eu l'adresse de nous faire une
« douce violence. Telle est, je crois, la position
« de madame Ducoudrai. C'est à vous, qui jouis-
« sez de la considération patriarchale, à vous,
« que vos fonctions autorisent à entrer partout,
« à voir Marguerite, à lui parler, à empêcher
« enfin que la défiance n'amène l'aigreur entre de
« jeunes époux, si dignes d'être heureux. »

Le président connaissait le cœur humain. Madame Ducoudrai n'opposa qu'une faible résistance. Marguerite était reconnaissante; mais elle ne fut pas fâchée d'être rendue à son indépendance. Elle sentait, avec une satisfaction secrète, qu'éloignée de l'enclos, elle recevrait librement son père et sa mère, ses anciennes amies qui parlaient et entendaient son langage, et que surtout elle pourrait gâter ses enfans, sans qu'une protectrice lui observât que les vices de la première éducation influent sur le reste de la vie : tout était pour le mieux.

Elle alla fixer son domicile dans une ou deux chambres attenantes à la lingerie, dont la direction lui fut confiée par François. C'était un emploi nouveau qu'il créait. Il l'avait jusqu'alors exercé, aussi bien que peut le faire un homme; mais il s'en déchargea avec plaisir, dès qu'il eut trouvé une femme intelligente et sûre. Il avait d'ailleurs tant de parties essentielles à surveiller !

Le président jouissait de son ouvrage. Il observait les différentes teintes des physionomies; elles paraissaient plus ouvertes, et il s'applaudissait chaque jour de ce qu'il avait fait. Il ne recueillit cependant aucun fruit de ses vastes conceptions. Un incident bien simple, bien naturel, et que sa prudence n'avait point prévu, renversa tout son plan.

Luceval, trop jeune pour calculer rien, trop ardent pour être réservé, avait mis sa jeune épouse dans la nécessité de sevrer Caroline. Madame Luceval se consola aisément d'une distraction, qu'elle tourna à l'instant au profit de son repos et de ses goûts. Elle représenta la difficulté de priver du sein un enfant sous les yeux de sa mère. Elle insista sur le besoin qu'avait du grand air, et des alimens sains de la campagne, un enfant sevré brusquement. La conséquence était toute simple : c'est que Luceval devait la conduire à Paris.

Il fallait réellement qu'une demoiselle de seize ans, élevée dans le grand monde, habituée aux plaisirs bruyans, éprouvât ce que l'amour a de plus doux et de plus fort, pour passer, sans regretter rien, dix-huit mois dans un perpétuel tête à tête. Il était dans l'ordre des choses qu'on pensât enfin à sortir de cette espèce de léthargie, et il n'était pas malheureux d'avoir un motif qui mît en défaut la pénétration conjugale, et qui ne lui laissât aucun moyen de résistance.

Madame Sancy ne pouvait donner à son mari qu'un prétexte, qui n'eût pas réussi un an plus tôt, et auquel elle n'eût pas pensé : c'était le désir, très-louable sans doute, de ne pas abandonner son amie pendant les incommodités d'une grossesse. Madame Luceval n'était pas incommodée du tout ; mais cela vient du jour au lendemain.

Il est présumable que tout prétexte devait convenir aux jeunes maris. La balançoire, les joûtes sur l'eau, le jeu de bagues, et un autre jeu plus séduisant, avaient perdu l'attrait de la nouveauté. Il n'y avait qu'un pas à faire pour arriver à l'habitude, et de l'habitude à la satiété, il n'y a pas loin. On avait juré, on trouvait superbe d'aimer toute la vie; mais je ne sais quel malin démon soufflait intérieurement qu'une femme charmante a tout à gagner par la comparaison, et cette comparaison, on n'était pas fâché de la voir faire.

Adorateurs déclarés de leurs femmes, ces messieurs n'avaient garde de se faire des confidences. Mais ils agirent de concert, sans être convenus de rien. Il fut arrêté qu'on retournerait à Paris... pour plaire à ces dames: les maris adroits tirent parti de tout.

Il eût cependant été difficile à ceux-ci de ne pas céder. Les jeunes dames étaient vives, et la vivacité ne supporte pas la contradiction. Elles avaient l'habitude d'être prévenues en tout, de voir tout ployer sous des fantaisies, quelquefois ridicules, mais toujours piquantes par les graces de la gaîté, et un enfant gâté s'irrite de la moindre résistance. Les deux jeunes gens s'étaient ployés, sans s'en apercevoir, à une sorte de dépendance. On ne secoue le joug de sa femme qu'à l'aide d'une révolution domestique, et tout le monde n'a pas le goût des révolutions.

Le président les vit partir avec peine; mais il ne fut pas tenté d'abandonner son champêtre et paisible asile. Il lui restait le général, qu'il aimait; madame Ducoudrai, qu'il estimait, et qui, après tout, ne serait pas toujours inconsolable; Duval, à qui le dérangement des saisons donnait lieu de faire, sur l'inclinaison de l'écliptique, des raisonnemens toujours nouveaux, toujours très-savans, et toujours très-incertains; enfin, le bon François, dont la conversation simple reposait l'esprit, en intéressant le cœur.

CHAPITRE II.

Caroline paraît sur la scène de la vie.

Y a-t-il un bonheur durable ? Dites-moi où on le trouve.

Est-ce au milieu de monceaux d'or ? Du moment où on n'éprouve plus de désirs qu'on ne puisse satisfaire, on a cessé de jouir.

Est-ce dans la considération que donne une grande place ? Respects sans amour de la part des inférieurs; envie, persécutions de celle des concurrens; calomnies après la chute, et toujours la nécessité humiliante de flatter des supérieurs et de ramper devant eux.

Est-ce au pied des autels, qui promettent appui, consolations, et où on ne trouve que tristesse, effroi, et des sens rebelles que le jeûne et l'ennui irritent souvent, et ne calment jamais ?

Est-ce dans les douceurs de l'amour ? Ses illusions se dissipent comme la rosée aux premiers rayons du soleil.

Est-ce dans l'éclat de la domination ? Les travaux, l'insomnie, les soucis dévorans sont sur les marches du trône.

Où chercher le bonheur durable? où est-il? nulle part. Il n'existe point. Osons le ranger au nombre des chimères auxquelles les humains sacrifient leur courte vie.

Si un être quelconque veut n'être pas malheureux; s'il veut faire une espèce de compensation du bien et du mal, qu'il pratique, non les vertus de la nature, elle n'en impose pas, elle ne donne que des appétis; qu'il pratique ce que le Contrat Social a nommé vertus, parce que ce qui est utile, ce qui est bon à tous, doit être distingué et révéré.

Celui qui a le bon esprit d'adopter des principes, dont ses ancêtres avaient reconnu l'utilité avant sa naissance, qui étend sur tout ce qui l'environne son active sollicitude, est déja, par le témoignage de sa conscience, fort au-dessus du malheur.

Mais s'il sait adoucir ce que le bienfait a toujours d'amer; s'il a secouru le malheureux avec cette modestie, ces égards compatissans que l'homme doit à l'homme souffrant; s'il répand sur sa femme, sur ses enfans la portion de bonheur qui leur est propre, l'affection des siens, la reconnaissance, les bénédictions publiques, le rendront heureux un moment. Or, comme il n'est personne qui n'ait, selon ses ressources, ces moyens à sa disposition, il n'est personne aussi qui, par une bonne action répétée, ne puisse échapper au vide affreux de la vie.

On me demande maintenant quelle idée j'attache au mot *conscience*, qui vient de m'échapper. Un docteur répondrait que c'est un sentiment inné que Dieu a imprimé dans nos ames. Moi, qui ne suis pas savant, je dirai simplement que ma conscience innée était sans activité, avant qu'on m'eût enseigné ce qui est bon ou nuisible aux autres et à moi, et j'ajouterai que ma conscience n'est que mon propre témoignage de ce que j'ai fait de bien ou de mal, d'après les opinions et les principes reçus. Ce témoignage, le fléau, l'ennemi inséparable du méchant, est l'orgueil légitime et la récompense du juste, lors même qu'on lui refuse la justice qui lui est due. C'est de ce témoignage seul que dérivent les courts instans de bonheur dont nous pouvons jouir. N'en cherchons point ailleurs. Misère, confusion, désordre, voilà ce qui reste à celui qui entreprend de briser la grande chaîne, dont il est lui-même un chaînon.

Marguerite n'était pas métaphysicienne. Jamais même elle n'avait entendu parler métaphysique qu'à son curé, qui n'y entendait rien. Mais Marguerite avait reçu des bienfaits; elle concevait le plaisir de la bienfaisance, et elle désirait secrètement l'occasion de s'élever jusqu'à ses bienfaiteurs: elle la trouva bientôt.

Monsieur et madame Luceval avaient prié, en partant, François de trouver une bonne, une excellente sevreuse, et cela se trouve si facilement à la campagne, où toutes les femmes sont dans l'habitude de recevoir de l'argent, pour négliger, brusquer, tourmenter d'innocentes créatures ! Celles qui ne peuvent plus leur communiquer avec leur lait leurs inclinations vicieuses, s'empressent, pour de l'argent encore, d'accueillir ces victimes de l'insouciance paternelle, et ce qui peut leur arriver de moins malheureux, c'est que leur imbécille institutrice ne fasse que prolonger leur première imbécillité.

Ce départ précipité, cette espèce d'abandon, paraissaient extraordinaires à François. Il disait sa façon de penser à ce sujet au président ; le président, qui prévoyait que François serait utile aux enfans comme il l'avait été au père, cherchait à entretenir cette affection qui devait se répandre sur toute une famille. Il fit convenir le tuteur qu'une femme grosse ne peut pas nourrir ; qu'une femme délicate a des ménagemens à garder dans une semblable position, et que la preuve de confiance la plus touchante que pouvaient lui donner M. et madame Luceval, c'était de le charger exclusivement de la vie et du bien-être de Caroline.

Ces raisons suffisaient à un homme qui se plaisait à estimer ceux qu'il aimait. Il trouvait même quelque orgueil à croire, avec M. le président, que Luceval comptait, pour sa fille, sur ces soins tendres et désintéressés qu'il lui avait prodigués autrefois. « Aimable jeune homme, disait-il en cherchant une sevreuse, il veut que j'emporte au tombeau la satisfaction d'avoir élevé le père et les enfans! »

Les sevreuses qu'il trouvait ne lui inspiraient que la défiance ou le dégoût. Il courait tout le jour; il rentrait, excédé de fatigue, et il trouvait le temps de veiller encore à ce que celle qu'il avait provisoirement chargée de soigner Caroline, ne la laissât manquer de rien. Quelquefois il l'endormait sur ses genoux.

C'est quelque chose de bien ridicule, n'est-ce pas, belles dames, qu'un homme qui endort un enfant? Voudriez-vous m'en dire la raison?..... Vous balbutiez; vous ne savez que répondre. Heureux, croyez-moi, celui qui a des faiblesses aimantes! il ne brille pas, mais il jouit.

Un soir, François était rentré, désolé de l'inutilité de ses courses. Il prenait sa rôtie au vin, et, par intervalles, il chantait d'une voix rauque un air usé, en berçant Caroline. La petite lui souriait aussi agréablement que peut le faire un enfant qui n'est pas beau, et un baiser de François était le prix du sourire.

Marguerite entra. Elle avait besoin de quelques renseignemens sur ses occupations nouvelles, et depuis qu'elle ne rencontrait au hameau que des visages rians, elle y venait sans contrainte.

François, après lui avoir répondu, lui parla de ses fatigues, de leur but, et du peu de succès qu'il en attendait. Elle réfléchit un instant. Sa figure s'anima; ses yeux brillèrent d'un éclat nouveau; ses gestes annonçaient cette belle chaleur, qui accompagne toujours une résolution noble.

Quel moyen plus sûr, en effet, de prouver à M. et à madame Luceval qu'elle est digne d'eux, que de se charger de leur enfant, de supporter les dégoûts qui naissent à chaque instant de l'imperfection des organes, et les contradictions que suscitent des volontés, d'autant plus opiniâtres, qu'elles sont encore sans objet déterminé par la raison; de veiller la nuit, et de guider le jour des pas incertains! Une mère se soumet quelquefois à ces devoirs pénibles; son cœur l'y porte, quand elle en a un; une femme salariée promet, et feint de les remplir : celle-là est la plus estimable, qui, sans autre attrait que le plaisir de bien faire, entreprend volontairement cette longue et pénible tâche, et c'est ce que fit Marguerite.

Voilà donc la fille unique, la seule héritière existante d'une immense fortune, bannie de l'intérieur des possessions de son père, reléguée avec des gagistes : telle est la première observation qui se présente à l'esprit.

Mais si l'on pense qu'il ne faut encore à Caroline que des alimens, un habit et un toit; qu'elle ignore ces habitudes étrangères à la nature, qui sont devenues pour nous des besoins impérieux; si l'on pense que Caroline, à la lingerie, pouvait se permettre ce qu'on lui eût interdit sous les lambris dorés de sa mère; que Marguerite se partageait également entre elle et ses enfants, et qu'enfin les vertus simples de François veillaient sans cesse autour de son berceau, on jugera Caroline heureuse, et elle l'était en effet.

François écrivait à monsieur Luceval régulièrement une fois la semaine. Il faisait ses lettres longues, parce qu'il se complaisait à parler de l'enfant, et qu'il entrait dans les plus petits détails. Luceval répondait exactement. Ses lettres exprimaient de l'affection pour sa fille, de l'estime et de la reconnaissance pour François : le bonhomme était enchanté.

Un courrier, porteur de billets ornés de jolies vignettes, apprit enfin aux habitants du hameau que madame Luceval était mère d'une seconde fille, qui effaçait ce qu'on avait vu de plus beau. Tant pis pour Caroline, disait tout bas le président. Tant mieux pour Caroline, disait tout haut François : la nature lui a donné une compagne et un amie.

On s'attache par ses bienfaits, et depuis quelque temps le brave homme éprouvait le désir et le besoin de revoir son Adolphe. La naissance du bel enfant exigeait des félicitations. La bienséance fut le prétexte; l'affection seule le fit partir.

François, pour être bien reçu, n'avait qu'à se

présenter; il le savait; mais, il savait aussi quel prix on attache à une jouissance inattendue. Il emmenait avec lui la petite Caroline, qui s'essayait à marcher, et qui commençait à articuler ces premiers mots si doux à l'oreille d'un père et d'une mère.

Ah! pensait François, quel plaisir ils auront à la voir trouver, perdre, chercher, retrouver l'équilibre! Combien leurs cœurs seront émus, lorsqu'ils devineront les mots qu'elle balbutie à peine!

Rêves de bonheur rendent la peine légère. François était insensible à la gêne d'avoir, pendant toute la route, Caroline sur ses genoux. Il avait pris une femme; mais, ce n'était pas Marguerite, et l'enfant n'était bien qu'avec elle, ou François.

Ils arrivent. Luceval voit son vieux ami descendre de voiture; il court, il est dans ses bras. Il caresse sa Caroline, qui ne le connaît plus, qui pleure, qui crie *papa*, et c'est à François que ce mot s'adresse; c'est à lui qu'elle tend ses petits bras; c'est lui qu'elle semble implorer.

François était au désespoir que ce nom, qu'il lui avait appris à prononcer pour son père, ne s'adressât qu'à celui qui, à la vérité, en remplissait les devoirs..... Luceval, frappé de la force de cet instinct qui attache exclusivement l'enfant à ceux qu'il reconnaît à leurs bienfaits, et que le besoin d'un appui l'oblige a adopter, Luceval s'efforçait en vain de cacher, sous un air de gaieté, son embarras, et peut-être certains reproches intérieurs..... François, qui prenait toujours les choses du côté le plus avantageux, s'applaudissait que son pupille ne s'aperçût de rien. Ce cher Adolphe, pensait-il, combien il souffrirait, s'il avait vu que sa fille me préfère à lui.

Ils entrent dans la chambre de madame. François lui présente Caroline, qu'elle embrasse une fois, deux fois, pendant que le tuteur tourne une espèce de compliment, à la fin duquel on l'invite à s'approcher du berceau de Julie. Le bonhomme s'écrie qu'il est impossible, en effet, de rien voir de plus beau, et madame Luceval lui sourit.

Il prend Caroline dans ses bras, il approche ses joues de celles de sa sœur. Charles, dit Caroline en pressant Julie de ses petites mains. Charles était le plus jeune des enfants de Marguerite.

« Il paraît, dit madame Luceval, que Caroline
« aime beaucoup les petits habitants du hameau.
« Il faut l'y reconduire; elle s'ennuierait ici. Je
« le crois, madame, répondit François, de la
« meilleure foi du monde. » Luceval rêvait, et ne disait rien.

Il ne restait plus, selon le digne homme, qu'à faire valoir un peu les talents de sa Caroline. Mettre dans le plus beau jour son adresse naissante, un entendement qui commençait à se dé-

velopper, c'était plaire à ses parens : telle était la façon de voir de François. « Vous savez, ma-
« dame, que Caroline marche assez bien? — Vous
« nous l'avez écrit. Comment se portent nos amis
« du hameau? — A merveille, madame. Je vais
« la faire trotter sur ce tapis. — Et madame Du-
« coudrai? — Toujours fort triste, madame. Al-
« lons, viens, mon enfant, viens. » Il s'était mis à l'extrémité de la chambre, et la petite allait à lui, en appuyant un pied avec précaution, en cherchant bien l'aplomb avant de lever l'autre ; elle lui souriait, quand elle avait fait trois ou quatre pas ; François l'encourageait de l'œil et de la voix ; enfin, elle courait dans ses bras, lorsqu'elle était assez près de lui pour ne rien craindre. « Comment donc, M. François, mais elle est
« très-avancée ! — N'est-il pas vrai, madame? Oh!
« je savais bien que ce tableau vous ferait le plus
« grand plaisir..... Et, si vous l'entendiez parler !
« Caroline, voilà maman. » Et la petite court à la porte, en pleurant de joie, et en répétant : Maman, maman. C'était Marguerite qu'elle attendait.

Sa précipitation lui fait faire un faux pas. Elle tombe, et se blesse au front ; c'est François qui la relève. « Louison, vous n'entendez pas ma
« fille qui crie? Donnez-la-moi donc. » François s'empresse d'apporter Caroline ; Louison présente Julie. « Vous ne croiriez pas, monsieur François,
« que cette charmante Julie ne peut attendre le

« sein un moment : il faut que je sois à ses or-
« dres. — Mais, madame, Caroline souffre. — Ah!
« voyez cela, Louison. — Hé! madame, si sa mère
« ne la soulage pas, du moins ne passera-t-elle
« pas dans les mains de ses domestiques. « Et
François cherche ce qu'il faut pour faire et mouil-
ler une compresse « Mon bon ami, vous parais-
« sez avoir de l'humeur. — Non, monsieur, je
« n'en ai pas. — Vous auriez tort, au reste, car
« vous devez sentir que la faiblesse d'un enfant
« de quinze jours réclame les premiers soins
« d'une mère.

« — Voilà une observation qui m'était échap-
« pée, et que monsieur le président m'aurait
« faite comme vous. Il m'a souvent fait revenir
« de certaines idées..... Je vous avoue que j'avais
« en effet de l'humeur, que j'en avais beaucoup,
« et je vous en demande pardon. Permettez que
« j'arrange la tête de Caroline. — Monsieur Fran-
« çois? — Madame? — S'il vous était égal de pas-
« ser dans l'appartement de monsieur..... Je vous
« avoue que les cris de deux enfans..... — Oh!
« c'est trop juste, madame », et François passe
chez monsieur.

Luceval le suit. « Mon bon ami, je voudrais
« bien dîner avec vous. — Monsieur, je compte
« sur ce plaisir-là. — Mais, je ferais beaucoup de
« peine à madame, si je la laissais seule, et vous
« savez que le bruit l'incommode. — Allons, al-
« lons, mon cher Adolphe, pas de contrainte

« entre nous. Vous me ferez servir ici, et ensuite
« je partirai. — Je suis bien fâché de ce contre-
« temps; vous serez seul, et..... — J'ai Caroline,
« monsieur. — Vous vous ennuierez avec elle. —
« Jamais nous ne nous ennuyons ensemble. »

Luceval conservait pour son tuteur un grand fonds d'attachement; Caroline lui était chère : un père tient beaucoup moins qu'une mère à la figure de ses enfans. Mais, l'empire de madame Luceval s'affermissait tous les jours. Ce n'était point par de grands airs, par des larmes qu'elle faisait tout ployer; c'était par une douceur insinuante, par les graces d'une figure enchanteresse; c'était à travers les expressions d'un attachement réel qu'elle se laissait deviner, qu'elle inspirait l'idée de la prévenir, et sa reconnaissance était toujours le prix d'une soumission dont on ne s'apercevait pas. On croyait n'avoir cédé qu'à son cœur, quand on avait réellement obéi.

Ce joug n'avait rien d'humiliant ni de pénible. Le public même, toujours malin, souvent méchant, ne pénétrait pas la jeune dame. Il citait Luceval comme le modèle le plus fortuné des époux, et il proposait sa femme comme un exemple de tendresse, d'attentions et d'égards.

Il est difficile qu'une autorité, établie sur de semblables bases, ne dure pas long-temps. Celle de madame Luceval subsista, lorsqu'il ne restait que le souvenir de ses charmes; elle la soutint encore par les seules ressources de son esprit.

Elle avait aimé Caroline avec une tendresse qui la rendait insensible à la défectuosité de ses traits. La beauté de Julie, dans qui elle se plaisait à se reconnaître, avait entraîné et fixé son cœur. Est-ce un crime de distinguer, parmi ces jeunes plantes, celle qui justifie le plus notre affection ? C'en est un certainement de laisser percer une préférence dont on n'est pas maître, mais dont on sent secrètement l'injustice, et de ne point dédommager, par l'égalité de soins et de bienfaits, celle qu'on prive d'une partie des affections auxquelles elle a des droits sacrés. Est-ce ce que fit madame Luceval ? c'est ce que nous verrons.

En dînant avec sa petite Caroline, François réfléchissait à ce qu'il avait vu, à ce qu'il avait entendu. Il se rappelait certains mots qui annonçaient la froideur, et, malgré le penchant qu'ont les honnêtes gens à juger favorablement ceux qu'ils aiment, François avait au moins des doutes, et c'était un malheur pour lui. Il regardait l'enfant d'un air qui disait clairement : Ne crains rien, François te reste, et l'instant d'après, une pensée déchirante l'agitait ; il pouvait mourir, et alors... « Allons, dit-il en se levant de table, retournons « au hameau, et consultons monsieur le président. »

Il entra chez madame avec Caroline : il fallait qu'elle prît congé de ses parens. On la caressa beaucoup, mais beaucoup. La jeune dame exprimait-elle la satisfaction de voir éloigner un enfant trop au-dessous d'elle et de sa sœur ? La tendresse maternelle l'emportait-elle, en ce moment, sur un orgueil mal entendu; réparait-elle les torts du matin? François ne vit, ne voulut voir que le triomphe de la nature, et ses soupçons s'évanouirent à l'instant. Qu'ils sont heureux, ceux qui ne peuvent croire le mal, qui voient le bien, même où il n'est pas, qui jugent enfin les hommes d'après eux, et qu'il est cruel de dissiper une erreur d'où dépend le calme de leur vie !

François remonta en voiture, détrompé, satisfait. Il reprit gaiement ses habitudes, Caroline les siennes. Le président entretint facilement les idées riantes qui charmaient les travaux du brave homme : tout allait au mieux.

Madame Luceval, parfaitement rétablie, se partageait entre Julie et le grand monde. Point de veilles trop prolongées; point de ces modes qui blessent la décence et exposent la santé; point de jeu, cette ressource des imbéciles et des gens désœuvrés; du reste, elle adoptait tout ce qui peut contribuer à embellir, à faire couler la vie, et surtout cette variété précieuse, qui prévient l'ennui, et qu'on se procure si facilement avec du goût et de l'or.

A la vérité, les amis de madame Luceval étaient obligés d'acheter un peu les plaisirs qu'ils trouvaient chez elle. Il fallait entendre souvent l'éloge physique et même moral de mademoiselle Julie. On convenait facilement de sa rare beauté; il ne fallait pour cela que des yeux. On avait un peu plus de peine à reconnaître des intentions prononcées dans un geste, dans un sourire purement machinal. On avait alors le malheur de croire assez généralement que nous sommes sans intelligence avant le développement des organes qui nous servent à comparer, et sans doute le dernier degré de la sagesse humaine est d'avoir composé de ces organes un être abstrait, qu'on appelle une ame.

Cependant, comme il est facile d'être de l'avis d'une jolie femme, surtout quand elle est aimable, et qu'elle fait au mieux les honneurs de chez elle, on avouait, sans trop de résistance, que les organes de mademoiselle Julie étonneraient un jour les matérialistes et les spiritualistes. Cette opinion, énoncée avec la facilité et la délicatesse qui distinguent les gens bien élevés, était presque toujours suivie d'une fête plus ou moins agréable. Ainsi, madame Luceval donnait souvent des fêtes, parce que tout le monde les aime, et que tout le monde savait le moyen de les amener.

Ces éloges, si innocens en apparence, et qui n'avaient réellement d'autre but que de plaire et de s'amuser, n'étaient point pourtant sans des inconvéniens graves. Ils entretenaient, ils augmentaient l'amour presque exclusif de la jeune dame pour Julie; ils le justifiaient à ses yeux. Les premiers mots, que pût entendre la malheureuse enfant, l'enivrèrent d'orgueil, et elle était encore aux portes de la vie.

Caroline ne recevait de compliment de personne, et elle n'en méritait point. Sa figure n'avait rien d'attrayant; son intelligence était celle d'une petite fille, dont on n'a pas fatigué la mémoire, pour n'en faire qu'un perroquet, c'est-à-dire, qu'elle n'avait que les idées propres à son âge, et qu'elle en avait peu.

Cependant, Caroline, qui ne connaissait ni les louanges, ni les fêtes, était parfaitement heureuse à sa manière. Elle n'avait que les désirs de la nature, et ceux-là sont faciles à satisfaire. François, Marguerite, ses deux enfans, composaient son univers. Les premiers faisaient tout pour elle, et n'en exigeaient rien : pouvait-elle ne pas les aimer? Guillaume et Charles n'étaient pas si complaisans. Quelquefois, au milieu du jeu le plus intéressant, on se brouillait, on se querellait sans savoir pourquoi; on se quittait, et on se rapprochait bientôt par le besoin de jouer encore.

Duval et le président allaient souvent à la lingerie, le général quelquefois, et, assez ordinairement, madame Ducoudrai accompagnait son vieux héros. Caroline n'aimait pas ces visites, parce qu'il fallait répondre à ce qu'elle n'entendait pas, faire des révérences auxquelles elle ne trouvait aucune valeur, et les enfans ne font sans contrainte que ce qui leur plaît, ou ce qui leur paraît bon ou utile pour eux.

Ce que François avait fait pour son Adolphe,

il le faisait encore pour sa fille. Il redevenait enfant auprès d'elle ; il la consolait des brusqueries de Charles et de Guillaume, et tous les soirs il lui donnait une leçon de lecture. Mais, soit qu'il entendît mal l'art d'enseigner, soit que son élève manquât de dispositions ou de bonne volonté, Caroline faisait peu de progrès. François s'en affligeait sérieusement. Il s'était flatté que les qualités de l'esprit tiendraient un jour lieu de graces et d'attraits. Il plaignait un enfant à qui la nature avait tout refusé ; il se plaignait quelquefois à Caroline elle-même. Caroline le caressait, parce qu'elle le voyait mécontent ; François se calmait, et donnait une autre leçon, aussi infructueuse que les précédentes.

Il y eut encore quelques changemens au hameau. Le temps, qui seul cicatrise les plaies de l'ame, avait guéri madame Ducoudrai de la manie de s'affliger inutilement, et le temps, qui détruit tout, éteignit ce qu'il restait du général.

Tous ceux qui le connaissaient sentirent vivement cette perte. Le petit Edouard surtout regrettait son unique camarade. Plus âgé que Caroline et que les enfans de Marguerite, il ne prenait aucune part à des jeux qui avaient cessé de l'intéresser. Qui pouvait d'ailleurs avoir pour lui cette bonté, ces complaisances, dont il ne sentit réellement la valeur que lorsqu'il en fut privé ?

Il avait suivi, en pleurant, le convoi de son bon ami. Tous les jours, il allait joncher de fleurs la pierre modeste qui le couvrait. Il fit un faisceau des armes enfantines qu'il avait reçues de lui. Il les plaça dans l'endroit le plus apparent de sa chambre, et il écrivit dessous cette inscription naïve : *Il ne peut plus m'en faire ; je les conserverai toujours.*

Le président remarquait avec une vive satisfaction qu'Edouard était né avec un excellent cœur. Mais, il s'arrêtait devant le faisceau, l'œil morne, la tête penchée sur sa poitrine ; il prenait le Polybe du général, il l'ouvrait de préférence aux feuillets les plus usés ; il lisait, non pour comprendre, mais pour arrêter ses yeux sur les caractères qu'avait lus et relus son ami. Les moindres actions d'Edouard avaient l'empreinte de la mélancolie, et sa mère alarmée voyait son fils unique descendre au tombeau sans avoir joui de la vie : les femmes sont extrêmes en tout.

Le président représentait à madame Ducoudrai que les affections de l'enfance varient comme les vents ; que le chagrin d'Edouard se dissiperait devant un oiseau, un cerf-volant, une mouche. Mais, persuade-t-on une mère ? Madame Ducoudrai mena Edouard à Paris.

Le chapitre des conjectures est le seul qu'on ne puisse terminer : le cœur humain a tant de ressorts cachés ! peut-être madame Ducoudrai ne se fût-elle pas décidée à quitter aussi facilement sa retraite un an ou deux plus tôt. Peut-être, indépendamment de l'intérêt que lui inspirait son fils, une voix secrète lui disait-elle qu'une veuve, jeune encore, belle, aimable, et qui a eu enfin le bon esprit de se consoler, doit passer au milieu d'un monde, fait pour l'apprécier, les belles années qui lui restent encore. Les suites de son retour à la société prouvent au moins que ma conjecture n'est pas sans quelque vraisemblance. Un colonel, qui n'était pas aussi savant que M. Ducoudrai, mais qui portait un uniforme beaucoup plus galant, et qui le portait à merveilles, un colonel de hussards vit la jeune veuve, la trouva charmante, et osa le lui dire.

Souvent fillette écoute ce qu'elle n'entend pas. Mais, veuve qui écoute sans colère, donne nécessairement des espérances. M. de Surville en conçut de si fondées, qu'au bout de trois mois madame Ducoudrai, qui s'était promis de passer sa vie dans les larmes, jura au pied des autels de la passer dans les bras du colonel, et se trouva fort bien de son nouveau serment.

Cependant, il est difficile d'accorder les plaisirs d'un nouveau mariage avec les soins que demande l'éducation d'un fils. Une femme, d'ailleurs, ne peut la pousser loin, et on tire peu d'instituteurs du corps des hussards. Edouard entra donc dans une excellente pension, où on apprenait tout, c'est-à-dire qu'on en sortait après avoir parlé de tout, et sans rien savoir à fond. En faut-il davantage pour un homme du bon ton? Le français aimable effleure tout, et ne s'appesantit sur rien.

Le président avait perdu le général, et le départ de madame Ducoudrai avait ajouté au vide qu'il éprouvait déja. Cependant, fidèle, disait-il, au plan de vie qu'il s'était tracé, mais flatté peut-être, d'après le chapitre des conjectures, d'entendre murmurer autour de lui que le vrai mérite sait se suffire, il resta presque seul à l'hermitage, c'est ainsi qu'il appelait le hameau. Il n'avait pas tous les jours des visites, et, comme il n'est pas d'hermite qui ne sente la nécessité d'échapper à l'ennui par le travail, le président, au lieu de faire des paniers de joncs, qui ont leur utilité, ou des *agnus Dei*, qui ne sont bons à rien, trouva plus convenable de passer ses jours à voyager dans l'espace. Duval le guidait dans les cieux, et le soir ils allaient tous deux à la lingerie, oublier Sirius et la Voie-Lactée, au sein de la nature et de la simplicité.

Il ne dédaignaient pas de descendre au niveau de la jolie et intéressante Marguerite; ils se faisaient économistes avec François; ils jouaient avec les enfans, et ils avouaient franchement que les corps terrestres avec qui on est en analogie directe, sont bien aussi dignes d'attention que les globes aériens, en faveur desquels pourtant on se donne la peine inutile d'étendre le chapitre des conjectures.

Comme les gens les moins instruits ne sont pas toujours les moins curieux, Marguerite et François se mêlaient quelquefois de parler astronomie. Ils mettaient ainsi nos astronomes dans la nécessité de leur répondre. Ceux-ci, pour mettre la science à leur portée, la dépouillaient de sa sublime et obscure enveloppe; ils enseignaient ce qu'ils savaient de positif, sans prétention, sans morgue, et, comme rien ne rend un principe aussi clair que l'application, le président faisait un soir une éclipse à François, avec une pomme dans une main, et une bougie dans l'autre. Caroline, qu'on n'observait pas, qu'on croyait occupée à toute autre chose, était, au contraire, très-attentive. Elle s'écria tout à coup : « J'entends. Quand « je ne verrai pas clair à midi, c'est qu'il y aura « une pomme entre le soleil et moi. »

Dès ce moment les opinions se fixèrent. On sentit de quoi l'enfant serait capable, et François fut le seul qui n'eut point à se reprocher de ne l'avoir pas négligée.

Les honnêtes gens se plaisent à réparer leurs torts. Le président s'attacha à former, à développer le jugement de Caroline ; Duval savait également piquer son amour-propre, et fixer son attention. Il amenait une question; il y répondait de manière à exciter de plus en plus la soif d'apprendre. Bientôt François recueillit le prix de ses soins : Caroline lut, et lut bien.

Dès lors elle s'établit à la bibliothèque. Fière de ses progrès, elle lisait seule, elle lisait à Duval, elle lisait à tous ceux qui entraient. Elle se faisait expliquer ce qu'elle n'entendait pas; elle oubliait rarement les explications reçues, et, lorsqu'elle avait mérité et obtenu des éloges, elle courait en jouir auprès de Marguerite, et la poupée ou les osselets faisaient oublier un moment les livres élémentaires.

A quelque chose malheur est bon, dit un vieux proverbe plein de sens. Si Caroline eût été belle, on en eût fait, comme de Julie, un joujou de salon. Entourée d'êtres superficiels, elle se fût laissé persuader, comme Julie, que la beauté tient lieu de tout, qu'elle dispense de tout, et femme qui n'est que belle, est bien peu de chose, en vérité.

> On admirait un monument superbe,
> L'orgueil de trente potentats :
> De ses débris, cachés sous l'herbe,
> L'amateur s'éloigne à grands pas.

CHAPITRE III.

Scène qu'on a pu prévoir.

Le hameau, abandonné pendant quelque temps, se repeupla enfin par des causes aussi simples que celles qui en avaient fait un désert.

On vante beaucoup l'expérience : elle n'est utile qu'aux gens sans passions; elle est perdue pour les autres, et ceux-là composent les dix-neuf vingtièmes de l'espèce humaine. Madame de Surville, qui avait adoré M. Ducoudrai, et qui l'avait oublié, était persuadée qu'elle aimerait le reste de sa vie M. de Surville, et pour l'aimer à son aise, elle était revenue s'établir avec lui au hameau. M. de Surville, qui s'était souvent marié à la manière des hussards et de beaucoup d'autres, ne croyait pas aux passions éternelles; mais, il était persuadé qu'il n'est pas d'amour nouveau qui ne puisse soutenir l'épreuve d'une campagne. Il lui était donc indifférent d'être heureux six mois aux champs ou à la ville, et puis il n'était pas fâché de se distraire de ses habitudes, pour les reprendre avec plus de plaisir : il se laissa conduire au hameau.

M. et madame Sancy, très-jeunes encore, et par conséquent très-mauvais spéculateurs, avaient monté leur maison de Paris sur un ton que leur fortune ne leur permettait pas de soutenir. Ils ne tardèrent pas à s'apercevoir que l'unique moyen de conserver ce qui leur restait, était de restreindre leurs dépenses. Cependant, il est dur de déchoir, de remettre ses loges aux différens théâtres, de n'avoir plus qu'un simple cabriolet, après avoir eu équipage, et d'entendre dire autour de soi : On ne dîne plus chez eux qu'une fois la semaine.

Avec du courage, on peut déclarer publiquement qu'on cède à la crainte de se ruiner tout-à-fait; mais, cet aveu n'est pas propre à rappeler la considération, surtout à Paris. Madame Sancy jugea à propos de mentir, pour concilier sa vanité et ses intérêts. L'air épais de la ville lui devenait contraire; elle avait de fréquens maux de tête, et il est reçu qu'une femme qui a mal à la tête doit prendre un parti sérieux. D'ailleurs, on touchait au printemps, et la première verdure, le premier chant des oiseaux sont si attrayans! enfin, le chanteur le plus célèbre de l'Europe avait loué la maisonnette du général, et la campagne n'allait offrir qu'une suite de jouissances et d'enchantemens. M. et madame Sancy revinrent au hameau.

La vieille sœur du général s'était retirée avec une pension de l'État, plus que suffisante à ses besoins. Le chanteur par excellence avait fait nettoyer, arranger, décorer la maisonnette, et il arriva, suivi de deux malles de musique et de quinze à vingt instrumens.

C'est un évènement, même dans une capitale, que l'arrivée d'un tel personnage, à plus forte raison à la campagne, où l'on fait d'une bagatelle une affaire importante. M. et madame Sancy, passionnés pour la musique, coururent recevoir le dieu du chant. Le président, Duval et les autres voulurent aussi voir un homme qui ne s'habillait, qui ne parlait, qui ne faisait rien comme personne. Un original a toujours un côté piquant, et la vanité du chanteur ne manqua pas d'attribuer à un empressement mérité, ce qu'il ne devait en grande partie qu'à la curiosité.

C'est le président qui se chargeait de présenter Caroline aux arrivans. Il n'était ni chanteur ni original ; il avait des qualités, ce qui vaut mieux que des fredons, et les siennes commandaient l'estime et la confiance.

Ce n'était d'abord que par égard pour lui qu'on recevait Caroline. Insensiblement on s'y attachait : elle n'avait pas été gâtée, et ne croyait point qu'on dût faire tout pour elle. Douce, aimante, toujours disposée à obliger, comptant pour rien ses complaisances, pour tout celles qu'on lui accordait, elle forçait pour ainsi dire les cœurs à passer de la bienveillance à l'affection. C'est par ces moyens, qu'elle employait sans les connaître, par la seule impulsion de la nature, qu'elle trouva dans chacun des habitans un ami et un maître.

Elle dessinait auprès de madame de Surville ; elle apprenait chez madame Sancy la musique instrumentale ; elle filait des sons chez le chanteur. Des succès rapides la rendaient plus avide d'apprendre, justifiaient les bontés de ses maîtres, en obtenaient la continuation. Ils étaient fiers de leur élève, et sans doute Caroline leur devait beaucoup ; mais, elle était née avec ce tact sûr, ce goût épuré, cette imagination forte, qui font seuls les grands artistes.

Le bon François était enchanté. Mais, ce qui touchait, pénétrait son cœur, c'est que Caroline, après avoir passé la journée avec des personnes d'une classe distinguée, revenait le soir caresser

Marguerite, et jouer gaiement avec ses enfans. Elle partageait leur souper frugal; elle s'endormait au milieu d'eux. « Elle est bonne, disait « François au président; elle aura des talens; que « n'a-t-elle aussi la beauté ! Elle aurait tout, ré- « pondait le président, et qui peut tout avoir? »

Il est une époque où les époux les mieux assortis ne résistent pas au vide et à l'ennui de ces tête-à-têtes, jadis si doux et si attrayans. Depuis long-temps Luceval et sa femme éprouvaient le besoin de se quitter, pour se retrouver avec quelque plaisir. Ce besoin se faisait sentir plus impérieusement d'année en année, et c'est au milieu d'un tourbillon aussi brillant que dispendieux, qu'ils s'étourdissaient sur une existence qu'ils n'avaient pas l'art d'utiliser.

Leur fortune ne souffrait pas cependant de la multiplicité des plaisirs. Madame d'Egligny était toujours à la tête de leur maison; tout y respirait l'abondance. L'observateur seul pouvait deviner l'économie sage et bien entendue qui fournissait à tout; mais, observe-t-on à Paris?

M. et madame Luceval ne redoutaient que le témoignage de leur raison : on la retrouve malgré soi dans la solitude et le recueillement. Ils devaient donc avoir pour la vie champêtre un éloignement invincible, et depuis des années, ils n'avaient point paru au hameau.

Qu'y auraient-ils fait? François était plus qu'un autre eux-mêmes, et il est très-commode de recevoir ses revenus et d'en donner quittance, sans se déranger de chez soi. Voir Caroline? elle était bien, très-bien; ils n'en pouvaient douter, et deux fois la semaine ils en recevaient des nouvelles.

En effet, François écrivait plus régulièrement encore, depuis qu'il pouvait annoncer des choses satisfaisantes. Il s'étendait avec complaisance sur l'étonnante facilité de l'enfant, sur son goût pour le travail, sur tout ce que vous savez déja.

Vous sentez qu'on appréciait les détails de François d'après ses préventions. On cherche toujours à faire valoir ceux à qui on s'intéresse, et la vieillesse exagère volontiers. Le bonhomme, d'ailleurs, était aussi étranger aux beaux-arts qu'aux sciences exactes : de quel poids pouvait donc être son suffrage? Et puis, quelle apparence que des femmes d'un certain genre donnassent régulièrement des leçons à une petite fille qui ne prévenait pas en sa faveur, lorsqu'une mère ne pouvait se ployer à montrer le piano, sur lequel elle excellait, à sa Julie qui lui était si chère? Il n'était donc pas possible de croire qu'un enfant, élevé à la campagne, sut réellement quelque chose, lorsque cette charmante Julie, qui avait les maîtres les plus chers de Paris, ne savait encore rien. Tels étaient les raisonnemens de monsieur et de madame Luceval. Il fallut pourtant se rendre à l'évidence.

C'est par elle que le président voulait faire revenir M. et madame Luceval de leur injustice ; il n'attendait qu'une occasion : elle ne tarda pas à s'offrir.

On était à la fin de décembre. Le renouvellement prochain de l'année était une circonstance heureuse. « Ecrivez à votre père et à votre mère, « dit-il à Caroline. — Que leur écrirai-je, mon- « sieur ? — De l'embarras, Caroline, et vous avez « lu madame de Sévigné ! — Ce n'est pas le style « qui m'embarrasse. — Alors, écoutez votre cœur. « — Il ne me dit rien, monsieur. — Caroline ! — « J'écrirais facilement à François et à Margue- « rite. — Vous leur devez beaucoup ; mais, M. et « madame Luceval... — Que leur dois-je, mon- « sieur ? »

Le trait était violent ; mais, Caroline grandissait ; elle commençait à sentir l'abandon et l'espèce de mépris auxquels on la livrait ; son cœur était ulcéré ; elle le soulageait du poids qui l'accablait.

Le président saisit les conséquences des dispositions réciproques des parens et de leur fille. Il employa, pour persuader Caroline, ce que la morale a d'insinuant, ce que la raison a de force. Elle répondait avec la franchise de l'innocence et la persuasion de son injure ; elle opposait au président des raisonnemens simples, mais sans réplique. Il ne lui restait qu'une ressource, celle de la prière, et il ne rougit pas d'y descendre.

Caroline ne savait pas résister à l'amitié. Elle

écrivit; mais le respect seul avait dicté sa lettre. Le président la prit, l'emporta. Ils répondront, pensait-il. Que leur lettre renferme une expression affectueuse, Caroline reviendra : la nature l'a faite pour aimer.

Monsieur de Surville était à son régiment, Edouard à sa pension. Une femme sensible, privée de tous les objets qui lui sont chers, regarde autour d'elle, sur qui s'exercera sa sensibilité. La plupart se jettent dans le pays des chimères, et cet amour mystique n'est utile ni à elles, ni aux autres : madame de Surville avait en quelque sorte fixé Caroline auprès d'elle, et la moitié des journées se passait en leçons et en lectures.

Caroline avait crayonné une tête de Niobé avec une correction et un fini qui eussent fait honneur à un âge plus avancé. Le président la joignit à la lettre, et il écrivait lui-même qu'il ne doutait pas du plaisir que feraient ces essais intéressans, ni de celui qu'on éprouverait à en marquer à l'enfant la satisfaction qu'elle avait droit d'en attendre.

François voulait absolument porter lui-même le paquet. Le président craignait toujours qu'il ne s'éclairât enfin sur une erreur qu'il n'entretenait qu'à force de soins et d'adresse. Il trouva un prétexte, et il ne lui fut pas difficile de persuader François, accoutumé à céder à cet ascendant que prend toujours sur les autres un homme éclairé et respectable. On fit partir un domestique.

Il n'était plus permis à M. et à madame Luceval de douter de ce qu'affirmait un homme tel que le président. Il demeura constant que les caractères étaient ceux de Caroline, que le style était le sien, et que la Niobé n'avait point été retouchée.

Il est des momens heureux, où les cœurs que les petites passions ont écartés de la nature, y reviennent malgré eux. Luceval regarda sa femme; il trouva sur sa figure les regrets et la tendresse, et il lui proposa de répondre à Caroline. Il écrivit en père; madame Luceval prit la peine d'ajouter quelques lignes à la lettre. Ils félicitaient l'enfant, l'assuraient de leur affection, et l'invitaient à venir passer quelques jours à Paris. Le domestique fut renvoyé aussitôt, et revint porter la joie dans tous les cœurs. Caroline, attendrie, se reprochait la sècheresse de son style ; François sentait le ridicule de ses soupçons sans cesse renaissans ; le président s'applaudissait de son ouvrage.

Le porteur de cette lettre consolatrice n'était pas sorti des barrières, que madame Luceval réfléchissait déjà. Que ferait-elle de cette petite fille? Comment la produire dans un certain monde? le moyen pour une jolie femme d'avouer un tel enfant? et si ce monde bizarre s'accoutumait à sa figure, qu'il lui sût gré de ses talens, quelle disgrace pour sa sœur, quel chagrin pour sa mère, de la voir réduite à un rôle secondaire ! Elle faisait part de ses craintes à Luceval, qui ne pouvait plus se dispenser d'être de l'avis de madame.

Quel parti prendre? Envoyer un contre-ordre était un moyen sûr; mais oserait-on l'employer? On discuta le pour et le contre, et quand on balance à faire une faute, on la commet rarement. M. et madame Luceval convinrent de ne pas revenir sur ce qui était fait, mais de se conduire à l'avenir avec plus de circonspection.

On finissait à peine de délibérer, que François entra au salon avec sa protégée. Faire habiller Caroline, monter avec elle en voiture, pousser le cheval à toutes jambes, avaient été l'affaire d'un instant.

Caroline, qui croyait avoir une injustice à réparer, se précipita dans les bras de ses parens. Elle en reçut quelques caresses, qui la touchèrent jusqu'aux larmes. François debout, la tête et le corps en avant, un carton sous un bras, son mouchoir à la main, ne cherchait pas à cacher son émotion; il mâchonnait entre ses dents : « M. le président le disait bien : il est impossible « de ne pas aimer ses enfans. »

Madame Luceval se remit promptement d'une émotion, que sans doute elle ne jouait point, et elle examina attentivement sa fille. « Hé, mais, « elle est aussi bien mise que Julie ! Pourquoi « pas, madame, répondit le vieillard ? n'est-elle

« pas sa sœur, et sa sœur aînée? — Vous ne
« m'avez pas entendue, monsieur François. Je
« m'étonne seulement qu'on habille ainsi au vil-
« lage. — Oh! madame, je lui fais tout faire par
« les meilleures ouvrières de Paris. — Mais, ma-
« man, ne verrai-je pas ma sœur? — Elle est
« allée avec madame d'Egligny à un excellent
« concert. Je ne néglige rien pour lui former le
« goût. A propos, mademoiselle, on dit que vous
« savez bien des choses? — Bien des choses! non,
« maman; mais j'ai tâché de répondre aux bon-
« tés de mes maîtres. Elle sait, reprit François....
« — Oui, oui, nous parlerons de cela ce soir.
« J'entends des équipages; c'est sans doute ma
« fille qu'on ramène. »

C'était effectivement mademoiselle Julie que ramenaient sept à huit personnes. « Elle a l'oreille
« exercée, disait l'un; elle a déja un tact sûr,
« ajoutait l'autre; elle n'applaudit qu'avec la ma-
« jorité, assurait un troisième. Vraiment? reprenait
« madame Luceval, avec une feinte modestie,
« dont personne n'était dupe; quoi! vous croyez
« réellement que ma Julie sera un jour quelque
« chose? Unique, madame, unique, répétèrent
« les gâte-mères et les gâte-enfans. » Un seul homme se taisait, et ne levait pas les épaules, parce qu'il était poli.

François nomma Caroline à sa sœur. Elles s'embrassèrent avec la cordialité et la gaieté de cet âge. Que de peines se donnent plus tard les hommes pour étouffer ces premières impressions, ou pour les subordonner du moins aux petits intérêts qui les maîtrisent !

« Caroline sait, reprit François.... — Je vous « ai déja dit, monsieur.... — Elle sait, madame, « très-bien lire et écrire. — Oui, oui, monsieur « François, nous en sommes persuadés. — Un « peu d'astronomie, beaucoup de géographie, « presque toute l'histoire moderne.... —Oh ! mon « dieu, une savante ! — Elle pince agréablement « la harpe ; elle dessine d'une certaine force, « et elle commence à chanter. — Et les choses « utiles, monsieur François? l'économie, l'art de « tenir une maison? — Madame, elle apprendra « cela chez vous. Madame d'Egligny trouvera « en Caroline une élève digne d'elle. » Madame Luceval se pinça légèrement les lèvres.

« Mais, est-il bien vrai, dit le monsieur qui « s'était tu, parce qu'il était poli, que mademoi- « selle sache tout cela? Comment, monsieur, si « cela est vrai! s'écria François, » et il exposa aux yeux des spectateurs, les différens dessins que renfermait le carton. Il regardait autour de lui ; il paraissait chercher quelque chose : madame d'Egligny le devina. Elle se dégagea des bras de Caroline, qui la caressait, parce qu'elle voyait la bienveillance dans ses yeux. Il est un âge où on sent sa faiblesse, le besoin d'un appui, et où on sait tant de gré à ceux qui veulent bien nous en servir !

Madame d'Egligny apporta la Niobé, et un murmure général se fit entendre. Ce n'étaient plus les ridicules flagorneries dont, un moment avant, on enivrait une mère aveuglée ; c'était de l'étonnement, de la satisfaction qu'on ne pensait point à cacher, mais que la réflexion réprima bientôt : on s'aperçut que madame Luceval rougissait et se pinçait les lèvres d'une manière très-visible, cette fois.

« Bien ! pour le dessin, reprit le monsieur. Ma-
« demoiselle a été au delà de ce qu'on pouvait
« raisonnablement en attendre ; mais les sciences
« exactes.... — Interrogez, monsieur, interrogez,
« dit François, d'un air de confiance. Pourquoi
« fatiguer Caroline, reprit madame Luceval ? —
« Eh ! maman, je n'ai rien fait encore. »

On passe dans le cabinet d'étude de mademoiselle Julie. Madame Luceval, qui avait de l'humeur, beaucoup d'humeur, ne savait trop à quoi se décider. Elle sentit pourtant l'inconvenance de ne pas marquer, pour entendre sa fille, l'empressement qu'y mettaient des étrangers. D'ailleurs, le monsieur qui devait interroger, qui était capable de le faire, et qui était juste, en dépit des petits ménagemens de coteries, était de ces hommes devant qui on est bien aise de se montrer tel qu'on doit être : il occupait une des premières places de l'Etat. Madame Luceval le suivit.

Qu'il était beau, ce cabinet ! c'était le temple

des muses. On y avait rassemblé l'essentiel en tout genre, et l'art avait tout décoré. Les gens sensés s'y occupaient, les gens frivoles s'y amusaient; Julie seule y était déplacée, et ce n'est pas à elle que doit s'adresser le reproche. Pauvre enfant !

« Voilà de jolies éditions, dit le monsieur. Ma-
« demoiselle Caroline, connaissez-vous ce livre-
« ci? — Non, monsieur. — Vous ne connaissez
« pas Helvétius; et l'autre qui suit? — Je ne le
« connais pas davantage. — C'est Montesquieu.
« Et ce troisième ouvrage? Je n'en ai pas même
« entendu parler. »

« — J'étais persuadée que les éloges de mon-
« sieur François sont exagérés. — Un moment,
« madame Luceval, un moment. Je juge les maî-
« tres avant les élèves, et j'aurais très-mauvaise
« opinion de ceux de mademoiselle, s'ils lui fai-
« saient lire ce qu'elle ne peut encore entendre.
« Passons à un autre rayon. Ah ! ce sont des ro-
« mans. Mademoiselle, avez-vous lu des romans ?
« — Qu'est-ce que des romans, monsieur ? —
« C'est assez, mademoiselle, vous m'avez ré-
« pondu. Passons plus loin. Voilà un volume qui
« ne doit pas vous être étranger. — Les mondes
« de Fontenelle ? oh ! je les sais par cœur. — Par
« cœur, mademoiselle, c'est bien fort. Dites-moi,
« croyez-vous la lune habitée ? — A quoi servi-
« rait-elle, monsieur, si elle ne l'était pas ? — A
« nous éclairer la nuit. — Nous l'éclairons à notre

« tour, et que penserait-on ici d'un habitant de
« la lune qui demanderait si la terre produit des
« hommes? — Bien, fort bien. Ces livres-ci,
« mademoiselle, les connaissez-vous? — Euclide,
« Bezout? oui, monsieur, je les connais un peu.
« — Un peu? l'expression est modeste. Quels
« sont les corps qu'on nomme solides? — C'est,
« monsieur, tout ce qui a les trois dimensions :
« longueur, largeur et profondeur. — Mademoi-
« selle, vous avez de bons maîtres.

« — En voilà assez, monsieur, en voilà assez.
« — Pas encore, madame. C'est vous rendre ser-
« vice que vous prouver ce que vaut cette enfant. »
Et le monsieur interroge sur la géographie, sur
l'histoire, et toujours des réponses précises, et
qui annoncent que le jugement apprécie ce que
la mémoire a classé.

« Nous devions d'abord, poursuivit le mon-
« sieur, nous occuper de la sœur aînée. Voyons
« maintenant la cadette. Plus jeune d'un an, elle
« doit être moins avancée. » Le monsieur hasarde
une question fort simple; Julie se trouble, ne
sait que répondre; sa mère souffre horriblement.

Caroline s'approche de Julie, la caresse, l'en-
courage, et lui souffle aussi bas que possible. Le
monsieur prend Caroline, l'embrasse, et lui dit :
« Vous avez un bon cœur, ce qui est fort au-
« dessus de la science. »

François ne se sentait pas d'aise, et vous savez
comment il marquait sa joie. Il ne sautait plus

aussi haut qu'autrefois; mais il sautait encore, il riait et se frappait les genoux des deux mains.

Madame Luceval fit observer à son mari l'inconvenance de cette conduite, et le mari le plus docile n'entend pas toujours bien. Luceval crut que madame désirait qu'il fît valoir les qualités qui pouvaient faire pardonner ce défaut d'usage, et il s'étendit avec complaisance sur la probité, le désintéressement de François, sur les services essentiels qu'il ne cessait de rendre à sa famille. Le monsieur embrassa aussi le vieillard.

Les gens qui ont perdu l'habitude de céder, n'ont quelquefois qu'un parti à prendre, celui de paraître approuver : c'est ce que fit madame Luceval.

On se mit à table, et le monsieur se plaça entre François et Caroline. Madame Luceval avait à ses côtés sa fille chérie, et un original, qui avait entendu parler un peu de tout, qui parlait de tout lui-même, qui s'était fait une espèce de réputation à force d'audace, et qui était bien reçu de ceux qui aiment assez la louange pour n'être pas difficiles sur la source d'où elle part. Son grand talent, le seul qu'il possédât réellement, était de trouver le faible des gens qui voulaient bien l'admettre, et il disait qu'après cette découverte, il n'est personne qu'on ne puisse mener par le nez. C'est peut-être la seule chose sensée qu'il ait dite de sa vie.

Il ne cessa, pendant le dîner, de louer mademoiselle Julie, et il s'étonnait de ne pouvoir arracher à sa mère ce sourire d'approbation, si facile à obtenir. Madame Luceval avait de l'esprit ; elle sentait intérieurement l'infériorité de Julie, et un regard dédaigneux fit sentir au louangeur la nécessité d'attendre et de saisir le moment favorable.

On ne reste pas long-temps à table, quand la maîtresse de la maison a de l'humeur, et femme qui en a, n'est pas plus à son aise debout qu'à table. Madame Luceval allait, venait, répondait de travers, et se flattait qu'enfin ses convives la laisseraient libre : les épreuves n'étaient pas terminées.

Malgré la rapidité avec laquelle s'étaient succédé les services, le monsieur avait trouvé le temps de causer un peu avec Caroline et François. Il avait dit quelques mots à l'oreille de son domestique, et au moment où madame Luceval, ne sachant plus quelle contenance tenir, allait passer chez elle, le laquais rentra avec une harpe superbe dans ses bras, et de la musique dans ses poches.

Madame Luceval frémit de colère, et courut à son piano. Elle excellait sur cet instrument, et jamais, peut-être, elle ne l'avait touché avec autant de perfection qu'à l'instant où la délicatesse lui faisait une loi de ne nuire à personne. « Le « trait n'est pas généreux, lui dit à demi-voix le « monsieur, » Et se tournant vers l'auditoire en-

« chanté : Faut-il, messieurs, parce qu'on a joui
« de l'éclat et du parfum de la rose, dédaigner
« la simple violette? Allons, mademoiselle Caro-
« linè, prenez cette harpe, et forcez-nous à ren-
« dre à madame Sancy la justice qu'ont obtenue
« vos autres maîtres. »

Caroline se jugeait si loin de sa mère, qu'elle ne crut pas pouvoir craindre de comparaison, et personne, en effet, ne pensa à en faire. Sans prétendre à d'autre mérite que celui de la complaisance, l'enfant préluda, exécuta un morceau facile; mais elle sut le rendre agréable. Elle chanta une romance, et sa voix parut juste, pleine, harmonieuse et expressive. Madame Luceval, hors d'elle, ne se possédant plus, allait enfin éclater. Le monsieur lui prit la main, la conduisit à son appartement, et lui dit : « On
« n'est pas toujours heureux, madame, dans le
« bien qu'on se propose de faire. Je vous aurai
« du moins rendu un service réel, en prévenant
« une scène qui vous eût rendue la fable de tout
« Paris. »

L'importance du personnage ne permettait pas à madame Luceval de donner un libre cours aux passions qui l'agitaient. La nature comprimée se soulage d'une manière indépendante de notre volonté : un ruisseau de larmes coula.

« Pleurez, madame, pleurez, dit le monsieur,
« votre aveuglement pour un de vos enfans et
« votre injustice envers l'autre. Pleurez la perte

« d'un excellent cœur, que vous éloignerez enfin
« sans retour. Vous pleurerez plus tard la nullité
« absolue de celle qui est votre véritable victime.
« La beauté altière et ignorante ne surprend que
« les yeux, et ne leur plaît qu'un moment : la
« laideur aimable attire peu à peu, se fait des
« amis, et n'en perd aucun. »

« Ne croyez pas, au reste, que j'aie entendu
« des plaintes de Caroline ni de François. J'ai dé-
« mêlé d'abord en vous des sentimens qu'ils ne
« soupçonnent ni l'un ni l'autre, et que je vous
« engage à leur cacher, pour votre honneur et
« leur repos. » Il sortit.

Il est des circonstances où, pour frapper juste, il faut frapper fort : c'est ce qu'avait fait le monsieur. Il avait mis à nu le cœur de madame Luceval ; il l'avait convaincue de ce que sa conduite avait de répréhensible, et il fallait nécessairement qu'elle choisît, ou de réparer ses torts, ou de s'étourdir sur ce qu'ils avaient d'odieux, en les aggravant. Elle ne s'était rien permis qui exigeât entr'elle et François de ces explications qui coûtent toujours à l'amour-propre. Elle était maîtresse encore de revenir, comme un soleil doux dissipe insensiblement les nuages qui en dérobent l'influence et l'éclat. Il ne fallait enfin qu'écouter la raison ; mais, les passions sont-elles susceptibles de l'entendre ?

Madame Luceval, restée seule, se livra à une impétuosité qu'elle ne daigna point réprimer. La violence de l'orage fut en proportion des efforts qu'elle avait faits pour se contenir. Elle imputa à son mari les désagrémens qu'elle avait éprouvés, et dont elle était l'unique cause. Elle lui reprocha l'humiliation où on avait constamment tenu Julie; elle accusa sa mère d'avoir cherché à faire valoir exclusivement Caroline.

Une mère qui aime assez ses enfans pour leur sacrifier le reste de sa vie, et qui se retire volontairement avec eux, ne peut vouloir que leur bien; mais il faut que ses vues conviennent à tous, et rarement la fille voit comme la mère. Madame d'Egligny se reposait sur la droiture de ses intentions. Piquée cependant du ton d'autorité qu'on prenait avec elle, elle se défendit avec une dignité qui eût pu réussir dans un moment de calme, mais qui ne convenait point à celui-ci. Luceval, étonné, terrifié, ne put articuler un mot. Les raisonnemens, la noble fierté de l'une, le silence de l'autre furent interprétés de la manière la plus défavorable, et ajoutèrent à des transports qui déja tenaient du délire.

On entendit quelque bruit dans l'antichambre. Luceval pria, supplia sa femme de se modérer et de ne pas rendre des étrangers témoins d'une scène qui l'affligeait autant qu'elle était indécente. Madame Luceval se rappela que des yeux ardens, un front rouge et des muscles tendus ne font pas valoir une jolie femme. Elle s'efforça de se remettre, et affecta une sérénité qui était loin de son cœur.

C'était Caroline qui se retirait dans sa chambre, et qui venait prendre congé de ses parens ; c'était François qui venait la présenter à la tendresse de sa mère : ils étaient loin de soupçonner ce qui ce passait.

Luceval et madame d'Egligny embrassèrent Caroline ; sa mère lui parla ainsi : « Mademoiselle, « une femme ne réussit à Paris qu'autant qu'elle « est jolie, et malheureusement vous ne l'êtes « point. — J'ignorais, maman, que ce fût un mal- « heur. — Je ne vous prie pas de répondre, ma- « demoiselle, mais d'écouter. Vous avez au ha- « meau d'excellens maîtres ; je les crois seuls « capables de terminer votre éducation, et le plus « mauvais service qu'on pût vous rendre serait de « vous faire perdre du temps ici. M. François vou- « dra bien vous reconduire demain matin.

« Quoi ! madame, s'écria le vieillard, un jour, « rien qu'un jour, et vous la renvoyez avec une « indifférence qui tient de la dureté ! — N'oubliez « pas, monsieur, que j'ai le droit de disposer de « ma fille. — J'ai peut-être, madame, celui de la « défendre. — Qui vous l'aurait donné ? — Cin- « quante ans de services. — Ils ont été payés. — « Ma chère amie, je vous supplie de ménager Fran- « çois. — Madame ne m'humilie point, monsieur ; « elle sait qu'il est des services qui ne se paient

« pas. Cependant, elle me fait bien du mal, je l'a-
« voue; elle détruit une erreur que M. le prési-
« dent a long-temps entretenue, et à laquelle il
« m'est bien dur de renoncer. J'ai donc le malheur
« de savoir que Caroline est étrangère ici! Mais,
« elle a douze ans, et la maison de Marguerite ne
« lui convient plus. C'est auprès de vous, madame,
« que la bienséance et la nature ont marqué sa
« place. Je vous suis assez attaché pour oser vous
« résister : Caroline ne partira point. — Elle par-
« tira; je le veux, je l'ordonne... Voulez-vous me
« la faire détester ?

« — Qu'est devenu mon Adolphe, que la seule
« idée du bien enflammait autrefois ? Où est cet
« enfant que j'ai formé à la vertu, et que j'ai
« toujours trouvé docile à sa voix ? Il souffre qu'on
« opprime sa fille ; il se tait ; il tremble devant
« une femme que son autorité rendrait à la raison !
« Malheureux Adolphe, il est donc vrai que Ca-
« roline n'a plus de parens, que je lui reste seul
« au monde. Eh bien! seul, je remplirai envers
« elle des devoirs qui ne sont pas les miens ; seul,
« je lui tiendrai lieu de tout ce qu'elle a perdu.
« Non, elle ne restera pas parmi vous ; je ne la
« laisserai pas à la merci d'une mère cruelle,
« n'ayant pour appui qu'un père sans énergie, et
« qu'une grand'mère sans considération. Viens,
« enfant malheureusement né, viens, suis un vieil-
« lard qui t'adopte, et qui te consacre ses derniers

« jours. Ces bienfaits que je refusai, lorsque je
« vous mariai, et que je me félicite maintenant
« d'avoir reçus, je les ai économisés, accumulés ;
« ils assureront l'indépendance de Caroline, et
« plus tard, son cœur et ses talens seront sa dot,
« et la mettront au-dessus de vous.

« Les cruels, disait Caroline, en pleurant et en
« suivant François ! j'aurais eu tant de plaisir à les
« aimer ! »

François eût pu parler deux heures encore, sans que personne l'interrompît. Madame d'Egligny et Luceval pensaient comme lui, et ils attendaient l'effet que produiraient des vérités dures, mais incontestables, sur une femme qui n'était à seize ans qu'amour et sensibilité. Madame Luceval, outrée de ce qu'elle avait entendu, désespérée, peut-être, de s'être avancée au point de ne pouvoir revenir, était dans un état à exciter la pitié de tous ceux qui en eussent ignoré la cause. Luceval, toujours faible et bon, lui prodigua toutes sortes de secours. Elle retrouva enfin l'usage de ses sens. Ses yeux adoucis et baissés ; son teint, où reparaissaient les roses ; une certaine langueur, répandue sur toute sa personne, rappelèrent à Luceval ces momens déja si loin, où l'amour vainqueur chassait le désir, qui se reproduisait pour assurer un nouveau triomphe à l'amour. C'est Manette qu'il voyait, parée des charmes de sa première jeunesse. La nature les rapprocha, et au milieu des plus doux transports, Manette exigea qu'on répétât après elle : Ni Caroline, ni François.

CHAPITRE IV.

Consolations aux laides.

François avait entraîné sa pupille. Il l'avait arrachée d'une maison dont l'air seul l'oppressait. C'est dans un hôtel garni qu'il avait conduit la fille du plus riche particulier de Paris. Là, ils pouvaient pleurer sans témoins : les gens indifférens gênent la douleur, et la douleur, comme nos autres sensations, aime la liberté.

Il est des intervalles aux larmes, comme aux ris. François cessa de s'affliger, et Caroline reprit un air serein, parce qu'elle crut que François avait trouvé des motifs de consolation. Ils entendent des plaintes, des gémissemens sourds; ils s'approchent d'une légère cloison; ils prêtent l'oreille; ils retiennent leur haleine : c'est un être souffrant, ils n'en peuvent douter. Ils oublient leurs propres maux; François prend sa bougie; ils frappent doucement à la porte d'un modeste cabinet.

C'est une femme qui ouvre, une femme jeune encore, éplorée, pâle, chancelante. Caroline se jette dans ses bras. François, à qui l'âge a donné de l'expérience, la regarde attentivement. Sa figure est touchante : tout en elle annonce l'infortune ; elle a des droits aux secours du vieillard.

« Qui êtes-vous, madame ? pourquoi pleurez-
« vous ? peut-on adoucir vos chagrins ? Je ne vous
« connais pas ; j'ai quelquefois été trompé ; vous
« allez me tromper peut-être ; mais j'aime mieux
« l'être encore, que de résister à mon cœur.

« Les malheureux trompent-ils, demandait Ca-
« roline ? N'est-ce pas eux, au contraire, qu'on ac-
« cable, qu'on écrase ? Mademoiselle, avez-vous
« aussi une mère, qui ne vous aime pas ?

« — Aimable enfant, je n'ai plus de mère... —
« Ni moi non plus ; mais voilà mon père ; le bon
« François ne m'abandonnera pas, il l'a promis,
« et jamais il n'a manqué à sa parole. Confiez-lui
« donc votre peine, puisqu'il s'est engagé à l'a-
« doucir.

« — Mon récit sera court, monsieur. Je suis
« bien née ; mes parens ont presque tout perdu ;
« ils ne sont plus, et ils ne m'ont laissé que quel-
« ques arpens et une chaumière qu'un voisin avide
« m'a contestés. J'avais tout pour moi, hors la
« forme, et je me suis vu dépouiller par un pre-
« mier jugement. J'en ai appelé, et je suis venue
« solliciter à Paris. J'avais peu de ressources, et
« j'ai dépensé ce qui me restait en quelques se-
« maines. J'ai travaillé de mes mains pour vivre...
« — Ah ! vous savez travailler ? il me vient une
« idée que je vous communiquerai tout à l'heure.

« Mais, dites-moi, de quoi vous affligez-vous ? se-
« rait-ce de la nécessité de vous livrer à un tra-
« vail honorable, puisqu'il vous est utile ? — Je
« ne m'afflige, monsieur, que de son insuffisance.
« Je n'ai plus rien à vendre, et, depuis hier, je
« n'ai pas mangé.

« — Voyons votre ouvrage, mademoiselle. Ah!
« vous brochez, bon. Vous travaillez en linge,
« à merveille! Une robe commencée! de mieux en
« mieux. Mais comment se fait-il, mademoiselle,
« qu'avec autant d'ouvrage vous soyez dans un
« dénûment absolu? cela n'est pas croyable. —
« Monsieur, on ne paie mes ouvrages que quand
« je les rends, et vous voyez que ceux-ci sont
« loin d'être terminés. — Et pourquoi entrepren-
« dre tant à la fois ? — Hélas! monsieur, tout le
« monde est pressé de jouir, et si je me condui-
« sais autrement, on porterait ailleurs ce qu'on
« attend. Quand j'ai commencé... Vous savez... —
« N'ajoutez pas un mot, mademoiselle. Croyez,
« que s'il ne s'agissait que de quelques louis, je
« vous les aurais donnés, sans vous faire la moin-
« dre question ; mais j'ai un projet qui exige...

« Prenez, mademoiselle. Voilà du pain, des
« fruits, du vin ; c'est tout ce que j'ai trouvé dans
« notre chambre. » C'est Caroline qui parlait.

L'inconnue se courbait devant l'enfant, prenait ses mains, les baisait; était presque à genoux devant elle. « Dieu vous bénira, chère enfant, s'il

« est vrai que les prières de l'infortuné arrivent
« jusqu'à lui. »

Le vrai malheur a un accent, qu'imite mal le mensonge. Le malheureux qui ne se reproche rien, conserve une noble fierté, dont n'approche jamais l'intrigue ou la bassesse : telles furent les premières réflexions de François. Il présentait les alimens à l'inconnue avec une bonté compatissante. Il lui adressait de ces mots que le cœur seul inspire, et que l'infortune entend si bien ! il s'expliqua enfin plus clairement.

« Mademoiselle, votre sort changera, je vous
« en réponds, si comme je me plais à le croire,
« vous m'avez dit la vérité. Ecoutez-moi. Je me
« suis chargé de cette enfant, et mes soins ne lui
« suffisent plus. Il lui faut une compagne douce,
« sage, bien élevée, qui éclaire son inexpérience,
« et l'instruise dans les ouvrages utiles, que dé-
« daignent beaucoup de femmes, et qui cepen-
« dant n'échauffent pas, comme les veilles, ne
« flétrissent pas, comme l'usage immodéré des
« plaisirs, et donnent surtout, à celles qui s'y li-
« vrent, l'habitude de se suffire et de vivre chez
« elles. Vous sentez de quelle importance il est
« pour moi de bien choisir. Je suis comptable à
« la société de ce trésor, et je veux savoir rigou-
« reusement à qui je le confie. Voyons, mademoi-
« selle, les preuves de ce que vous avez avancé. »

L'inconnue présente quelques papiers. « Vous

« vous nommez Lori, et vous avez vingt-quatre
« ans : c'est l'âge de la raison. Vous êtes fille d'un
« négociant de Bordeaux. Votre père a fait de
« mauvaises affaires, mais il a tout payé avec les
« intérêts... C'était un honnête homme que votre
« père. Il a légué à votre mère son honorable
« pauvreté, et vous l'avez soutenue jusqu'à sa
« mort.... c'est beau, mademoiselle, très-beau.
« Vous résistez à l'homme avide qui veut vous
« chasser de votre patrimoine; c'est juste. Secours
« au faible, résistance à l'oppression. Et tout cela
« est signé de votre maire, de votre préfet, etc.

« Dites-moi, mademoiselle, avez-vous un avoué
« qui entende les affaires ? — Oui, monsieur;
« mais il faut faire des avances, je ne le peux
« pas, et je perdrai mon procès. — Il y a trois
« sortes d'avoués, mademoiselle. Les uns se mê-
« lent de vendre des maisons et des terres, opéra-
« tions qu'ils n'entendent pas, mais sur lesquelles
« ils gagnent beaucoup, aux dépens du vendeur
« et de l'acquéreur... Encore un doigt de vin, s'il
« vous plaît. La seconde classe se compose de ceux
« qui se bornent au travail du palais, et qui se
« conduisent là, comme nos hussards en pays en-
« nemi. Leur canif est plus redoutable qu'un sa-
« bre; ils ne taillent pas une plume qu'ils ne pré-
« parent la ruine d'une famille. La troisième classe,
« malheureusement très-bornée, est celle des
« avoués qui refusent de se charger d'une mau-
« vaise affaire, qui cherchent à arranger celles

« qui leur paraissent douteuses, et qui soutien-
« nent vigoureusement les bonnes, pourvu qu'on
« les paie bien, et cela est tout simple, car il faut
« que chacun vive de son métier. De quelle classe
« croyez-vous que soit votre avoué ? — Je l'ignore,
« monsieur. — Qui vous l'a donné ? — La maî-
« tresse de cet hôtel ? — Lui devez-vous quelque
« chose ? — C'est pour payer mon loyer que j'ai
« vendu hier les vêtemens dont, à toute rigueur,
« je puis me passer. — Est-ce cette femme qui
« vous a réduite à prendre ce parti ? — Oui, mon-
« sieur. — Elle ne doit pas connaître d'honnêtes
« gens : votre procureur est un fripon.

« Mademoiselle, je vous procurerai un sort
« agréable, et j'espère que vous gagnerez votre
« procès... Couchez-vous, dormez du sommeil du
« juste, et demain nous verrons.

« Que pensez-vous, dit-il à Caroline, lorsqu'il
« fut rentré avec elle, de cette demoiselle Lori ?
« — Je crois, d'après mon expérience, que le
« malheur est souvent père de la sensibilité. —
« Mademoiselle Lori vous a prouvé la sienne,
« quand vous avez soulagé ses besoins, et vous
« avez joui. Mon enfant, ce plaisir-là dure toute la
« vie ; il est indépendant de la beauté, de la for-
« tune et des circonstances ; tâchez de vous le
« procurer souvent. La vieillesse ne vit que de
« souvenirs, et il est doux à cet âge, de n'en trou-
« ver que de semblables. Mais, prévoyez - vous,
« Caroline, que la société de cette demoiselle

« puisse vous convenir ? — Mon bon ami, ce
« n'est pas à moi à prononcer. — Je prononcerai
« donc. Demain, nous conduirons mademoiselle
« Lori au hameau. »

Il était à peine jour, que François frappait à
la porte de la demoiselle. « Levez-vous, et dé-
« jeûnons ; nous penserons ensuite à vous ha-
« biller : la vertu ne plaît pas nue ; c'est la seule
« divinité que ses adorateurs mêmes aiment à voir
« un peu voilée. »

François jette à l'hôtesse le montant de la carte,
et il part avec Caroline et sa nouvelle protégée.
En quatre heures il lui a fait une petite malle ; il
a levé ce qui est nécessaire aux ouvrages nouveaux
qu'elle doit enseigner à Caroline ; il a été arrêter
une femme de chambre et un laquais. « Je vous
« avoue, disait-il à mademoiselle Lori, que je me
« plais à monter tout d'un coup la maison de ma
« petite Caroline, sur un pied un peu imposant.
« Je veux qu'elle jouisse, au hameau, des avan-
« tages qu'on lui refuse à Paris. Voilà pourquoi
« j'ai pris ces deux domestiques sans trop d'infor-
« mations. Nous les surveillerons, vous et moi.
« Si ce sont de bonnes gens, nous les traiterons
« bien ; si ce sont de mauvais sujets, nous les con-
« gédierons. »

François, très-content de lui, et il avait raison
de l'être, déploya, en rentrant au hameau, toute
la pompe dont son cortége était susceptible. Il
annonça, avec emphase, que mademoiselle Luce-

val allait tenir une maison, dirigée cependant par lui et mademoiselle Lori. Il présenta cette demoiselle à tous les habitans. Il dit ce qu'il savait de ses qualités et de ses malheurs, et il ne tut que ce qu'il faisait pour elle. Mademoiselle Lori trouva aussitôt des amis, parce que la garantie de François était la meilleure qu'elle pût avoir.

« Eh bien, dit le vieillard au président, n'avais-
« je pas prévu que ma Caroline n'a plus de pa-
« rens? Vous avez cherché à éloigner de moi des
« idées pénibles, et votre conduite fait l'éloge de
« votre sagesse et de votre cœur. Permettez-moi
« d'implorer l'une et l'autre en faveur de deux in-
« fortunées.

« Voici une demoiselle à qui il ne reste presque
« rien, et à qui on veut voler ce reste-là. Depuis
« trente ans, je fais les affaires d'une famille ri-
« che; mais je n'entends rien aux procès, parce
« que je n'en ai jamais eu. C'est à vous, monsieur
« le président, que sont réservées la gloire et la sa-
« tisfaction de faire rendre justice à mademoiselle.

« Il est une autre tâche que je n'ai pas entre-
« prise, parce que je n'ai rien de ce qui commande
« la déférence à la plupart des hommes. J'ai dé-
« claré à M. Luceval que je soutiendrais Caroline
« de mes épargnes, et je suis disposé à le faire;
« mais, j'aime encore assez cet homme-là pour
« lui éviter l'humiliation de voir sa fille vivre de
« de mes bienfaits. Allez chez lui; forcez-le à faire
« à Caroline un traitement convenable. S'il résiste

« à la raison, prenez avec lui le ton qu'autorisent
« l'estime et la considération dont vous êtes investi. »

Le président ne balança point. Il est des hommes qui aiment à compter les jours par des actions utiles : le président était de ceux-là. Il prit quelques renseignemens sur les affaires de mademoiselle Lori, et il partit.

L'installation de Caroline, dans la maisonnette de son père, était l'objet essentiel de François. Il allait, venait, donnait des ordres d'un air affairé, et comme il n'avait jamais brillé par le goût, il faisait recommencer ce qui était bizarre ou ridicule, et on recommençait à peu près tout.

En suivant les travaux, en pressant les ouvriers, il faisait beaucoup de réflexions : c'est la ressource de ceux qui ont l'imagination paresseuse. Après tout, pensait-il, que le père fasse ou non ce qu'il doit, Caroline jouira gratuitement des avantages des autres colons ; je n'aurai définitivement à payer que les gages de ses domestiques, et à fournir à son entretien : avec cent louis par an, j'irai loin, et je pourrai faire encore quelques économies.

Comme je veux que Caroline tienne ici le premier rang, nous aurons table ouverte deux jours de la semaine, et cela ne coûtera rien, parce que le colombier, la basse-cour, le fruitier et la laiterie nous offrent des ressources inépuisables. Deux autres soirées, il y aura cercle chez nous ; et cela n'est pas dispendieux, parce qu'avec une livre de thé on tient cercle vingt fois. Quant aux fromages à la crème, à la pâtisserie et autres bagatelles, tout cela se fait ici. A la vérité, il faut un peu de sucre et quelques vins fins. Eh bien, j'ai une petite office passablement fournie, et qui ne me sert pas à grand'chose ; je la viderai, et après nous verrons. Ah ! il faut aussi des concerts, beaucoup de concerts, et cela n'exigera absolument aucuns frais, parce que nous avons ici nos virtuoses, leurs instrumens et leur musique.

Nous ne sortirons plus que dans cette jolie voiture coupée, qu'on a laissée ici, en raison de la couleur, qui en effet n'est plus trop à la mode, mais qui sera toujours d'un grand effet au village. Nos deux meilleurs chevaux et le plus beau de nos cochers nous conduiront. Je vois tout cela d'ici. Caroline dans le fond ; mademoiselle Lori à côté d'elle ; moi, sur le devant, ayant les yeux à droite et à gauche, recueillant les mouvemens d'admiration de nos bons villageois, et, ce qui vaut mieux, les témoignages de leur affection pour mon enfant.

Ah ! vous croyez, madame Luceval, qu'on ne peut être quelque chose qu'auprès de vous, et par vous ! Morbleu ! Caroline sera plus considérée que votre Julie. C'est pour elle qu'on la recherchera, et on ne supporte votre enfant gâté que pour vous gâter vous-même, et profiter de vos prodigalités. Votre Julie, votre Julie !... elle est belle, à la bonne heure ; mais, peut-on d'ailleurs la comparer...... Allons ! paix, François, paix !

ne dites pas de mal de ceux qui ne sont pas coupables de leurs défauts.

Une voiture s'arrêta à la grille, et François mit fin à un monologue qui, malheureusement pour vous, eût pu durer deux heures encore.

Il s'avança, et deux domestiques présentèrent un paquet cacheté, et une harpe, celle dont Caroline s'était servie chez sa mère, et qu'y avait fait apporter le monsieur que vous savez, celui qui disait la vérité à madame Luceval, parce qu'il n'avait besoin ni de sa table, ni de son affection, ni de sa bourse. François reconnut largement la peine des deux domestiques. Voilà, leur dit-il gravement, ce que mademoiselle Luceval vous donne pour boire.

François jugea qu'une lettre qui annonce un cadeau, ne peut exprimer que des choses flatteuses, et il était bien aise que tous les habitans sussent qu'un grand personnage avait écrit à son enfant. Il sentait qu'il ne pouvait aller lire cette lettre de maison en maison. Il était français : il craignait le ridicule. D'un autre côté, il ne savait comment rassembler les colons et donner ainsi à sa lecture l'apparence de l'à-propos. Il était fort embarrassé.

Duval était le seul à qui il pût confier son désir, et laisser pénétrer sa faiblesse. Un savant, un physicien surtout, a toujours quelques moyens à sa disposition. Duval produisit, avec de l'air inflammable, une détonation telle, que les habitans crurent que leurs maisons allaient s'écrouler. Ils sortent en hâte ; une seconde explosion les attire vers la bibliothèque ; Caroline y court comme les autres.

On interroge Duval, il répond, on s'étonne ; il explique son procédé, le rire succède à la frayeur. François tire son paquet de sa poche, le présente à Caroline, et lui fait très-sérieusement des excuses de ne le lui avoir pas remis plus tôt. On demande qui peut écrire aussi longuement à une aussi jeune personne. François se gonfle les joues, s'élève sur la pointe des pieds, et nomme M.***
« Comment, Caroline est connue de cet homme
« célèbre ! — Et très-particulièrement, monsieur.
« — Mais cela est incroyable. — Pourquoi donc,
« madame ? — Ses dignités, ses grandes occupa-
« tions... — Ne sont pas incompatibles avec la
« sensibilité. — Ah ! peut-on voir ce qu'il écrit à
« l'aimable enfant ? » Voilà François arrivé à son but.

« Mademoiselle,

« — Comment donc, mademoiselle ! — Oui,
« madame, et trois doigts au-dessus du corps de
« la lettre.

« Mademoiselle,

« J'ai lieu de croire que vous êtes retournée
« dans votre paisible asile. Les procédés de vos
« parens vous y auront forcée, et ce sont eux
« que je plains.

« Cette harpe que j'ai entendue résonner sous
« vos doigts, pourra contribuer à charmer votre
« solitude. Acceptez ce léger cadeau, et remer-
« ciez pour moi madame de Sancy du plaisir
« qu'elle m'a procuré.

« — Quoi, s'écria madame de Sancy, je suis
« connue de ce qu'il y a de plus respectable à la
« cour, et c'est à vous que je le dois ! Ah, Ca-
« roline, je ne peux m'acquitter qu'en perfection-
« nant un talent qui s'annonce déja d'une ma-
« nière satisfaisante. Poursuivez votre lecture,
« ma petite.

« — Il est possible que mon présent effraie
« votre délicatesse, et je dois vous donner un
« moyen de vous acquitter. Engagez madame de
« Surville à diriger vos crayons aussi heureuse-
« ment qu'elle l'a fait dans votre Niobé, et en-
« voyez-moi ce nouveau gage de vos efforts et de
« vos succès.

Madame de Surville, plus âgée que madame de
Sancy, et plus maîtresse d'elle-même, renferma
sa satisfaction. Mais elle attira Caroline à elle;
elle l'embrassa tendrement, et la pria de continuer.

« Permettez-moi de vous donner quelques avis
« que la politesse de ceux avec qui vous vivez ne
« leur permet peut-être pas de hasarder. Mon
« âge, et surtout mes intentions, autorisent bien
« des choses.

« Il y a de la faiblesse et de la sottise à se pré-

« valoir des dons de la nature : il y a de la folie
« à s'affliger d'en être privé.

« La beauté séduit au premier aspect ; mais, on
« s'accoutume à voir une belle femme, et du mo-
« ment où il y a habitude, on peut admirer en-
« core, mais le cœur reste froid : l'admiration
« n'est point un sentiment ; ce n'est qu'une se
« cousse de l'ame.

« Il est malheureux d'inspirer d'abord une sorte
« d'éloignement ; mais, les yeux se font prompte-
« ment à ce qui les blesse le plus, et lorsque l'ha-
« bitude est également contractée de ce côté-ci,
« l'objet des deux le plus méritant est nécessaire-
« ment celui qui attire davantage.

« S'il ne dépend pas de nous de rectifier des
« formes peu agréables, nous pouvons du moins
« acquérir ce qui les fait bientôt supporter, et ce
« qui, j'ose le dire, les fait aimer insensiblement.
« Sachez qu'une femme belle excite des passions
« violentes, et que celle qui ne l'est pas, ne peut
« inspirer que des goûts durables.

« Avant d'atteindre ce but, vous éprouverez
« souvent de la froideur, peut-être même du dé-
« dain. Le moyen de vaincre les obstacles est de
« les prévoir et de se roidir contre eux : il est une
« sorte de courage indispensable dans votre po-
« sition.

« Vous trouverez toujours dans les sciences des
« consolations utiles à tous, et inconnues à la
« plupart des gens du monde. Renfermez-vous

« alors en vous-même; gardez-vous de répandre
« ce que vous saurez au dehors. Les hommes ne
« pardonnent pas qu'on les humilie, et une femme
« plus instruite qu'eux les humilie toujours.

« Vous pourrez, en revanche, faire valoir les
« graces de votre esprit, car vous ne rencontre-
« rez personne qui ne croie en avoir autant que
« vous, et on revient toujours à celle qui sait être
« gaie avec décence, piquante sans méchanceté,
« féconde sans prétention.

« Tout le monde ne vous entendra pas, peut-
« être ; mais il vous faut quelques amis, et non une
« cour. Vous avez, d'ailleurs, pour attirer la mul-
« titude, une ressource assurée dans les arts; ils
« sont à la mode, et la soumission à ce qu'elle or-
« donne est le mérite de ceux qui n'en ont pas.

« Vous avez un excellent cœur. Il ne vous reste
« qu'à cultiver votre esprit, les sciences et les ta-
« lens agréables. Je vous ai reconnu de grandes
« dispositions, et je suis convaincu du mérite de
« vos maîtres. C'est par vous et par eux que vous
« obtiendrez enfin l'estime et la considération,
« biens fort au-dessus des hommages que pro-
« diguent à la beauté des hommes frivoles, et
« souvent peu délicats.

« Je ne prétends pas, cependant, qu'une belle
« femme qui réunirait, aux dons de la nature, les
« avantages que vous acquerrez infailliblement,
« ne vous fût réellement préférable; mais il est
« trop malheureusement vrai que la flatterie est le

« poison de la beauté, et que la femme, la plus
« heureusement née, se persuade tôt ou tard qu'il
« lui suffit d'être belle.

« Si jamais je rencontre une femme belle, ai-
« mable, spirituelle, d'un caractère égal, savante
« pour elle seule, et préférant l'amitié à l'amour,
« elle sera, à mes yeux, la première personne
« de son sexe, et il dépendra de vous d'être la
« seconde.

« Un temps viendra, où vous désirerez parta-
« ger avec un être estimable le fardeau et les
« douceurs de l'existence. C'est le vœu de la na-
« ture, et les femmes qui s'y refusent, en sont or-
« dinairement punies par la nullité, l'ennui, les
« infirmités prématurées, l'abandon et l'oubli.

« Vous vous marierez donc, et vous ne préfé-
« rerez pas l'objet qui vous plaira le plus, mais
« celui qui vous conviendra davantage : l'amour
« n'est que la très-grande affaire du moment; le
« mariage est celle de toute la vie.

« Quand le moment de choisir sera venu, im-
« posez silence à votre cœur. Ne consultez, n'é-
« coutez que votre raison et le plus âgé de vos
« amis. La vieillesse n'est pas indulgente, et celui
« qui obtient son estime a nécessairement de bon-
« nes qualités.

« Je disputerai à M. le président l'avantage
« d'être cet ami-là, si je vis quelques années en-
« core ; mais comme nos affections, frêles comme
« nous, ont, comme nous, besoin d'aliment, écri-

« vez-moi souvent, si vous jugez que ma corres-
« pondance vous puisse être utile ou agréable.
« Surtout ne me cachez rien de vos affections ;
« vous ne pouvez en avoir de coupables. Vous en
« aurez peut-être dont l'aveu vous coûtera. C'est
« la nécessité de les avouer qui vous donnera la
« force de les réprimer ; mais n'oubliez jamais que
« sans une confiance absolue, il n'existe pas d'a-
« mitié.

« Je me propose de vous voir quelquefois. Dites
« à l'estimable François... » Ici, François, hors de
lui, sautilla tant, et leva les mains si haut, qu'il
fit voler les papiers au plafond. Il les ramassa un
peu confus, et les remit à Caroline, qui termina
ainsi : « Dites à l'estimable François que j'ai envie
« de louer la maisonnette de madame d'Egligny.
« J'ai peu de temps à moi ; mais je trouverai, de
« loin en loin, quelques heures pour me reposer
« la tête au sein de la nature et de l'amitié.

« Adieu, mon enfant ; vous me répondrez, si
« mes propositions vous sont agréables. »

Vous sentez quel effet devait produire une lettre
où personne n'était oublié, et où chacun trouvait
quelque chose de flatteur. On aime à être bien
dans l'esprit des grands ; on s'applaudit surtout de
le mériter, et on s'empresse auprès de ceux qui
peuvent ajouter à l'espèce de faveur dont on
jouit déjà.

D'après ces motifs, Caroline devint le personnage important de la colonie ; elle était l'objet des

soins, et même des prévenances de tous. On l'engageait à écrire à monsieur ***, lorsqu'on croyait avoir mérité une mention particulière, et l'arrivée d'une réponse était le signal d'une réunion publique.

Bientôt on ne se borna plus à être utile et agréable à Caroline; on chercha à utiliser tous les momens; on étendit sa bienveillance sur tout ce qui en était digne, parce qu'un trait louable n'était jamais oublié de l'aimable enfant, et que l'attente de ceux qui comptaient sur des éloges était rarement trompée.

L'intérêt personnel entrait pour beaucoup dans cette conduite. Madame de Surville voulait avancer son mari; Duval prétendait au fauteuil académique, où le mérite, sans appui, n'arrive pas toujours; Sancy pouvait exercer un emploi de quelqu'importance, et il en avait besoin; François seul continuait à faire le bien pour le seul plaisir de le faire ; mais condamnera-t-on un peu d'égoïsme dans les autres ? poussé à l'excès, c'est un vice affreux; mais, qu'est-ce que la probité, l'émulation, le désir de la gloire et de la fortune, sinon l'amour bien entendu de soi-même ?

Ainsi, un seul homme, sans efforts, sans dessein peut-être, donnait à cette petite peuplade le goût du bon et du vrai, par son amabilité et la justice impartiale qu'il rendait à tous. Ainsi, l'homme élevé, qui prend la morgue pour du maintien, l'orgueil pour de l'élévation, qui punit avec équité, mais qui ne sait pas récompenser, resserre, aliène les cœurs, les jette enfin dans le découragement, et étouffe ces germes précieux, dont le développement fait ces hommes qui sont les appuis d'un empire et l'admiration de la postérité.

Revenons à M. le président, que nous avons laissé à Paris, suivant deux affaires très-différentes, et en même temps très-difficiles. Il fit prier l'avoué de mademoiselle Lori de lui apporter son dossier. Il examina les pièces, et jugea l'affaire perdue. Cependant, il lui parut évident qu'une des deux parties était coupable de friponnerie, et il n'était pas vraisemblable qu'une femme de vingt-quatre ans connût ces moyens que suggèrent l'astuce et l'habitude; d'ailleurs, la recommandation de François...

Le président ne se rebuta point. Il s'adressa au chef suprême de la magistrature; ils se concertèrent ensemble, et ils firent venir le procureur adverse et un vérificateur aux écritures. On examina attentivement tous les papiers du spoliateur, et le titre principal fut soupçonné de faux. On somma cet homme de paraître; on l'effraya, et on lui enjoignit de se désister de ses prétentions, à peine d'être livré à la justice criminelle.

Comme un fripon ne peut faire de grands coups aux galères, et qu'il faut qu'un voleur en grand continue de voler, celui-ci passa par tout ce qu'on voulut. Sa condescendance acheva d'éclairer son juge, qui, cependant, lui laissa la liberté, parce qu'il l'avait promis, et qu'il n'avait pas de preuves très-constatées à lui opposer.

M. Luceval se montra un peu moins traitable : on peut être dur par excès de pusillanimité. Le président lui avait demandé un rendez-vous, où il épuisa d'abord ce que les raisonnemens ont de force, et les ménagemens de délicatesse. Luceval, réduit à n'avoir plus un mot à répliquer, fut obligé de déclarer enfin la seule raison qui l'empêchait de se rendre : l'impossibilité de rien décider d'important sans l'assentiment de sa femme. « Hé, monsieur, a-t-on besoin d'un appui pour
« être juste ? — Monsieur, j'ai l'habitude de ne
« rien faire sans le concours de madame Luce-
« val. — Dites, monsieur, que vous êtes bien
« aise de pouvoir rejeter sur un autre les injus-
« tices que vous avez commises, et celle que vous
« méditez en ce moment. N'est-ce pas assez que
« l'enfant le plus intéressant, sacrifié à sa sœur,
« banni de la maison paternelle, soit réduit à la
« médiation d'un étranger, pour obtenir une pen-
« sion alimentaire que lui assurent la nature et la
« loi ? Faut-il encore que vous prétendiez m'arrê-
« ter par des défaites frivoles ? vous m'opposez
« l'ascendant qu'a sur vous votre femme ! c'est
« lorsqu'elle fait de vous un père insouciant et
« froid, que vous devez la craindre. Que vous
« importent son opinion et ses plaintes, quand
« vous aurez pour vous la persuasion d'avoir fait
« votre devoir ? Monsieur, qui néglige les bons

« conseils d'une femme sage, est blâmable; qui
« se courbe devant des caprices, des tracasse-
« ries, des volontés arbitraires, se dégrade aux
« yeux des honnêtes gens. — Prenez garde, mon-
« sieur... — Je vous ai trop ménagé jusqu'ici. On
« ne réduit un homme comme vous qu'en lui di-
« sant rigoureusement la vérité. — Monsieur, je
« je ne suis point accoutumé à ce langage. —
« Monsieur, il faut se mettre à l'abri du repro-
« che, quand on ne veut pas le supporter. Vous
« avez cent mille écus de rente; vous assure-
« rez à Caroline vingt mille livres de revenu.
« Vous le pouvez, vous le devez, et c'est à ce prix
« seul que je me tairai sur vos torts. Je vous donne
« dix minutes pour vous décider. Si, après cela,
« vous résistez encore, je vous quitte, j'imprime
« contre vous un mémoire foudroyant, je vous
« perds de réputation, et je vous traduis devant
« les tribunaux, qui rendront à votre enfant la
« justice que vous lui refusez. Choisissez donc de
« me suivre chez mon notaire, ou de me lire dans
« quatre jours. »

L'alternative était dure; cependant il fallait opter. Le président se retirait, après le délai accordé. Luceval le suivit, et monta avec lui en voiture.

L'acte fut rédigé et signé avant que le mari subjugué eût le temps de se reconnaître. Il manquait une signature essentielle, celle de la dame, accoutumée à voir tout ployer devant elle. Le président qui n'aimait ni les criailleries, ni les attaques de nerfs, ni l'odeur de l'éther, se borna à écrire à la femme dans le style qui avait persuadé le mari.

Une scène était inévitable, et elle eut lieu. Luceval la supporta avec sa patience et sa résignation ordinaires. Une partie de la journée s'écoula avant que madame pût relire cette lettre, qui l'avait mise, disait-elle, à deux doigts du tombeau. Elle la relut cependant. Elle était tellement persuasive, qu'il était difficile de ne pas se rendre. Une femme distinguée devenir la fable du public! une femme, à qui tout Paris accorde de la beauté, des graces, de la douceur, de la sensibilité, passer désormais pour une mère dénaturée! entendre murmurer autour de soi : c'est du venin caché sous des fleurs! Ne pouvoir enfin attaquer un mémoire signé d'un homme d'un mérite reconnu, et d'une intégrité sans tache! S'il n'y avait pas là matière à réfléchir, il y avait au moins de quoi se désespérer.

Cependant comme le désespoir n'a jamais embelli personne, et qu'il est une époque où une femme a le plus grand intérêt à ménager ce qui lui reste d'attraits, madame Luceval fit grace à son mari d'une seconde scène, et elle alla signer.

Mais aussi, comme la vengeance est réservée aux dieux, et que la femme, leur plus parfaite image, doit leur ressembler de toutes les manières, on défendit à François de se présenter à l'hôtel; on lui ordonna de donner à l'instant congé au président, avec l'indemnité d'usage. Comme Caroline allait jouir d'un bien-être qui affaiblissait d'un quinzième les revenus de la maison, on résolut de lui retenir le loyer de douze mille francs, que payaient les autres locataires; et comme il n'est pas pardonnable à un petit laideron d'effacer la beauté par son esprit et ses talens, on décida de disperser ses maîtres sans discernement, à la fin de leur année.

Enfin, comme le plaisir de faire du mal est un plaisir comme un autre, pour ceux à qui il convient, on s'y livra sans réserve, et d'idée en idée, on arriva à celle de mettre de suite le hameau en vente, afin d'avoir plus tôt fait.

Madame d'Egligny, déjà languissante, combattit ce projet de tout son pouvoir. Elle représenta que Caroline était décemment au moins dans un domaine de son père, et qu'elle allait se trouver sans asile, puisqu'on ne voulait pas la recevoir à l'hôtel. Cette idée, la seule qui ne fût pas venue, et on ne saurait penser à tout, détermina à envoyer aussitôt l'annonce aux journaux, et la grande affiche à l'imprimeur.

Peut-on se figurer l'état de François, ses exclamations, ses plaintes, quand il apprit qu'il allait perdre son président, qu'il fallait que Caroline se préparât à quitter les lieux où elle était née, et où elle passait si doucement la vie ! Ce qui surtout lui paraissait pour elle un mal irréparable, c'était la nécessité de se séparer de Duval, de mesdames de Surville et Sancy.

Dans sa douleur, il assembla tous les amis ; il leur proposa de faire l'acquisition en commun, d'avoir chacun sa maisonnette en propre, et de laisser indivis les jardins anglais et autres portions de terrain, dont le produit se partageait entre tous.

Il consentait à donner toutes ses épargnes pour payer la maison de Caroline. Mais Duval se gênait pour acquitter la moitié du loyer de la maison qu'il occupait avec François. Il eût fallu qu'il vendît des biens d'un rapport assuré, pour en acquérir un de pur agrément, et c'eût été le comble de la déraison. M. et madame Sancy étaient retenus par les mêmes motifs, et le chanteur déclarait ingénument qu'il était incapable de se fixer. A la vérité, madame de Surville et le président pouvaient et consentaient volontiers à faire quelques sacrifices ; mais, l'acquisition de la totalité était au-dessus de leurs facultés, et la conduite de M. et de madame Luceval annonçait clairement qu'ils n'avaient point l'intention de vendre partiellement.

Ces nouvelles difficultés, que François n'avait point prévues, lui ôtèrent tout espoir de parer le coup fatal, et le ramenèrent à lui-même : il faut bien enfin s'occuper un peu de soi : « Hélas, di-
« sait-il, c'est ici que je croyais finir en paix ma
« carrière. J'étais loin de penser que celle qui me
« doit la plus brillante fortune, que celui pour
« qui j'ai fait tout cela, m'en chasseraient un jour.

« Je ne les croyais pas capables de me haïr parce
« que j'aime leur enfant. » La vieillesse pleure aisément, et le bonhomme se soulageait en versant des larmes.

« Quelque chose qui arrive, dit-il, à Caroline,
« je ne vous quitterai pas. J'irai vivre avec vous
« où vous voudrez : partout je serai bien avec
« vous. Je ne vous demande qu'une grace ; c'est
« de ne point m'abandonner. Que mes yeux se
« ferment au moins auprès d'un de ceux que j'ai
« tant aimés ! »

Caroline pleura à son tour, non du sort qui lui était réservé, la jeunesse ne sait pas prévoir; mais François doutait de son cœur, et ce soupçon l'accablait. Ce cœur pur et bon se dévoila tout entier. Le sentiment en jaillit, comme une source féconde qui répand la vie autour d'elle. François, rassuré et heureux encore, fut consoler Marguerite : sa bienfaisance embrassait tout, s'étendait sur tout, et ne négligeait rien.

Caroline, pleine encore de la scène qui venait de se passer, éprouvait le besoin de se livrer à de nouveaux épanchemens. Elle écrivit à M.***, et en laissant aller sa plume, elle sentait que peine qu'on partage devient plus légère de moitié : elle était bien sûre que M.*** partagerait la sienne.

Le lendemain arrivèrent, à peu de distance l'un de l'autre, deux messieurs qui demandèrent à voir les lieux. Le surlendemain, les jours suivans, il s'en présenta plusieurs, et tous prirent les renseignemens les plus étendus, et entrèrent dans les plus petits détails.

Plus de gaieté, plus de concerts, plus d'étude au hameau. L'affliction aime la solitude, et on cessait de se chercher. Si on se rencontrait, on se parlait à peine, et qu'avait-on à se dire qu'on ne se fût déja dit? Quelquefois on s'arrêtait lorsqu'on voyait François et Caroline. On les regardait un moment, on leur adressait un regard douloureux, on passait.

Un de ces messieurs, de ceux qui les premiers avaient été voir le hameau, entra chez Luceval, et lui demanda à quel prix il mettait sa propriété. « Monsieur, j'en tire quarante huit mille
« livres par an. — Mais, moi, monsieur, je n'en
« tirerai rien du tout, parce que je n'ai pas be-
« soin de sept à huit maisons qui sont là, et qui
« ressemblent à une chartreuse. Je me propose,
« si nous traitons, de tout abattre, et de bâtir
« un château. Ce sont donc les jardins et le fonds
« que je veux acheter. — Vous ferez ce qui vous
« plaira, monsieur, et pourvu que vous me payiez
« le capital de quarante-huit mille livres de rente...
« — Plaisantez-vous, monsieur ? — Je vous parle
« très-sérieusement. — Vous me demandez près
« d'un million d'une maison de campagne à faire!
« — C'est mon prix, monsieur. — Je vais vous
« dire le mien. Cette folie-là vous a coûté envi-
« ron deux cent mille francs. J'évalue le terrain et
« les plantations à cinquante mille livres. Si deux

« cent cinquante mille francs vous conviennent,
« vous me le ferez savoir. Voilà mon adresse. »

« Mais, dit madame Luceval, je trouve cet
« homme-là plein de jugement. Il est constant
« que votre Athènes a l'air d'une chartreuse, et il
« n'est pas possible de laisser exister cela. Or,
« puisque vous trouvez vos déboursés...

Le second des deux messieurs parut en ce
moment. « Votre hameau est charmant, monsieur;
« les locataires actuels s'y plaisent beaucoup, et
« si nous nous arrangeons, je compte bien aug-
« menter les loyers. — Ah! monsieur fait de ceci
« une affaire de spéculation. — Oui, madame;
« ainsi, vous sentez qu'il faut que je fasse des
« bénéfices. D'ici à quelque temps, je peux perdre
« plusieurs locataires, je ne suis pas certain de
« les remplacer, et je le suis d'être constamment
« chargé de l'entretien et des impositions. Ainsi,
« j'évalue, année commune, les produits à vingt-
« quatre mille francs, sur quoi il faut en pré-
« lever dix pour le trésor public, les réparations
« et embellissemens. Restent donc quatorze mille
« francs nets, qui donnent un capital de deux
« cent quatre-vingt mille livres. Si cette proposi-
« tion vous est agréable, vous écrirez deux mots
« au notaire de la rue Mêlée. Je vous salue.

« — Hé bien, ma bonne amie, que dites-vous
« de cette seconde ouverture? — Je la trouve com-
« plètement absurde, monsieur. — Cet homme,
« cependant, propose trente mille francs de plus

« que le premier. — Il donnerait cent mille écus,
« que je ne traiterais pas avec lui. — Mais, ma-
« dame... — Vous n'avez donc pas entendu qu'il
« est disposé à garder les Sancy et les autres, et
« c'est précisément ce que je ne veux pas. —
« Permettez-moi de vous représenter... — Je ne
« me trouve pas bien aujourd'hui, monsieur;
« ménagez-moi de grace. — Hé, mon dieu, je
« n'ai pas, ma bonne amie, l'intention de vous
« déplaire; je voulais vous faire observer seulement
« qu'il se présentera d'autres concurrens, et qu'il
« est au moins inutile de rien précipiter. — Moi,
« monsieur, j'aime beaucoup celui qui se pro-
« pose d'abattre les maisonnettes et de bâtir un
« château. Il offre trente mille livres de moins;
« mais, qu'est-ce que cela pour nous? Au reste,
« comme je ne laisse échapper aucune occasion
« de vous marquer ma déférence, j'attendrai vo-
« lontiers quarante-huit heures; mais je vous dé-
« clare, mon ami, que si nous ne trouvons pas
« mieux, dans cet intervalle, avec la certitude de
« voir expulser ces savans et ces artistes, j'em-
« ploierai tout le crédit que j'ai sur vous, pour
« vous engager à finir avec le premier. Je ne puis
« souffrir les affaires qui traînent en longueur, et
« vous ne me chagrinerez point, n'est-il pas vrai,
« mon bon ami? »

Les quarante-huit heures s'écoulèrent sans qu'on
vît personne. Je ne sais encore d'où vint l'erreur
du portier, qui répondait constamment que le

hameau était vendu ; qui disait aux clercs, et même au notaire de monsieur, qu'il n'était pas à l'hôtel. J'ignore également par quelle inadvertance il gardait toutes les lettres de Paris. Cela se découvrira peut-être un peu plus tard.

Le troisième jour au matin, madame passa chez monsieur, et se montra extrêmement caressante. Sa gaieté, ses complaisances, ses agaceries mêmes, tournèrent la tête du pauvre Luceval. Il ne put se dispenser de se lever à la suite d'un tête-à-tête assez vif, de hâter son déjeuner, et de se rendre chez le monsieur qui voulait abattre des maisons neuves pour se donner le plaisir de bâtir un château.

« Monsieur, je viens terminer avec vous. — Eh
« bien, monsieur, terminons. Je vais vous con-
« duire chez mon notaire. — Nous irons d'abord
« chez le mien. Il faut que vous preniez con-
« naissance des titres... — Oh! j'ai vu tout cela,
« et j'ai pris les notes nécessaires ; on m'a même
« donné communication du devis de M. Phidiot,
« et les bâtimens n'ont pas coûté ce que je les
« avais estimés ; mais, n'importe. Un instant, je
« vous en prie ; je n'ai plus que mon habit à
« passer.

« — Savez-vous aussi, monsieur, que mes biens
« ne sont grevés d'aucune hypothèque ? — Voilà
« le certificat du conservateur. — Il me paraît,
« monsieur, que vous n'avez rien négligé. — Oh!
« j'aime à jouir ; je voudrais déja voir vos maison-

« nettes à terre, et mon château debout. — Je
« vous assure que madame Luceval partage bien
« votre impatience. — Et quel intérêt madame
« a-t-elle... — Oh! des raisons de famille... — J'ai
« peut-être été indiscret : je vous en demande
« pardon.

« Permettez maintenant que je tire la somme
« convenue de mon porte-feuille. Vous avez sans
« doute votre voiture. — Oui, monsieur. — J'en
« profiterai. Je vous mène chez mon notaire, parce
« qu'il a ma confiance, et que celui qui paie a
« le droit de choisir. »

Luceval ne s'attendait pas à terminer à l'instant même, et, pendant qu'on rédigeait l'acte, il envoya prendre madame, qui arriva enchantée d'être servie avec cette célérité. Elle adressa un regard de bienveillance à son mari, qui disait en lui-même : Je fais peut-être une sottise ; mais, elle est si aimable quand elle le veut !

L'étude d'un notaire n'a rien de gai. Des murs, des meubles rembrunis, le silence des trapistes, des figures glacées, et des étiquettes de cartons à lire, voilà ce qu'on y trouve. L'acquéreur du hameau y répandit une gaieté piquante. Empressé auprès de madame Luceval, il lui dit de ces choses d'autant plus flatteuses, qu'il lui laissait la satisfaction d'ajouter à sa pensée : il est un âge où la louange ne plaît que sous l'enveloppe de l'esprit et de la délicatesse. Manette aimait à s'entendre dire : Je vous adore; madame Luceval aimait à le deviner.

Le monsieur lui parla très-longuement de ses projets. Dès le lendemain, il userait de son droit pour renvoyer les locataires; le jour d'après, il ferait mettre le marteau dans les murs, et il se flattait que dans trois mois, au plus tard, une dame infiniment intéressante voudrait bien embellir les fêtes qu'il donnerait dans son château.

Madame Luceval était enchantée de cet homme-là : il caressait toutes ses passions. Elle lui eût, je crois, donné, en ce moment, le hameau pour rien.

On signa. L'acquéreur déposa la somme, jusqu'après la transcription, selon l'usage, et on se sépara, très-satisfaits les uns des autres.

Pourquoi les nouvelles défavorables volent-elles lorsque celles que nous désirons arrivent si lentement? on sut le jour même, au hameau, que M. Luceval n'était plus propriétaire, et chacun s'occupa sérieusement du parti qu'il allait prendre. Les personnes que cet évènement touchait le moins, se résignèrent avec quelque facilité. Mais, Caroline, François, Marguerite !

Le vieillard était le seul des trois qui eût quelque expérience, et les autres l'écoutaient avec docilité. Il proposa différens projets, dont i sentait aussitôt les inconvéniens. Ii arrêta enfin qu'il se retirerait avec Caroline dans quelque petite ville, et que Marguerite les y suivrait. Il n'osait rien proposer à mademoiselle Lori. Elle déclara qu'elle était inséparable de son bienfaiteur; que le produit de son petit patrimoine lui permettait de remettre une partie de ses honoraires, et qu'ainsi elle ne serait pas à charge. François ne fut pas étonné de ce trait, parce qu'il en était capable lui-même.

On fit un plan de vie qui n'était pas sans quelques douceurs. On pouvait exister avec aisance dans telle ou telle province, et y faire un peu de bien. Mais, où trouver des Sancy, des Surville, des Duval? Sans doute ils allaient retourner à Paris, et François devait-il exposer Caroline et ses parens au désagrément de se rencontrer? Ces idées affligeantes froissaient le cœur du bonhomme. Il voulait en vain les écarter; elles se reproduisaient dès qu'il avait articulé quelques phrases. Une larme, qu'il essuyait furtivement, était aperçue, et en appelait d'autres. La conférence fut longue, parce qu'elle fut souvent interrompue.

Lorsqu'enfin tout fut réglé, on se tut, on resta immobile, la tête penchée sur la poitrine, les yeux fixés sur le parquet.

Tout à coup on entend les fouets de plusieurs postillons, et les roues d'une voiture qui entre avec rapidité dans les cours. « C'est sans doute le « nouveau propriétaire, dit François. Mon enfant, « voilà le moment du courage. Allons entendre « notre arrêt. »

On se lève, on s'avance lentement. François et mademoiselle Lori soutiennent Caroline éplorée.

Marguerite les suit avec ses deux enfans. Ils approchent de la voiture ; la portière s'ouvre... C'est M.*** qui paraît.

On oublie en le voyant, qu'on est malheureux : qu'eût-on fait, si l'on eût su ce qu'il allait annoncer ? « Vous m'avez causé des inquiétudes, « mademoiselle, dit-il à Caroline, et vous avez « eu des chagrins. Ces honnêtes gens les ont par- « tagés ; qu'ils partagent également votre joie. « Vos malheurs sont finis, et votre sort est inva- « riable. Vous ne vous séparerez pas de ceux « dont les leçons vous sont chères à si juste « titre ; vous ne quitterez pas les lieux où vous « avez appris à penser, à sentir, à cultiver votre « raison. Vous êtes chez vous. »

On se rassemblait de toutes parts autour de M.*** ; on l'écoutait ; on ne le comprenait pas... bientôt on va le bénir.

Il tire un contrat de sa poche, et le remet à François. Le bonhomme lit...; sa figure devient rayonnante ; il presse Caroline dans ses bras ; il baise les mains de M.*** ; ses larmes coulent encore ; mais ces larmes sont celles de la joie. On attend qu'il s'explique ; il parle enfin, et un cri général s'élève : « La vertu vient protéger l'innocence ! »

M.*** marqua le désir de parler, et les acclamations cessèrent.

« Votre lettre, mademoiselle, n'avait pas d'ob- « jet, n'indiquait rien, et a cependant dirigé ma « conduite. Je lui dois le projet que j'ai si heu-

« reusement exécuté. Il fallait, pour réussir, acti-
« vité, adresse et discrétion : j'ai choisi deux
« hommes propres à remplir mes vues.

« J'ai voulu d'abord connaître la valeur de ce
« bien. Je ne voulais pas non plus faire tort à votre
« père : il faut toujours être juste, même envers
« ceux qui le sont le moins.

« Les renseignemens pris, ces deux hommes se
« sont rendus à l'hôtel Luceval, et ont parlé d'après
« mes instructions. L'un devait éprouver de la dé-
« faveur; l'autre plaire et réussir : c'est ce qui est
« arrivé.

« J'avoue à regret qu'ils ont été au-delà de
« mes intentions. Ils ont gagné un portier, moyen
« au-dessous de moi, et peut-être même au-des-
« sous d'eux. Au reste, quand on saura que vous
« êtes propriétaire, que les plaintes éclateront,
« qu'on exagèrera les torts de mes émissaires,
« l'acquéreur supposé fera faire une estimation;
« j'indemniserai votre père, s'il y a lieu.

« Vous pressentez, mademoiselle, que le con-
« trat n'était fait ni en mon nom, ni au vôtre.
« Par celui-ci, j'achète de l'homme à qui votre
« père a vendu, et je vous transmets cette pro-
« priété à des conditions que ma position rendait
« indispensables. Je suis l'artisan de ma fortune;
« mes émolumens sont considérables ; mais, je
« n'ai que cela, parce que j'ai toujours cru que
« le gouvernement paie un homme en place pour
« qu'il fasse son devoir, et non pour qu'il trafique

« de la justice ou de sa protection. Voici donc
« les arrangemens que j'ai pris :

« J'ai avancé ou emprunté les fonds néces-
« saires.

« Vous m'abandonnez la totalité du revenu an-
« nuel, jusqu'au parfait remboursement : ce qu'on
« a obtenu de votre père suffit à votre entretien.

« Je recevrai les paiemens des mains de
« M. François, dont il n'est point parlé dans
« l'acte, parce qu'on ne lie pas un homme comme
« lui.

« Dans six ans ou environ, vous serez liqui-
« dée; vous n'aurez que vingt ans, et vous joui-
« rez de soixante mille livres de rente. Voilà, ma
« chère enfant, ce que j'ai pu faire de mieux. »

Les acclamations recommencèrent; les applaudissemens, les cris de joie éclatèrent de toutes
parts. L'homme bienfaisant fut béni, fêté, caressé.
Il trouvait dans tous les yeux l'attendrissement,
l'admiration, ou la reconnaissance. On le conduisait en triomphe, on se disputait l'honneur de le
recevoir. Attendri lui-même, il jouissait en ce
moment de tout le bonheur auquel il nous est possible d'atteindre. Malheureux que nous sommes,
nous nous agitons en tous sens pour le trouver où
il n'est pas!

« A propos, dit-il, il reste une formalité à rem-
« plir. Votre signature manque au bas de cet acte.
« Vous ne pouviez le signer, étant sous puissance
« de père et de mère, et il est très-douteux que

« vos parens eussent accepté pour vous : j'ai ex-
« posé les faits à la puissance suprême, et j'en ai
« obtenu l'ordre de votre émancipation. L'auto-
« rité peut se mettre au-dessus de la loi, quand
« il en résulte un bien. »

Il était tout simple qu'on entrât chez mademoiselle Luceval pour signer. Maîtresse des lieux, il était naturel qu'elle en fît les honneurs, et elle était trop heureuse pour ne pas répandre, sur ceux qui l'entouraient, une portion de sa félicité. Elle s'empressa de rassembler autour de M.*** une petite cour, où il n'y avait pas un seul courtisan. Le respect était commandé par son élévation, l'affection par ses qualités : tous les hommages étaient sincères.

On le pressa, et il promit de passer la journée au hameau. Caroline n'avait pas d'idée d'une fête, elle n'en avait jamais vu ; mais elle désirait fêter son protecteur. Elle dit un mot à François. François, qui n'était pas inventif, passa le mot à mademoiselle Lori, la demoiselle au voisin, celui-ci à la voisine. On se lève, on va, on vient, on ne s'entend pas. On ne sait d'abord ni ce qu'on fait, ni même ce qu'on veut faire : on convient enfin de quelque chose.

Madame de Surville rentre en courant, prie M.*** de pardonner, tire Caroline à l'écart, lui dit je ne sais quoi. Caroline répond : « Soyez tran-
« quille, je me tairai. » Madame de Surville repart.

M.*** pénétra aisément la cause de cette désertion générale et de ces *aparté*. Il sourit avec douceur à Caroline : ceux même pour qui la vertu n'a rien de pénible, ne sont pas fâchés qu'on leur rende justice.

Il profita de ce moment pour voir la maisonnette qu'il avait arrêtée. Il écrivit quelques instructions sur des changemens qu'il désirait. Il donna ses notes à Caroline, parce que François, que cela regardait, courait de tous les côtés avec les autres, s'agitait beaucoup, ne faisait rien, et était très-content de lui. Hercule, septuagénaire, eût fort bien pu ressembler à la mouche du coche.

M.*** présumait qu'une heure avait pu suffire pour ordonner un dîner, et disposer la réunion de tous les habitans. Il sortait avec mademoiselle Luceval... Des perchés en faisceaux, des perches fichées en terre, des cerceaux, des tas de branches de verdure, des fleurs éparses, les maîtres, les domestiques, les dames, les jardiniers, travaillant à l'envi... « Oh ! oh ! dit-il, nous sommes
« sortis trop tôt. Rentrons, et ménageons-nous le
« plaisir de la surprise ; nous causerons en l'atten-
« dant : l'amitié a toujours quelque chose à dire,
« et l'extrême jeunesse quelque chose à appren-
« dre. »

C'est la plus jeune de ces dames, c'est madame Sancy qui frappe à la porte. Comme il n'est pas de bonne fête sans vers, elle débita, d'un ton plein de dignité, le quatrain suivant, impromptu de M. Duval, qui était poète comme un géomètre :

> De bons cœurs, des cœurs attendris
> Offrent la plus simple couronne.
> Peut-être elle aura quelque prix :
> C'est l'estime qui vous la donne.

M.*** voulut bien trouver cela fort joli, et madame Sancy, sans sortir du grand sérieux de son personnage, lui prend la main. M.*** permet qu'on dispose de lui, et règle son maintien sur celui de son aimable guide.

On passe sous une arcade de verdure, qui commence à la maisonnette, et qui aboutit au théâtre. Cette arcade n'a rien d'extraordinaire ; mais, on voit qu'elle a été faite à dessein, et l'intention est quelque chose.

Sur les côtés de la voûte verdoyante sont des paysannes qui offrent, d'assez mauvaise grace, des bouquets assez mal faits. Marguerite précède M.*** ; elle porte devant elle un van couvert d'une gaze légère, dans lequel elle reçoit les bouquets. Elle en laisse tomber la moitié, parce qu'elle tourne souvent la tête, et elle n'a pas tort : on ne voit pas tous les jours un grand qui veut bien n'être qu'aimable.

Zéphyr, qu'il faut placer partout, agitait des carrés de papier, fixés au cintre, à vingt pas l'un de l'autre. Ils présentaient des devises grecques, que Duval avait empruntées du Benserade de l'Attique. Personne ne les entendait ; mais, si on n'admirait que ce qu'on entend, que deviendrait l'Apocalypse ?

A la porte du théâtre, sur les marches du péristyle, étaient rangés les habitans, en costume de cérémonie. Ils entourent M.***, ils le pressent, ils le poussent, ou peu s'en faut ; ils le font entrer dans la salle, éclairée par toutes les bougies qu'on a trouvées au hameau.

M.***, qui a passé subitement du grand soleil aux ténèbres, chancelle du pied droit, parce qu'il rencontre une marche qu'il n'attendait point. On le soutient, et il trébuche du pied gauche, parce que Marguerite, qui n'y voit pas plus que lui, s'arrête, un pied en arrière, et sans y penser, lui donne un croc en jambe.

Mesdames de Surville et Sancy s'emparent alors de M.***. Elles avaient la double intention de garantir cette tête précieuse, et de vaincre la modestie qui allait probablement s'opposer à leurs petits projets.

Dans le fond du théâtre, on avait placé des degrés destinés à supporter, tantôt l'hôtel de Zopire, tantôt à mettre en évidence le trône de Sémiramis, et qui n'avaient servi à rien du tout encore, parce qu'on avait au hameau le bon esprit de ne pas jouer la tragédie. Il faut, pour exceller dans cet art-là, sortir, avec l'auteur, du naturel et de la vérité, et c'est un talent qui n'est pas donné à tout le monde.

Sur les degrés était placé le plus grand fauteuil qui existât à une lieue à la ronde, et le tout était couvert de draperies de soie bleue ou jonquille, qui procuraient à ces dames un demi-jour de reflet, dont elles pouvaient se passer encore.

C'est vers cette estrade, qu'elles conduisaient le héros de la fête. Il s'échappa de leurs mains, et fut se placer sur une des basses stales. C'est, au fait, un rôle pénible que celui d'un dieu, et s'il y en avait réellement, ils joueraient un ennuyeux personnage (1).

« Voilà ce que nous avions prévu, dit madame
« de Surville; mais, c'est en vain, monsieur, que
« vous vous dérobez à la gloire : elle vous trou-
« vera malgré vous. »

On tire un rideau, et au-dessus du fauteuil paraît, en pied, et de grandeur naturelle, le portrait de l'homme ressemblant. Il restait, à la vérité, une jambe à faire, et le bas qui couvrait l'autre n'était pas terminé; mais, la tête était d'une ressemblance frappante, et peinte comme peignait madame de Surville. Elle avait fait ce

---

(*) Il est inutile de vous dire que je parle ici des dieux du paganisme. Celui des chrétiens existe incontestablement, car nous avons le bonheur de le voir tous les jours dans la très-sainte Eucharistie.

portrait d'après une gravure qu'on disait être, et qui était vraiment excellente. C'était sur cet ouvrage qu'elle avait demandé à Caroline le secret, qui avait été scrupuleusement gardé.

Le portrait était suspendu à une poutre transversale, par deux cordes couvertes de fleurs : nulle part on ne veut, pas même dans les ballets de l'Opéra, laisser voir les fils qui font mouvoir Polichinelle. On descendit ce portrait sur les bras du fauteuil, au son des violons et des harpes. Deux jeunes filles tenaient chacune une guirlande attachée au bas du cadre, pour empêcher l'image chérie de faire un à droite ou un à gauche, ce qui eût singulièrement nui à l'illusion.

Le dessus du cadre était orné d'épis et de branches d'olivier dorés. A chaque partie saillante, les habitans et les villageois allaient religieusement attacher une couronne de barbeaux, ou de muguet ; on saluait respectueusement l'image, et on allait se placer selon l'ordre convenu.

Tous les yeux se portèrent alors sur M.*** ; sa figure exprimait une satisfaction qu'il ne cherchait pas à dissimuler.

Ces tributs sont bien doux, quand ils sont mérités.

Pour terminer l'inauguration, Caroline chanta, et chanta très-bien ce morceau fameux ! *Chantons, célébrons notre reine.* A la vérité, M.*** n'était ni reine, ni roi, et l'à-propos était un peu manqué ; mais, il trouva tout cela très-beau, parce qu'il savait qu'on n'avait de prétention que celle de lui plaire, et qu'on n'avait pas eu le temps de faire mieux.

Cette fête, qu'on aurait pu décrire comme on décrit tout, c'est-à-dire, comme on dénature tout, comme on embellit tout, comme on exagère tout, à commencer par nos fêtes publiques, où on n'a pu mettre encore ni dignité, ni ordre, ni ensemble, cette fête continua par un concert charmant, exécuté par un petit nombre d'artistes, mais tous d'un talent distingué. Le célèbre chanteur semblait se surpasser lui-même, et Caroline se montra digne de madame Sancy.

Ceux qui cultivent les arts, et ceux qui les protégent, aiment à se rapprocher. Ici s'établit cette douce égalité, dont l'homme élevé connaît si bien le charme, et dont il jouit si rarement! M.*** applaudissait et parlait en connaisseur; il citait un compositeur célèbre, et son chef-d'œuvre était à l'instant porté sur le pupitre. On partageait le plaisir qu'on procurait à M.***, et on cherchait à le prolonger.

S'il faut des vers dans une fête, un bon repas n'y est pas déplacé, et à cet égard, le protecteur de la colonie n'eut rien à désirer. Quelques couplets, de la façon de Duval, et dont je vous fais grace, terminèrent le dîner le plus splendide et le plus gai. M.*** remonta en voiture, après avoir prodigué aux colons, et surtout à Caroline, des marques de la plus sincère affection.

« Allons, allons, disait François en se frottant
« les mains, quand on a la bienveillance des
« grands, l'amitié de ses égaux, et une jolie for-
« tune; qu'on ne doit rien de tout cela qu'aux
« charmes de l'esprit et aux qualités du cœur,
« on peut se consoler de n'être pas jolie. »

CHAPITRE V.

Tout change encore, en mal et en bien.

Je ne sais quel fut l'homme méchant ou équitable, qui porta à madame Luceval le coup le plus sensible; mais elle savait dès le lendemain que l'enfant qu'elle voulait bannir du hameau, en était maîtresse absolue; que ses maîtres, dont elle voulait l'éloigner, continuaient à jouir près d'elle des douceurs d'une vie tranquille. Son éloignement pour Caroline n'augmenta point, parce que la haine, comme l'amour, a des bornes, que la nature ne nous permet pas de dépasser.

Cependant, comme il est de règle qu'une femme absolue, à qui on joue le tour le plus sanglant, tempête, tonne, éclate, madame Luceval préparait le plus bruyant des orages, lorsqu'elle se rappela qu'elle avait ses voitures et ses attelages à renouveler, ses diamans à faire remonter, et sa livrée à refaire. Comme il est encore vrai qu'une femme violente a plus de plaisir à briller qu'à se mettre en colère, madame Luceval daigna s'arrêter, après les mines préparatoires, sur lesquelles son mari l'assura qu'elle disposerait à son gré des deux cent cinquante mille livres. Ce n'est pas que Luceval ne sût fort bien ce que vaut une telle somme; mais, il savait aussi que la paix la plus chère est préférable à la guerre, quels qu'en soient les résultats.

Il se flattait que madame, constamment occupée à dépenser, mais dépensant avec modération, pourrait le laisser tranquille pendant deux ou trois ans. Ce calcul était établi sur les vraisemblances; mais les choses tournèrent tout autrement.

Il vient un temps où une femme qui a été jolie, est forcée de s'étourdir sur le malheur de ne l'être plus. Il n'y a pour cela que deux moyens, la dévotion et le jeu. La dévotion est la ressource de ces caractères doux, de ces femmes timorées, dont la sensibilité s'exerce sur un fantôme que l'imagination a créé, et qu'elle décore secrètement de ce qui peut lui plaire. La dévotion est un amour purement passif, et il fallait de l'activité au sang ardent de madame Luceval : elle se décida donc pour le jeu.

Le jeu et des fantaisies ont bientôt absorbé des sommes plus considérables que celle qu'elle avait à sa disposition. Mais, n'anticipons pas sur les faits.

Mademoiselle Julie se formait, et sa beauté se développait de jour en jour. Sa mère continuait à gâter le plus heureux naturel, et elle avait fait enfin de cette jeune personne un être exigeant, altier, opiniâtre, et d'un orgueil insoutenable. Madame d'Egligny combattait avec douceur les progrès du mal. Ses représentations étaient ordinairement écoutées ; mais, un mot de madame Luceval, ou de quelqu'un de ces gens dont nous avons parlé plus haut, détruisait en un instant le bien qu'avait fait lentement madame d'Egligny. Le langage de la raison n'a rien d'aimable, et qui nous flatte nous perd ; mais, qui nous flatte se fait écouter.

Julie perdit la seule amie qu'elle eût au monde. Madame d'Egligny succomba à une maladie de langueur, et laissa sa petite-fille en proie au luxe, à l'insouciance et à la frivolité. Sa mort priva Caroline de l'espérance qu'elle avait constamment nourrie, de ramener à elle des parens qui n'avaient rien à lui reprocher. « Vous n'êtes pas maî-
« tresse de vos affections, lui avait dit M***, mais
« vous l'êtes de marquer des égards et des res-
« pects à ceux qui ont droit, malgré leur injus-
« tice, d'en attendre de vous. Ils n'y seront pas
« sensibles, peut-être ; mais vous aurez fait votre
« devoir. »

Caroline écrivait donc à ses parens, à certaines époques. C'est à sa bonne maman qu'elle adressait ses lettres ; celle-ci trouvait toujours le moment de les faire lire. On n'y répondait pas ; mais on pouvait enfin être amené à cet effort.

Dès que madame d'Egligny fut éteinte, ces

lettres cessèrent d'être lues. Souvent elles arrivaient pendant ces accès d'humeur, qui devenaient plus fréquens, et c'est dans un de ces momens d'oubli des bienséances, que madame Luceval défendit à son portier de les recevoir à l'avenir.

Elle s'applaudissait en secret d'être désormais dispensée d'entendre parler de l'objet de son antipathie. Elle croyait n'avoir perdu dans sa mère qu'un censeur incommode : elle sentit bientôt l'étendue de cette perte.

Luceval ne s'était jamais occupé de ses affaires. Sa femme l'avait forcé à rompre avec François, et il avait donné sa confiance à un de ces hommes qui ne sont pas précisément des fripons, mais qui voient sans peine s'établir un certain désordre, qui les rend nécessaires, et qui ajoute toujours à leurs émolumens. L'intérieur de l'hôtel, si sagement administré par madame d'Egligny, tombait nécessairement à la charge de sa fille, qui n'avait ni la volonté, ni l'habitude d'être économe. C'est sur son cuisinier, sur une femme de chambre qu'elle se reposait des soins de sa maison..... Et elle jouait !

M.***, fidèle à ses promesses, allait quelquefois au hameau. Il applaudissait aux succès soutenus, à la modestie douce et insinuante de Caroline. Il eut bientôt pénétré la situation de chaque famille. On ne se cache qu'à ceux qu'on craint ; on n'avait d'ailleurs aucun aveu à faire, dont on dût rougir. On comptait un peu sur les bontés du protecteur, et, pour l'intéresser, il fallait se mettre à découvert. C'est sur la connaissance des différentes positions que M.*** régla ses démarches. Il voulait reconnaître les soins qu'on prodiguait à Caroline, et il n'avait pas oublié la petite fête. Il se rappelait surtout la galanterie du portrait :

> Car à l'humanité, si parfait que l'on fût,
> Toujours par quelqu'endroit on paya le tribut.

Caroline reçut un jour un paquet de Paris. Elle ouvre..... c'est la nomination de M. de Surville au grade d'officier-général. C'est Caroline qui est chargée de porter cette heureuse nouvelle à son amie. « J'aime qu'on sache, lui écrivait M.***, que « vous êtes reconnaissante, et que vous avez des « moyens de vous acquitter envers vos bienfai- « teurs. »

Il sentait que cette nomination resserrerait les liens qui unissaient déja la jeune personne et madame de Surville. C'était pour Caroline un nouveau motif de considération ; c'en était un de persévérance pour madame Sancy.

M.*** ne l'avait pas oubliée. Mais, il destinait son mari à des fonctions sédentaires. Sa femme ne pouvait avoir d'autre domicile que le sien, et Caroline avait besoin d'elle encore : nos amis d'abord, et leurs amis après. Madame de Surville, au contraire, très-déplacée dans les camps, et fixée au hameau par les convenances, ne devait pas désirer d'en sortir. Il était donc tout simple de donner à l'une, et de faire espérer l'autre.

Une lettre très-polie annonça à M. Saucy qu'on s'occupait réellement de lui. On l'engageait à s'instruire dans la diplomatie, assemblage de souplesse, de dissimulation et d'audace, dont l'odieux est couvert du vernis du grand monde. On lui conseillait de travailler dans les bureaux de Paris, où il était annoncé, et de laisser madame à la campagne, parce que des études sérieuses et les soins qu'on rend à une jolie femme, s'accordent difficilement. Il était facile d'entendre ce que M.*** n'avait pas voulu dire précisément. L'époux partit, madame resta, et les leçons de harpe se multiplièrent en proportion des espérances.

Duval avait donné à Caroline les connaissances élémentaires qui suffisent à une femme. Elle était assez avancée pour travailler seule, si elle voulait faire des hautes sciences son affaire principale : Duval fut nommé à la première place vacante à l'Institut.

Justifions maintenant l'usage que M.*** faisait de son credit. Il était homme, et par conséquent sujet à des faiblesses. Il se permettait des préférences; mais, jamais il ne recommandait que des sujets dignes des bontés du Souverain. En effet, Surville avait toujours bien servi, et était un des anciens colonels de l'armée. Saucy avait peu d'instruction, mais beaucoup d'esprit naturel et de facilité. Il avait de plus l'expérience de ses premières fautes, et le désir de les réparer. Il touchait à l'âge où l'homme commence à sourire aux rêves de l'ambition : il suffisait donc de le bien diriger, pour en faire un sujet distingué.

Depuis long-temps la voix publique appelait Duval au fauteuil académique, où elle appelle en vain, depuis des années, l'immortel auteur d'OEdipe à Colonne, le premier de nos poètes lyriques. Forcera-t-on la postérité à dire de lui, comme de Piron,

> Ci-gît Guillard, qui ne fut rien,
> Pas même académicien?

Je crois vous avoir convaincu que M.*** était toujours juste envers ceux à qui il accordait ses bons offices, et ils n'étaient pas moins ses obligés, parce que le mérite sans appui perce difficilement. C'est une vérité malheureusement trop connue.

Il est temps de faire paraître enfin celui qui doit jouer un rôle essentiel dans la suite de cette histoire.

M. de Surville avait remis son régiment à son successeur, et était venu à Paris. Un militaire aime toujours à revenir là, et il ne lui faut pour cela qu'un prétexte. L'officier-général en avait un très-plausible : il fallait qu'il fît ses équipages. Sa femme lui avait laissé pressentir les causes de son avancement : il fut faire sa cour à M.***, et il vint au hameau pour cultiver l'affection de cette petite fille, qui faisait des généraux.

Madame de Surville était encore bien. L'absence rajeunit une femme, et lui rend le charme de la nouveauté. Son mari se décida à passer au village tout le temps dont il pourrait disposer. Madame applaudit beaucoup à cette résolution, car enfin il en coûte toujours un peu pour être sage. La sagesse, dans certains cas, n'est que la force d'attendre, et femme qui attend, compte sur quelque chose.

Surville s'empressa de prévenir les moindres désirs de sa tendre compagne; c'est ce que font ordinairement les maris de passage : ils aiment à laisser après eux des souvenirs qui balancent quelquefois avec avantage certaines fantaisies..... Rien ne pouvait être plus agréable à madame de Surville, que d'être réunie à son fils : son mari le remit dans ses bras. Seize ans, la beauté d'Adonis, des formes parfaites, les graces naïves de l'adolescence, voilà en quatre traits le portrait d'Édouard.

Tout le monde le trouva charmant, et il n'avait encore aucune connaissance approfondie; mais, il n'était étranger à rien. Il pouvait parler superficiellement de tout, et c'est assez pour un homme du monde. Il chantait passablement, ce qui donne un certain relief dans la société; il dansait à ravir, ce qui est le mérite par excellence. Sa mère le trouvait accompli. M. de Sur ville, qui savait très-peu, assurait qu'Édouard savait beaucoup, et il ajoutait, en riant, qu'il suffit, pour faire son chemin, de se bien battre, et de connaître la manœuvre.

Il est clair, d'après cela, qu'il destinait le jeune homme au service. Celui-ci n'avait pas la moindre idée de l'état militaire ; mais, l'éclat de l'uniforme séduit toujours, à seize ans. Madame de Surville combattit fortement ce projet. Son fils la pria, la conjura, et quelle est la mère qui résiste long-temps à un fils unique ?

Le général écrivit au colonel qui avait son régiment. Il lui proposait son fils ; il le recommandait à ses soins et à sa bienveillance ; il le confiait à l'amitié du corps d'officiers qu'il avait eu l'honneur de conduire à la victoire. Ces sortes de recommandations ne manquent jamais leur effet, et la réponse du colonel fut telle qu'on l'attendait et qu'elle devait être.

Pendant qu'on disposait tout pour métamorphoser Édouard en héros, il s'ennuyait par deux raisons. La première, c'est que la jeunesse est impatiente de jouir ; la seconde, c'est qu'il n'avait personne dont les goûts s'accordassent avec les siens. Le président et Duval ne jouaient ni au ballon ni à la longue paume ; Sancy travaillait au hameau, quand il y venait ; Surville faisait le papa, et la chère maman était naturellement sérieuse. Madame Sancy était vive, enjouée, et une mise recherchée la rendait encore très-piquante. Mais, quel est l'adolescent qui ose s'attacher à une femme de trente ans, qui n'a pas l'air de lui dire : Aimez-moi, je le veux. Et puis, Édouard trouvait presque toujours chez madame Sancy un objet qui ne lui inspirait que de l'éloignement. Caroline ne pouvait plaire qu'à quelqu'un qui saurait l'apprécier, et le mérite principal, le seul même dont un très-jeune homme fasse cas, c'est la beauté.

On avait très-expressément recommandé à Édouard de marquer à mademoiselle Luceval les plus flatteuses prévénances. Il ne manquait jamais d'aller chez elle aux heures indiquées, et c'est là tout ce qu'il pouvait prendre sur lui. Il était enchanté quand il ne la trouvait pas, et lorsqu'il la rencoutrait, il s'asseyait vis-à-vis d'elle, ne trouvait rien à lui dire, et sortait aussitôt que la bienséance le permettait. Il déplut bientôt excessivement à François.

Il ne restait donc à Édouard que le chanteur, dont la voix l'attachait, et dont l'originalité l'amusa les premiers jours. Mais, comme on ne chante pas toute la journée, et que des mines répétées deviennent insignifiantes, Édouard s'ennuya là comme avec les autres, et il retourna chez madame Sancy, attiré par je ne sais quoi, qu'il ne pouvait encore définir. Il trouvait du plaisir, beaucoup de plaisir à la regarder ; mais, on ne l'encourageait pas ; on ne paraissait pas même remarquer cette douce langueur, qui se peignait dans le plus bel œil du monde. Contraint là, ennuyé ailleurs, il vit approcher, avec une véritable satisfaction, le jour de son départ.

Pauvre jeune homme! il ne savait pas combien l'œil d'une femme de trente ans est exercé. Aucun de ses mouvements, aucune de ses pensées peut-être n'avait échappé à madame Sancy. Beau comme un ange, il n'avait contre lui que sa trop grande jeunesse, et madame Sancy était persuadée des inconvéniens qu'elle entraîne : la crainte d'un imprudent sauve plus de femmes que la vertu.

Caroline n'éprouvait pas encore le besoin d'aimer; mais elle commençait à en soupçonner les douceurs. Elle s'était livrée un moment à ces rêves d'une imagination neuve, qui pare et embellit tout. Fillette qui rêve seule, rêve toujours sans danger. Mais, si le réveil n'a rien d'humiliant, il est quelquefois bien pénible.

Elle remarqua bientôt qu'Édouard ne lui accordait que cette politesse froide, si étrangère au sentiment; qu'il ne lui adressait que des choses insignifiantes; qu'il paraissait compter les minutes qu'il passait auprès d'elle; qu'il évitait de la rencontrer chez sa mère ou chez madame Sancy. Ces observations détruisirent l'illusion à laquelle elle s'était si facilement livrée. Elle souffrit; cela était inévitable : premier moment d'amour est toujours un plaisir; le second, même pour la beauté, est la douleur.

Elle arma sa fierté contre son cœur; elle évita Édouard à son tour; elle lui chercha des défauts;

elle le vit partir avec indifférence, elle s'en flatta au moins. Dès qu'elle cessa de le voir, elle ne trouva autour d'elle qu'un vide effrayant. Pendant quelques jours, elle délaissa les sciences et les arts. Elle cherchait la solitude ; elle s'enfermait chez elle, et souvent elle s'étonnait de surprendre une larme, que le dépit voulait arrêter, et qui s'échappait malgré lui. Ses amies, alarmées d'un abandon dont elles ne soupçonnaient pas la cause, la pressaient, la fatiguaient de questions. Caroline répondait qu'elle ne se trouvait pas bien : c'est la réponse de ceux qui n'en veulent pas faire. Il faut donc mentir quand on aime ! Est-ce la faute de l'amour, ou celle des institutions sociales ?

Le ressentiment qu'inspire l'objet aimé dure peu, lorsqu'il ne l'a mérité ni par l'inconstance ni par une perfidie. Édouard n'aimait pas, il n'avait rien promis, il n'avait pas trompé ; il n'était donc pas coupable : tel fut le premier raisonnement de Caroline, et l'ingrat, qu'amour excuse, est bien près de ressaisir tous ses droits. Cependant, il y a de la démence à nourrir une inclination qui n'est point partagée, qui peut-être ne le sera jamais : tel fut le second principe que posa la pauvre enfant, comme si elle était maîtresse encose de régler ses affections. Mais, était-il démontré qu'Édouard n'aimerait jamais ?... C'est devant une glace qu'elle se faisait cette question... Elle se couvrit le visage de ses mains, elle se retira sur une ottomane, et elle répétait péniblement : « Non, non, il n'aimera jamais. »

Cette dernière pensée, à laquelle elle s'arrêtait malgré elle, devint la plus puissante des sauvegardes. Caroline lui dut la ferme résolution de s'armer contre elle-même et de se vaincre. Quelquefois, à la vérité, la réflexion l'arrêtait au milieu d'une romance sentimentale, commencée sans intention. Quelquefois, elle déchirait un papier sur lequel son crayon avait machinalement esquissé les traits d'Édouard. Elle sortait alors, elle se fuyait, elle cherchait le monde; elle affectait une gaieté qu'elle n'avait pas; elle trompait les autres, et croyait se tromper ell-emême.

Elle avait promis à M. **** de lui dévoiler jusqu'à ses plus secrètes pensées, et jamais, dans ses lettres, elle n'avait oser nommer Édouard. Craignait-elle de se donner un ridicule? l'amitié n'en connaît point. Était-ce dissimulation? C'est à vous, mesdames, qu'il appartient de prononcer.

Cependant, l'arrivée au hameau d'un jeune homme beau et bien fait, la joie d'une mère, les espérances qu'elle conçoit de son fils, devaient fournir à une plume exercée une matière inépuisable, et jeter dans la correspondance une variété qui la rendait plus piquante.

Incidit in Scyllam, qui vult vitare Caribdim.

La réserve de Caroline éclaira M. ****, et il lui écrivit :

« Apprenez, par ce qui vous arrive, à veiller
« toujours sur votre cœur. La femme la plus
« belle n'est pas certaine d'être aimée de celui à
« qui elle s'attache inconsidérément.

« Sans doute elle surprendra ses sens, si elle
« cesse de se respecter; mais, de la jouissance à
« l'amour l'intervalle est immense, et un sem-
« blable triomphe est indigne de vous.

« Pénétrez-vous d'une vérité affligeante, mais
« que je ne dois pas vous cacher. L'homme qui
« vous dira : je vous aime, vous trompera, n'im-
« porte par quel motif.

« Vous ne plairez pas à demi. Mais celui qui
« vous aimera, s'attachera insensiblement, sans y
« penser, sans s'en apercevoir, et vous arriverez
« l'un et l'autre au point de n'avoir plus besoin
« d'aveu.

« Livrez-vous alors, sans réserve, à la douceur
« d'aimer. Celui qui vous estimera assez pour
« cesser de vous voir telle que vous êtes, ne peut
« être qu'un homme estimable.

« Gardez-vous surtout de croire, avec la plu-
« part des femmes, que les agrémens extérieurs
« soient une condition essentielle dans le mariage.
« Si cela était, quelles seraient vos ressources, et
« qui, plus que vous, est faite pour rendre un
« homme heureux ?

« De tous ceux que je connais, Édouard est
« celui qui vous convient le moins. Il est beau,
« c'est un malheur pour lui et pour vous : les

« femmes galantes commencent par gâter ces
« hommes-là, leurs épouses finissent par être leurs
« victimes.

« Oubliez ce jeune homme. Si vous avez des
« combats à soutenir, écrivez-moi souvent, tous
« les jours. Laissez parler votre cœur, je lui ré-
« pondrai. Vous me lirez avec répugnance d'abord,
« peut-être même avec humeur : vous écouterez
« enfin le langage de la raison. Je sais qu'elle ne
« persuade pas l'amour, mais elle l'étouffe. —
« Adieu, mon enfant. »

Ce que M. **** avait prévu, arriva. Caroline ne sut d'abord si elle devait se féliciter ou se plaindre de ce qu'on lui écrivait. Mais son secret était découvert, et la discrétion devenait déplacée. Elle ne pouvait se dissimuler la justesse des réflexions qu'on lui adressait, et elle ne pouvait, sans ingratitude, se dispenser de répondre. Elle écrivit donc. Elle présenta des illusions pour des vérités ; elle décora sa faiblesse de ce qui pouvait la rendre intéressante. M. **** savait qu'une maladie violente ne se guérit pas avec de la pitié. Toujours sensible, mais toujours ferme, il combattait victorieusement l'aveuglement et l'erreur. Caroline lui dut enfin ce repos, si désirable dans tous les temps, et si rare pour ceux en qui les passions commencent à se développer.

Mais, si son cœur cessa de la tourmenter, rien ne put lui faire oublier Édouard. Cherchait-elle à rendre sur la toile le beau, le parfait ? L'image du jeune homme se présentait à elle. Au milieu de la lecture la plus attachante, le livre tombait de ses mains. C'est encore Édouard dont elle lisait l'histoire ; les vertus du héros étaient les siennes ; elle en avait fait un être idéal. Il était là, toujours là ; mais elle lui souriait, et ne le pleurait plus.

La guerre venait d'éclater entre la France et ses éternels rivaux. Le Français, bien conduit, ne connaît ni la fatigue, ni le danger. Il ne voit que la victoire, et elle lui est fidèle. Cet enthousiasme national avait enivré jusqu'au dernier soldat. Édouard, jusqu'alors si doux, si timide, ne respirait que combats, et M. de Surville applaudissait à cette ardeur, présage assuré de grandes choses.

Le voilà donc, à peine sorti de l'enfance, renonçant aux douceurs d'une vie commode, aux jouissances qu'offrent à chaque pas les grandes villes et la fortune ; le voilà transplanté dans les camps. La licence qui y règne l'effraya, et lui inspira un dégoût insurmontable. C'est par degrés qu'on passe ordinairement de l'innocence à la faiblesse, et de la faiblesse à la débauche. Celui à qui on présente d'abord le vice dans toute sa laideur, recule et ferme les yeux : c'est ce que fit Édouard, et il dut à cette première impression, des mœurs qu'il conserva toute sa vie.

Bientôt le canon se fit entendre. Le danger le rappela un moment à la nature ; son second mouvement appartint à l'honneur. Toujours au poste périlleux, il cherchait la gloire, qui semble se dérober même à ses favoris : l'intrépidité l'arrête, et lui arrache la couronne.

Édouard se fit remarquer dès son entrée dans la carrière. Un grade très-subalterne fut la récompense de ses premiers essais, et le jeune soldat y attachait du prix : il le devait à sa valeur.

Déja les ennemis comptaient les actions par leurs défaites. Déja Édouard avait planté le drapeau français sur les retranchemens d'une ville, défendue par une armée entière et par une formidable artillerie. Une distinction nouvelle lui était promise; il allait jouir du plaisir de s'entendre nommer encore à la tête de son régiment : le plomb meurtrier le frappe; son sang coule; il est forcé de se retirer, et de laisser à ses compagnons d'armes l'honneur d'achever de vaincre.

Que devint madame de Surville, lorsqu'elle apprit cette triste nouvelle? Vous le savez, vous qui êtes mères, bonnes mères, et qui avez eu, peut-être, à pleurer la perte d'un enfant. Dans sa douleur, elle disposa tout pour son départ. Elle ne pouvait se réunir à son fils, elle le savait; mais elle croyait gagner beaucoup en raccourcissant l'intervalle qui l'en séparait. Elle comptait sur des hasards, sur des chimères : tout est crainte et plaisir pour l'amour maternel.

L'état où était Caroline, différait peu de celui de madame de Surville. Elle se représentait

Édouard, pâle, défait, le bras ensanglanté, tombant sans secours, sans consolation, et on ne se crée pas de telles images, sans éprouver un vif intérêt. Des larmes s'échappaient encore; elle croyait ne les donner qu'à l'humanité; elle l'écrivait à M. ****, qui feignait de la croire, mais qui lui prouvait très-clairement le danger de prendre trop de part aux souffrances d'un jeune homme : était-ce l'instant de vouloir prouver quelque chose? Il eut au moins la sagesse de ne pas combattre ouvertement des sentimens que le temps pouvait affaiblir encore.

La jeune personne fut frappée d'un nouveau coup, lorsque madame de Surville monta en voiture. Que n'eût-elle pas donné pour l'accompagner! Pourquoi madame de Surville ne lui en faisait-elle pas la proposition? Comment ne sentait-elle pas les embarras que doit causer à une femme seule un voyage aussi long? Combien une amie active et prévenante aide à les supporter, et distrait des ennuis de la route! Madame de Surville ne pensait à rien de tout cela. Elle fit même rentrer ce qui lui paraissait charger inutilement la voiture. « Crevez dix chevaux, dit-« elle à son courrier, crevez-en vingt, et que « j'arrive ! »

Cette campagne égala ce que les féeries nous content de plus prodigieux. L'orgueil de deux grands souverains abaissé devant l'aigle française; un empire conquis et rendu; des trônes donnés, des alliés acquis, voilà ce que fit en trois mois celui qui eut la modestie de refuser les honneurs du triomphe.

Édouard n'était pas rétabli entièrement, lorsque se donna cette bataille, qui termina la plus importante et la plus courte des guerres. De ce lit, où le retenaient encore la faiblesse et la douleur, il entend le son de la trompette; il se lève, il essaie ses forces; il sent qu'elles le trahiront peut-être; mais, une ame guerrière est toujours maîtresse du corps qu'elle anime : il se fait amener un cheval; on le met en selle; il part.

Il déploya, dans cette grande journée, la valeur d'un vieux soldat et l'intelligence d'un capitaine. Attaché à M. de Surville, il était partout avec lui, et partout il portait des coups décisifs. Il osa même énoncer des avis, dont on sentit toute la justesse, et dont l'exécution fut couronnée du succès.

Il était difficile que sa conduite échappât à celui dont l'œil embrasse tout. C'est de sa main qu'il reçut, sur le champ de bataille, les épaulettes et l'injonction de se retirer à Vienne, où les blessés pouvaient se procurer les soulagemens qu'ils ne trouvent pas toujours dans les camps. Il partit; il arriva dans cette capitale, sans le moindre soupçon de la nouvelle jouissance qui l'y attendait.

C'est là que madame de Surville avait été forcée de s'arrêter; c'est de là qu'elle écrivait à son mari, qui ne recevait pas toujours ses lettres, et qui trouvait rarement le moment de répondre; c'est enfin à ceux qui arrivaient, qu'elle s'informait de son fils, qui n'était connu d'aucun d'eux, ce qui lui paraissait inconcevable.

Elle apprend enfin qu'un officier de hussards vient de descendre à telle auberge. S'il était du régiment d'Édouard.... s'il avait approché M. de Surville.... s'il était au moins porteur d'une lettre, du plus simple billet.... Elle court, elle entre.... c'est lui, c'est son fils qu'elle presse dans ses bras.

Après les doux tributs qu'exigeait et qu'obtint la nature, il était tout simple que l'amour-propre eût son tour. Il n'est pas de française que la valeur ne séduise; il n'est pas de femme, parmi nous, qui ne soit fière d'être la mère d'un petit héros. Madame de Surville entra dans les moindres détails. Il fallait qu'Édouard racontât tout, qu'il s'étendît même jusqu'aux évolutions militaires, auxquelles madame de Surville n'entendait rien; qu'il répétât ce qui intéressait, et surtout qu'il parlât beaucoup de lui, ce qui coûte toujours un peu à la modestie. Sa mère l'arrêtait après l'histoire du drapeau planté sur les retranchemens ennemis, après le récit très-circonstancié de la manière dont la balle l'avait frappé; elle l'arrêtait pour regarder cette balle, la tourner dans ses doigts, l'envelopper dans du coton, et la serrer dans sa bonbonnière, et à chaque pause, un cordial ou un consommé, présenté par la belle maman, mettait Édouard en état de reprendre et de poursuivre.

Quand il eut fini, recommencé et recommencé encore, madame de Surville s'étonna et se plaignit même qu'il ne fût que lieutenant. Elle affirmait que tant de belles choses méritaient au moins un régiment. S'il fût revenu colonel, elle eût voulu le voir général.

Nos troupes évacuèrent enfin le théâtre de leur gloire. Madame de Surville revit son époux ; mais il fallut qu'elle se séparât de son fils. Son régiment passa par Vienne, et il le suivit à sa garnison. Elle eut au moins, avant de se séparer d'Édouard, la satisfaction de voir combien il était estimé et chéri de ses supérieurs et de ses camarades.

Nos jeunes gens passent le temps des garnisons dans l'oisiveté et les plaisirs frivoles. Édouard, très-jeune, se livra d'abord sans réserve à la société. Il jugea bientôt qu'il pouvait, qu'il devait employer plus utilement ses loisirs. Il ne se sentait pas fait pour languir dans les grades inférieurs, et il avait la noble ambition de se rendre digne de commander. Il travailla à acquérir, au sein de la paix, les connaissances que l'expérience de la guerre ne donne pas toujours à nos vieux officiers.

Madame de Surville était revenue au hameau. Là, elle se plaisait à redire ce que le beau garçon lui avait raconté. Vous connaissez celle qui ne se lassait pas de l'entendre, qui ne la quittait plus, qui oubliait toujours ce qu'elle avait entendu la veille, afin de pouvoir l'entendre encore.

C'est auprès de madame de Surville que Caroline se consolait des pertes qu'elle avait faites. M. de Sancy avait obtenu l'emploi distingué qui lui était promis, et son aimable épouse l'avait suivi à la cour où il allait résider. La jeune personne avait été très-sensible à cette séparation : elle aimait madame de Sancy pour elle-même, car, depuis long-temps, elle n'avait plus besoin de ses leçons.

Elle était privée encore d'un ami, d'un commerce moins agréable, mais d'un caractère plus solide. Duval, chargé seul du loyer d'une maison, depuis que François dirigeait celle de mademoiselle Luceval, s'était décidé enfin à quitter des lieux où il avait trouvé ce bonheur paisible, si précieux au sage. François avait proposé une réduction qu'il se chargerait de faire approuver de M. ***. Duval avait déclaré franchement à son vieil ami que si ses facultés ne lui permettaient pas de supporter cette dépense, sa délicatesse lui défendait de recevoir de grace de cette nature, et il emporta l'estime et les regrets de ceux qui l'avaient connu.

François ne négligeait rien pour faire valoir la propriété de Caroline. Les deux maisons étaient à peine vides, qu'il les avait fait annoncer. Les amateurs se présentaient en grand nombre : on savait que M. *** allait quelquefois se reposer au hameau du poids de ses affaires, et on aime à s'approcher des grands qui ont les qualités de leur place ; on s'empresse même autour de ceux qui n'en possèdent aucune. François était dans l'embarras du choix. Il allait enfin se décider, lorsque des nouvelles affligeantes le firent partir pour Paris.

Depuis long-temps on ne savait rien qu'indirectement de la famille Luceval, et ce qu'on en savait était inquiétant. On apprit enfin que le désordre était dans les affaires. François avait trop aimé son Adolphe pour qu'il lui fût devenu tout-à-fait indifférent. Il commença par le plaindre ; il essaya ensuite de le servir. Discret envers Caroline, qui n'était instruite de rien, il prétexta des affaires, et se rendit à Paris. Il ne se présenta pas à l'hôtel : son aspect eût déplu ; il le savait, et son zèle n'en souffrit pas. Sensible à la reconnaissance, il pardonnait l'ingratitude.

Il chercha à se rappeler les noms de quelques-uns de ceux qui vivaient habituellement avec Luceval, dans ces temps déja reculés, où son amitié était payée de retour. Il en retrouva plusieurs ; il leur confia ses alarmes, et n'en obtint que des éclaircissemens vagues, accordés plutôt à l'importune persévérance du vieillard, qu'au désir de sauver un malheureux qui se perdait.

François, désolé, tourmenté, pensa enfin au notaire qui faisait les affaires de son Adolphe, pendant sa minorité. Cet homme était l'un de ceux qui honoraient alors, qui ennoblissaient leur ministère par une probité irréprochable. Il était à présumer que Luceval ne l'avait pas quitté, et il était difficile en ce cas, qu'il ne connût à peu près sa situation.

Le notaire reconnut le cœur de François, au ton pénétré et attendri avec lequel il lui parla. Il eût violé la réserve absolue, à laquelle tient souvent le repos des familles, et dont un homme public ne s'écarte jamais, s'il eût éclairé tout autre que le bon vieillard ; mais les secrets dévoilés à la sollicitude d'une affection qui ne s'est jamais démentie, et qui peut être utile encore, n'en sont pas moins impénétrables pour ceux qui pourraient en abuser.

François frémit lorsqu'il sut que Luceval avait engagé la plus grande partie de ses biens ; qu'il devait environ six cent mille francs, et qu'il cherchait à faire un nouvel emprunt. Il sortit du cabinet du notaire, troublé, abattu, découragé. Un voile épais obscurcissait ses idées ; il prenait, en chancelant, la route de l'hôtel, sans savoir ce qu'il dirait, ce qu'il était possible de faire. « Je le « verrai, disait-il ; il n'aura pas la cruauté de me « repousser, et peut-être m'indiquera-t-il lui- « même quelque moyen de le ramener à l'ordre,

« et de rétablir sa fortune.... Non, il ne me re-
« poussera pas. Il ne fera pas mourir de douleur
« l'ami de son père et celui de son enfance. »

Il arrive, il entre chez le portier : monsieur n'était pas visible. « Dites-lui que c'est François.
« — Il ne veut voir personne. — Dites-lui que
« c'est François. — Mais, monsieur, je ne peux
« désobéir.... — Vous me refusez ! je l'attendrai
« dehors, là, sur cette pierre. J'y passerai la jour-
« née, la nuit, s'il le faut. »

Le vieillard se traîne sur un banc; il s'assied, il repose sa tête sur ses mains, que soutient un bâton noueux. Il est assailli des plus cruelles réflexions; toutes les facultés de son ame sont anéanties.

Des laquais, richement vêtus, allaient, venaient, s'asseyaient à côté de lui, fatigués de leur ennuyeuse oisiveté. Il leur répétait à tous :
« Dites-lui que c'est François. »

Les uns lui répondaient à peine ; les autres ne lui répondaient pas, et le quittaient avec une sorte de dédain.

« Mon ami, dit-il à un jockei, qui rentrait en
« riant et en sautant, tu es bien jeune encore;
« ton cœur n'a pas eu le temps de s'endurcir,
« tu auras pitié de ma vieillesse. Dis à ton maître
« que son tuteur, que son ami est à la porte de
« son hôtel, méprisé, rebuté par ses gens; qu'il
« ne vient pas lui reprocher de l'avoir oublié;

« qu'il ne veut que le servir, et qu'il faut qu'il
« lui parle. »

Luceval, renfermé dans son cabinet, était en proie aux inquiétudes, aux regrets que cause toujours le désordre des affaires à un homme qui n'a pas perdu tout sentiment d'honneur. Dès long-temps il était privé de ces douces jouissances qui naissent de la paix de l'ame. Souvent même le sommeil le fuyait. S'il s'oubliait quelquefois, c'est lorsqu'un attachement, qui n'était pas encore éteint, imposait, pour quelques momens, silence à la raison. Qu'ils lui coûtaient cher ces courts instans! ils étaient ordinairement le prix d'un nouveau sacrifice.

L'enfant lui rendit les propres mots de François. Luceval ne balança point. Il se lève, il s'élance; son premier mouvement appartient tout entier à la reconnaissance, à la vénération. Il s'arrête au milieu de la cour...... Sa mémoire, trop fidèle, lui retrace à la fois tous ses torts envers François. Aura-t-il le courage de s'avouer coupable? retournera-t-il sur ses pas? Agravera-t-il ses fautes par la fausse honte de n'oser les reconnaître?

Il balance, il hésite.... le sentiment l'emporte sur toute autre considération. Il s'avance, il prend la main du vieillard. François lève lentement la tête; ses yeux se portent sur ceux de Luceval; il y voit la confusion et la bienveillance... il lui ouvre ses bras. Luceval n'ose le presser dans les siens. Il entreprend d'excuser sa conduite; il ne trouve que des mots. « Ne parlons pas du passé, « mon cher Adolphe. Je cherche à l'oublier; j'y « parviendrai peut-être. Ne nous occupons que « de vous. »

Luceval lui prend la main; il le conduit par différens détours; il monte un escalier dérobé... « Je vois ce que vous craignez, Adolphe. C'est « cette malheureuse faiblesse qui a détruit votre « fortune. N'aurez-vous jamais de courage que « contre moi? Osez redevenir homme : c'est le « seul moyen d'éviter le précipice où l'on vous « pousse en vous caressant. Je m'exposerai aux « premiers éclats, je les épuiserai, s'il le faut; « vous n'aurez qu'à paraître et à vous prononcer. « Je passe chez madame. — Non, mon ami, vous « ne la verrez pas. — Je la verrai, vous dis-je. « Elle me recevra mal, je le sais; mais le danger « où vous êtes me donne une énergie que je ne « connus jamais. — Elle n'écoutera rien. — L'ef- « frayante vérité se fait toujours entendre. Je lui « peindrai sa situation actuelle, celle plus affli- « geante encore qu'elle se prépare. Qu'elle se juge, « qu'elle se repente, et nous verrons après. »

François s'avance d'un pas ferme. Il entre sans se faire annoncer.

Madame Luceval était seule avec Julie. Elle regarde fixement le vieillard. Sa figure n'exprimait que le froid orgueil, et la sécheresse d'une ame

usée ; bientôt elle devint menaçante. « Epargnez-
« vous, madame, des emportemens qui ne chan-
« geraient rien à ma résolution. Si je l'avais prise
« plus tôt, je ne gémirais pas aujourd'hui sur
« des égaremens... — Retirons-nous, ma fille,
« évitons ce vieillard chagrin, que votre père
« n'aurait pas dû.... — Je vous suivrai, madame;
« vous m'entendrez malgré vous. » Madame Luceval, outrée, furieuse, tire avec violence le
cordon de la sonnette. « Evitez-vous la honte
« d'avoir vos gens pour témoins de mes reproches,
« et de ceux que vous vous ferez bientôt. » Les
femmes, les laquais, attachés à madame Luceval,
entrent avec précipitation. « Chassez cet homme,
« qui ne respecte aucune bienséance, qui m'ose
« outrager chez moi. Chassez-le, vous dis-je. —
« Je suis ici de l'aveu de votre maître; qui de
« vous osera porter la main sur moi? — Pour la
« dernière fois, obéissez. » François se couvre,
s'assied froidement et continue.

« Il y a bientôt vingt ans, madame, que j'ai
« comblé vos vœux les plus doux. L'état où je
« vous ai élevée, a surpassé vos plus flatteuses es-
« pérances. Les biens de l'amour, ceux de la for-
« tune, la considération qui suit le noble emploi
« des richesses, vous avez eu tout, et vous tenez
« tout de moi seul. Alors, vous consentiez à me
« devoir quelque chose ; alors, j'étais votre ami,
« votre père : tels étaient du moins les titres pré-
« cieux que vous m'accordiez. Qui de nous deux

« a changé? Ai-je varié dans mon affection? ai-je
« cessé de vous consacrer mon temps et mes soins,
« lors même que je ne paraissais pas m'occuper
« de vous, et l'effort que je fais aujourd'hui ne
« prouve-t-il pas un dévouement que ne peuvent
« ébranler ni l'ingratitude, ni les mauvais traite-
« mens? — Sortez, sortez tous, puisque je ne
« suis plus maîtresse chez moi. Ah ! monsieur Lu-
« ceval, monsieur Luceval!

« — Vous m'avez forcé, madame, à rappeler
« ma conduite : voyons quelle a été la vôtre.
« Vous avez fermé le cœur de votre époux aux
« sentimens de la nature ; vous m'avez fait bannir
« de cet hôtel, parce que seul j'osai m'élever
« contre l'oppression dont votre fille aînée fut si
« long-temps la victime. Armée des séductions
« de l'amour et de l'esprit, vous avez usurpé sur
« mon Adolphe un ascendant qui dégrade l'homme
« sans élever son épouse ; vous avez abusé de
« votre empire pour dissiper une partie de sa for-
« tune, et quel fruit avez-vous retiré de ces pro-
« digalités ? vous avez flétri votre jeunesse par les
« veilles et le jeu ; votre cœur n'a plus été sen-
« sible qu'à l'appas du gain, au-dessus duquel
« vous avait placée la fortune ; vous avez éloigné
« de vous tous ceux qui comptent pour quelque
« chose les vertus domestiques, et, pour dernier
« malheur, vous donnez à mademoiselle, à l'en-
« fant de votre choix, l'exemple des passions et

« du désordre.... Possédez-vous, madame, je n'ai
« pas fini encore.

« Vous pouvez reconquérir l'estime que vous
« avez perdue. Il dépend de vous de faire attri-
« buer à l'inconséquence, à la frivolité, les éga-
« remens de votre premier âge : réfléchissez-y,
« madame ; il n'y a pas un instant à perdre. Une
« femme de trente-six ans conserve peu d'avan-
« tages, et la société juge à la rigueur celle que
« le temps a dépouillée de tous ses charmes ; elle
« exige des vertus, où elle caressait des illusions,
« et quel sera votre sort dans quelques années,
« si vous persistez dans votre inconduite ? vous
« n'aurez autour de vous que des êtres sans mo-
« ralité, auxquels vous ne pourrez plus vous
« soustraire ; subjuguée, avilie par eux, entraî-
« née de chute en chute, vous changerez ces
« meubles somptueux contre un misérable gra-
« bat ; les diamans qui vous couvrent seront con-
« vertis en haillons ; vous joindrez enfin à l'in-
« supportable fardeau du mépris public toutes
« les horreurs de l'indigence. Le remords sillon-
« nera vos joues ; il cavera ces yeux dont vous
« avez été si fière. Cette Julie, sans considéra-
« tion, sans talens, sans ressources, vous repro-
« chera ses désastres, et peut-être son infamie.
« Vous appellerez la mort ; elle sera sourde pour
« vous.

« Osez donc, par un effort digne de vous, et

« dont je vous crois capable encore, osez vous
« replacer au rang des femmes respectables. Bri-
« sez les indignes fers dont vous chargez votre
« époux ; rendez une mère à Caroline, et vous
« gagnerez une fille, une amie. Rompez avec un
« monde qui ne cherche que des victimes ; ren-
« fermez-vous dans le cercle de vos devoirs ; met-
« tez à les remplir vos plus douces jouissances.
« Loin d'être réduite alors à vous étourdir sur
« le malheur d'exister, vous ennoblirez le reste
« de votre carrière. Chérie, estimée, bénie de
« ceux qui vous entoureront, vous retrouverez
« ce calme inappréciable qui fit le bonheur de
« vos premières années, et qui devait s'étendre
« sur toute votre vie.

« Je touche aux bornes de la mienne : permet-
« tez que je la finisse en paix. Rendez-vous à mes
« vœux; que je vous voie encore heureuse ! Ma-
« dame, ayez pitié de moi et de vous ; cédez à
« mes larmes, à mes instances.... Je suis à vos
« genoux. Je les presse, et je n'en rougis pas :
« l'amitié peut être suppliante, sans rien perdre
« de sa dignité.... Rendez-vous, madame, rendez-
« vous... Vous vous éloignez, vous couvrez votre
« visage de vos mains... vous le cachez dans le
« sein de votre fille ! vous redevenez la mère de
« cette enfant; vous le serez aussi de l'autre. Il
« est donc vrai que ma voix a pénétré jusqu'à
« votre cœur ! Ah ! laissez-les couler, madame,
« ces larmes qui vous honorent. Il est cruel de

« faillir : il est beau de sentir ses fautes, et sur-
« tout de les réparer. »

Luceval, inquiet, tremblant, écoutait à la porte. Il retenait son haleine, il craignait de perdre un mot. Ravi d'un dénoûment dont il n'osait se flatter, il entre, et sa femme le presse sur son sein. Julie va prendre le vieillard et le met dans leurs bras ; elle les enlace dans les siens. L'amour, l'amitié, la nature, forment un groupe aussi respectable qu'intéressant.

« Combien j'ai été coupable, dit madame Lu-
« ceval, d'une voix presqu'éteinte. Puis-je espérer
« d'effacer jamais ?... Madame, reprit avec force le
« bon homme, l'orage porte avec lui le désordre
« et l'effroi ; on l'oublie quand le soleil a dissipé
« les nuages, et qu'il a rendu à la terre sa pa-
« rure et la vie. Hâtons-nous de chercher un re-
« mède au mal, afin de n'y jamais penser. »

Luceval tenait la main de sa femme ; il la regardait avec attendrissement ; il jouissait de son retour à la prudence et à la raison. « Que croyez-
« vous qu'il faille faire, lui dit-elle avec timidité ? »
C'est la première fois qu'elle demandait son avis.
« Ma bonne amie, consultons François : nous se-
« rions trop heureux, si nous ne nous étions ja-
« mais écartés de ses conseils.

« — Monsieur, je ne vois qu'un parti à pren-
« dre : c'est de vendre une partie des biens pour
« libérer l'autre. Défaites-vous promptement de
« cet hôtel, qui nécessite un faste que vous ne

« pouvez plus soutenir. Prenez un logement com-
« mode, décent, mais convenable à votre situa-
« tion.... Attendez... oui... cette idée... Dieu ! bon
« dieu ! que je serais heureux si ce plan pouvait
« se réaliser ! peut-être ne vendrez-vous rien ;
« peut-être, dans peu d'années, jouirez-vous de
« la totalité de vos revenus. Je vous quitte. De la
« confiance, du courage surtout. Je vous reverrai
« demain. »

On l'arrête, on l'interroge, on le presse de s'expliquer ; il s'échappe, il sort, il court. Il a retrouvé le feu de sa jeunesse pour faire encore une bonne action.

QUATRIÈME PARTIE.

CHAPITRE PREMIER.

Caroline fait son devoir.

C'est au hameau que François était allé; c'est le cœur de Caroline qu'il voulait sonder; c'est elle qu'il cherchait. Il rencontra Édouard, brillant de gloire et de jeunesse. L'intéressant, le trop intéressant officier était venu passer un congé de six mois chez une mère qui l'adorait, et c'était toujours là qu'on trouvait Caroline. Madame de Surville était l'objet de ses égards, de ses attentions, de sa reconnaissance; tout ce qui n'était pas elle, lui était étranger. Elle le croyait, ou elle feignait de le croire : on est quelquefois si aise de se mentir à soi-même! Mais l'illusion soutient-elle l'examen de la sincérité? François n'était pas de retour, que Caroline sentait et sa position et les chagrins qu'elle se préparait. Elle voulut combattre : le pouvait-elle? il fallait fuir..... il n'était plus temps.

Édouard lui-même contribuait, sans y penser,

à la fixer chez sa mère. Les marques d'affection que mademoiselle Luceval prodiguait à madame de Surville ne devaient-elles pas le flatter? les talens qui se déployaient devant lui, les graces d'un esprit formé, n'avaient-ils pas des droits à son estime? A l'éloignement que lui avait d'abord inspiré Caroline, avait succédé le sentiment intime de tout ce qu'elle valait. Ses sens étaient muets auprès d'elle ; mais il chérissait en elle l'amie de sa mère ; il aspirait au titre de son ami, parce qu'il la croyait faite pour ennoblir l'amitié. Il n'était pas empressé, mais affectueux avec elle. Un mot qui lui échappait, était interprété de cent manières, et c'était toujours à l'interprétation la plus favorable que la pauvre enfant s'arrêtait. Elle n'osait pas concevoir d'espérances positives, et cependant elle aimait à se lancer dans l'avenir. Avenir incertain, ressource des malheureux, flatteur de tous les hommes !

Elle se rappelait, avec complaisance, ce que M.*** lui écrivait dans sa première lettre. Il a raison, pensait-elle : le sentiment de la beauté et de la laideur s'affaiblit insensiblement par l'habitude. L'impression de la laideur est plus désagréable sans doute que n'est flatteuse celle de la beauté; mais si cette impression s'efface chaque jour devant les qualités de l'esprit et du cœur..... devant celles que je possède peut-être..... Elle n'osa achever sa pensée.

Mais elle reprenait bientôt : Édouard m'a d'abord témoigné du dédain, et du dédain au mépris il n'y a qu'une ligne imperceptible, qu'on franchit sans s'en apercevoir, si on n'est retenu par quelque chose qui force l'estime. Édouard ne m'évite plus, ne me dédaigne plus : j'ai donc réellement quelque chose.....

Mais est-ce bien de l'intérêt qu'il me marque? n'est-ce pas plutôt de la pitié? Hé, quand ce ne serait que cela! la pitié est étrangère au mépris et à la haine; c'est une affection douce, et tous les sentiments qui agitent agréablement l'ame, s'étendent, se prolongent, peuvent arriver par gradation à l'extrémité de la chaîne. Pour moi, la pitié est le premier chaînon, l'amour est le dernier ; mais qui peut dire où s'arrêtera Édouard?

Voilà les rêves flatteurs auxquels s'abandonnait la chère enfant. Elle ne proférait pas un mot, elle ne l'eût pas osé; mais elle souriait à la félicité suprême que son imagination créait dans le lointain. Elle caressait sa chimère, lorsque François se présenta devant elle.

« Mademoiselle, lui dit-il, je vais vous affliger;
« mais peut-être trouverez-vous, même dans ce que
« je vais vous dire, des motifs de consolation pour
« vous et pour ceux que l'inconduite expose aux
« traits du malheur. Votre père a totalement dé-
« rangé ses affaires. — Que m'apprenez-vous? — La
« vérité. — Mon père doit?... — Des sommes considé-
« rables. — Vous m'affligez, en effet, mon bon ami;
« mais vous me consolerez, comme vous le disiez

« tout à l'heure. Que croyez-vous qu'il faille faire ?
« — Je leur ai conseillé de vendre pour s'acquitter,
« et de se renfermer dans le cercle obscur qui con-
« vient à leur situation.—Il est dur de décheoir.—
« Il y a de la démence à consommer sa ruine.

« — Que vous a-t-on répondu ? — On a paru
« disposé à entrer dans mes vues. Cependant j'ai
« pensé depuis, qu'on pourrait abandonner, pen-
« dant quelque temps, la totalité des revenus aux
« créanciers..... — J'entends, ils conserveraient
« leurs biens ; mais il faut des moyens d'existence.
« — N'en voyez-vous aucun, mademoiselle ? —
« Ah ! François, François, je vous entends. J'op-
« poserai la tendresse à la froideur, la générosité
« aux mauvais traitemens ; je pourrai reconquérir
« leurs cœurs, et c'est à vous que je devrai ce
« triomphe. Ils m'ont fait bien du mal ; mais je
« leur dois la vie, et ils sont malheureux. — Chère
« enfant ! ah, je le savais, que votre cœur répon-
« drait à l'appel du mien !

« — François ? — Mademoiselle ? — Je leur cède
« ma maison..... — Après ? — Je me bornerai à une
« seule chambre. — Poursuivez. — Je leur rendrai
« mon contrat de vingt mille livres de rente... —
« Achevez. — Sur lequel ils me donneront ce qu'ils
« croiront nécessaire. Avec ce revenu et l'abon-
« dance qu'on trouve ici, ils seront riches encore.
« — Avez-vous fini ? — Avez-vous quelque chose
« à ajouter ?

« — Vous n'excitez pas mon admiration. Vous

« m'auriez, au contraire, étonné, en pensant, en
« parlant autrement. Mais c'est à ma prudence à
« ménager vos vrais intérêts, et ceux de gens qui
« vous aiment presqu'autant que moi.

« Si vous recevez vos parens dans votre maison,
« que deviendront mademoiselle Lori et ces deux
« domestiques, si attachés, si fidèles? Faut-il, pour
« prix de leurs services, les renvoyer, les réduire
« à l'indigence? Souffrirai-je que vous renonciez
« à votre indépendance, dont vous devez si bien
« connaître le prix? Mademoiselle, vous avez cédé
« au premier élan d'une belle ame; mais s'il est
« beau de s'exposer à faire des ingrats, il est cruel
« d'être leur victime. Vous garderez votre contrat
« et votre maison. Nous en avons deux dont vous
« pouvez disposer. Votre père en occupera une.
« — Et de quoi vivront-ils? — Du produit de la
« seconde.

« — Mais, mon ami, vous voulez être juste en-
« vers tout le monde, et vous ne réfléchissez pas....
« — A quoi donc? — Je dois encore quarante-huit
« mille livres à M.***; je lui ai abandonné le pro-
« duit du hameau, et vous en retranchez net vingt-
« quatre mille. — Vous avez raison; je ne pensais
« pas à cela. Mais doutez-vous que M.*** se prête
« à des desseins aussi respectables? il vous saura
« gré de partager avec lui le mérite d'une action
« louable, et..... — Mais il faut au moins avoir son
« assentiment. — Partons pour Paris. — Partons. »

M.*** recevait toujours mademoiselle Luceval

d'une manière distinguée. Dès qu'elle paraissait, les valets prenaient un air riant, et s'empressaient de l'annoncer. Voulez-vous savoir, a-t-on dit, comment vous êtes avec le maître? étudiez la figure de ses gens.

Caroline traversa une antichambre pleine de solliciteurs, qui attendaient, avec impatience, que M.*** reçût leurs justes plaintes, ou favorisât leurs folles prétentions. François, d'un air gauche, donnait la main à la jeune personne, et on le salua avec beaucoup de respect, parce qu'il est reçu qu'un homme, qui entre librement chez un personnage élevé, doit être nécessairement quelque chose. On remarquait bien sa gaucherie, quelque ridicule dans sa manière de se mettre ; mais on se gardait de rire, parce que s'il ne pouvait rien par lui-même, il devait pouvoir protéger. L'intérêt, l'intérêt, et toujours l'intérêt, source éternelle de grandes choses et de bassesses!

« Mademoiselle, dit M.*** à Caroline, je suis
« fort aise de vous voir ; mais vous n'avez pas
« bien choisi le moment. Vous avez pu remar-
« quer en traversant mon antichambre, que j'ai
« des obligations à remplir. Le devoir d'abord, et
« le plaisir après. Passez avec M. François dans
« cet arrière-cabinet. Vous y trouverez des gens
« de connaissance. »

C'étaient les auteurs chéris de Caroline, c'étaient ceux qui avaient autrefois contribué à l'instruction et à l'amusement de François. On aime à se retrouver en bonne compagnie, et celle-ci a sur la société vivante l'avantage de ne jamais gêner personne, et d'être toujours prête à nous admettre à son intimité.

M.*** rentra deux heures après. «Je suis un peu
« fatigué, dit-il. Si les hommes, qui sont si sé-
« vères envers les autres, voulaient seulement être
« justes envers eux, nos fonctions seraient faciles
« et agréables; mais je vous assure qu'il faut quel-
« que courage pour se charger d'une grande place
« quand on veut la bien remplir.

« Passons, mademoiselle, à ce qui vous amène
« à Paris. Vous êtes avare de cette faveur : au reste,
« je ne m'en plains pas. Vous faites dans l'obscu-
« rité, et pour le seul plaisir de le faire, tout le
« bien que je voudrais verser sur la société. Ne
« rougissez pas de cet éloge; il ne vous appar-
« tient pas en entier : vous avez eu deux bons
« maîtres, M. François, et le malheur. »

Caroline expose la situation actuelle de ses parens, et M.*** passe subitement du ton le plus caressant à l'air le plus sérieux. La jeune personne développe son plan avec timidité et modestie, et M.*** remue la tête d'une manière absolument négative. « Me désapprouvez-vous, monsieur ? —
« Non, mademoiselle, vous faites ce que vous de-
« vez; mais je ferai ce que je dois. — Monsieur,
« vous m'avez comblée de bienfaits, lorsque je

« n'avais aucun titre pour y prétendre. Permettez-
« moi de les justifier, par l'emploi que j'en veux
« faire.

« — Mademoiselle, si la remise de ce que vous
« me devez, si une somme supplémentaire étaient
« utiles à votre bien-être, ou pouvaient favoriser
« un établissement convenable, je ne balancerais
« pas à vous les offrir, et je me croirais heureux
« de vous les voir accepter. Mais donner à des
« étourdis, à des gens sans naturel et sans con-
« duite, ce que réclame tous les jours de moi
« l'industrieuse et honorable indigence ! non, ma-
« demoiselle, n'y comptez pas. Je ne sacrifierai
« point mes principes à l'amitié. Soulagement au
« bon, haine au méchant.

« — Mon père n'est pas méchant, monsieur,
« j'ose vous l'assurer. — Quelle différence faites-
« vous, mademoiselle, de celle qui fait le mal et
« de celui qui le permet ? — Ma mère a senti ses
« erreurs, elle les abjure, elle l'a promis à Fran-
« çois. — Ne croyez point à de telles promesses,
« mademoiselle. Un retour aussi précipité ne peut
« être durable. — Ainsi donc, monsieur, cette en-
« fant, que vous avez pour ainsi dire adoptée, ne
« gagnera rien sur vous ! — Rien, mademoiselle.
« Séchez, séchez vos larmes ; ce n'est pas vous qui
« devez en répandre, et celles que vous versez en
« ce moment sont pour eux un reproche de plus.
« Les malheureux ! je leur pardonnerais peut-être
« d'avoir dissipé leur bien, de l'avoir jeté au sein

« d'une multitude de laquelle il ne leur est pas
« sorti un ami; je pourrais oublier qu'une femme
« sans jugement a avili son époux; qu'un homme
« sans caractère a bassement adoré ses caprices;
« mais vous abandonner un an après votre nais-
« sance! vous laisser dans des mains étrangères.....
« — Ces mains sont vertueuses, monsieur; pou-
« vaient-ils mieux choisir ? — Ils vous devaient les
« leurs; ils vous devaient ces soins assidus, cette
« sollicitude paternelle, sous lesquels l'enfance
« croît et se développe comme la jeune plante
« aux rayons bienfaisans du soleil. Ils vous ont
« délaissée; ils vous ont abreuvée d'amertume et
« de dégoûts; pour dernier outrage, ils vous ont
« interdit l'entrée de la maison paternelle; enfin
« ils se sont fermé à jamais votre cœur. — Je le
« leur rends, monsieur, je le leur rends. — Non,
« mademoiselle. Vous mettez en action les prin-
« cipes de morale que vous ont inspirés les hon-
« nêtes gens qui vous entourent; mais vous vous
« abusez sur vos sentimens. Eh! comment aimer
« ceux qu'on connaît à peine, et dont le nom ne
« rappelle que d'anciennes blessures, que le temps
« a pu fermer, mais dont les cicatrices subsistent
« toujours! Oui, ils se sont volontairement fermé
« votre cœur. Voilà ce que je ne leur pardonne pas,
« ce que je ne leur pardonnerai jamais.

« Mais, monsieur, dit François, en s'avançant
« sur le bord de sa chaise, et en allongeant le
« cou, il me semble que vous n'avez pas entendu

« mon enfant. Ce n'est pas un don qu'elle solli-
« cite ; elle ne demande que quelques mois de
« plus pour achever de s'acquitter envers vous.
« — Je ne les accorderai point. Je ne le dois pas,
« je ne le veux pas. Parlons d'autre chose, brave
« homme : ne nous affligeons pas tous trois inu-
« tilement. »

On vint avertir M.*** qu'il était servi. « Vous
« dînerez avec moi. J'ai quelques personnes de
« mérite avec qui mademoiselle sera à sa place.—
« Caroline restera, répondit François ; mais je suis
« forcé de sortir pour une affaire importante. —
« Cela ne peut-il se remettre?—Non, monsieur,
« —On vous verra au moins ce soir.—Je viendrai
« prendre mademoiselle. »

François revint en effet. Il pria M.*** de passer dans son cabinet, et il tira son porte-feuille.
« Voulez-vous bien, monsieur, donner quittance
« de ce que vous doit encore mademoiselle Lu-
« ceval ? voilà les fonds. — A qui appartiennent-
« ils, François ? — Soyez tranquille, monsieur,
« personne ne les réclamera.—Ah, si ce que je
« présume était vrai !—Monsieur, il n'est question
« que d'une quittance. — Vous baissez les yeux,
« vous rougissez..... vous venez de tout réaliser.
« C'est vous qui vous sacrifiez pour des ingrats,
« qui vous soumettez à finir vos jours dans les
« privations. » Et prenant François par la main,
il l'entraîne, il l'introduit au milieu d'un cercle

étonné : « Admirez, admirez, s'écrie-t-il avec force,
« le comble du dévouement! rendez avec moi hom-
« mage à la vertu! »

Il raconte tous les traits qui honorent François, c'est-à-dire qu'il fait l'histoire de toute sa vie. Il s'étend avec complaisance sur le dernier; il le présente sous le jour le plus favorable. Par ménagement pour mademoiselle Luceval, il tait les noms de ceux à qui le vieillard donne le fruit de ses longues économies.

M.*** parlait avec un enthousiasme qui fut généralement partagé, non parce qu'un grand semblait le commander, mais parce que tout ce qui est beau, sublime, frappe, émeut, exalte les hommes, au moins pour un moment. L'admiration éclata, se prolongea. On entoure, on presse, on félicite François : Caroline le tient dans ses bras; elle ne peut s'en détacher.

« Mais, dit François stupéfait, de quoi me louez-
« vous? j'aime un homme, il est dans l'embarras,
« je peux l'en tirer, je le fais : quoi de simple
« comme cela ? — Mon ami, reprit vivement,
« M.***, puissent tant d'hommes, si vains d'avoir
« fait un peu de bien, apprendre de vous que la
« modestie est le fard de la vertu! C'est sous l'en-
« veloppe obscure où vous la cachez, que les hon-
« nêtes gens iront désormais à ma voix la chercher
« et l'honorer. Oui, vous consommerez la bonne
« action que vous projetez. Venez, homme res-

« pectable, j'accepte votre argent. Terminons,
« et qu'ils connaissent enfin ceux qu'ils ont dé-
« daignés !

« Je vais leur écrire, car depuis long-temps j'ai
« cessé de les voir. Ils m'avaient attiré par osten-
« tation, et leurs cœurs froids se sont éloignés,
« dès que je leur ai parlé de leurs torts envers
« Caroline. Ma lettre les instruira en peu de mots,
« et vous dispensera d'entrer dans des détails,
« aussi pénibles à donner qu'humilians à enten-
« dre.

« C'est à l'enfant que vous avez dispensé de
« toute espèce de devoir, que vous devrez la fa-
« cilité de rétablir votre fortune. Mademoiselle
« Luceval se dépouille d'une partie de son revenu,
« pour vous donner une existence convenable. Gé-
« missez de l'avoir méconnue, et rendez-lui une
« affection, qu'elle n'eût jamais dû perdre.

« La tendresse filiale eût été impuissante, si un
« homme étonnant ne fût venu à son aide. Ma-
« demoiselle votre fille me devait, et j'étais dé-
« cidé à ne rien faire pour vous. Le vieillard, dont
« les services ont été payés par l'ingratitude, le
« dédain et l'oubli, le vénérable François donne
« tout, absolument tout ce qu'il possède pour li-
« bérer la propriété de son intéressante pupille.
« Elle peut maintenant vous offrir une maison au
« hameau, et le produit d'une seconde pour vos
« frais d'entretien. C'est assez si vous êtes sages,
« et je désire que l'expérience vous ait éclairés. »

Cette lettre fut envoyée à l'insu de Caroline, qui voyait avec inquiétude approcher l'instant décisif. Elle craignait de se présenter à des parens que la noblesse de sa conduite pouvait ne pas désarmer, qu'elle irriterait au contraire, s'ils n'y voulaient voir que l'intention de fronder la leur, et de se mettre au-dessus d'eux par des bienfaits. Rentrée avec François dans ce modeste hôtel garni, où ils logeaient ordinairement, elle écrivit à son tour. Elle voulait être tendre, et elle ne trouvait que des mots que la tête arrangeait, et que le cœur n'échauffait pas. Ah! pensa-t-elle en déchirant ce qu'elle avait écrit, M.*** me connait mieux que je ne me connais moi-même.

Elle se borna à écrire en fille soumise et respectueuse. Elle demandait, comme une faveur, qu'on lui permît de se présenter; qu'on daignât recevoir de ses mains de faibles marques de son affection. Elle espérait qu'on n'y attacherait aucune importance, et qu'on n'y verrait de sa part que le désir de remplir un devoir sacré.

Un commissionnaire fut expédié, et Caroline et François attendaient son retour avec l'impatience de l'espérance et de la crainte. Il revint au milieu de la nuit, et il n'apportait pas de réponse. Il avait attendu trois heures, et, fatigué des travaux de la journée, il avait cru pouvoir enfin se retirer.

Caroline jugea que sa lettre avait déplu, et François, que celle de M.*** avait excité quelque

orage. « Couchons-nous, dit le bonhomme, et
« dormons si nous pouvons. Demain nous irons
« à l'hôtel, nous serons ensemble, et après ce qui
« s'est passé entre votre mère et moi, j'ai lieu de
« croire qu'elle ne se permettra rien de déplacé
« envers vous. Du courage, mon enfant. Sachez
« qu'il en faut toujours, même pour faire le
« bien. »

La lettre de M.*** avait effectivement choqué madame Luceval au-delà de toute expression. Elle s'appesantissait sur chaque mot, elle en pesait la valeur, et elle donnait un libre cours à son indignation. Elle ne sentait pas, elle ne voulait pas sentir qu'elle avait perdu la plupart de ses droits à l'estime ; elle ne remarquait qu'une sécheresse de style, un oubli des convenances qui tenaient du mépris. Elle se révoltait contre l'insolence d'un homme qui prétendait régler sa conduite envers sa fille, et qui donnait des conseils avec le ton de l'autorité. Elle était furieuse de ce que François, à qui elle avait marqué les plus favorables dispositions, ait douté de sa sincérité, au point de rechercher l'appui d'un homme en place. Elle ne pouvait pardonner au vieillard d'avoir divulgué des affaires, qui doivent être concentrées dans l'intérieur des familles ; elle ajoutait que quelque louable que fût désormais sa conduite, M.*** ne manquerait pas de l'attribuer à sa seule influence. Elle finissait en déclarant positivement qu'elle n'irait pas prendre au hameau un train de maison inférieur à celui qu'y tenait sa fille; que ce parti n'était pas proposable; qu'en l'adoptant, elle se rendait l'objet des railleries secrètes des autres habitans, dont les plaintes de Caroline avaient déja peut-être excité l'animosité, et qu'elle ne pouvait se soumettre à supporter à la fois le sarcasme et la haine; qu'il était enfin au-dessous de la dignité d'une mère de se mettre sous la dépendance de sa fille, et de faire ainsi triompher publiquement son orgueil.

Luceval, avec sa modération ordinaire, avec ces expressions ménagées dont il avait contracté une longue habitude, répondait que si Caroline avait de l'orgueil, elle n'annonçait encore que celui de leur être utile; que le retour de leur affection ferait naître la sienne; qu'on n'humilie pas des parens qu'on aime, et que Caroline avait trop d'esprit, d'après ce qu'en disaient ses amis, pour ne pas sentir ce qu'elle perdrait de sa considération, en se rangeant au nombre de leurs ennemis secrets. Il disait, très-bas, que la dignité d'une mère de famille ne dépend pas de ce que ses enfans lui accordent, ou lui refusent, mais de l'estime qu'elle a d'elle-même et de celle que lui accorde le monde. Il justifiait François, en observant que Caroline ne pouvait rien, qu'en persuadant M.***, ou en s'acquittant avec lui, et que, de toute manière, il avait été indispensable de lui parler avec franchise. Ces raisons ne paraissant pas convaincre madame, monsieur se hâta de convenir très-haut que la tournure de la lettre était injurieuse;

mais il donna à entendre qu'avec un homme de ce rang et de ce mérite, il n'y avait qu'un parti à prendre : oublier ses expressions, et en mériter de plus flatteuses.

Cette conclusion irrita de nouveau madame Luceval; mais rien n'est plus dangereux qu'un poltron poussé à bout. Le nôtre soutint ce qu'il avait avancé; sa femme tourna sa colère contre lui, et, pour la première fois, il eut le bon esprit d'en rire. La fureur, les reproches remplacèrent aussitôt les raisonnemens. Le frêle organe de madame s'épuise; elle est forcée de se taire; mais elle s'élance vers son secrétaire. Son fichu vole au gré de l'air, son bonnet tombe, son peigne se détache; ses cheveux, des cheveux superbes flottent sur des épaules, sur un sein, qui avaient encore quelque mérite. Luceval regarde, et sa fermeté l'abandonne. Il est prêt à tout permettre, à tout faire : fort heureusement, on ne s'occupe pas plus de lui... que d'un mari.

Madame commence par renverser son écritoire, et il est difficile de ne pas faire de bévues, quand la main tremble et que la vue est troublée. Des ruisseaux d'encre coulent sur une robe blanche; mais que sont toutes les robes du monde, quand il s'agit de se venger ! Madame prend la bouteille; elle croit remplir l'encrier, elle inonde son joli petit papier doré sur tranche. Bouteille, encrier, papier, elle jette tout au milieu de la chambre Elle se lève majestueusement, prend une bougie, et marche vers le cabinet de son mari. Elle fait couler de la cire brûlante sur sa main ; elle jette les hauts cris, et fait voler le flambeau à vingt pas ; elle est dans les ténèbres, et elle avance avec l'ardeur d'un courage indompté. Un malheureux chambranle se rencontre en son chemin ; le front de madame et la boiserie se heurtent ; madame recule, chancèle, tombe, et son mari accourt.

Il la relève, elle le repousse ; il veut examiner les blessures de la main et du front ; elle lui indique du doigt et des yeux son bureau et son fauteuil. Luceval s'assied, il prend une plume ; elle dicte.

C'est une réponse à M.*** qu'elle dictait, et vous sentez combien l'épitre devait être peu propre à ramener l'homme respectable. Elle refusait toutes les offres, elle bravait tout, et elle prodiguait ce que la langue fournit de plus amer et de plus piquant à ceux qui ne sont pas descendus encore aux expressions des halles. Luceval tremblait en écrivant ; il sentait quelles conséquences cette lettre pouvait entraîner ; il eût voulu adoucir certaines choses... mais madame lisait par dessus son épaule. Il se flattait au moins qu'elle se calmerait, et que la réflexion lui ferait supprimer l'impertinente missive. Elle signe, elle fait cacheter ; elle sonne, comme elle a coutume de sonner dans certaines circonstances, et elle ordonne qu'on porte à l'instant même le paquet à son adresse.

Luceval fait un signe expressif ; le domestique

croit l'entendre. Le bon maître, pensait-il, qui s'occupe de mon repos ! Il prie madame de vouloir remarquer qu'il ne trouvera personne levé à l'heure qu'il est. « Je le suis bien, moi ! — Mais ma-
« dame paraît avoir des affaires importantes.—Vous
« faites le raisonneur, je crois ! — Non, madame ;
« mais, c'est que...—Marchez; réveillez le concierge;
« qu'il réveille son maître, et si ma lettre n'est pas
« remise cette nuit, demain je vous chasse. »

Luceval réitère ses signes ; mais la dernière phrase de madame ne permet pas de balancer. Le domestique sait que monsieur n'a pas une volonté à lui, et qu'on peut impunément lui désobéir, pourvu qu'on soit bien dans l'esprit de sa femme. Or, comme les valets tiennent beaucoup aux maisons où les maîtres ne se mêlent de rien, celui-ci crut devoir rester où il était : il partit.

Une nuit passée dans des agitations convulsives, une main brûlée, une contusion au front, produisent nécessairement une sorte d'affaissement, et c'est dans le silence des passions que notre perfide mémoire nous retrace nos excès. C'est alors que la réflexion nous laisse entrevoir les suites de nos démarches, et que la crainte produit le repentir. Tel fut à peu près l'état de madame Luceval, lorsque le jour commença à paraître. Son mari la pénétra aisément. Il se permit des remontrances douces, affectueuses, qui furent écoutées avec docilité. Il obtint qu'un second domestique irait retirer la lettre, s'il en était temps encore, et que si malheureusement M.*** l'avait lue, on emploierait, pour le calmer, le crédit de Caroline.

Luceval craignait avec raison de se faire un ennemi capital d'un homme, modéré sans doute, mais qui pouvait accorder à la dignité de sa place, ce qu'il refuserait à son ressentiment personnel. Il désirait encore rendre Caroline agréable par des services répétés. S'il avait la faiblesse de lui préférer Julie, il n'avait pas tout-à-fait éteint une sensibilité, que sa femme avait constamment comprimée, mais à qui sa dernière entrevue avec François avait rendu quelque activité.

Le domestique revint, et dit que la lettre avait été remise au valet de chambre, et madame Luceval passa de l'accablement aux plus cruelles anxiétés. Un troisième domestique reçut l'ordre de chercher ce valet de chambre, qui ne se trouva point. Un quatrième fut envoyé à M.*** lui-même : ce dernier était porteur d'une lettre aussi soumise, que la première était déplacée.

M.*** n'était accessible pour personne à cette heure, pas même pour ses gens. Madame Luceval ne mit plus de bornes à ses regrets, ni à ses alarmes. Son mari, toujours bon et aimant, lui cachait ce qu'il éprouvait lui-même; il l'encourageait, il la consolait, et il n'était pas faible alors : affection et pitié au coupable qui se repent.

C'est alors que Caroline et François se firent annoncer. La pauvre enfant sentait ses jambes ployer sous elle; une sueur froide couvrait tout son corps. Elle entra, appuyée sur le bras du vieillard. Son attitude, son air, étaient ceux d'un suppliant, et elle venait sauver sa mère !

Le moment était favorable : madame Luceval était sans force, même pour haïr. Elle ouvrit ses bras à sa fille; Caroline crut sentir les étreintes de la tendresse; son cœur se dilata; il s'ouvrit à l'espérance et à la joie. Elle se reprocha d'avoir douté de celui de sa mère; lle la combla des plus douces caresses. Luceval attendri s'empressa de les partager. Julie avait saisi une main de sa sœur, et la couvrait de baisers. Le vieillard, rétabli dans tous ses droits, partageait l'ivresse commune. On eût cru voir la famille la plus unie, la plus aimante, la plus respectable.

« Partons, dit madame Luceval, partons pour
« le hameau. Je me rends sans retour à la raison
« et à la nature. Vous pourrez attester, Caroline,
« que ma résolution est indépendante de tous
« motifs étrangers, et que vous seule m'avez dé-
« terminée. »

« Partons, reprit Luceval. Vous resterez, Fran-
« çois; vous vous entendrez avec mon notaire.
« Madame approuve les arrangemens que vous
« prendrez avec les créanciers, et je vous enver-
« rai du hameau une procuration générale pour
« finir avec eux. »

François délirait de plaisir. Il croyait une mère rendue à sa fille; il voyait la réputation et la fortune de son Adolphe rétablies ; il se rattachait à la plus douce de ses espérances, celle de pouvoir mourir en paix.

Il allait, il venait; il hâtait le cocher ; il félicitait Caroline; il aidait aux femmes de chambre à faire les paquets; il déraisonnait avec Luceval; il montait le déjeuner; il brisait les porcelaines; il embarrassait tout le monde, et il croyait tout faire.

On annonça le valet de chambre de M.***, et à ce nom Luceval et sa femme pâlirent. Ils ordonnèrent cependant qu'on fît entrer. « Je viens de « chez vous, mademoiselle, dit cet homme à Ca- « roline. Je vous ai demandée ; votre hôtesse m'a « répondu qu'elle vous croyait ici, et voilà ce « que j'ai à vous rendre de la part de mon maître.

Le valet de chambre remet un paquet et sort. On presse Caroline de rompre le cachet ; on suit tous ses mouvemens ; les yeux voudraient pénétrer à travers le papier. Ce sont d'abord les deux lettres de madame Luceval ; c'en est une adressée à la jeune personne.

« Vite, vite ! s'écrient ces malheureux époux, « palpitans d'impatience et d'effroi ; vite, voyez « ce qu'on vous écrit.

« Je ne prévois pas, mademoiselle, ce que vos « parens ont de si important à m'apprendre. « C'est sans doute quelque chose qui m'intéresse « très-particulièrement, puisqu'on s'est permis « d'interrompre mon sommeil. Cependant je vous

« renvoie, sans les lire, des lettres dont les au-
« teurs me sont devenus totalement étrangers.
« Quand vous m'aurez rendu compte de la ma-
« nière dont ils vous ont reçue, je verrai si je
« puis consentir à leur devoir quelque chose.

« Il n'a rien lu! il n'a rien lu! » répète dix
« fois madame Luceval. Elle s'élance ; elle prend
les deux lettres, elle les met en pièces ; elle reprend, elle déchire les moindres morceaux ; elle
en détruit au feu jusqu'à la dernière trace. Caroline, interdite, regarde et ne sait que penser.
« Allez, lui dit sa mère, puisque le retour de la
« faveur tient à nos sentimens pour vous, allez
« dire à M. *** que nos cœurs se partagent entre
« nos deux enfans, et que j'aurai l'honneur de
« lui écrire d'une manière plus détaillée. »

Caroline monte en voiture et part. M. *** l'é-
coute et sourit : le moyen de s'en défendre? la
chère enfant racontait naïvement ce qu'elle avait
vu, ce qu'on avait fait; elle n'oubliait aucune
circonstance. Elle cherchait à expliquer favorablement ce qu'elle ne concevait pas, et si M. ***
n'eût été parfaitement instruit, il n'eût rien pu
comprendre à ce qu'elle lui disait.

Il avait lu les deux lettres. La première l'avait
indigné. Quelqu'empire qu'il eût sur lui, il avait
cédé un moment à la faiblesse humaine. Il avait
juré de punir de la manière la plus éclatante....
qui? les parens de Caroline; et les coups qui
frappent les pères, ne retombent-ils pas sur les

enfans? Cette réflexion l'arrêta, et une autre idée vint s'offrir. Il est évident, pensait-il, que madame Luceval mène son mari; sa lettre annonce un esprit aliéné, et un homme qui se livre sans réserve à une femme en démence, est incapable de gérer ses affaires. Il y a donc lieu à faire prononcer l'interdiction, à les réduire tous deux à une pension alimentaire... Oui, mais.... les créanciers feront mettre les biens en direction, et qu'en restera-t-il aux enfans? J'aurai déshérité Caroline que j'aime, et sa sœur, qui n'est pas coupable.

Allons, allons, laissons aux hommes vulgaires le triste plaisir de la vengeance. Après tout, de quoi s'agit-il? de quelques injures, que m'adresse une femme en délire. Me mettrai-je au-dessous d'elle, en me fâchant sérieusement de pareilles sottises? Le parti le plus simple et le plus sage est d'en rire.

Pendant que M. *** raisonnait ainsi, on lui avait apporté la seconde lettre... « Elle se repent, « elle demande grace. Je suis vraiment bien aise « que le pardon ait précédé les excuses; j'en ai « le mérite tout entier... Cependant voilà qui de- « vient embarrassant. Cette femme, disposée à « tout faire, se persuadera que je ne peux voir, « dans ses bons procédés pour Caroline, que « l'effet de la contrainte. Rien ne l'assure de ma « discrétion, et elle croira que tous ceux qui « m'approchent la jugent comme moi. Dès lors,

« elle perd ce stimulant intérieur, qui nous élève
« au-dessus de nous-mêmes; elle tombe dans le dé-
« couragement, car enfin nous voulons tous trou-
« ver dans l'estime publique la récompense de nos
« efforts. Laissons-lui les moyens d'y prétendre
« encore. Ignorons et l'offense et la réparation.
 « C'est bien dit; mais comment faire? voilà deux
« lettres décachetées... Eh bien, il n'y a qu'à y
« remettre de la cire... Mais on pénètrera la su-
« percherie. Bah! avec un peu d'adresse... essayons.
« C'est mal, c'est mal... hé! j'y suis. La bonne
« idée! je vais écrire un mot à Caroline, et je
« ferai un paquet du tout. Mon valet de chambre
« attendra au coin de la rue où demeure la jeune
« personne; il la suivra; il entrera chez son père
« quelques minutes après elle. Il lui remettra le
« paquet en présence de la famille, qui, proba-
« blement, s'assemblera pour la recevoir. On pres-
« sera Caroline de lire le billet que je lui adresse.
« Sa mère, enchantée que son extravagance me
« soit inconnue, tremblante que sa fille, qu'elle
« me croit dévouée, n'ouvre et ne lise ses lettres,
« se hâtera de les supprimer; elle les jettera au
« feu, sans penser aux cachets, et si enfin cette
« affaire ne se termine pas ainsi, nous cherche-
« rons quelqu'autre expédient. »

On était bien autrement embarrassé à l'hôtel Luceval. On avait eu des torts graves; ils étaient ignorés, à la bonne heure; mais avoir fait éveiller un homme tel que M. ***, à deux heures du matin! Voilà ce qu'il fallait colorer, et de quel prétexte couvrir une démarche aussi hasardée? On cherchait, on croyait avoir rencontré ; on proposait, et à l'examen il ne restait que des absurdités.

Il fallait pourtant écrire, et écrire longuement : on s'y était engagé. Luceval se frottait le front, et regardait le plafond d'un air soucieux ; sa femme se dépitait, se désolait... « M'y voilà, m'y « voilà, s'écria-t-elle ; rien de si simple, monsieur. « Le domestique a mal entendu ; c'est un drôle, « sans intelligence, qui a déjà fait cent sottises, « et que je chasse, parce que la dernière est im- « pardonnable. Me voilà maintenant la maîtresse « d'écrire tout ce qu'il me plaira. »

Elle parvint à remplir une feuille entière d'un mélange de phrases respectueuses, de ces flatteries délicates que les femmes tournent si bien, d'expressions d'attachement pour Caroline. Elle avouait franchement ses erreurs ; elle protestait de la résolution de les réparer ; elle finissait en invoquant l'indulgence pour sa conduite passée, et la bienveillance pour celle qu'elle tiendrait à l'avenir. Elle expédia sa lettre par un simple commissionnaire, qui ne pouvait répondre à aucune question. Elle assembla ses domestiques ; elle congédia en effet, devant ses camarades, celui qui n'avait d'autre tort que de lui avoir exactement obéi. Elle crut rendre M.*** complètement sa dupe.

Il voulut bien le paraître. Il chargea Caroline

de témoigner sa satisfaction à sa mère, et de solliciter la grace du laquais, qui, très-probablement, n'avait pas eu l'intention de mal faire.

La jeune personne revint et apporta les paroles de paix. On l'accueillit extérieurement comme une bienfaitrice; on la traita presque en enfant gâté. Ces démonstrations étaient-elles bien sincères? On savait que M. *** avait un pied à terre au hameau, qu'il y allait quelquefois, et il était à présumer que la conduite qu'on tiendrait règlerait la sienne. Ce n'est pas qu'on crût maintenant avoir rien à redouter : il était incapable d'abuser de son autorité ; mais on connaissait son influence dans le monde, et quel est l'être méprisable qui veut être méprisé?

En terminant les apprêts du départ, en déjeunant, Luceval et sa femme se regardaient avec finesse, et d'un air qui voulait dire : Mon dieu! que ces hommes de mérite son faciles à tromper! comme nous avons joué celui-ci! en nous possédant un peu, nous lui persuaderons tout ce qu'il nous plaira.

On allait monter en voiture. François avait écrit à son ami M. le président. Il voulait que Caroline, chérie jusqu'alors au hameau, y fût aussi respectée. Il détaillait ce qu'elle avait fait, et il la pria de remettre sa lettre.

On partit. La jeune personne avait été jusqu'alors dans un état d'exaltation qui concentre et ramène sans cesse nos idées sur l'objet qui nous occupe exclusivement. Si elle eût été capable d'orgueil, une autre espèce d'enthousiasme, la satisfaction de soi-même, eût pu la distraire encore. Elle croyait simplement avoir rempli un devoir indispensable; son ame paisible se reploya tout à coup sur elle-même. Caroline observa sa sœur pour la première fois.

Julie ne savait rien; mais elle paraissait sans prétention, ce qui est quelque chose. Les inquiétudes, les chagrins de ses parens, le dérangement connu de leurs affaires, leur insouciance, les emportemens de l'une, la faiblesse de l'autre, lui avaient appris qu'ils n'étaient pas infaillibles, et elle en avait conclu qu'elle pouvait n'être pas, comme on le lui répétait jusqu'à satiété, la personne du monde la plus accomplie : or, cette conclusion suppose du bon sens. Pour de l'esprit, elle en avait, comme presque toutes nos femmes, ce qu'il en faut pour expliquer une charade, parler chiffons, sourire à une fade galanterie, et cacher sa nullité à une bouillote.

Sous le point de vue moral, Julie n'était une rivale redoutable pour personne. Mais la nature semblait avoir, en la formant, épuisé tous ses dons. Ce que la beauté a de plus correct, et de plus piquant à la fois; la sévérité et la volupté des formes; la légèreté et l'enjouement des graces, Julie avait tout; elle était l'image vivante de ce beau idéal, qu'on rencontre à peine sur le marbre. Il fallait admirer, si pourtant on pouvait se renfermer près d'elle dans les bornes d'un sentiment si froid.

Édouard, jeune, ardent, qui n'a rien aimé encore, mais dont la sensibilité n'attend peut-être qu'un objet digne de la développer, Édouard résistera-t-il à tant de charmes? Il n'a pas d'amour pour Caroline; probablement elle ne lui en inspirera jamais; mais du moins n'a-t-elle pas la douleur de lui voir éprouver, pour une autre, ce sentiment qui la subjugue, et qu'elle ne cherche plus à se dissimuler.

Julie elle-même, qui peut être si fière de sa beauté, doit-elle encore en ignorer l'usage? et si jusqu'alors aucun homme n'a fixé ses regards, ne trouvera-t-elle pas dans Édouard le plus beau, comme le plus aimable des vainqueurs? L'âge du petit nombre de femmes qui habitent le hameau; les réunions qui ont lieu chaque soirée; la facilité de se rencontrer à tous les instans du jour; l'absence des plaisirs tumultueux, qui force à chercher ceux du cœur, tout ne semble-t-il pas les pousser l'un vers l'autre? Et c'est Caroline elle-même qui les rassemble, qui se prépare le plus cruel des spectacles, qui dispose les nœuds qui peuvent les unir un jour. Telles étaient les réflexions qui occupaient la chère enfant, qui l'affligeaient, qui absorbaient toutes ses facultés.

Ah! se disait-elle, François avait raison : c'est pour le bien qu'il faut du courage. Si je n'en avais pas, je me repentirais de ce que j'ai fait, et je suis forcée de m'avouer à moi-même que je n'ai pas la force de m'en applaudir.

Vous voyez que l'héroïne de ces deux dernières parties n'est pas encore parfaite. J'étais bien le maître de la rendre telle ; mais il n'y a de perfection que dans les romans, et vous savez que je n'en fais pas.

Mauvais genre! mauvais genre! il faut cacher le livre, s'il est un peu gaillard ; il faut se damner, s'il est un peu philosophique ; il faut s'ennuyer, s'il n'est ni l'un ni l'autre. Pas de romans, messieurs, pas de romans.

CHAPITRE II.

L'amour et l'amitié.

Tous les habitans du hameau coururent au-devant de Caroline, dont le courrier annonçait l'arrivée. Édouard, lui-même, s'empressa de lui présenter la main. Julie descendait de voiture, et, à son aspect, cette main que tenait Édouard, à laquelle il imprimait un frémissement sensible, cette main fut délaissée, et le jeune homme ne pensa point à retenir une exclamation, qui retentit douloureusement dans le cœur de Caroline.

Elle se jeta dans les bras de madame de Surville ; elle cacha son trouble dans le sein de la mère du mortel dangereux... Peut-être, en ce moment encore, s'abusait-elle, ou désirait-elle s'abuser. Peut-être était-ce à lui que s'adressaient les douces caresses dont elle comblait son amie.

Le président avait lu la lettre de François. Toujours prêt à publier ce qui pouvait honorer Caroline, il avait été de maison en maison annoncer son dernier acte de générosité. Il était difficile qu'on estimât, qu'on chérît davantage la jeune personne : on s'applaudit de lui voir ainsi justifier les sentimens qu'elle inspirait. Édouard semblait aussi redoubler d'égards et d'attentions. La triste Caroline ne s'y méprenait pas ; le temps des illusions était passé ; elle ne se flattait plus qu'Édouard allât au-delà de l'amitié. Son exclamation, toujours présente, avait détruit jusqu'à l'espoir, auquel il est si dur de renoncer. Si du moins cet hommage involontaire, rendu à sa sœur, pouvait aider l'infortunée à se vaincre ! si seulement elle pouvait le vouloir ! mais être sans cesse avec lui ; le voir tous les jours plus aimable, peut-être par le désir qu'il a de plaire à une autre ; se livrer sans réserve au charme d'une expression flatteuse, qu'arrachait un mérite réel ; la recueillir, la répéter dans la solitude des nuits ; s'insinuer dans la confiance de l'objet aimé, pour le fixer près de soi, pour prévenir, ou pour connaître un malheur qu'on redoute plus que la mort, telle était la conduite de Caroline. Caroline, est-ce ainsi que vous guérirez ?

Elle crut devoir signaler par quelques fêtes l'arrivée de ses parens. Il était difficile qu'ils se refusassent à ses vues. Les honnêtes gens qui les entouraient, en eussent fait justice par l'abandon et l'oubli, et l'opinion est la reine du monde. Madame Luceval se souvenait d'ailleurs qu'elle avait été Manette, si fêtée, si caressée dans les lieux mêmes où elle remplissait à regret un rôle secondaire. Elle était jalouse de ressaisir le premier, et la considération était l'unique moyen qui pût insensiblement l'y porter. L'extrême modération de Caroline semblait favoriser ce plan; mais il fallait la ménager.

Madame Luceval avait éprouvé qu'il faut séduire pour dominer. Elle résolut d'effacer jusqu'à la trace du passé, de retrouver, non cette gaîté folâtre, cet aimable abandon, qui s'évanouissent avec la jeunesse, mais les graces qui conviennent à l'âge mûr : chaque saison a les siennes. Elle voulait attirer par la douceur, par l'aménité, qui parent même la vieillesse. Il fallait surtout faire revenir le président de ses préventions; il fallait qu'il se rappelât combien on lui avait plu, quand on était sans autre passion que l'amour, sans prétention que celle d'être aimée, et de répandre le bonheur autour de soi; il fallait enfin que ce souvenir agréable ne fût troublé par aucune autre idée que celle du changement qu'amènent nécessairement les années, et sur lequel un vieillard craint ordinairement de s'arrêter. Le président, rendu, ramenait tous les autres.

Toute femme est un peu comédienne. La jeune personne baisse les yeux pour trouver un mari. La jeune femme lève les siens et sait leur imposer silence. La trahissent-ils enfin? Un manége, commun à toutes, et qui ne s'apprend pas, rassure un mari alarmé ou jaloux. Qui d'entre elles, sans excepter les dévotes, n'est bien aise de paraître plus tendre qu'elle ne l'est réellement, plus fidèle qu'elle n'a envie de l'être, et encore une fois, est-ce leur faute, ou celle de nos institutions? Quoi qu'il en soit, madame Luceval prit le masque qui convenait aux circonstances. Elle se présenta chez Caroline avec cet air ouvert qui inspire la confiance. Elle lui marqua la reconnaissance qu'elle lui devait réellement ; économe d'expressions affectueuses, dont l'excès eût fait soupçonner la sincérité, elle se montra précisément telle qu'on désirait la trouver. On la jugea disposée à suivre l'impulsion que Caroline avait donnée à son cœur. Douce, prévenante, attentive envers tout le monde, elle étonnait, et plaisait à la fois; son mari lui-même espérait retrouver au hameau cette tranquillité d'esprit, que depuis des années il ne connaissait plus.

Vous allez me reprocher de vous parler toujours de fêtes, et j'avoue, puisque je ne puis le nier, que j'en ai mis une par partie de cet ouvrage. Sachez-moi gré du moins de vous faire grace des détails de celle-ci. Elle fut brillante. Le président, madame de Surville, l'Amphyon moderne, les autres habitans y avaient, sur l'invitation de Caroline, engagé leurs amis de Paris. L'ordre, l'élégance, la gaîté régnaient partout. Édouard s'étonnait, comme les autres, qu'on pût, à dix-neuf ans, tenir une maison avec autant de politesse et d'aisance. Il ne quittait pas Julie; il s'était placé à côté d'elle; mais il ne perdait rien de ce que faisait sa sœur.

Caroline, distraite, ou cherchant peut-être à se distraire par les soins continuels que demandait cette journée, Caroline semblait avoir oublié l'amour, qui rend toujours si pensif, et quelquefois si sot. Je ne sais si elle avait aussi son plan, et si elle s'était armée de courage pour l'exécuter; mais son esprit paraissait avoir toute sa liberté, et elle était certaine d'entraîner, quand elle lui donnait l'essor. Ce que l'imagination a de brillant et de grâces, ce que la candeur a de touchant, ce que la décence autorise en gaîté, elle employait tout successivement, et toujours avec un succès prononcé. Tantôt, quittant la saillie, elle effleurait les hautes sciences, comme le papillon voltige sur le calice des fleurs; tantôt elle fixait l'attention sur les beaux arts, qui font le charme ou la consolation de la vie, et la critique, le trait badin, éloignaient la sécheresse et l'ennui. Elle dissertait; on ne s'en apercevait pas. Elle savait faire valoir une réponse, une objection. Elle y donnait une tournure, une intention, auxquelles son interlocuteur n'avait souvent pas pensé. De toutes les manières de flatter les hommes, celle-ci est incontestablement la plus adroite ; aussi tout le monde jouissait. Le sourire de la satisfaction était dans tous les yeux.

Madame Luceval, plus étonnée à chaque instant, admirait réellement cette fécondité modeste, ce charme continuel, dont aucune femme jusqu'alors ne lui avait donné d'idée. Elle avait cru que les yeux sont l'unique chemin du cœur, et que l'éducation d'une bayadère est la seule qui convienne à une demoiselle. Elle apprécia les ressources infinies que Caroline s'était procurées ; elle lui applaudit plusieurs fois ; elle céda un moment à l'orgueil d'être sa mère. Julie sentait sa profonde nullité et soupira. Édouard recueillait ce que disait Caroline ; son attention soutenue, ses marques d'approbation contribuaient sans doute à la rendre supérieure à elle-même. Il disait avec effusion et naïveté à Julie : « Quel dommage qu'elle « n'ait pas votre figure ! » Et Julie ne pouvait se défendre de penser : Quel dommage que je n'aie pas son mérite !

On n'est pas à table avec un chanteur célèbre, sans désirer jouir de son talent. C'était l'usage de nos bons aïeux, et on aime à le renouveler, surtout à la campagne. Il n'est pas d'artiste qui ne connaisse et qui ne cherche ses avantages. Celui-ci demande des accompagnateurs. On se lève, on passe au salon ; Caroline se met à sa harpe : son père avait envoyé chercher son violon.

Jamais Grétry ne fut mieux chanté, et jamais chanteur n'avait été mieux accompagné. Édouard, penché sur la chaise de Caroline, craignait de perdre un son. Elle le savait près d'elle, et ses doigts animaient la corde qu'ils pinçaient. Les auditeurs étaient dans l'ivresse, dans le délire. Ils retenaient leur haleine ; ils auraient voulu que le morceau ne finît jamais.

Il finit trop tôt sans doute, et les applaudissemens les plus vifs se prolongèrent, se relevèrent ; on ne pouvait pas cesser.

« J'ai chanté, dit le virtuose, parce que vous
« l'avez voulu. Si vous croyez me devoir quelque
« chose, vous entendrez mon élève, et elle ajou-
« tera à vos plaisirs. »

Édouard prend la main de Caroline et la conduit au pupitre. Elle s'y présente, comme elle fait tout, avec aisance et modestie. Elle chante... elle n'efface pas son maître ; mais elle le fait oublier. Elle réunit tous les suffrages, tous les éloges, et Édouard répétait tout bas : Quel dommage que la nature lui ait refusé la beauté !

Madame Luceval regardait tristement Julie, et n'applaudissait plus. Julie, fatiguée d'une suite de scènes, toutes à l'avantage de sa sœur, courut annoncer à Édouard qu'elle entendait le tambourin et le galoubet. Édouard la regarda et ne vit plus qu'elle. Il passe son bras sous le sien ; il invite la jeunesse à les suivre au théâtre. Les mamans les accompagnent : elles eussent préféré la musique ; mais vit-on pour soi, quand on est mère ?

Caroline avait quelques ordres à donner. Elle était restée en arrière, et elle sortait pour rejoindre ceux qu'entraînaient les grelots de la folie... Un homme s'échappe de derrière une porte... C'est son père. Il regarde autour de lui, et s'avance vers elle. Il presse sur son cœur, il embrasse avec transport l'enfant si digne de sa tendresse. « Tu as tout, lui dit-il, tout, hors la « beauté ; mais tu n'en as pas besoin. »

Il s'échappe sans attendre de réponse ; il prend vingt détours. Il compose son visage ; il craint qu'on n'y découvre les traces du baiser et du plaisir. Sa femme eût bien pû en ce moment ne pas lui pardonner d'aimer sa fille.

Caroline, interdite et ravie, était restée à sa place. Elle croyait sentir encore la douceur de ces étreintes, si long-temps inconnues. Elle en jouissait dans un profond recueillement ; elle cherchait à prolonger cette délicieuse sensation... François la cherchait. Il la trouve debout, les mains jointes, les yeux élevés. Il ne sait que penser de cet état extatique. Il l'interroge : « Ah ! « mon ami, j'ai retrouvé mon père. Il m'a nommée « sa fille ; il m'a serrée dans ses bras. — Je l'avais « toujours espéré, mon enfant, qu'Adolphe vous « rendrait enfin justice. On a gâté sa tête, on ne « lui a pas ôté son cœur. Ce jour est pour vous « et pour moi un véritable jour de fête. Allons, « venez, on vous attend là-bas. »

Il y a trois sortes de danseurs. Danseurs de complaisance, pour eux ou pour les autres. Ce sont ceux qui marchent une valse pour toucher les mains, les bras, les cuisses d'une femme qui leur plaît, ou qui, à la fin d'un bal, dansent pour completter un quadrille, dont les acteurs veulent absolument ne pas pouvoir se soutenir le lendemain.

Une autre classe, et la plus éminente sans doute, se compose des danseurs à prétention. Ils ne préfèrent qu'eux à la danse. Ils l'ont étudiée, approfondie, perfectionnée. Ils ne savent que cela, mais ils le savent bien. Tout le monde n'est pas digne de danser avec eux. Ils choisissent, non-seulement leur danseuse, mais les trois couples qu'ils daignent admettre. Ils arrangent cela dans un petit coin, avec autant d'importance que de mystère. Un bal est pour eux ce qu'est une séance littéraire publique pour les membres qui y lisent. Il faut qu'on fasse cercle autour d'eux, qu'on les remarque, qu'on les admire. S'ils n'ont pas exclusivement fixé l'attention, ce bal n'est qu'une misérable réunion, où des gens d'un certain ton ne peuvent pas retourner. Ils le persuadent facilement à des femmelettes, qui n'ont garde de voir autrement que par les yeux du grand homme. Il enlève à l'entrepreneur les plus jolies de ses abonnées, et il lui fait faire banqueroute.

La troisième classe, qui, heureusement, est la

plus nombreuse, rassemble ceux qui aiment la danse pour elle-même, qui en font un exercice amusant et salutaire, et quelquefois un moyen de préférer, sans marquer de préférence. C'est pour eux que l'amour s'exprime par un coup d'œil, par une aimable rougeur. C'est là qu'il avance plus dans une nuit, que dans dix de ces assemblées où tout est froid, compassé, où on s'épie mutuellement.

D'après les opinions et les goûts de madame Luceval, vous jugerez, et vous ne vous tromperez pas, que mademoiselle Julie était une danseuse de la seconde classe. Édouard était tout bonnement de la troisième. Mais comment ne pas danser avec mademoiselle Julie! comment ne pas la reprendre, et comment la quitter? La jeune personne ne remarquait pas trop le plus ou le moins de talent de son cavalier. Sa figure était si attachante, ses graces si naturelles, ses petits mots si persuasifs, qu'il n'était pas possible de s'occuper de ses pieds. Quand on a peu d'esprit, on en manque tout-à-fait quand on en veut trop avoir. Je vous l'ai déja dit; Julie avait celui de se rendre justice, et au lieu de chercher à répondre par ces traits vifs qui plaisent tant, que la mémoire aime à retenir, elle répondait par un sourire : mais c'était celui de la volupté. Édouard y trouvait les plus jolies choses du monde; car il l'interprétait à sa manière; il prêtait son esprit à mademoiselle Julie, et il lui en trouvait beaucoup : c'est tout simple.

Vers le milieu de la nuit, il réfléchit qu'il n'avait pas dansé encore avec Caroline, et que quelque attachans que fussent Julie et son sourire, il était de la politesse qu'au moins il invitât sa sœur. Il s'excusa près d'elle sur l'empressement de ceux qui l'avaient prévenu, et Caroline lui répondit franchement : « Vous avez fait briller le talent « de ma sœur, et je vous en remercie. — Je vous « avoue que je n'ai pas trop remarqué sa manière « de danser. — C'est une observation que j'aurais « pu vous faire. Au reste, les autres n'ont pas eu « vos distractions, et j'ai vu qu'on lui rendait « justice. Venez, et mettons-nous vis-à-vis d'elle; « vous figurerez ensemble, et je crois que je vous « aurai obligé tous deux. N'imaginez pas, ajouta-« t-elle en riant, que je prétende rivaliser ma sœur; « je saute en mesure, voilà tout; mais je danse « avec plaisir, et je vous sais bon gré de perdre « un quart-d'heure avec moi. — Le perdre, made-« moiselle ! vous ne le croyez pas. — Dansons, « dansons. »

Elle sent, pensait Édouard, combien sa sœur lui a été inférieure pendant le dîner, et elle veut la faire valoir maintenant. Elle a sans doute remarqué la préférence que je ne peux refuser à Julie, et loin de s'en offenser, elle paraît favoriser des vues qu'elle seule a, je crois, pénétrées.

Elle joint donc un excellent cœur à tant de qualités solides et aimables. Quelle amie trouvera en elle celui qui saura mériter son estime et sa confiance! Julie, toujours Julie pour l'amour ; mais Caroline pour l'amitié. C'est entre elles que je veux passer ma vie.

Mais cette Caroline n'était-elle pas un peu comédienne aussi? Vous avez froncé le sourcil, mesdames, quand je vous ai dit que vous l'étiez toutes plus ou moins. Mais si ma protégée, celle pour qui je vous ai inspiré sans doute plus que de la bienveillance, avait été elle-même entachée de ce défaut, ne consentiriez-vous pas à en partager le blâme avec elle, si toutefois on est blâmable de subir, de bonne grace, le joug qu'impose la société? Condamnera-t-on, par exemple, la vierge timide, qui cache un désir naissant à l'objet qui ne le partage pas? il faut qu'elle joue l'indifférence... comédie. Et celle qui ne croit pas pouvoir se dispenser de témoigner à celui qui a sa foi, une tendresse qu'elle ne ressent plus? elle le rend heureux encore en le trompant... comédie. Comment vous dispenser de pleurer un vieux parent incommode, dont vous convoitez depuis long-temps la succession?... comédie. Pouvez-vous ne pas louer la mise, la tournure, la physionomie d'une femme à prétention, à qui vous ne trouvez que des ridicules?... comédie. Ne faut-il pas tromper sa vigilance, entretenir sa sécurité, paraître même son amie pour lui souffler son amant?...

comédie. Ne faut-il pas rire, quand on enrage d'avoir perdu un va-tout?... comédie. Ne cherchez-vous pas à paraître gaie dans un cercle, où vous vous ennuyez à périr?... comédie. N'allez-vous pas à confesse en sortant de l'opéra, et au bal en quittant le confessionnal?... comédie, toujours comédie.

« Un moment donc, monsieur l'auteur! vous
« ne tarissez pas sur le chapitre des femmes; et les
« hommes ne passent-ils pas aussi leur vie à jouer
« la comédie? — Une objection n'est pas une ré-
« ponse, madame. Cependant, j'avoue que voilà
« ce que vous pouviez répliquer de mieux. Mais
« ne parlons pas de ceux qui jouent les grands
« rôles; nous sommes trop loin d'eux pour les
« juger : vous trouverez les autres dans Gilblas
« et le Diable Boiteux.

« Un aveu que je dois vous faire encore, c'est
« qu'en ce genre nous sommes loin de vous éga-
« ler, et je ne finirais pas, si je n'étais persuadé
« que vous connaissez mieux que moi la pro-
« fondeur de votre talent. Répondez du moins à
« ma franchise, et convenez qu'il n'en est pas
« une d'entre vous qui ne puisse s'appliquer un ou
« deux du nombre très-borné d'exemples que j'ai
« eu l'honneur de vous offrir. Voyons maintenant
« quel est celui qui peut concerner Caroline : je
« crois que c'est le premier. »

Ne pas laisser pénétrer un désir naissant à celui qui ne le partage point... Oui, c'est bien celui-là. Mais quelle tâche longue et difficile, et de quels moyens user pour la remplir? Aimer passionnément et se taire; imposer silence également à sa bouche, à ses yeux et à son cœur; dissimuler même avec l'ami le plus respectable, avec M.***, parce qu'il ne cesse de combattre un sentiment qu'on se plaît à nourrir; trouver une rivale dans une sœur, à qui on ne doit réellement que des égards de bienséance, et lui marquer de l'affection; répandre sur ses actions les plus indifférentes une teinte de gaîté et d'aisance; voilà, je crois, ce qu'on peut appeler jouer la comédie; voilà à quoi Caroline était réduite; voilà, à quelques circonstances près, l'insupportable contrainte à laquelle se condamnent celles qui se livrent aveuglément à un penchant que devait réprimer leur raison, et dussiez-vous vous fâcher, que cet effort soit qualité, ou défaut, il n'y a qu'une femme qui en soit capable.

Si je poursuis mes observations, et que j'examine Caroline de plus près, je la vois déployer son esprit et ses connaissances, pour amener une comparaison qui doit être toute à son avantage, pour diminuer l'impression trop sensible qu'a produite la beauté de sa sœur. Elle fait valoir en Julie le plus futile des talens, pour mieux faire sentir la supériorité des siens; elle maîtrise jusqu'à sa jalousie, de peur d'éloigner Édouard, et de perdre de l'opinion qu'il a d'elle... Il y a ici plus que de l'art. J'y remarque combinaison réfléchie, connaissance profonde du cœur, empire absolu sur soi.

Et vous, mesdames, qui faites toujours votre cause de celle des femmes, même de celles que vous ne connaissez pas, vous allez vous écrier que les motifs que je prête à Caroline, pouvaient n'être pas les siens. Je ne peux, à la vérité, prononcer que sur ses actions, et elle ne s'en est pas permis une dont elle ait eu à rougir. Voilà tout ce que je sais avec certitude, et je laisse sur le reste le champ libre aux conjectures.

Mais pendant que je déraisonne, que je prête des torts à mon héroïne, pour vous faire avouer les vôtres, qu'est-ce donc qui se passe là-bas ? qu'est-ce qui suspend la danse et les sons aigus du galoubet ? pourquoi entoure-t-on le président ? Retournons dans l'Attique ; rentrons au théâtre d'Athènes, et voyons de quoi il s'agit.

Le président tenait un paquet cacheté. La suscription portait : « Pour être ouvert et lu devant les personnes présentes à la fête que donne mademoiselle Luceval.

La curiosité est de tous les sexes et de tous les âges. Le président avait été entouré à l'instant de tous les membres qui composaient l'assemblée. On était impatient d'entendre ce qu'une telle annonce promettait d'extraordinaire.

Le président rompt le cachet. Des papiers d'abord, des papiers volumineux... Une lettre !... Ah! c'est M.*** qui écrit.

« Je suis fâché, Monsieur le président, que
« mes affaires ne m'aient pas permis de me rendre
« à l'invitation de mademoiselle Luceval. Assurez-
« la de mes regrets.

« Ils sont d'autant plus vifs, que je me faisais
« un plaisir réel de porter moi-même une nou-
« velle qui intéressera tous vos habitans. Vous
« me suppléerez, s'il vous plaît, et vous serez
« l'acteur principal de la scène touchante, que
« je sacrifie à mes fonctions. Permettez-moi de
« la régler. C'est un dédommagement que je
« sollicite, et que vous ne me refuserez point.

« Possédez-vous, et exécutez à mesure que vous
« lirez.

« Demandez l'attention générale. Pour la fixer,
« un homme comme vous n'a qu'un mot à dire.

« Dans un coin de l'enveloppe est un petit pa-
« pier ployé. Prenez-le, mais ne l'ouvrez pas
« encore.

« Priez mademoiselle Caroline de vous pré-
« senter M. François. Qu'il se tienne debout à
« votre droite, la tête découverte. »

Où ces préliminaires peuvent-ils conduire, mur-
murait-on tout bas?

« Embrassez le respectable vieillard, et dites-
« lui : Votre souverain vous accorde la distinc-
« tion destinée à récompenser la vertu, la valeur,
« ou les talens.

« Remettez le petit papier à mademoiselle Lu-
« ceval. Qu'elle l'ouvre, et qu'elle décore de ses

« mains reconnaissantes l'homme à qui elle doit
« tant.

« Il l'a méritée, s'écrie Caroline en passant le
« ruban à la boutonnière de François. Il l'a mé-
« ritée, répètent unanimement tous les autres.
« Puisse-t-il la porter long-temps! » Ils s'avan-
cent, ils se pressent; c'est à qui le félicitera le
premier. Madame Luceval, elle-même, parut empressée : elle avait ses raisons.

Le président fait signe de la main. Le calme
renaît, et il continue :

« J'ai reçu le fruit de ses longues épargnes,
« parce que j'ai voulu lui laisser tout le mérite
« du dévouement. Il a fait beaucoup plus que
« son devoir : il doit donc sentir que j'en ai un
« à remplir.

« Remettez-lui ce contrat, qui lui rend son
« bien, placé à un intérêt honnête. Si sa délica-
« tesse s'élève contre cet acte de justice, dites-lui
« de se mettre un moment à ma place, et deman-
« dez-lui ce qu'il aurait fait.

« Je ne me serais pas conduit autrement, dit
« simplement le bonhomme. Mais cette croix...
« cette croix! tant d'honneur pour quelque pro-
« bité!

« A cet égard, monsieur, lui dit le président,
« vous serez toujours un modèle, et la société
« serait trop heureuse, si vous trouviez beaucoup
« d'imitateurs. »

Ce qui tenait au cérémonial était terminé : l'affection, l'allégresse, l'enthousiasme, eurent leur tour.

M.*** l'avait prévu : cette scène fut la plus touchante de la fête, et se prolongea jusqu'au jour. J'ai promis de ne plus décrire, et le pourrais-je, d'ailleurs? on esquisse le sentiment, on ne le peint jamais.

Les plaisirs tranquilles avaient repris leur cours. Chacun était retourné à ses habitudes, et agissait conformément à ses intérêts ou à ses goûts.

Luceval, sans désirs, comme sans prétention, laissait couler le temps, et végétait en paix. Il causait à la dérobée avec François; il allait voir Caroline, quand il la savait seule; il s'attachait à elle tous les jours davantage; il la quittait avec peine, et il était enchanté lorsqu'il était rentré sans avoir été découvert. Sa femme n'ignorait cependant aucune de ses démarches. Elle avait toujours une certaine Louison, qui n'avait conservé de sa jeunesse que son activité; à qui l'âge avait donné cet esprit tracassier si commun aux vieilles filles, et qui passait son temps à épier tous les habitans, pour amuser, disait-elle, les loisirs de madame. Elle s'était insinuée dans sa faveur, et sa maîtresse, en paraissant ignorer ce qui pouvait lui déplaire, cédait à une modération de commande, qui tenait essentiellement à son plan. Elle avait pris l'habitude du masque, et ne le quittait plus.

Le président consacrait encore une partie de

la journée aux sciences, et le reste à des amusemens de société. Il était toujours l'homme essentiel de la sienne, par son âge, son mérite, son enjouement fin et délicat, et son éloignement de toute espèce d'intrigues.

François travaillait constamment à améliorer le domaine de Caroline, et le dimanche, il faisait le monsieur à l'église, aux jardins, aux petites parties du soir, où il allait montrer sa croix, et où on lui donnait, sans affectation, la première place, ce qu'il n'avait pas l'air de remarquer, et ce qui ne lui déplaisait pas trop.

Édouard, moins ouvertement accueilli de ces dames, en raison de sa jeunesse, fixait réellement l'attention de toutes. Il se formait de plus en plus ; il était très-bel homme, dans toute l'acception du mot, et il faisait une forte impression sur le cœur de mademoiselle Julie. Madame Luceval, très-pénétrante, était depuis long-temps au courant. Elle ne paraissait pas remarquer l'assiduité, les empressemens du bel officier. Son ignorance prétendue favorisait l'inclination des deux jeunes gens, qui s'accordait parfaitement avec ses vues : un gendre de cette espèce devait flatter l'amour-propre d'une femme qui, comme bien d'autres, jugeait de tout extérieurement. Et puis madame de Surville n'avait que quarante mille livres de rente ; elle n'en donnerait guère que la moitié à son fils, et elle ne pourrait pas raisonnablement exiger une dot plus considérable pour Julie. Or, quand les biens seraient dégagés, on reprendrait l'ancien train de vie, qu'on regrettait beaucoup, et vingt mille livres de moins par an ne feraient pas une différence très-sensible.

Louison, par ses rapports, dérangeait un peu ce nouveau plan. On savait qu'Édouard voyait Caroline tous les jours, et on se disait d'abord qu'il ne pouvait être attiré que par les agrémens d'une conversation toujours variée. Bientôt on ne se dissimula plus qu'il y avait quelque danger à ce qu'Édouard entendît fréquemment de ces choses, qui peuvent à la fin embellir celle qui les dit. Mais comment empêcher cela? Caroline était sa maîtresse, et la famille Luceval n'avait rien à exiger d'Édouard, qui ne s'était pas déclaré encore. Quelle idée, d'ailleurs, aurait-il d'une jeune personne qui ne lui permettrait pas de rendre justice à sa sœur? Les hommes, peu délicats sur le choix d'une maîtresse, n'épousent ordinairement que la femme qu'ils estiment. Il ne restait qu'un moyen : c'était d'insinuer à Julie d'amener adroitement le dénouement après lequel elle soupirait.

Madame de Surville, moins fine, et plus occupée que madame Luceval, était instruite également, parce que son fils ne lui avait pas dissimulé un sentiment qui ne lui paraissait pas répréhensible. En effet, madame de Surville n'avait aucune objection à former. Elle eût désiré qu'Édouard préférât Caroline, qu'elle aimait tendrement; mais enfin elle trouvait fort bon qu'il fût admis un jour à partager, avec l'une ou l'autre des deux sœurs, une succession de deux cent cinquante mille livres de rente.

Le général Surville venait rarement au hameau, et y séjournait peu. Pendant un de ces courts voyages, sa femme avait cru devoir lui confier les projets de son fils, et il les avait approuvés, parce qu'il faut, disait-il, qu'un officier, fait pour parvenir à tout, représente. Il n'entendait pas trop les distinctions délicates de madame de Surville, et il lui paraissait fort égal qu'Édouard épousât Julie ou Caroline. Cependant, après quelques réflexions, il pencha en faveur de Caroline, non à cause de ses qualités, mais parce qu'elle avait déjà soixante mille livres de rente acquises. Tous les hommes pensent assez comme cela en vieillissant.

En allant et venant, il disait militairement à Édouard ce qu'il pensait, et le jeune homme lui demandait en souriant, s'il n'avait pas été bien aise d'épouser la femme qu'il aimait? Il n'y avait point de réplique à cela.

L'état de Caroline était toujours le même. Édouard, très-assidu auprès d'elle, lui marquait un attachement vrai, l'intérêt le plus flatteur; mais son cœur tout entier était à Julie. Caroline le voyait, s'en affligeait, comme si elle eût été frappée d'un malheur inattendu; elle déposait ses peines dans le sein de mademoiselle Lori, la seule confidente qu'elle eût et qu'elle pût avoir. La bonne fille lui parlait raison : c'était le moyen de ne pas se faire écouter. Caroline la quittait. Un mouvement, indépendant de la réflexion, la conduisait chez sa mère, chez madame de Surville, partout où elle pouvait décemment rencontrer Édouard, et partout elle retrouvait la certitude cruelle de son amour pour sa sœur.

Telle était la position respective de tous ces personnages. Elle doit changer encore ; sera-ce en bien ou en mal? Continuons de conter.

Il faut être vrai : Julie, bien moins méritante que sa sœur, n'avait qu'un défaut réel. Elle savait trop qu'elle était belle; mais on le lui avait tant dit! Elle aimait qu'on lui rendît des soins, et elle ne les recevait que comme un hommage dû à ses charmes : c'était encore un vice de son éducation. Elle traitait donc Édouard comme un homme qui lui rendait simplement justice; elle lui cachait soigneusement la vive tendresse qu'il inspirait, parce qu'il ne se déclarait point, et elle était sage en cela ; mais elle ne soupçonnait pas que sa froideur affectée, que ses distractions, peu flatteuses, retenaient l'aveu prêt à s'échapper.

Madame Luceval contribuait elle-même à retarder une union tant désirée. Dissimulée, même avec Julie, elle ne lui parlait qu'indirectement de ce qui se passait dans son jeune cœur. Elle généralisait ses idées, pour éloigner tout soupçon de partialité, et commander l'attention : Julie écouta trop.

Elle demeura convaincue qu'un mari, quel qu'il soit, vise à l'autorité, et qu'une femme en est toujours plus ou moins victime, s'il parvient à s'en saisir ; qu'avec de l'adresse et de la prudence, on le subjugue infailliblement ; que les momens qui précèdent le mariage sont ceux où l'homme est naturellement soumis, et où il faut le ployer à un joug, qu'il ne supporterait point plus tard. « Qu'il est doux pour une femme, di-
« sait quelquefois madame Luceval, de ne voir
« d'abord dans son époux qu'un amant prévenant
« et attentif, et qu'un être subordonné après le
« temps des illusions ; de ne rendre aucun compte
« d'un goût, d'une fantaisie, d'une absence, et
« d'en recevoir sur les choses même les plus in-
« différentes ; de choisir les amis que peut voir
« monsieur, c'est-à-dire ceux qui plaisent à ma-
« dame ; de lui interdire toute liaison avec ces
« femmes, piquantes par la nouveauté, attirantes
« par leur manége ; de prévenir la satiété par la
« coquetterie, et de nourrir, pour le maintien
« des droits acquis, un amour qu'on ne partage
« plus ; d'être enfin tout, tout absolument dans
« sa maison, et d'y régner en souveraine ! »

Telles étaient les leçons que recevait Julie, et d'après lesquelles elle réglait déjà sa conduite. Elle savait à quoi ces raffinemens et cet empire avaient conduit sa mère ; mais elle se promettait de ne l'imiter que jusqu'à certain point, d'éviter les excès en tout genre. Enfant malheureux, celui qui s'égare, sait-il s'il pourra rétrograder ?

Édouard ne pouvait s'empêcher de la voir, et il la quittait toujours mécontent. Julie ne savait pas allier, à cette fierté qui impose, ces demi-faveurs qui encouragent. Lorsque Édouard s'éloignait triste, pensif, un mot, un regard, un sourire, pouvait le ramener à ses pieds, et le faire passer de la crainte à l'espérance. Cette anxiété continuelle est, de toutes les situations, la plus pénible peut-être à supporter; mais c'est celle qui ôte à l'homme la volonté et la force de rompre ses liens ; c'est, entre les mains d'une femme adroite, le moyen le plus constamment heureux.

Madame Luceval remarquait les fautes de Julie, et elle n'osait l'éclairer. Quelle est la mère qui conserve quelque pudeur, et qui se permet de donner ouvertement à sa fille des leçons de manége et de duplicité ? Celle-ci voyait, d'ailleurs, avec quel empressement Julie suivait ses idées générales sur la manière de mener les hommes; elle sentait qu'un pas de plus la jetait dans la coquetterie ouverte, et une femme coquette est si près d'être galante ! La séduction couvre l'écueil de fleurs, et l'inexpérience y périt.

Caroline au contraire n'étudiait rien, et se laissait aller au sentiment. Elle en exprimait les nuances, telles qu'un cœur bien placé doit les sentir, ou les prévoir. Ce n'était jamais d'elle qu'elle parlait à Édouard ; mais l'amour, ses progrès, ses innocentes jouissances, la dignité et les douceurs de l'union conjugale, la tendresse maternelle, elle peignait tout avec la décence qui convenait à son âge, et cet accent de l'ame qui fait tout valoir. Édouard écoutait, et retrouvait, près d'elle, le calme que Julie éloignait de son cœur. Il répondait, non pour discuter : les idées de Caroline étaient si simples, si vraies, qu'il s'étonnait de ne les avoir pas trouvées. Il répondait pour animer l'entretien, pour soutenir l'imagination de son aimable interlocutrice, pour prolonger le plaisir qu'il trouvait à l'entendre.

Ce que l'amitié a de plus doux, il commençait à l'éprouver. Caroline le voyait ; mais il ne prenait pas, il ne sollicitait pas le titre de son ami. Elle ne pouvait le lui offrir, et elle pressentait que l'intimité qu'il autorise peut conduire un jeune homme à un sentiment plus prononcé. Elle avait toujours la beauté à combattre, elle ne se le dissimulait point ; mais c'était la beauté orgueilleuse, dépouillée du plus piquant de ses charmes, celui qu'elle tient des graces.

Édouard venait de sortir brusquement de chez madame Luceval. Une scène désagréable l'avait amené enfin à réfléchir sérieusement sur son amour et sur celle qui en était l'objet. Cette scène, la voici.

Toute la colonie et les amis de la grande ville étaient rassemblés chez ces dames. Caroline seule n'était pas sortie de sa retraite ; elle y rencontrait deux avantages : de penser en liberté, et de n'être pas témoin de ces empressemens, qui la faisaient tant souffrir, et qui la forçaient à une dissimulation, si éloignée de son caractère.

Mademoiselle Julie, placée sur une ottomane, vis-à-vis d'une glace qu'elle consultait sans cesse, et qui lui répétait ce qu'elle savait si bien, mademoiselle Julie jouissait de la satisfaction d'effacer toutes les femmes, et de réunir les hommages de tous les jeunes gens. Combien Édouard devait être pénétré de sa supériorité ! avec quelle reconnaissance il recevrait les marques de bonté qu'elle se promettait de lui accorder enfin !

Toujours tendre, toujours empressé, il était arrivé, de place en place, jusqu'à l'ottomane. Il ne cessait d'adresser à Julie de ces choses qu'il croyait insignifiantes pour les autres ; que tout le monde saisissait à merveilles, et qu'on paraissait ne point pénétrer, parce qu'il est reçu, parmi les gens d'un certain ton, de ne pas se gêner dans ses arrangemens mutuels.

Julie entendait mieux que personne. Elle pouvait répondre avec cette aménité, cette candeur satisfaisante pour un amant qui prétendait à tout, mais qui était loin de rien exiger. Elle pouvait lui marquer, devant ses rivaux d'attentions et de soins, cette préférence qu'il méritait à tant de titres. Cette espèce de triomphe lui aurait fait oublier ce qu'il avait souffert, et aurait resserré des liens dont il avait tant de peine à se dégager.

Julie, au contraire, ne lui accordait d'attention que celle que prescrit rigoureusement la bienséance. Elle éprouvait une sorte de vanité à paraître au-dessus des sentimens qu'elle inspirait; à désigner un esclave, soumis et craintif, dans un homme d'un extérieur et d'un mérite peu communs. Elle affectait de causer avec un fat, placé à l'autre extrémité du salon; elle lui adressait de ces expressions flatteuses, de ces sourires d'approbation, qui étaient autant d'outrages pour Édouard, et qui doivent persuader à l'homme le plus modeste qu'on le distingue réellement de la foule. Celui-ci n'était pas modeste du tout, et il attacha à la conduite de Julie une importance qu'elle était loin d'y mettre. Il se lève, il s'approche, il débite avec assurance de ces fadaises, que les femmes peu difficiles veulent bien prendre pour de la galanterie. Ce n'est plus que lui qu'on écoute; Édouard est réduit au silence.

Quel est l'homme qui supporte volontairement des mépris qu'il n'a pas mérités? quel est l'amant qui ne s'indigne d'être publiquement sacrifié à un être qu'on connaît à peine et qui ne peut soutenir avec lui aucune comparaison? Édouard lance à Julie un regard foudroyant, et sort.

Elle sent qu'elle a poussé les choses trop loin, et que son amant lui échappe, peut être pour jamais. Elle se repent; elle se promet de vivre désormais pour lui seul, et de lui permettre enfin de lire dans son cœur. Retirée dans un coin, recueillie, pensive, elle lui offrait une réparation trop tardive; elle ne répondait plus, pas même à celui qu'elle semblait avoir autorisé à compter sur quelque chose de plus que de la bienveillance. Il passa de l'étonnement à la persuasion que mademoiselle Julie avait une tête extraordinairement organisée, et il chercha une femme disposée à lui accorder au moins le reste de la soirée.

Édouard s'était enfoncé sous les bosquets. La pâle clarté de la lune, la fraîcheur de la nuit, le silence de la nature, tout favorisait des réflexions tristes, mais sensées. Il sentait la nécessité de rompre avec une jeune personne à laquelle il se fût donné tout entier, et qui n'eût versé sur sa vie qu'amertume et dégoûts. Il redoutait sa faiblesse; il consultait son cœur. Il termina un très-long monologue par la promesse qu'il se fit à lui-même de rejoindre son régiment. Le voudra-t-il demain? Le pourra-t-il, le fera-t-il?

Caroline se promenait de son côté avec mademoiselle Lori. Il semble que la lune soit l'astre favori des amans. Elle jette dans une rêverie si douce! elle est la protectrice du mystère; elle rassure la timidité. Caroline n'eût pas voulu pour sa vie que personne entendît ce qu'elle disait à sa confidente, et elle n'avait plus rien de nouveau à lui dire : depuis long-temps elle avait tout épuisé, et l'indulgente Lori répondait comme si elle eût entendu pour la première fois. Contredit-on un malade qui délire?

Caroline croyait Édouard auprès de Julie, brillant de bonheur et de gaîté. Une jalousie, dont elle sentait l'injustice, qu'elle blâmait elle-même, et qu'elle ne pouvait vaincre, ajoutait à ses maux : tourmens d'amour ne croissent-ils pas sans cesse? Elle était loin de penser qu'Édouard souffrant était à trente pas d'elle.

Ils se rencontrèrent, et tous deux, également sensibles, également malheureux, charmèrent leurs peines en se parlant. Caroline, près d'Édouard, retrouvait la paix de l'ame; Édouard, en l'écoutant, oubliait ses chagrins.

Elle jugea d'abord au ton, aux réponses brèves, aux distractions du beau jeune homme, qu'il était agité et plus que mécontent. Qui pouvait causer ce dépit, cette colère concentrée qu'il maîtrisait à peine, si ce n'était sa sœur, et quel moment plus favorable à l'amitié, que celui où l'amour a tort?

Elle amena adroitement la conversation sur le besoin que l'infortuné a d'aimer quelque chose. Ce qu'une confiance réciproque offre de douceurs; cette heureuse communauté de plaisirs et de peines ; ces prévenances, ces attentions, ces égards mutuels, que l'estime accorde et reçoit tour à tour; ce dévouement absolu qui compte pour rien un sacrifice, qui porte avec lui sa récompense; elle sentait, elle détaillait tout. Elle parait l'amitié des charmes qu'elle seule pouvait lui donner; elle en faisait un sentiment céleste, qu'Édouard lui-même trouvait supérieur à l'amour.

Est-ce bien l'amitié qu'elle peignait? Si le soleil eût éclairé cette scène sentimentale, le trouble, la rougeur, les paupières humides, le sein palpitant de Caroline, eussent trahi son secret, et Édouard eût dit peut-être : Elle n'a changé que le nom. Cette amitié est précisément ce que j'attendais de Julie, ce qui eût fait mon bonheur, ce que je n'obtiendrai jamais.

En écoutant, et sans y penser, il avait pris la main de Caroline; il la pressait doucement; elle ne cherchait pas à la retirer. Cette douce pression, la première qu'elle ait sentie encore, était pour elle le suprême bonheur; le sentiment s'échappait de son cœur avec une éloquence entraînante et une force irrésistible. « Ah! dit enfin
« Édouard enchanté, peut-on vous entendre et
« ne pas vouloir vous entendre toujours ? Cette
« amitié, à qui vous communiquez quelque chose
« qui m'élève au-dessus de moi, m'est-il défendu
« de vous en offrir l'hommage? refuserez-vous
« de la partager?—J'ai déja un ami bien sincère.
« — Je sais que M.*** a été assez heureux pour
« vous être utile; mais son âge, son rang... —
« Je l'aime comme un père tendre. — L'attache-
« ment que vous avez pour lui n'est qu'une

« nuance de l'amitié. L'égalité parfaite doit lui
« servir de base, vous l'avez dit, et vous con-
« viendrez, femme étonnante... — J'avoue que je
« ne serai jamais l'égale de mon auguste bienfaiteur.

« — Tout, au contraire, semble nous rappro-
« cher, conformité d'âge, de condition, de goûts,
« de caractère; pas la moindre différence dans ce
« qui lie irrévocablement deux êtres délicats.
« J'ose même me flatter de n'être au-dessous de
« Caroline que par les graces qu'elle répand sur
« tous les objets dont elle parle. — Souvenez-
« vous, monsieur, que l'amitié ne flatte jamais.
« — Me gronder, mademoiselle, c'est me traiter
« en ami.

« — Édouard, vous voulez être le mien! —
« Je le suis depuis long-temps. — Vous êtes le
« fils de madame de Surville... — Et vous aimez
« ma mère... — Assez pour prendre à vous le
« plus vif intérêt; mais vous dois-je à l'un et à
« l'autre le sacrifice de ma tranquilité? — Quoi,
« mademoiselle!... — Édouard, écoutez-moi.

« Je ne suis pas de ces femmes qui affectent
« une fausse modestie pour provoquer la louange.
« Je sais que la nature, qui m'a cruellement traitée
« d'une part, m'a accordé des dédommagemens,
« qui, peut-être, me suffiront toujours; mais je
« ne me dissimule pas que la privation des agrémens
« extérieurs ne me laisse de ressources que dans
« l'amitié. C'est d'elle seule que j'attends aujour-
« d'hui tout mon bonheur, et puissé-je ne jamais

« désirer rien de plus! mais aussi, moins je don-
« nerai d'extension à mes vœux, et plus je mettrai
« de soins et de prudence à les satisfaire. Je choi-
« sirai avec sagesse, parce que, faisant tout pour
« mon ami, je me croirai en droit d'en tout exi-
« ger. Suivez mon exemple, Édouard, et répon-
« dez-moi avec franchise.

« Êtes-vous l'ami qui me convient ? occupé d'une
« passion qui vous maîtrise, et que j'ai pénétrée,
« quel temps donnerez-vous à l'amitié ? et si vous
« savez concilier, ce qui est très-difficile, les de-
« voirs d'un ami avec les goûts d'un amant, quel
« dédommagement m'offrirez-vous de vos absen-
« ces fréquentes ? Vous viendrez vous applaudir
« près de moi d'une félicité qui me sera étrangère,
« ou vous me confierez des chagrins que j'aurai
« la faiblesse de partager. Vous jouirez des agré-
« mens de l'amitié : je n'en aurai que l'amertume.
« D'ailleurs, votre âge, vos avantages personnels
« ne m'exposeront-ils pas aux traits de la mali-
« gnité ? je ne peux inspirer l'amour, tout le
« monde le sait ; mais tout le monde aime à mé-
« dire, et peut-être quelqu'un ici, qu'il est inu-
« tile de vous nommer, ne serait pas fâché de
« pouvoir m'imputer des torts graves, qui, jusqu'à
« certain point, justifieraient les siens. »

Pensez-vous enfin comme moi ? démêlez-vous
l'adresse avec laquelle Caroline profite d'un moment de dépit pour amener Édouard à une rupture ouverte avec sa sœur ? Édouard ne voyait dans

toutes ces objections que le besoin d'être aimée et de s'attacher exclusivement à son ami. Fatigué des procédés de Julie, voulant sérieusement l'oublier, il cherchait de bonne foi une sauve-garde contre lui-même; il sentait que Caroline seule pouvait le consoler des pertes de l'amour, et le retenir auprès d'une mère, que son départ précipité affligerait sensiblement.

Cependant il fallait rassurer Caroline, et surtout lui opposer des raisons. Il en donna mille, dont aucune ne fut combattue : la jeune demoiselle allait au-devant de la persuasion. Édouard déclara franchement que sa sœur exciterait encore longtemps son admiration; mais que son indifférence et sa bizarrerie rendraient bientôt la liberté à ceux que soumettraient ses charmes; qu'il avait reconquis la sienne, et que Julie à l'avenir n'obtiendrait de lui que les égards qu'un galant homme accorde indistinctement à toutes les femmes. Caroline sourit avec la sécurité que faisaient naître les ténèbres. Elle osa préjuger son triomphe et s'en applaudir. Imprudente ! tu crois qu'Édouard s'est vaincu en deux heures, toi, qui ne cesses de combattre, et dont la passion s'alimente même par ces combats.

Édouard ajouta que la liberté, qui régnait au hameau, permettait à deux amis d'être constamment ensemble, sans qu'on remarquât le sentiment de préférence qui les attirait l'un vers l'autre; que toutes les maisons leur étaient ouvertes;

qu'ils se rencontreraient à toutes les heures du jour, sans paraître se chercher jamais, et qu'il peut suffire de se voir, quand on n'a rien de confidentiel à se dire ; que sans doute les épanchemens de l'amitié demandaient une sorte de mystère ; mais que mademoiselle Luceval, indépendante, et sous les yeux de mademoiselle Lori, recevait tous les jours du monde, et ne priverait pas son ami d'une prérogative commune à tous les habitans ; qu'il se promettait d'en jouir bien plus fréquemment qu'un autre ; mais qu'enfin, si on remarquait, si on interprétait cette assiduité, on ne pourrait lui supposer que des vues honorables sur une femme dont le mérite commandait le respect.

Caroline pouvait à peine se contenir. Édouard supposant qu'un homme estimable pouvait avoir des vues sur elle, lui donnait plus que des espérances. Elle recueillait, elle appréciait chacun des mots qui lui étaient favorables, et elle ne remarquait pas qu'on ne va point au-delà de l'amitié pour une femme dont on ne vante que le mérite, et qui, à dix-neuf ans, n'inspire que le respect.

Un traité qui convient également aux deux parties, est bientôt conclu. On releva la conversation pour se jurer éternelle amitié. Mademoiselle Lori reçut les sermens. Comme on s'abuse sur le sens des mots ! Caroline, heureuse en ce moment, et par conséquent plus aimable que jamais, parlait amour à Édouard ; Édouard, habitué à s'exprimer avec tendresse, empruntait le même langage,

Le mot seul manquait. L'une n'osait le prononcer, il ne se présentait pas à l'autre.

Mademoiselle Lori crut devoir faire observer que la nuit s'avançait. On ne se quitta qu'avec peine, qu'après s'être promis de se revoir aussitôt que la bienséance le permettrait. On s'éloignait à regret; on se parlait en s'éloignant. On s'entendait à peine et on répétait encore : A demain, mon amie; à demain, mon ami.

Le désagrément qu'Édouard avait éprouvé chez madame Luceval, n'avait pas échappé à sa mère. Elle avait plaint son fils, et cependant elle espérait que les inconséquences réitérées de Julie le décideraient pour Caroline, celle de toutes les jeunes personnes qu'elle connaissait, qui lui convenait le mieux. Madame de Surville n'ignorait pas combien sont doux les premiers jours qui suivent un mariage d'inclination; mais elle savait aussi que la plus jolie femme cesse bientôt de l'être, et qu'un honnête homme a besoin toute sa vie d'une femme bonne et aimable.

Inquiète de ne pas trouver son fils en rentrant, elle l'attendit, et l'interrogea à son retour. Il ne lui cacha point qu'il quittait Caroline, qu'elle l'avait nommé son ami, et qu'il chercherait désormais un bonheur plus calme, mais plus certain, au sein de l'amitié. Il le croyait, et il avait vingt-quatre ans!

Madame de Surville n'admettait pas d'amitié désintéressée entre jeunes gens de différens sexes.

Elle pensait, ou que cet attachement ne durerait pas, ou qu'il conduirait par degrés son fils au but où nous pousse la nature. Elle ne dit rien à Édouard de ce qu'elle pensait, de ce qu'elle prévoyait : c'eût été lui donner l'éveil, le mettre en garde contre lui-même, l'éloigner peut-être de Caroline, car jamais nous ne disposons de notre cœur par avis des parens.

Le lendemain, Édouard comptait les momens. On ne peut guère, à Paris, se présenter chez une femme avant deux heures. A la campagne, l'étiquette est moins rigide, parce que la toilette est moins longue. On reçoit à midi, et l'ami intime peut devancer l'heure fixée par la coquetterie, et adoptée par les gens qui savent vivre.

Édouard sort : la première personne qu'il rencontre, c'est Louison. Bon, pensa-t-il, elle me verra entrer chez Caroline, et pour peu qu'elle aime à parler, mademoiselle Julie apprendra que s'il lui est facile de faire des conquêtes, elle fera bien d'apprendre à les conserver.

Ce n'était que pour lui que Louison courait les jardins. Madame Luceval avait suivi la veille tout ce qu'avait fait Julie ; elle connaissait ses plus secrètes pensées, et il n'avait pas été difficile de la faire parler : l'amour heureux est causeur ; l'amour souffrant cherche à confier ses peines.

Sans manquer à la décence, sans sortir de la dignité de mère, madame Luceval pouvait, dans cette conjoncture délicate, conseiller indirectement sa fille. Elle se plaignit d'abord que Julie lui eût caché son inclination naissante : mère adroite voit tout, et ne parle que lorsqu'il en est temps. Elle s'étonna que Julie eût traité avec cette légèreté un jeune homme, sur lequel elle avait des vues sérieuses : c'était l'autoriser à changer de conduite, à flatter, à encourager la passion d'Édouard, à amener un aveu, qui n'était probablement arrêté que par la crainte de ne pas plaire, à y répondre de manière à déterminer l'amant à se lier sans retour.

Julie entendait à merveilles ce qu'on ne lui disait qu'à demi-mots. Elle était disposée à tout faire ; mais il fallait qu'Édouard revînt, et, d'après la manière dont il était sorti, on pouvait craindre une longue absence. Il était essentiel, pour régler ses démarches, de connaître les siennes. Louison était toujours prête à espionner ; mais il fallait qu'elle ne fût qu'un instrument passif, réduit à l'impossibilité de compromettre ses maîtresses.

Madame Luceval imagina une histoire devant cette fille. Elle parla des empressemens qu'Édouard avait marqués à une demoiselle, qui était avec sa mère, chez M. le président. Elle eût donné l'impossible pour en connaître les suites, et pour avoir au moins une opinion, il fallait savoir ce que ferait Édouard pendant la journée : il n'en fallait pas tant pour mettre Louison en campagne.

Elle revint dire qu'elle ne croyait pas que la

jolie demoiselle, qui logeait chez M. le président, occupât beaucoup M. Ducoudrai; qu'il marchait d'un air libre, satisfait, et qu'il venait d'entrer chez mademoiselle Caroline.

« Chez ma sœur, à neuf heures du matin, ma-
« man ! — Cela est inquiétant, ma fille. Votre sœur
« n'est pas jolie... — Mais elle est si aimable ! —
« Et le dépit, le désir de se venger... — Oui, peu-
« vent porter ce jeune homme à un acte de déses-
« poir. — Oh ! ce ne serait que cela. — Mais je
« perdrais tout, maman. — Il vous aime ? — J'ai
« lieu de le croire. — Il faut l'empêcher de se
« rendre malheureux. — Je le serais plus que lui.
« — Il faut vous épargner une préférence humi-
« liante. — Cruelle, au moins. — Et pour cela, il
« n'y a pas un instant à perdre. Votre sœur a de
« l'adresse; elle s'est emparée de l'esprit d'un des
« plus illustres personnages de l'état. Quel avan-
« tage n'aura-t-elle pas sur un jeune homme, qui
« conserve encore la candeur du premier âge ? Il
« y a trois mois au moins que je n'ai été chez
« Caroline; une visite, trop différée, lui paraîtra
« naturelle. Je vais vous y conduire : le reste
« vous regarde. »

Édouard et Caroline s'étaient beaucoup dit la veille, et ils trouvaient toujours à dire. Assis l'un à côté de l'autre, ils partageaient un déjeuner, où mademoiselle Lori était seule admise. Tous les domestiques étaient écartés; chacun servait tour à tour. Quelle amitié que celle qui redoute les témoins !

Édouard se trouvait si bien ! Il demanda à prolonger cette agréable situation pendant toute la journée, et il avait la modestie de ne pas penser que ce qu'il sollicitait comme une faveur, comblait les vœux de Caroline. Cependant, on ne peut pas causer sans interruption : le cœur et l'esprit ne sont pas inépuisables. Édouard avait reçu, dans son enfance, des leçons de dessin de sa mère ; il avait cultivé ce talent dans ses garnisons ; il était loin de la perfection de Caroline ; mais il n'était pas indigne de la seconder.

Un tableau commencé fixait son attention. C'était l'amitié que Caroline avait esquissée, lorsqu'elle ne faisait que prétendre à celle d'Édouard : la main trace volontiers ce qui occupe l'imagination. Celle du jeune officier se monta. « Il man-
« que à ce tableau, dit-il, deux personnages et
« un autel. »

Caroline saisit son idée. Elle s'élance, elle fait défendre sa porte ; elle rentre avec des crayons ; elle en donne un à Édouard. « Vous me peindrez,
« dit-elle ; je peindrai mon ami. » Les traits chéris ne devaient pas être difficiles à rendre. Si son ami eût fureté son secrétaire...

On compose sur l'ardoise ; on étudie, on discute, on arrête les poses. On trace enfin sur la toile.

Les deux figures sont indiquées ; elles se tiennent par la main; elles sont debout devant l'autel, et la divinité semble sourire au sacrifice qu'on lui offre. Caroline charge deux palettes ; elle prend son pinceau ; elle guide celui d'Édouard.

On sonne à la porte, et nos jeunes artistes continuent leur travail : ils sont tranquilles, personne ne doit entrer. Un domestique vient demander si madame Luceval et mademoiselle Julie sont comprises dans l'exclusion générale. Caroline ne suppose pas même qu'elle puisse se dispenser de recevoir sa mère, et elle sent l'inconvénient de se faire céler, lorsqu'elle a Édouard auprès d'elle, Édouard qu'il est possible que quelqu'un ait vu entrer. Elle prend le chevalet, elle l'emporte avec précipitation, elle va le cacher dans un cabinet... Sa mère était sur les pas du domestique ; elle entre : l'empressement de Caroline lui donne des soupçons ; elle lui prend la main ; elle l'arrête.

« Pourquoi me cacher un de vos chefs-d'œu-
« vres, mademoiselle ? vous savez avec quel plai-
« sir je les vois et je les applaudis. » Cela n'était pas vrai ; mais qu'importe ! « Je donnais une le-
« çon à monsieur, répondit Caroline, en rougis-
« sant jusqu'aux yeux. — Il est flatteur pour
« vous, mademoiselle, que monsieur préfère vos
« leçons à celles d'une mère qui a fait de vous
« une élève aussi distinguée. Permettez que je
« voie le sujet de la leçon... Ah ! deux jeunes
« gens sacrifiant à l'amitié. L'idée est jolie. Le

« trait en blanc ne permet pas de rien distinguer
« encore, et c'est dommage. » Madame Luceval
avait fort bien reconnu les revers, la poche en
long, la coiffure d'Édouard, et il n'était pas douteux que la seconde figure ne dût représenter
Caroline. Elle jugea à propos de se taire. Ce tableau n'offrait rien que d'innocent; mais avec de
la réflexion et de la méchanceté ne tire-t-on pas
parti de tout, et l'art de se posséder n'est-il pas
la qualité essentielle de l'individu qui peut avoir
intérêt à nuire ?

Madame Luceval n'avait aucun projet encore.
Mais si Édouard persistait dans ce qu'il voulait
bien appeler amitié; si une physionomie, à qui lui
seul donnait de l'expression, paraissait s'embellir
par cette expression même; si le jeune homme
marquait quelque disposition à se rendre enfin à
un organe touchant, et à toutes les qualités réunies, ne pouvait-on pas tout se permettre pour
le ramener à Julie, et assurer un établissement,
objet des désirs les plus doux de cette fille chérie?
Madame Luceval ne faisait point ces raisonnemens-
là, et j'anticipe sans doute; mais ils étaient dans
son caractère, et il ne fallait qu'une forte opposition à ses desseins pour qu'elle agît en conséquence. Caroline n'avait-elle pas, d'ailleurs, l'impertinence d'être, malgré elle, sa bienfaitrice? et
c'est un de ces crimes que certaines gens ne pardonnent jamais.

Madame Luceval généralisa la conversation.

Elle n'avait rien vu, elle n'avait rien soupçonné ; elle voulait le faire croire, et on persuade aisément des cœurs droits et sans défiance. Caroline, rassurée, marquait à sa mère et à sa sœur cette affection qui lui était naturelle, et dont rien alors ne suspendait les effets. Elle se proposait de reprendre la palette avec son ami, quand ces dames seraient retirées : sa mère en avait ordonné autrement.

Elle occupait Caroline autant qu'il lui était possible, et Julie regardait Édouard d'un air tendre et presque suppliant. Celui qui a intérêt à bien lire dans les yeux d'une femme, se trompe rarement, et Édouard voyait dans ceux de Julie le chagrin de l'avoir blessé, et la promesse de le mieux traiter à l'avenir. Ces yeux-là étaient si touchans, et la beauté qui supplie est si puissante ! Édouard était ébranlé ; sa raison combattait son cœur ; il prit enfin une résolution digne d'un homme dont l'âge a mûri l'expérience : il se décida à n'être jamais l'esclave d'une femme qui s'éloignait et qui revenait sans motifs.

Caroline l'emportait. Quelques jours d'amitié encore, et Édouard devenait son époux. Il fallait pour cela qu'elle n'eût point eu de mère.

Madame Luceval, en causant exclusivement avec Caroline, ne perdait rien de ce qui se passait. Assez satisfaite de Julie, elle avait cru un moment pouvoir s'applaudir des dispositions d'Édouard. Elle jugea bientôt qu'il avait du caractère, et qu'il n'y avait qu'un coup décisif qui pût le faire rétrograder.

Elle prétexta une affaire au village voisin. Elle envoya un domestique prier le président de l'accompagner : elle savait de Louison qu'il était allé reconduire les dames qu'il avait chez lui.

Édouard ne pouvait, sans une grossièreté marquée, se dispenser d'offrir son bras. Ces dames le prirent, après les excuses d'usage sur le dérangement qu'elles causaient. En sortant, Édouard se tourna vers Caroline; ses yeux lui disaient : Je reviendrai, mon amie. Ceux de Caroline répondaient : Mon ami, je vous attends.

On sort du hameau. On entre dans la plaine; on arrive à l'endroit où, Manette et Adolphe s'étaient rapprochés, réconciliés, et avaient arrêté un mariage, qui pouvait être plus heureux, mais qui terminait des tracasseries qui les tourmentaient également. Souvenirs d'amour sont toujours chers : on croit rajeunir en les retrouvant.

Madame Luceval aimait à se rappeler qu'elle avait été Manette, et elle en cherchait une autre dans Julie, dans Julie timide, embarrassée, n'osant presser le bras d'Édouard, mais le touchant avec le doux frémissement de la volupté. Julie, moins aimable, moins vive que l'avait été Manette, était incomparablement plus belle. Inférieure sous les premiers rapports, elle avait un avantage décidé par ses charmes : elle devait donc obtenir les mêmes succès sur un cœur neuf et passionné.

Mais il fallait qu'elle entreprît, et la présence d'une mère, quelque indulgente qu'elle soit, gêne toujours un peu. Madame Luceval prétendit avoir un goût décidé pour la botanique : jamais elle n'était descendue jusqu'à l'humble plante qu'elle foulait d'un pied léger. Sa fille ne l'ignorait pas ; mais contestera-t-elle un penchant qui va favoriser les siens ?

Madame Luceval s'arrête ; elle s'écarte à droite, à gauche ; elle revient ; elle s'arrête encore ; elle cueille des brins d'herbe, à qui elle donne des noms et des propriétés. Édouard et Julie continuent de marcher en silence ; mais ils parleront bientôt, d'abord, de la pluie et du beau temps, et un linot, un papillon, une mouche, donneront à la conversation une tournure intéressante : parler des amours d'autrui, c'est déjà vouloir parler des siens. Ainsi pensait madame Luceval, et madame Luceval n'avait pas tort.

« Le joli bouquet d'arbustes ! — Charmant,
« mademoiselle. — Il semble inviter... — A aller
« s'y garantir de l'ardeur du soleil. — Attendons-y
« maman. — Je suis à vos ordres, mademoiselle.

« — Voyez, monsieur, comme ces branches
« s'entrelacent, se croisent ; elles semblent se
« caresser. — C'est une observation que j'ai faite
« il y a long-temps, mademoiselle. — Et que
« j'aime à répéter, monsieur. On se plaît à rêver
« que tout aime dans la nature. — Cela pourrait
« être au moins. — Comment prouverait-on le

« contraire ? les plantes ont une sorte de vie... —
« Et, par conséquent, leur genre de sensibilité;
« n'est-ce pas cela, mademoiselle ? — Mais je le
« crois, monsieur. — Vous donnez une ame aux
« végétaux, et la beauté insensible et dédaigneuse
« me ferait croire que beaucoup d'êtres en sont
« dépourvus. — Oh ! à cet égard, on exagère sou-
« vent. — Souvent aussi on ne dit, à cet égard, que
« la moitié de ce qu'on pense. — Ce qu'on pense
« n'est pas toujours ce qu'on devrait penser. —
« A cet égard encore, un homme raisonnable se
« trompe rarement. — Il suffit qu'il puisse se trom-
« per, pour qu'il ne précipite pas son jugement.
« — Et quand un amour-propre mal entendu
« confond la raison avec l'opiniâtreté ? — Les exem-
« ples sont rares. — Je puis au moins en citer un.
« Vous, mademoiselle !

« — Deux jeunes gens, faits pour se plaire,
« s'aimer, s'estimer même, se rencontrent et s'at-
« tachent l'un à l'autre. — Jusqu'ici personne n'a
« de torts. — L'amant, très-raisonnable, garde le
« silence, je ne sais pourquoi. — Mais il le sait,
« sans doute. — Toutes ses actions attestent son
« amour... — Et on en abuse pour le tourmenter.
« — Pas du tout. Mais la réserve qu'on impose à
« mon sexe ne rend-elle pas en quelque façon la
« ruse légitime ? Croyez-vous qu'on soit bien cou-
« pable en inquiétant le jeune homme, en exci-
« tant sa jalousie, pour arracher enfin un aveu
« nécessaire au bonheur de l'un et de l'autre ?

« — Si en effet on n'avait pas d'autre inten-
« tion... — Eh! se donne-t-on autant de peine
« pour un être indifférent ? — Julie ? — Édouard ?
« — Quand l'un et l'autre ont eu des torts... —
« Il faut n'en plus parler. — Sans les oublier ce-
« pendant. — Afin de n'y plus retomber, n'est-ce
« pas ? — Ah ! que de mal vous m'avez fait hier !
« — Et votre manière de me quitter, croyez-vous
« que je ne l'aie pas sentie ? — Cruelle fille, quel
« empire vous avez sur moi ! je voulais m'y sous-
« traire ; je me l'étais promis. — Quel plaisir
« trouve-t-on à combattre son cœur ? — Il est bien
« plus doux de lui céder : je l'éprouve auprès de
« vous. »

Julie n'était pas très-adroite. Elle s'était laissée pénétrer avec une facilité qui n'est pas reçue en amour. Mais elle avait mis Édouard dans l'impossibilité de rétrograder. Il ne voyait plus que ses charmes, et l'impétuosité de ses sens lui ôtait la faculté de s'occuper d'autre chose que du moment présent.

Il était tombé aux genoux de Julie. Il tenait une de ses mains ; il la couvrait de baisers, et de ces douces larmes qu'arrache le sentiment. Julie, plus belle encore par le bonheur d'être aimée, de se l'entendre dire, par les faveurs mêmes qu'elle accordait, Julie oubliait l'univers, elle s'oubliait elle-même. Sa mère avait tout prévu : elle était là.

La position d'Édouard n'était pas équivoque.

Il n'y avait qu'une explication franche qui pût l'excuser aux yeux d'une mère, si une mère peut admettre des motifs, qui autorisent un jeune homme à embrasser les genoux de sa fille. Madame Luceval commença par marquer un mécontentement qu'elle était loin d'éprouver. Elle s'adoucit, en écoutant Édouard; elle lui présenta la main en signe de réconciliation, quand il eut cessé de parler. Elle ne mit, au généreux pardon qu'elle accordait, qu'une seule condition, qu'un amant devait regarder comme une grace nouvelle : c'est que mademoiselle Julie, n'étant pas faite pour être l'objet d'un goût passager, il n'y avait que le mariage qui pût convaincre de la loyauté d'Édouard, et légitimer ce qu'il venait de se permettre.

Le jeune homme enchanté proposa d'engager madame de Surville à faire dans le jour même la démarche d'usage. Madame Luceval l'embrassa avec un transport de joie, dont elle ne fut pas maîtresse. Elle oublia la botanique, l'affaire importante qui la conduisait au village, et on reprit gaîment le chemin du hameau.

D'après les dispositions qu'Édouard avait montrées la veille, sa mère ne pouvait s'attendre à la proposition qu'il allait lui faire. Confus lui-même de se contredire si promptement; humilié des réflexions que sa conduite pourrait faire naître, il balbutiait des mots coupés, sans suite, et par conséquent inintelligibles.

« N'oser s'expliquer avec la plus tendre des
« mères, lui dit madame de Surville, c'est lui
« avouer qu'on se reproche quelque chose. Je
« connais mon fils. Il peut être inconséquent,
« léger dans sa conduite : il ne peut rien faire qui
« lui ôte l'estime des honnêtes gens. Parle-moi,
« Édouard. »

Édouard, rassuré, s'abandonna à l'impétuosité d'un amour, auquel un jour de contrariété et de dépit avait donné une force nouvelle. Le bonheur d'aimer et de plaire; les douceurs de l'union conjugale; le plaisir qu'elle-même trouverait à se voir renaître, il peignit tout cela comme on sent à l'âge où des organes neufs embellissent jusqu'à l'illusion. Madame de Surville avait fait de ces rêves d'amour; elle en avait réalisé quelque chose. De petits enfans sont la dernière consolation qu'espère la femme raisonnable qui se prépare à vieillir. S'attacher à de petits êtres qui sentent leurs besoins et leur dépendance, qui savent gré de la moindre complaisance et qui la paient en caresses, c'est encore aimer, c'est encore tenir à la vie. Quand le cœur est éteint, que reste-t-il d'existence ?

L'éloquence d'Édouard avait suppléé à ce qui manquait de vérité à ses tableaux. Madame de Surville, subjuguée, entraînée, certaine du consentement de son mari, et ne pensant pas à donner un regret à Caroline, se laissa conduire chez madame Luceval.

On savait qu'elle aimait trop son fils pour lui rien refuser, et Julie était un parti sortable sous tous les rapports. La famille Luceval assemblée attendait donc madame de Surville avec l'impatience de l'espoir.

La scène s'ouvrit par de grandes révérences, et se continua avec le décorum que prescrivait cette espèce de cérémonie : les petits ont aussi leur étiquette, qui, pour n'être pas imprimée, n'en est pas moins exactement suivie. On parla peu d'abord, parce que madame de Surville arrangeait, limait, polissait ses phrases d'ouverture, et que madame Luceval méditait une réponse, qui, sans annoncer trop de facilité, fût cependant encourageante.

Après une demi-heure d'un maintien gêné et d'un ennui réciproque, madame de Surville pria M. et madame Luceval de lui accorder un entretien particulier. Luceval lui présenta la main d'un air empressé et galant; tous trois passèrent dans le cabinet de monsieur, et madame de Surville entra en matière.

Luceval, à qui sa femme n'avait rien dit de positif, parce que, par amour pour la paix, il consentait à ne pas compter dans la maison, Luceval ne se doutait de rien, de rien absolument. Il écoutait la bouche ouverte, et de temps en temps il regardait madame, pour composer son visage sur le sien. Madame Luceval joua d'abord l'étonnement avec la plus grande vérité; elle prit ensuite un air affable et gracieux; elle embrassa enfin madame de Surville, avec une cordialité, dont tout l'univers, les femmes exceptées, eût été dupe. M. Luceval ne manqua pas de s'avancer, et d'embrasser à son tour, mais avec sincérité et affection. Il ne savait pas, dit-il avec bonhomie, qu'il fût question de marier sa fille cadette; mais puisque cela convenait à sa femme, il n'avait pas la moindre objection à faire.

On passa aux conventions matrimoniales. On discuta, on débattit les articles, et dans une heure de temps tout fut réglé, parce que, ainsi que l'avait prévu madame Lucéval, madame de Surville ne pouvait donner assez pour exiger beaucoup.

CHAPITRE IV.

Laquelle épousera-t-il.

Le retour des grands parens, se félicitant, se caressant, leur air de satisfaction avaient éclairé les jeunes gens sur l'heureux résultat de la conférence. On ne leur annonça pas moins avec l'emphase prescrite par l'usage, que leur mariage était conclu, et qu'il leur était permis de s'aimer. Ils reçurent cette nouvelle, comme s'ils avaient pu douter : l'amour fait son profit de tout. Anxiétés, espérances, peines, plaisirs, il ne cesse d'accumuler; il glane, quand il ne trouve plus à moissonner... Qu'il est fâcheux que la jouissance le tue !

Le reste de la journée ne fut qu'une suite d'enchantemens. Édouard et Julie déliraient ; les deux mères étaient heureuses du bonheur de leurs enfans ; Luceval partageait celui de tous.

Dès ce moment, madame Luceval s'empara de l'esprit de madame de Surville. Les attentions étaient si naturelles, les petites flatteries si adroites, qu'elles devaient plaire à la femme la plus simple. On n'appelait plus celle-ci que mon amie ; on était jalouse d'en mériter le titre ; on ferait tout pour l'obtenir. On ne se quitterait plus ; c'est de ce jour que madame Luceval allait vraiment se plaire au hameau ; un quart-d'heure d'*et cœtera*, et pas un mot de vrai, encore selon l'étiquette. Les bonnes gens peuvent en être dupes, et madame de Surville ne l'était pas mal.

Pour répondre dignement à des avances aussi marquées, la bonne mère d'Édouard, qui avait dîné chez madame Luceval, crut devoir l'inviter pour le lendemain. On accepta, sous la condition qu'on mangerait alternativement les uns chez les autres. Pouvait-on vivre désormais sans madame de Surville !

On convint qu'au premier jour on partirait tous ensemble pour Paris. Un contrat à faire dresser ; des billets de mariage, des billets d'invitation à faire circuler ; beaucoup d'emplettes à faire, que d'embarras, et, en même temps, que de plaisir !

Les jeunes gens ne se mêleraient que de faire l'amour ; c'est une occupation qui suffit à la longueur des jours, dont on craint de se distraire, et il est du devoir de bons parens de se souvenir qu'ils ont aimé, et qu'ils étaient bien aises alors qu'on les laissât tout à eux.

Les choses ne s'arrangèrent pas précisément ainsi. Des pluies continuelles firent remettre pendant huit jours le voyage de Paris, et huit jours amènent quelquefois bien du changement.

Déja, vers le soir, il y en avait un peu. La conversation commençait à languir, et madame Luceval proposa la ressource des gens qui n'ont rien à dire. Mais une bouillotte, entre père, mère et enfans, n'a rien de bien agréable ; le plus bête des jeux ne signifie quelque chose qu'autant qu'on y gagne, ou qu'on y perd. Madame de Surville n'était pas fâchée de retourner chez elle, et Édouard ne se fit pas trop prier pour la reconduire.

Il pensa, en rentrant chez sa mère, à Caroline, à Caroline qui l'attendait depuis le matin. Plaisirs d'amour lui avaient fait négliger les devoirs de l'amitié. Il sentait sa faute, sans pouvoir se la reprocher : Julie était si belle, si séduisante ! et puis, ne reçoit-on pas avec indulgence les excuses d'un ami, et la perte d'un jour, qui assure son bonheur, ne s'oublie-t-elle pas aisément ? Il était temps encore de faire partager au cœur de Caroline, l'ivresse, le délire qui régnaient dans le sien. Elle lui opposerait peut-être ses propres réflexions sur la bizarrerie, sur la froideur de Julie; mais ne soupçonne-t-on pas, à vingt ans, que l'amour mécontent exagère autant, au moins, que l'amour satisfait? Il alla chez mademoiselle Luceval.

Elle ne l'attendait plus. Elle avait passé la journée dans les plus cruelles inquiétudes; chaque moment de retard y ajoutait encore. Convaincue qu'un galant homme ne manque aux procédés que lorsqu'il en est distrait par des évènemens du plus haut intérêt, elle avait prévu tout, absolument tout ce qui s'était passé, et son imagination avait été au-delà de la vraisemblance, car une amante alarmée pouvait seule redouter qu'un même jour amenât un aveu mutuel, une demande en forme, et la conclusion d'un mariage.

Mademoiselle Lori, sans passions, mais sans jouissances, ne concevait rien à des craintes qu'elle trouvait puériles; elle leur opposait des raisonnemens. C'est bien là ce qu'il faut à l'amour! Et des gens qui passent pour avoir de l'esprit et du jugement, se flattent tous les jours de s'en faire écouter.

« Mais enfin, mademoiselle, si les choses étaient
« telles que vous les supposez, que feriez-vous?
« — Je mourrais, je crois. — Ne serait-il pas plus
« sage de chercher à dissiper le prestige qui
« aveugle M. Ducoudrai, pour le ramener à la
« plus méritante, à la plus aimable? — Et com-

« ment?—Est-il si difficile de lui prouver jusqu'à
« l'évidence...—On ne prouve rien à un amant.
« —Je commence à le croire, mademoiselle, car,
« enfin, quel effet ont produit sur vous vos ef-
« forts et les miens? Aussi n'entends-je pas qu'on
« ait la maladresse de faire remarquer à M. Du-
« coudrai des défauts, qu'en ce moment peut-être
« il érige en qualités. Mais est-il si difficile de
« paraître maîtresse de vous ; d'applaudir à son
« bonheur ; de ne le garder ici que le temps né-
« cessaire pour lui faire désirer de revoir made-
« moiselle Julie; de le lui renvoyer plus amoureux
« que jamais; d'exiger enfin qu'il ne la quitte
« plus?—Oui, voilà un moyen bien sûr, et sur-
« tout très-consolant.—Ne vous y trompez pas,
« mademoiselle; le succès est certain. Quatre jours
« de tête-à-tête ôtent bien des charmes à celle qui
« n'a que cela.—Cela peut être vrai, mademoi-
« selle Lori; mais vous n'avez pas réfléchi à ce
« que vous me proposez. Vous voulez que je des-
« cende jusqu'à l'intrigue, que je tende des piéges
« à ma sœur?—Hé ; mademoiselle, ces dames
« ont-elles été si délicates ? ne sont-elles pas ve-
« nues ici avec la volonté très-marquée de vous
« enlever M. Ducoudrai, et d'intriguer elles-mêmes
« pour lui faire reprendre ses premiers liens?—
« Cela n'est pas démontré. — L'absence de
« M. Édouard dépose contre elles.—Alors je dois
« les plaindre et non les imiter. M.*** ne me
« conseillerait pas comme vous. —Il est des cho-

« ses qu'un homme réservé ne se permet jamais
« de dire à la femme qu'il affectionne le plus,
« comme il est vrai que la conformité de sexe
« autorise à tout dire et à tout entendre. C'est
« par une suite de cette confiance nécessaire, que
« les femmes apprennent entre elles à se garantir
« de la séduction, et qu'elles s'éclairent sur les
« moyens d'être heureuses, en faisant le bonheur
« des hommes. »

Cette conclusion annonçait de la part de mademoiselle Lori une profonde expérience. Hé bien, elle n'en n'avait pas du tout; mais elle avait lu des romans. Oh! cela forme une jeune personne. Mademoiselle Lori se résuma enfin.

« Mademoiselle, vous êtes forcée de choisir,
« ou du parti que je vous propose, ou de blâmer
« le choix de M. Ducoudrai, lorsqu'il viendra
« vous en faire part. Le pourrez-vous sans allé-
« guer des raisons, qui, comme vous l'observez
« très-judicieusement, ne le persuaderont pas?

« — Ma bonne amie, je n'émettrai aucune opi-
« nion. — Vous ne pouvez montrer cette indiffé-
« rence sur une affaire qui touche d'aussi près made-
« moiselle votre sœur. Votre silence équivaudrait
« au jugement que vous craignez de porter, et
« quelles conséquences M. Ducoudrai n'en tire-
« rait-il pas? que cette amitié si tendre est réel-
« lement de l'amour concentré et jaloux. Vous
« vous laissez pénétrer en pure perte; vous ôtez
« à Édouard cette sécurité qui ajoute insensible-

« ment à ses sentimens pour vous; vous le forcez
« à fuir une amante qu'il ne dépend pas de lui
« de payer de retour, et dont la froideur sur ses
« plus chères affections le contrarie d'abord, et
« l'irrite bientôt.

« — Allons, puisqu'absolument il faut choisir
« du blâme ou de la louange, je louerai donc
« son choix, je l'en féliciterai même; mais sans
« autre intention que de me rendre impénétrable,
« et de le conserver du moins comme un ami. »

Pendant cette conversation, tournée, retournée de toutes les manières, et répétée mille fois, Caroline ne cessait de travailler. Peindre son Édouard de son aveu; pouvoir présenter son sujet à tout le monde; placer chez elle l'image chérie; l'avoir sans cesse sous les yeux; quels motifs plus propres à soutenir son ardeur? C'était encore une de ces jouissances que l'amour malheureux a tort de se procurer, qui ajoute à ses souffrances, mais qui l'aide à souffrir.

Édouard parut. Caroline s'efforça de lui sourire, et elle y parvint. Il lui prit la main encore, il la conduisit à cette ottomane, où, placés le matin l'un à côté de l'autre, Caroline avait entrevu une félicité éloignée, mais possible. Ce que l'amour a d'enchanteur, ce que la certitude du bonheur a d'enivrant, Édouard exprimait tout avec les traits les plus forts et les plus vifs. Caroline était préparée à un rapprochement entre lui et sa sœur; elle ne l'était pas à un prochain mariage. Elle y avait pensé, comme on s'occupe d'avance du plus grand des malheurs, pour s'en garantir, ou lui opposer le courage. Mais sitôt !... sitôt renoncer à ses plus douces espérances ! n'avoir bien connu Édouard que pour le regretter toujours ! se le voir enlever, sans qu'aucune puissance ait le pouvoir de le lui rendre jamais ! c'est tout ce qu'il est possible de supporter de maux; c'est plus qu'on n'en peut dissimuler.

Caroline céda à sa douleur. Son cœur se gonfla; ses yeux se remplirent de larmes. Mademoiselle Lori ne la perdait pas de vue une seconde; elle s'écria qu'elle avait eu raison de craindre que la continuité du travail et l'odeur de la peinture l'incommodassent enfin. Édouard, alarmé, la pressa d'aller prendre du repos. Du repos ! il ignorait encore qu'il n'en était plus pour elle.

Caroline se lève faible et chancelante. Mademoiselle Lori la soutient et l'emmène. L'infortunée se tourne encore vers Édouard ; elle lui présente la main ; elle presse la sienne avec expression. « Soyez heureux, mon ami, lui dit-elle, et féli« citez Julie de pouvoir faire votre bonheur. »

Édouard ne voulait se retirer qu'après être rassuré sur la santé de Caroline. Il attendait le retour de mademoiselle Lori, en ouvrant une brochure. Il en lisait une page; il sautait à la fin du livre; il le fermait; il en prenait un autre. Il s'approcha enfin du tableau, dont l'esquisse était aussi avancée qu'elle pouvait l'être. Déjà il démêlait, il reconnaissait ses traits. Il ne concevait pas comment mademoiselle Luceval avait pu saisir la ressemblance, privée de son modèle; il cherchait; il s'interrogeait : la chose lui paraissait inexplicable.

En cherchant, en rêvant, ses yeux se portèrent sur un tiroir entr'ouvert, et sur un grand portefeuille en carton, dont une partie sortait du secrétaire. Ce porte-feuille ne pouvait renfermer que des gravures, des études peut-être, et tout ce qui venait de la main de Caroline était intéressant pour Édouard. Il tire le porte-feuille, il l'ouvre; il ne pense pas qu'il puisse être indiscret : la forme du porte-feuille, le tiroir à demi-poussé, éloignaient toute idée de mystère. Pouvait-il deviner que sa longue absence avait enfin fait négliger les précautions ordinaires, et que son retour inespéré n'avait laissé que le temps de jeter ce malheureux porte-feuille au premier endroit ?

Il y trouve en effet des études.... mais il ne peut revenir de son étonnement. Il passe de la surprise à une douleur profonde, qui augmente à chaque feuille qu'il découvre. C'est lui, au crayon, à la gouache; c'est encore lui, toujours lui. Troublé de ce qu'il a vu, désespéré d'une indiscrétion involontaire, il se hâte de tout replacer.

Il était temps : mademoiselle Lori rentrait. Elle fit, sur la situation de Caroline, une histoire, que la bonne fille croyait très-persuasive, à laquelle il feignit de croire, et qui ne pouvait plus l'abuser.

Il se retira dans une agitation facile à concevoir, et cherchant à mettre de l'ordre dans ses idées. Ces portraits multipliés, l'état cruel où Caroline était tombée en apprenant son mariage, ces expressions de la plus vive tendresse qui ne s'était interdit qu'un mot, que la mémoire trop fidèle d'Édouard plaçait partout où la timide Caroline eût voulu le prononcer, tout s'accordait à lui ôter jusqu'au moindre doute, et à rendre sa situation aussi embarrassante que pénible. Il n'était pas de ces hommes sans pitié, qui jouissent avec orgueil des sentimens qu'ils dédaignent d'éprouver. Il chérissait Caroline, comme on aime une tendre sœur; il faisait son malheur, et il allait le combler en disposant de lui, et en continuant de lui parler amitié, lorsqu'elle ne pouvait invoquer que l'amour. Quel parti prendra-t-il?

S'éloigner d'elle, cesser insensiblement de la voir, était un moyen bien incertain de la rendre à elle-même, mais qui ne manquerait pas de le faire mésestimer. Que penserait-elle en effet d'un homme qui, après s'être empressé de solliciter, d'obtenir comme une grace d'être admis dans sa plus douce intimité, l'abandonnerait enfin, sans motif apparent? Aura-t-il la cruauté de justifier cette conduite choquante, en lui laissant entrevoir qu'il a pénétré la plus secrète de ses pensées? et quelle preuve en donner, que la violation d'un secrétaire qui, pour être entr'ouvert, n'en était pas moins sacré! Il fallait donc qu'il s'accusât d'abord, pour réduire Caroline à n'oser plus lever les yeux sur lui, à craindre sans cesse une indiscrétion, à ne voir enfin, dans chaque habitant du hameau, que le censeur muet d'une passion, toujours humiliante quand elle n'est point partagée! Quelle ressource alors resterait-il à l'infortunée! Se soustraire à tous les regards; abandonner le berceau de son enfance, des amis plus anciens et plus solides que lui, dont les égards et l'affection n'ont cessé depuis sa naissance d'embellir tous ses momens? Elle chérira la mémoire de ceux-ci, et elle ne prononcera son nom que pour se plaindre de l'avoir connu. Si au moins il avait soupçonné ce fatal secret avant de se lier lui-même!...

Mais, quoi! a-t-il réellement quelque chose à se reprocher, et doit-on une réparation au mal dont on n'est pas cause? S'immolera-t-il à un amour qu'il n'a pas cherché à faire naître, qu'il n'a jamais encouragé? Donnera-t il sa main sans son cœur, et le vain titre d'épouse suffirait-il à une femme sensible et délicate? D'ailleurs, avant d'être généreux, ne faut-il pas être juste? Julie ne l'aime-t-elle pas aussi, et à laquelle doit-il tout, de l'une à qui il n'a rien promis, de l'autre à qui il a fait l'aveu de sa tendresse, et qui n'attend que l'instant de la couronner? Caroline, épouse d'Édouard, ne serait pas plus heureuse; Édouard et Julie ne pourraient plus prétendre au bonheur, et y a-t-il à balancer entre le malheur de trois individus, et celui d'un seul ?

Ces raisonnemens étaient ceux d'un homme d'une probité sévère. Mais ils ne déterminaient rien sur sa conduite à venir avec Caroline. Affligé, irrésolu, incapable de manquer à ce qu'il devait à l'intéressante fille, il sentit cependant cet intérêt si vif s'affaiblir et s'éteindre devant l'image séduisante de Julie, que les ténèbres lui présentaient sans cesse. Quel homme à vingt-quatre ans, dominé par une passion quelconque, s'occupe long-temps de ce qui lui est étranger? L'amour l'emporta enfin sur toute autre considération. Il s'y abandonna sans réserve, et rentra chez lui, impatient du lendemain.

Madame Luceval était à peine levée, qu'elle proposa à Julie de l'accompagner chez sa sœur. On ne pouvait se dispenser de lui faire part du prochain mariage, et il était dans les convenances de devancer la voix publique. Dans toute autre circonstance, on eût prié M. Luceval d'épargner cette démarche à ces dames; mais on était bien aise de voir comment Caroline prendrait la chose; on comptait jouir de son embarras, et peut-être de sa peine, car on ne croyait pas à son amitié désintéressée. Comme une bonne idée en amène toujours une autre, on pensa à tirer parti de l'effet que produirait, en ce moment, la présence d'Édouard, et on ne douta plus qu'on ne parvînt à porter un jugement sûr.

Le jeune homme arrive à la maison Luceval, empressé, ardent, appelant, cherchant sa Julie. On lui dit que ces dames sont chez Caroline, et qu'elles l'y attendront.

Caroline, renfermée avec mademoiselle Lori, ne voulait, ne pouvait voir personne. Elle était réellement malade d'amour et de chagrin. Madame Luceval se fait annoncer; mademoiselle Lori va au-devant d'elle, et oppose à l'empressement qu'elle témoigne, l'état de sa fille souffrante. Madame Luceval profite de cela même; elle insiste, elle s'exprime en mère alarmée. De qui sa fille doit-elle attendre et recevoir des secours, si ce n'est d'elle? Peut-on supposer qu'elle l'abandonnera à des soins étrangers? Elle avance, en débitant ces lieux communs. Mademoiselle Lori ne sait plus que lui dire; Julie et sa mère sont au chevet de Caroline.

Si elles lui eussent vraiment appris ce qu'Édouard lui avait annoncé la veille, elle se fût trahie devant elles comme devant lui. Mais, préparée à ce qu'elle allait entendre, elle composa son visage, et sa mère, qui l'étudiait attentivement, n'y remarqua aucune altération. Tout changea lorsque le jeune officier parut. Timide devant Caroline, contraint dans ses expressions, il voulait paraître affectueux, sans qu'il lui échappât un mot qui pût nourrir l'espoir chimérique de l'infortunée, et rien ne décèle l'embarras comme les efforts mêmes qu'on fait pour le cacher. Madame Luceval ne savait à quoi attribuer celui d'Édouard, et ses yeux se reportèrent sur sa fille. Son teint animé, sa respiration précipitée, une main étendue, qui semblait appeler celle d'Édouard, tout confirma des soupçons déjà trop vraisemblables.

Mais à quoi attribuer la contrainte d'Édouard? oh! voilà ce que c'est : on lui a laissé pressentir, on lui a même déclaré un amour, auquel il ne dépend pas de lui de répondre, et celui qu'il a pour Julie explique les ménagemens qu'il accorde à son imprudente sœur. Quel dommage que ce ne soient là que des conjectures! Si on pouvait se procurer quelques preuves.... Eh bien! qu'en ferait-on? on ne déteste pas absolument Caroline, surtout depuis qu'on a cessé de craindre les suites que pouvait avoir son penchant. Cependant... si... hé, pourquoi pas? si on pouvait faire revenir M.*** de la haute opinion qu'il a de sa protégée, avec quelle facilité on le ramènerait sur ces anciens procédés, qui l'ont si vivement aigri! avec quelle indifférence il apprendrait les petites persécutions que l'on pourrait impunément exercer, et que justifieraient les circonstances! Il est fatigant de toujours porter un masque, et cette gêne devient plus pénible chaque jour. Oui, mais il faut convaincre un homme tel que M.***. Bon, bon, cinq à six semi-preuves équivalent à une preuve matérielle. Cette manière de voir n'est pas admise en justice; mais, dans la société? S'il fallait surprendre le coupable en flagrant délit pour le juger, il n'y aurait plus que des gens estimables, et que deviendrait le bonheur de médire, et même de calomnier?

Madame Luceval, qui ne voulait pas, un quart-d'heure auparavant, qu'on la supposât capable de livrer sa fille à des soins étrangers, madame Luceval se leva pour aller prendre note des semi-preuves acquises, en chercher de nouvelles, et trouver un moyen innocent de les faire parvenir à M.***, sans qu'il la soupçonnât de mener cette intrigue. Pendant qu'elle s'occuperait de cette grande affaire, Julie achèverait de tourner la tête à Édouard, Caroline continuerait de souffrir : ainsi, pas de temps perdu.

« Adieu, ma chère, dit-elle en sortant ; je vois
« avec plaisir que votre indisposition n'est pas
« aussi grave que le craignait mademoiselle Lori.
« J'enverrai Louison savoir de vos nouvelles. »

Elle prend le bras d'Édouard, qui sentait combien sa présence était déplacée, et qui, pour lui comme pour Caroline, était fort aise de se retirer : un homme sensible craint de voir les malheureux qu'il a faits.

Julie les suit. Il reste à Édouard un bras à offrir ; la jeune personne l'accepte avec l'empressement de l'amour. Son amant croit sentir une douce pression ; il y répond en se tournant vers elle, et il oublie encore Caroline en la regardant.

Cette journée se passa comme la précédente ;

même ivresse, même délire, même silence, lorsqu'on se fut dit jusqu'à satiété : Je vous aime, je vous aimerai toujours. Les jeux innocens remplirent la soirée. Ces jeux-là ne signifient rien par eux-mêmes; mais on y attache certaines pénitences, précieuses aux amans, et le temps s'écoule avec rapidité quand on baise la main de sa maîtresse, ou qu'on effleure sa joue.

Le lendemain ramena les mêmes scènes, qui produisirent moins d'effet. Je vous aime, je vous aime, toujours je vous aime, et rien que cela! et encore *le Pied de bœuf, le Corbillon, et Monsieur le Curé!* Édouard avait l'esprit juste, le jugement sain, et il ne se prêtait plus à ces niaiseries que pour faire sa cour.

Le troisième jour, il dit à Julie : « Nous ne pas« serons pas la vie à jouer au pied de bœuf. — « Eh bien, mon cher Édouard, voulez-vous jouer « au volant? — Mais nous pourrions, ce me « semble, nous amuser à quelque chose de plus « raisonnable et de plus piquant. » Et il chercha à lier une de ces conversations qui naissaient d'elles-mêmes entre Caroline et lui; que soutenaient la variété, les connaissances, l'enjouement.

Julie parlait avec facilité lorsqu'elle était fortement affectée. Elle avait l'usage du monde, et certain esprit, d'emprunt et de mémoire, rendait avec assez de grace les sensations de son cœur. Elle perdait tous ses avantages, dès qu'on cherchait en elle la femme aimable et éclairée. Elle écoutait Édouard avec une sorte de déférence, qui prouvait le sentiment intime de son infériorité. La conversation tombait à chaque minute. Édouard lui-même fut réduit au silence : l'esprit ne produit pas long-temps seul.

Il se retira de meilleure heure que de coutume, et le jour suivant il arriva un peu plus tard. Madame Luceval, qui ne perdait rien, ne quitta plus les jeunes gens. C'est elle qui parlait, qui provoquait la saillie, qui y répondait avec finesse, et de loin en loin Julie plaçait un mot, quelquefois assez heureux. Édouard renaissait; certaines remarques, peu flatteuses pour la jeune personne, s'oubliaient insensiblement. Il ne s'apercevait pas encore que c'était avec madame Luceval qu'il causait : comme ce fripon d'amour nous aveugle !

Le cinquième jour dissipa une partie des illusions du jeune officier. Sa future belle-mère fut frappée d'une migraine, d'une véritable migraine : cela peut arriver à tout le monde. Il se trouva seul avec Julie, excepté aux heures de repas, où madame de Surville et Luceval le sauvaient de la monotonie. Que la journée lui parut longue ! tirer sa montre à chaque minute, ce n'est pas abréger le temps; regarder sa maîtresse, la trouver belle, ne mène qu'à lui souhaiter quelque chose de plus.

Madame Luceval reparut le jour d'après. Elle essaya de renouveler le prestige; mais Édouard ne s'y méprit plus. Il rendit justice à la gaieté folâtre et piquante de la mère ; mais il ne put s'empêcher de penser que c'était sa fille qu'il épousait. « Allons, dit-il, allons voir Caroline. Je « l'ai trop négligée, et il ne faut être ni injuste, « ni ingrat envers ses amis. »

Caroline, toujours souffrante, pénétra, en le voyant, une partie de la vérité. Elle retrouva à l'instant son amabilité et les graces de son esprit. La nécessité de réussir par lui seul, la rendit encore une fois supérieure à elle-même. Pas de reproches sur cinq grands jours d'abandon ; pas de questions sur ce qui s'était passé entre sa sœur et lui ; de la candeur, du charme et de l'ame. La figure en pied d'Édouard était presque terminée, et lui prouvait qu'on n'avait cessé de s'occuper de lui, et plus d'une fois l'amour-propre a été utile à l'amour.

En effet, Édouard pouvait-il ne pas s'intéresser aux sentimens qu'il avait fait naître ? Pouvait-il n'être pas touché du sort d'une femme sensible, si complètement digne d'être heureuse ? Gêné, embarrassé un moment encore auprès de Caroline, il la regarda bientôt avec une espèce d'assurance : il lisait dans ses yeux plaisir et amour. Quelle est la physionomie que ces deux sensations n'embellissent pas? quelle est la beauté qui ne perde de ses charmes entre l'uniformité et l'ennui ?

Il sortit, en comparant les deux sœurs pour la première fois. Julie, disait-il, n'a que quelques années à être belle ; Caroline ne changera jamais.

Il retourna cependant chez Julie. Mais celle que l'amant observe avec les yeux de la raison, conserve bien peu de pouvoir, si cet examen ne tourne pas tout-à-fait en sa faveur.

Caroline devait à sa sœur une visite de félicitation. Elle l'avait différée pour cause de mauvaise santé, disait-elle; mais par quelques petites raisons que vous pénétrez sans doute. Armée de courage, résolue à vaincre, elle développa tous ses moyens. Sa mère se pinçait les lèvres ; Édouard n'entendait plus qu'elle ; ce n'était qu'à elle qu'il parlait, et elle eut le bon esprit de se retirer, quand elle jugea que l'émotion qu'elle produisait ne pouvait plus que décroître.

Après sa retraite, Julie parut plus nulle encore. A chaque instant elle perdait de ses droits. Édouard la trouvait toujours belle ; mais ces traits, qui avaient porté le trouble, l'ivresse dans ses sens, n'excitaient plus en lui qu'une froide admiration. « Je n'y saurais tenir davantage, se dit-il
« en la quittant. Il est impossible qu'un homme
« sensé épouse jamais cette fille-là.

« Cependant, j'ai engagé ma mère à une dé-
« marche, sur laquelle je ne la déterminerai pas
« à revenir: elle me reprocherait, avec justice, ma
« précipitation ou ma versatilité. J'ai sollicité
« d'ailleurs, j'ai reçu comme une grace les pro-
« messes de Julie ; je me suis formellement engagé
« avec elle. Comment revenir là-dessus ? comment

« même oser y penser? Allons, la faute est com-
« mise : j'en supporterai le poids. Je me laisserai
« marier, et j'aimerai ma femme... autant que je
« le pourrai. »

Le lendemain, il avait devancé l'aurore, et il continuait, dans les jardins, des réflexions qui avaient troublé son sommeil. N'avait-on pas vu rompre de mariage plus avancé? la rupture, au moment même de la célébration, a-t-elle jamais nui à la réputation, à l'établissement de la demoiselle délaissée? elle a eu de l'humeur sans doute ; l'homme a passé pour un être bizarre, pour un original ; mais qu'importe, après tout, un peu d'humeur à celui qui s'éloigne, et qu'a-t-il à craindre de l'opinion, quand il est fondé à dire : Mes sens m'avaient aveuglé ; j'ai appelé la raison à mon aide ?

« Et puis, de qui mes engagemens sont-ils con-
« nus? de ma mère, qui m'aime; du président,
« qui probablement juge comme moi de made-
« moiselle Julie ; du chanteur, à qui tout est égal,
« pourvu qu'il fasse de la musique, et de Fran-
« çois, qui ne prend pas un grand intérêt à la
« jeune personne. Nos amis de Paris ne savent
« rien encore; le contrat n'est pas dressé ; je ne
« vois pas quel tort réel je ferai à mademoiselle
« Julie. Allons, allons, je ne me marierai pas. »

Quand on cherche et qu'on trouve, pour rompre avec une femme, plus de raisons qu'on n'en avait de l'aimer, il lui reste bien peu de ressources.

Édouard continue son monologue. « Oui, mais...
« comment retirer ma parole ? comment soutenir
« les reproches, l'aigreur, les violences de ma-
« dame Luceval?... Oh! on peut résister à cela :
« femme qui s'emporte a toujours tort, et n'y gagne
« rien. Mais la douleur, et peut-être les larmes de
« Julie.... Ses larmes ! mais est-il donc certain
« qu'elle m'aime tant? Sa conduite avec cet étourdi
« de Paris, cette dissimulation de toute une soi-
« rée, et qu'elle a interprétées comme elle a voulu,
« ne prouvent-elles pas du manége, du calcul,
« et un cœur vraiment sensible ne dédaigne-t-il
« pas ces misères-là ?... Enfin, je peux lui écrire...
« Eh, oui ! une lettre, très-mesurée, très-respec-
« tueuse, me tirera de là. »

Voyez-vous, voyez-vous, comme on cherche à atténuer ses torts, en ajoutant à ceux des personnes à qui on regrette de n'en pas trouver de plus graves ? Édouard était un honnête homme dans toute l'acception du mot ; mais il croyait avoir de bonnes raisons de changer ; il voulait n'avoir pas de reproches à se faire, et, comme tant d'autres, il s'arrangeait avec sa conscience.

Caroline l'avait entrevu à travers les rameaux. Elle avait pris une route tournante avec mademoiselle Lori, afin de le rencontrer comme par hasard. Encore de la comédie, allez-vous me dire. Mais je vous le demande : pouvait-elle avoir l'air de le chercher, et qu'avait-elle de mieux à faire que de l'attendre, puisqu'elle ne pouvait laisser échapper une occasion de le voir?

Sans intention, sans même y penser, Édouard la joignit, comme on s'empresse de satisfaire un besoin réel et pressant. Il ne regrettait pas cette fièvre d'amour, qui brûle, qui ravage, qui promet toujours le bonheur, et qui le donne si rarement. Il cherchait ce sentiment doux, pénétrant, dont la modération même semble garantir la durée, et qu'il avait toujours trouvé auprès de Caroline. Il croyait qu'il la rendrait heureuse encore, si elle pouvait enfin s'y borner comme lui.

Ils étaient rentrés chez Caroline, et ils ne s'en apercevaient pas. Le déjeuner les tira de leur aimable distraction, et ce déjeuner ressembla à celui qu'ils avaient pris ensemble huit jours auparavant. Même intérêt, même charme, même abandon. Édouard prit la palette, en pensant qu'il serait toujours temps d'aller chez madame Luceval, ou de lui écrire. Caroline se plaça. Il étudiait cette figure, qui ne cessait de se parer d'expression, et il ne la trouvait pas si mal. Elle a des yeux, se disait-il; on n'est jamais laide avec cela.

Vous sentez qu'il ne restait plus rien des impressions défavorables qui l'avaient autrefois éloigné. L'habitude lui laissait voir enfin les deux sœurs sans prévention. Laquelle, selon vous, doit l'emporter?

Il avait commencé son esquisse. Empressé de

saisir un moment si favorable à Caroline, il se livrait aux élans du génie, et, sans le savoir, il faisait en grand maître. Les sons tendres et brillans de la harpe soutenaient son imagination. Les heures s'écoulaient, la toile s'animait, lorsque Louison parut.

Elle venait chercher des dessins de broderie, de la musique nouvelle, des bagatelles que madame Luceval avait, ou que Caroline eût été la dernière de qui elle eût voulu les emprunter. Le prétexte était gauche; mais qui ne fait pas de fautes, et qui en fait d'aussi grossières que les gens passionnés?

Caroline eut l'air de ne rien pénétrer. Édouard sentit que pour se soustraire à des poursuites qui deviendraient fatigantes, il fallait ne pas différer à prendre un parti, et il y était plus disposé que jamais. Il sortit avec l'intention de finir, et il ne dit à Caroline que ces mots : « Dans une heure, « je serai près de mon amie. Dans huit jours, « lui répondit Caroline en souriant. » Et ces mots si simples furent rendus à madame Luceval, qui les dénatura, les commenta, les arrangea à *l'effet*, non qu'elle s'alarmât encore, mais elle était bien aise d'ajouter à sa note des semi-preuves.

Tout bien examiné, Édouard se décida à écrire : on n'aime pas à se trouver en face des gens qu'on désoblige Il fallait avant tout qu'il prévînt sa mère. Elle devait dîner ce jour-là chez madame Luceval, qu'il se proposait bien de ne plus revoir, et si on se doit beaucoup à soi-même, le premier des devoirs est de se montrer bon fils. Il devait donc épargner à madame de Surville les brusqueries auxquelles la lecture de sa lettre ne manquerait pas de l'exposer.

La difficulté était de s'expliquer avec elle, de lui dire à peu près qu'on veut, qu'on ne veut plus, qu'on ne sait pas trop ce qu'on voudra, car quelque tournure qu'il pût donner à son discours, il devait se réduire à cela.

François avait toujours eu beaucoup de peine à trouver son premier mot, et tous les gens embarrassés ressemblent fort à François. Édouard se levait, s'asseyait, s'approchait de sa mère, reculait, avançait encore, parlait de choses indifférentes, cherchait à arriver à son but, et s'en éloignait toujours. Cependant, il était quatre heures, et on ne dîne point partout à sept.

Madame de Surville l'observait, s'étonnait, et jugea enfin qu'il avait quelque chose d'important à lui confier. Elle était loin de soupçonner que Julie, qu'il avait quittée dans son dépit, qu'il avait reprise par un retour de tendresse, pût être le sujet de l'entretien qui probablement allait commencer. Elle s'était pourtant aperçue aussi, pendant la semaine d'épreuves, que la demoiselle ne pouvait fixer que par sa beauté, et elle eût désiré qu'Édouard fît un autre choix. Mais de tous les entêtemens le plus fort et même le plus durable est celui de la prévention, et tant qu'elle existe, il est inutile de raisonner.

Elle attendait, avec cet air doux, caressant, qui attire, qui permet tout. Édouard cherchait toujours à arranger des phrases. Un sourire de sa mère, une main qu'elle lui présenta et qui pressa la sienne, vainquirent sa timidité. Il éclata comme un coup de tonnerre : « C'en est fait, s'é-« cria-t-il, je ne me marie plus. »

Il ne lui restait qu'à paraphraser son texte, et il parla tant qu'il voulut. Madame de Surville ne pensait pas à lui objecter la moindre chose : la façon de penser d'Édouard s'accordait parfaitement avec la sienne. Cependant elle n'était pas sans inquiétude. Elle savait, ainsi que tout le hameau, que madame Luceval, en colère, n'était pas une femme comme une autre. Un éclat violent lui paraissait inévitable, et ces sortes de scènes effraient toujours celles qui ont contracté l'heureuse habitude de tout sacrifier à la paix.

En discutant le pour et le contre avec son fils, elle sentait qu'elle ne pouvait mettre dans la balance le bonheur de toute la vie d'un homme, et des ménagemens de pure bienséance. Elle se décida donc à rester chez elle jusqu'à ce que l'orage fût calmé, et elle consentit à écrire, après avoir prié, conjuré Édouard de ne pas redevenir amoureux le lendemain.

Ce n'était pas encore une chose aisée à faire

que cette lettre. Il fallait lui donner la tournure la moins offensante possible, et cependant se prononcer de manière à éviter toute explication verbale. Après avoir déchiré quelques brouillons, on en transcrivit un, dont on n'était pas très-satisfait; mais on désespérait de faire mieux.

Un domestique part avec la lettre, et on en met un à la porte extérieure, avec l'ordre positif de ne laisser entrer qui que ce soit. Une interdiction générale ne porte directement sur personne, et c'est encore un procédé que madame de Surville croit devoir à madame Luceval. On fait dire au cuisinier d'apprêter à la hâte quelques plats. La mère et le fils se disposent à faire un assez triste dîner, à l'issue duquel ils doivent aller partager la solitude de Caroline. Édouard en a exprimé le désir, et madame de Surville revient à des idées qui lui ont été long-temps chères, et qu'elle a abandonnées à regret.

Ils étaient servis; ils allaient se mettre à table. Ils entendent du bruit dans leur petit jardin. Édouard s'approche de la croisée... C'est madame Luceval à qui on a refusé la porte, et qui entre par la cuisine, en criant qu'elle aura raison de cet outrage. Madame de Surville, effrayée, se sauve. Édouard, sans défense contre une femme qui a bien quelques reproches à lui faire, s'enfuit de son côté. Il rejoint sa mère, je ne sais où; ils trouvent l'escalier dérobé; ils le descendent pendant que madame Luceval monte l'autre; ils sortent de chez eux en fugitifs; ils vont se réfugier chez le président.

Madame Luceval est maîtresse dans la maison. Elle va, elle vient; elle ouvre les portes, elle les pousse avec violence. Les domestiques accourent; madame Luceval les écarte, à droite et à gauche; son air les pétrifie. Ils ne comprennent rien à ses plaintes, à ses menaces, par la meilleure de toutes les raisons, c'est que madame de Surville n'avait pas cru devoir les prévenir.

Madame Luceval, après avoir ouvert jusqu'au dernier réduit, sort, l'œil étincelant, la tête élevée; elle traverse les jardins; elle arrive chez Caroline.

Luceval, qui ne doutait pas que madame de Surville ne prévînt une explication de cette espèce, et que la colère et les vues réelles ou supposées, dont sa femme accusait déja sa fille aînée, n'ajoutassent à une haine toujours mal déguisée avec lui, Luceval avait couru chez Caroline, ne lui avait dit que quatre mots, et vite il était revenu, et s'était renfermé dans son cabinet : c'est toujours là qu'il se retranchait dans les circonstances critiques.

Madame Luceval trouve tout fermé chez Caroline. Elle frappe... elle frappe encore; personne ne répond. Elle va faire une scène épouvantable à François, totalement étranger à tout ceci, et chez qui elle ne trouve pas d'autres victimes.

Elle parcourt de nouveau les jardins; elle entre chez le musicien, chez les autres locataires; le président en personne refuse de la recevoir.

Elle ne s'apercevait pas que les jardiniers, les femmes de la laiterie, de la lingerie, les domestiques de toutes les classes la suivaient, d'assez loin cependant; mais l'observaient, chuchotaient, et ricanaient entre eux : nos valets sont toujours nos juges les plus sévères; ils nous voient de si près !

La fureur a ses bornes, comme toutes les passions. Madame Luceval, fatiguée, excédée, s'assit enfin sous un berceau. Elle sentit d'abord sa dégradation ; elle s'aperçut ensuite qu'elle s'était donnée en spectacle; elle tomba dans l'état d'affaissement où nous l'avons vue long-temps auparavant, lorsqu'elle venait d'écrire et d'envoyer à M.*** une lettre qui blessait toutes les convenances.

C'est elle maintenant qui craint de se montrer. Fixée sur le gazon, elle n'ose se permettre le moindre mouvement; elle prête l'oreille, et des éclats, que sa présence ne contient plus, parviennent jusqu'à elle; elle ne sait à quoi se résoudre. Traverser cette multitude, c'est s'exposer à de nouveaux affronts; rester où elle est, entendre des ris insultans, c'est plus qu'elle ne peut supporter.

Le bon Luceval savait que l'amour-propre rappelait toujours chez elle la raison aliénée ; mais il voulait n'avoir rien à redouter pour lui. Il laissa écouler une grande heure, que sa femme passa dans les angoisses et l'irrésolution. Il sortit enfin, et fut dispensé des informations : il reconnut François, qu'un reste de bonté portait à dissiper l'attroupement, et il tira de ce côté.

Il se présenta devant sa femme, sans proférer un mot ; mais la bienveillance, la compassion, étaient peintes dans tous ses traits ; ses bras s'ouvrirent pour elle, et elle s'y précipita. Appuyée sur le meilleur et le plus faible des époux, elle reprit avec lui le chemin de sa maison. Ces mêmes gens, disposés à l'insulter, s'éloignaient respectueusement : son accablement les avait désarmés. Voilà le peuple : idolâtre avec ignorance, cruel sans réflexion, il ne suit qu'un instinct machinal.

Julie avait été aussi sensible que sa mère à ce qu'elle appelait, comme elle, un affront sanglant. Mais encore aux portes de la vie, elle n'avait pas ouvert son cœur aux passions haineuses. Elle regrettait sincèrement Édouard ; mais elle se regardait dans une glace, et dès le second jour, c'était lui qu'elle plaignait.

Ce n'était pas sans de fortes raisons que le président s'était opposé lui-même à l'entrée de madame Luceval. Il était certain que personne ne pouvait lui manquer ; mais Caroline était venue se réunir aux premiers fugitifs : il fallait arrêter un torrent qui ne ménageait plus rien.

C'est là que Caroline apprit la cause des emportemens de sa mère. La décence ne lui permettait pas de se féliciter ; mais elle n'eut pas la force de blâmer Édouard. Il avait son secret ; elle ne le savait pas, et si elle eût dit un mot qu'ait démenti son cœur, elle rentrait à ses yeux dans la classe des femmes ordinaires. Elle fut ce qu'elle devait être, réservée sur ce qui venait de se passer, et toujours la même avec l'homme qu'elle nommait encore son ami.

On sut bientôt que madame Luceval cachait, dans le fond de son appartement, sa honte et ses regrets. Chacun pensa à reprendre sa liberté. Le président avait dîné. Il croyait, avec assez de raison, que ce repas doit partager la journée, et que l'être le plus laborieux ne peut donner à son travail une attention soutenue de neuf heures jusqu'à quatre. Caroline pensait comme lui ; mais elle était jeune, et elle donnait quelque chose à l'usage. Elle proposa à madame de Surville et à son fils de partager avec elle des mets, probablement froids, mais qui du moins n'avaient pas souffert de l'orage qui avait éclaté chez eux.

Édouard s'empressa d'accepter, et sa mère sourit à son empressement. Elle engagea le président à les accompagner, et il sourit avec elle à l'aspect du tableau, dont les jeunes gens, sans être convenus de rien, ne parlaient pourtant à personne.

Édouard, déchargé du poids d'une rupture, qui

coûte toujours beaucoup à un homme délicat, Édouard était rendu à l'amitié, qui désormais devait seule l'occuper. Il ne se portait pas encore dans l'avenir, que sa mère et le président entrevoyaient déja. Ils ne se disaient rien : quand on a précisément les mêmes idées, on s'entend à merveilles. Personne ne parlait, et tous étaient heureux. Le silence de Caroline tournait aussi au profit de son cœur : il gagnait tout ce qu'il eût perdu, si l'esprit eût voulu paraître.

Une visite, aussi flatteuse qu'imprévue, tira nos paisibles convives de leur douce rêverie. Depuis long-temps M.*** n'était venu à sa maisonnette ; depuis plus long-temps encore, il n'avait reçu de lettres de Caroline. Ses motifs n'étaient pas difficiles à pénétrer. Guérie de son amour, elle n'eût pas interrompu la correspondance, et devait-elle répéter des aveux toujours suivis de conseils inutiles, pénibles à recevoir, parce qu'on ne peut les suivre, et qu'on s'en écarte à regret ?

M.*** était indulgent ; il s'intéressait vivement à Caroline ; il avait toujours joui de sa confiance ; il savait qu'on parle volontiers d'une faiblesse malheureuse, et qu'on dit insensiblement ce qu'on ne se permettrait pas d'écrire. Et puis, il était bien aise d'étudier ce M. Ducoudrai, qui lui paraissait si redoutable, et sur le compte duquel il pouvait fort bien s'être trompé. De toutes manières, son voyage au hameau devait tourner à l'avantage de la jeune personne, et c'est ce qui l'avait décidé.

La première chose qu'il apprit, en descendant de voiture, fut la conduite révoltante qu'avait tenue madame Luceval. Cette nouvelle était celle du jour : elle eût également exercé la malignité d'une petite, et même d'une grande ville, pendant vingt-quatre heures. Les valets ignoraient encore la cause de ces emportemens, et M.*** avait, comme un autre, son grain de curiosité. Les habitans du hameau ne manquaient jamais d'aller, au moment de son arrivée, lui présenter leurs devoirs; mais ce qui venait de se passer les avait désunis, dispersés. Il ne voulait pas s'ennuyer avec dignité. Un homme du premier rang prévient une femme sans déroger, et l'affection l'avait conduit de préférence chez Caroline.

Après les complimens d'usage, M.*** regarda autour de lui. L'aisance, l'air satisfait de Caroline; les attentions, les prévenances que lui marquait Édouard; l'amabilité, la raison prématurée du jeune homme; l'affection particulière que madame de Surville marquait à mademoiselle Luceval; quelque chose de mystérieux dans la figure du président, tout ajoutait à son incertitude. Le tableau, qu'il remarqua enfin comme les autres, et qui le fit sourire comme eux, commença à fixer ses idées. Cependant, si tout le monde était d'accord, pourquoi Caroline lui cachait-elle un triomphe aussi flatteur ? Il tira le président à part.

Celui-ci lui raconta la conclusion et la rupture du mariage d'Édouard avec Julie ; il fit du jeune homme l'éloge le plus complet ; il s'étendit sur les plus petits détails d'une amitié que M.*** jugea aussitôt. Toujours disposé favorablement pour Caroline, il pensa qu'elle avait pu se taire sur des espérances encore incertaines, et il convint avec le président qu'on ne se permettrait pas un mot qui pût éclairer Édouard sur les dispositions de son cœur.

Jaloux cependant de mieux connaître notre officier, il lui adressa la parole en rentrant. Instruit et modeste, brave et d'un caractère doux, spirituel sans affectation, sensible et raisonnable, notre jeune homme, sans efforts, sans dessein, en se montrant tel qu'il était, fit tout-à-fait revenir M.*** du jugement qu'il avait porté. Convaincu de ce qu'il valait, son nouvel ami ne put résister au désir de féliciter en particulier madame de Surville. « Votre fils, lui dit-il, a connu le délire
« de l'amour ; il en a senti le vide. Il paraît aspirer
« à un bonheur durable, et il le trouvera avec
« Caroline ; mais il faut user avec lui de la plus
« grande réserve ; que le mérite seul fasse tout
« ici ; qu'Édouard s'en pénètre, et qu'il s'y rende,
« étonné lui-même d'aimer. »

C'était à peu près ce qu'il avait dit au président ; mais il avait réfléchi à l'extrême différence qu'il y a, pour une mère, de recevoir des conseils affectueux de la bouche même d'un homme élevé, ou de les tenir de l'entremise de quelqu'un qui nécessairement altère les expressions. Le premier laisse des souvenirs ; le second fait naître le doute.

M.*** affecta pour Caroline une considération qui eût été remarquée, même par quelqu'un qui n'eût pris à elle aucun intérêt, et qui ne pouvait manquer d'ajouter à celui qu'elle inspirait à Édouard. Il se sentait fier d'être l'ami d'une femme à qui s'adressaient les préférences d'un homme aussi respectable qu'important. Il était pourtant loin de calculer que cette protection marquée devait être commune à celui que Caroline attacherait à son sort. Amour et mariage ne viennent à la pensée, que lorsqu'ils sont déjà dans le cœur.

Tous les habitans, la famille Luceval exceptée, se rassemblèrent le soir chez la demoiselle, et ne manquèrent pas de mesurer leurs égards sur ceux que M.*** ne cessait de lui marquer. Jusqu'alors on l'avait aimée ; mais on la trouva digne de la plus haute considération, parce que M.*** la jugeait ainsi. Les grands portent avec eux un prestige, qu'ils étendent jusque sur ceux qu'ils semblent particulièrement distinguer.

Tout le monde était instruit, et personne ne parla de ce qui s'était passé le matin : la discrétion est le premier masque qu'on prenne avec ceux à qui on craint de déplaire. La conversation ne roula que sur des choses indifférentes, et n'en fut pas moins piquante, parce que la société était composée de gens qui savaient penser et parler, et ceux-là donnent du charme aux moindres bagatelles.

M.*** partit le lendemain de grand matin, sans avoir rien dit de particulier à mademoiselle Luceval, sans lui avoir même parlé de son étonnant silence. Il trouvait sa conduite sage, prudente; c'est tout ce qu'il désirait, tout ce que ses avis eussent pu produire, et jamais, en écrivant à Caroline, il ne s'était proposé de la soumettre à son influence, ou de faire valoir son esprit.

Madame Luceval sut bientôt que M.*** avait paru un moment au hameau. Elle ne douta point qu'il fût instruit du scandale qu'elle avait causé, et qu'elle ait perdu en un instant le fruit de sa longue dissimulation. Cachée chez elle, livrée à un abandon absolu, n'osant rechercher personne, le séjour de cette campagne lui devint odieux. Il n'est pas de sacrifice qu'elle ne fût disposée à faire pour s'en éloigner à l'instant, et aller vivre dans un coin de terre, ignorée à jamais. Mais il ne dépendait plus d'elle de rien sacrifier. Tous ses biens engagés n'étaient pas liquidés encore. Le bon François lui avait interdit, par sa transaction même avec ses créanciers, la faculté de rien vendre pour se liquider. Lors de ses arrangemens avec madame de Surville, elle avait été forcée de se borner à des promesses, assez brillantes à la vérité, et dont la mère d'Édouard avait bien voulu se contenter, parce que l'effet en était certain ; mais pas de moyens de se procurer des ressources à l'instant, et il en faut pour changer de domicile, de province, et même de domination.

Elle sentit qu'il fallait se soumettre à la nécessité, et vivre encore des bienfaits de Caroline. Elle maudissait la faiblesse qui les lui avait fait accepter. Ses bienfaits, ses bienfaits ! cette idée revenait sans cesse à son imagination exaltée. Peut-on devoir quelque chose à l'être qui l'emporte sur nous, et ne pas le détester? La rage concentrée, et jusqu'alors impuissante, de madame Luceval s'arrêtait avec un plaisir secret sur toutes les circonstances qui pouvaient l'alimenter : on se complaît quelquefois à haïr comme à aimer

Elle imputait à Caroline la rupture d'Édouard avec Julie. Elle l'attribuait à une suite de séductions, dont elle croyait trouver l'origine dans le *tracé* de certain tableau. Elle ne voulait pas réfléchir qu'entre la beauté et le mérite la raison seule a la force de prononcer, et qu'elle est inaccessible à la séduction.

Elle persistait à voir dans Caroline l'artisan volontaire et intéressé du malheur de sa fille chérie, et un crime comme celui-là ne justifiait-il pas la plus cruelle vengeance? Les méchans mêmes cèdent au besoin de s'abuser : tout le monde veut dormir tranquille.

Le changement de madame de Surville, le mépris marqué des habitans, leur affection, leurs égards pour une jeune personne qui se faisait tous les jours des amis et qui n'en perdait aucun, tout contribuait à aigrir à chaque instant davantage une femme déjà trop irascible. Elle enveloppa tout le monde dans le plan qu'elle cherchait à établir. Elle voulait tout désunir, tout disperser, et elle ne désespérait plus, si elle pouvait perdre enfin Caroline, de ramener à Julie un homme encore dans l'âge où on ne résiste pas ordinairement aux poursuites, aux avances de la beauté.

Retirée chez elle, elle s'occupait sans relâche de son sinistre projet; elle en arrangeait les parties; elle en combinait l'ensemble. Avec de l'adresse, de la noirceur et de la tenacité, on va loin dans ce genre-là.

Caroline ne désirait pas voir sa mère. Elle prévoyait pour l'une et l'autre les désagrémens inséparables d'une entrevue. Incapable cependant de composer avec son devoir, elle se présentait chez madame Luceval, lorsque la bienséance l'exigeait. Elle était constamment éconduite, tantôt sous un prétexte, tantôt sous un autre, et elle s'en applaudissait intérieurement. Madame Luceval n'avait pas besoin de l'approcher, pour connaître les moindres particularités de son intérieur.

Vous vous rappelez que François, le jour même

où il avait donné mademoiselle Lori à sa fille adoptive, avait arrêté une femme de chambre et un laquais. Ces deux domestiques avaient contracté les habitudes décentes et paisibles de la maison où ils vivaient. Leur exactitude, leur éloignement de toute espèce de vices, les y avaient maintenus.

Souvenez-vous encore d'un certain Lafleur, ancien domestique de Luceval, assez bel homme autrefois, et qui était encore ce qu'il pouvait être à quarante ans. Confident des parties de jeu de sa maîtresse, de ses veilles, de ses accès de joie ou de désespoir, ministre subalterne de ses emprunts, et avide d'argent plutôt que discret, il avait laissé ignorer au mari une inconduite que de sages avis eussent peut-être réprimée dans son principe, si toutefois Luceval eût osé parler alors, et s'il eût pu prétendre à se faire écouter.

Madame Luceval soupçonnait et le danger de multiplier les confidens, et l'avantage d'en avoir un, déjà lié par ses fautes, d'une condition à être impunément désavoué, chassé même selon les circonstances. Elle rapprocha d'elle ce Lafleur, oublié, méprisé, dès qu'il avait cessé d'être utile. Elle ne dédaignait plus de s'entretenir, en passant, avec lui; elle descendait même jusqu'à la familiarité : rien ne coûte dans certains cas. Le drôle n'était pas sot. Il jugea aussitôt qu'il allait devenir essentiel, et il se promit de se faire bien payer les dédains qu'il avait essuyés, et ceux qu'il éprouverait encore quand ce moment de faveur serait passé.

CHAPITRE IV.

Conclusion.

Édouard ne quittait pas Caroline. Elle lui devenait plus nécessaire chaque jour, et sans s'interroger encore sur la nature d'un sentiment qui croissait sans cesse, il allait dès le matin chercher près d'elle le plaisir et le bonheur. Leur intimité, leur confiance mutuelle, n'avaient de bornes que celles qu'impose la décence, et déja ces noms si doux, d'ami, d'amie, ne suffisaient plus. C'était mon petit frère, pour Caroline; ma petite sœur, pour Édouard.

C'est avec le président que M.*** avait lié une nouvelle correspondance. C'est par lui qu'il était régulièrement informé des progrès sensibles de la femme aimable sur un homme qui ne pensait ni à se défendre, ni à se donner. Satisfait de son sort actuel, il semblait ne rien désirer de plus.

M.*** crut indispensable de le forcer à se prononcer. Caroline avait vingt ans. La liaison qui existait entre eux, ne pouvait plus être considérée comme un jeu d'enfans. La réputation de la protégée devait être enfin compromise, et ceux qui pouvaient penser à un parti, avantageux sous tous les rapports, devaient être écartés par la présence continuelle d'Édouard. Il était urgent qu'il se retirât, ou qu'il proposât sa main. M.*** écrivit au président :

« Un homme attaché à la cour, riche, jeune
« encore, mais d'un jugement solide, a entendu
« parler avec éloge de mademoiselle Luceval.

« Il connaît les sentimens qui m'attachent à
« elle, et il est venu franchement s'expliquer avec
« moi. Il désire une compagne aimable plutôt que
« séduisante, et il m'a prié de pressentir la de-
« moiselle.

« Je m'adresse de préférence à vous, monsieur,
« parce que je sais qu'un mariage de pure conve-
« nance flatte peu une jeune personne, et qu'elle
« a besoin, pour se déterminer, des conseils de la
« raison.

« Dites-lui que mon intervention dans cette
« affaire est la preuve la plus sûre du mérite de
« celui qui se propose, et que je n'attends que
« votre réponse pour le lui présenter. »

M.*** était bien convaincu de la conduite que tiendrait Caroline ; aussi n'était-ce pas du tout pour elle qu'il écrivait. Il savait encore que la délicatesse ne publie pas les sacrifices qu'elle fait à l'amour, et que sa lettre, adressée à mademoiselle Luceval, eût passé de ses mains dans son secrétaire, pour n'en sortir jamais. Il fallait qu'elle eût de la publicité.

Le président avait sa leçon faite par un billet détaché. Comédien aussi, mais par les vues les plus droites, il arrive chez Caroline. Il se montre embarrassé, et cependant sa figure est riante. Il hésite, il paraît chercher ses mots. On sent qu'il veut annoncer quelque chose qui n'a rien de fâcheux, mais qui exige certains ménagemens. La curiosité est piquée; on l'interroge, il se défend faiblement; on le presse, il tire la lettre de M.*** et la présente à Caroline d'un air aussi satisfait que mystérieux.

La jeune personne lit, et Édouard est frappé de l'altération de ses traits. Il court à elle. Il ne se permet pas de l'interroger; mais ses yeux lui disent clairement : Je partage vos plaisirs; supporterez-vous seule vos peines ? Caroline l'entend; la lettre échappe de ses mains, le président se hâte de la relever.

L'imagination troublée du jeune homme ne sait à quelle idée s'arrêter. Il tire le président à l'écart, et l'adroit confident se laisse conduire. Il est accablé de questions, qui se succèdent sans relâche; il paraît céder enfin à l'importunité. « Cette « lettre, dit-il, est de M.***, qui a cru, ainsi que « moi, annoncer une nouvelle agréable. Vous avez « vu combien nous nous sommes trompés, et « cependant je ne désespère de rien, si vous me « promettez d'employer votre ascendant sur ma- « demoiselle Luceval. Prenez, lisez. Et pourquoi « voulez-vous, s'écria Édouard, après avoir lu,

« que j'abuse de l'amitié de ma petite sœur, pour
« la décider en faveur d'un homme que son cœur
« repousse?—Oh, que son cœur repousse! Elle
« ne le connaît pas.—Ni ne désire le connaître :
« elle vous l'a prouvé comme à moi.—Écoutez,
« monsieur Ducoudrai, les grands partis ne sont
« pas communs.—Eh, n'y a-t-il que ceux-là qui
« rendent une femme heureuse?—Celle qui n'a
« pas de beauté...—Ne doit pas être difficile,
« n'est-ce pas? Il faut qu'elle se jette dans les
« bras du premier qui se présente? Mais quelle
« manie avez-vous tous de vouloir que Caroline
« soit laide? Elle ne l'est pas, monsieur; elle ne
« l'est pas du tout.—Elle ne l'est pas, elle ne
« l'est pas! il n'y a pas quatre mois, qu'à cet
« égard vous la jugiez comme nous.—J'ai jugé
« comme bien d'autres, monsieur, très-précipi-
« tamment et très-mal. Mais laissons cela...—Oui,
« et tâchons de nous entendre. Croyez-vous qu'elle
« puisse refuser les propositions d'un homme tel
« que M.***...—Comment, si je le crois!—S'ex-
« posera-t-elle à perdre son amitié?—On n'in-
« dispose pas un homme respectable parce qu'on
« n'est point de son avis. Un grand parti, un homme
« attaché à la cour! grands mots que tout cela, et
« qui ne présentent aucun sens.—Vous avez
« peut-être vos raisons pour penser ainsi.—Non
« monsieur, je n'ai pas de raisons... Un mari qui
« trouvera mauvais que je peigne, que je chante,
« que je m'entretienne à toute heure avec sa

« femme ! — Écoutez donc, cela est assez naturel.
« — Sa femme ! sa femme ! je ne me mêlerai pas
« de cette affaire-là, monsieur; bien certainement,
« je ne m'en mêlerai pas. »

Le président quitta le jeune homme avec l'air d'un mécontentement marqué. Il retourna près de Caroline ; il insista de manière à ce que madame de Surville pût paraître instruite du sujet de la conversation. Elle se joignit au président. François, qui survint, et à qui on confia le projet de mariage, fit aussi des représentations d'autant plus vives, qu'il n'était pas dans le secret, et qu'il ne craignait pas de se trahir. Caroline ne savait auquel entendre ; Édouard rongeait le bout de ses doigts dans un coin.

Caroline, excédée enfin, prit une plume, répondit à M.*** en termes très-mesurés, mais très-significatifs, et elle crut mettre fin à tant d'importunités en lisant à haute voix ce qu'elle venait d'écrire. Édouard se remettait à chaque mot, et finit par sourire à sa petite sœur. Il sentit que c'était à lui seul qu'elle sacrifiait un état brillant, les jouissances de l'ambition et les agrémens de la cour. Il se demanda s'il ne lui devait pas un dédommagement, et on n'est pas loin de l'accorder, lorsqu'on se fait une semblable question.

François croyait que le cœur de Caroline était libre, et dans cette position, on ne résiste pas long-temps à la reconnaissance et à des offres éblouissantes. Il annonça partout le mariage proposé, la résistance momentanée de la jeune personne, et son prochain acquiescement aux vœux de ses amis. Tout le monde le crut, tout le monde applaudit à l'élévation d'une femme qui la méritait à tant de titres, et on n'attendait que le moment de l'en féliciter.

Madame Luceval fut la seule qui ne partagea point l'erreur générale. Elle ne savait rien du jeu concerté entre M.***, le président, et madame de Surville; mais elle avait démêlé les plus secrètes pensées de Caroline, et elle s'arrangea en conséquence.

Elle sortit enfin de chez elle, et cacha sa confusion à ceux qu'elle rencontrait, sous un maintien fier et menaçant, qui les forçait à baisser la vue ou à s'éloigner : l'excès de l'impudence impose quelquefois autant que des qualités. Elle arriva chez Caroline, interdite d'une visite aussi extraordinaire, dans les circonstances où se trouvaient respectivement la mère et la fille.

Mais en est-il qui ôtent à une mère le droit de se rapprocher de son enfant? Que celle-ci fût guidée par le repentir, l'affection, ou l'envie de nuire, elle comptait sur des égards, et Caroline était incapable d'en manquer.

La jeune personne attendait l'explication de cette démarche, et l'air caressant, le ton d'intérêt de madame Luceval, lui donnèrent d'abord des soupçons. Rien de plus doux, de plus insinuant que son langage. Elle convenait que mademoiselle Julie avait été constamment l'objet de ses soins les plus tendres; mais celle qui, par son mérite, une fortune déja assurée et la plus active des protections, pouvait prétendre à tout, ne devait pas raisonnablement s'offenser d'une préférence qui n'était autre chose qu'un faible dédommagement. La preuve la plus certaine de sa tendresse pour ses deux enfans, était la joie que lui inspirait la nouvelle qu'elle venait d'apprendre. Elle était ravie du sort réservé à celui de ces enfans dont l'esprit juste et la prudence saisiraient avec empressement une occasion qui ne se présente pas deux fois dans la vie, etc. etc.

Caroline démêla le piége, et se piqua, peut-être avec quelque raison, qu'on la crût faite pour y donner. Si elle ne franchit pas les limites fixées par la nature et la décence, elle ne put s'empêcher de laisser entendre qu'elle appréciait ces démonstrations à leur juste valeur, et elle se prononça sur l'établissement projeté avec une énergie qui eût réduit au silence toute autre femme que madame Luceval.

Cette dame sentit qu'on l'avait pénétrée, et qu'il était inutile qu'elle se contraignît davantage. Elle savait que la modération se lasse enfin, et qu'en poussant vivement Caroline, elle amènerait une scène qu'il serait facile de tourner contre elle. Elle convint qu'une mère peut ne pas s'offenser de quelque résistance; mais elle observa que l'indépendance civile n'autorise pas un enfant à rejeter les conseils de l'expérience et de la raison, et ne le dispense pas même, dans des circonstances majeures, d'une soumission absolue, à moins que l'aveuglement et l'opiniâtreté ne soient mis à la place du devoir.

L'attaque était vive. Il fallait y répondre; il fallait discuter si une mère, que l'autorité prive des droits qu'elle peut lui ôter, en conserve réellement quelques-uns, ou se borner à opposer à la chaleur, toujours croissante de madame Luceval, une fermeté respectueuse. Caroline se décida pour le second parti : c'est celui qui convenait à sa délicatesse.

Madame Luceval, piquée à son tour d'un calme qui ne s'accordait pas avec ses projets, ne ménagea plus rien. Elle ne pouvait, disait-elle, se tromper sur les motifs d'une semblable conduite et d'une résistance aussi déplacée. C'est à une passion insensée, aux plus condamnables séductions, qu'il fallait attribuer le procédé outrageant d'Édouard envers Julie. Il était affreux de se déclarer, avec cette impudence, la rivale d'une sœur de qui on n'a reçu aucun sujet de plainte; il fallait enfin que M.*** connût celle qu'il protégeait, et qu'il retirât un appui qu'on n'avait jamais mérité, et qu'on était même incapable de reconnaître.

Caroline salua respectueusement sa mère, et se retira sans répondre un mot. Madame Luceval se voyait réduite à n'écrire que la vérité, parce que mademoiselle Lori avait été témoin de l'entrevue ; mais, sans mentir sur le fond, il est cent manières de l'arranger, de le dénaturer, et c'est ce que fit madame Luceval dans une très-longue lettre qu'elle adressa à M.***. Elle y développa tout son art, tout son manége ; elle y classa toutes ses notes ; elle fit l'histoire de la naissance et des progrès de l'inclination de Caroline, et partout le poison était caché sous l'enveloppe du sentiment. Elle gémissait sur la nécessité d'accuser sa fille ; mais pouvait-elle taire qu'elle fût l'unique cause de ces derniers emportemens qu'il lui importait de justifier ? Avait-elle pu, sans humeur, voir rompre un mariage qui eût fait la consolation de sa vieillesse ? Est-ce d'une sœur que la triste Julie devait recevoir un tel coup, et les assiduités, très-peu décentes d'Édouard auprès de Caroline, ne prouvaient-elles point qu'elle s'était emparé de l'esprit de ce jeune homme ? Cependant, sensible et indulgente mère, elle avait tenté de la ramener à l'équité et à la raison ; elle venait à l'instant même d'employer tous les moyens pour la rendre docile aux vues de son auguste protecteur. Hélas ! il ne lui en restait qu'un auquel elle recourait à regret : c'était de supplier M.*** de ne pas souffrir des refus offensans pour lui, et nuisibles à la jeune personne, et de lui donner une dernière preuve de sa bienveillance, en la forçant d'être heureuse.

Il est certain que si M.*** eût réellement eu l'intention de disposer de Caroline, madame Luceval pouvait le brouiller irrévocablement avec elle, et c'était déja quelque chose; ou, si Caroline cédait, elle devenait malheureuse, Julie était vengée, et c'était beaucoup. Édouard, séparé de celle qui le subjuguait, forcé de chercher dans la société un objet digne de remplacer celui qu'il aurait perdu, et n'y trouvant que des femmes ordinaires, reviendrait probablement à la plus belle. Oh! alors il ne resterait rien à désirer.

Mais M.***, déja instruit des moindres circonstances, connaissait trop madame Luceval pour se tromper sur ses intentions. Il les démêlait à chaque ligne, à chaque mot; il fut indigné. Il répondit de la manière la plus sèche, la plus brève, et il finissait en protestant qu'il publierait cette lettre, si le blâme général, qui frappe les pères, n'influait enfin sur le repos et même sur la réputation des enfans.

Madame Luceval ne se rebuta point. Uniquement occupée de perdre Caroline, elle dévora cette nouvelle humiliation; elle sentit qu'elle n'avait plus de ressources que dans Édouard lui-mème, et c'est par le mépris qu'elle tenta de briser ses nouveaux liens.

La crainte de perdre Caroline avait décidé le jeune Ducoudrai. Ses irrésolutions, ses combats, ses réflexions, tout avait tourné à l'avantage de l'amour. Caroline le voyait dans les traits, dans les mouvemens, dans les moindres expressions, dans le silence même de son ami. Il n'avait qu'un mot à prononcer; Caroline l'attendait pour y répondre. Certain d'être aimé, qui pouvait donc le retenir? Une crainte assez puérile, je l'avoue : vous allez en juger.

Édouard, un mois auparavant, était aux pieds de Julie, ivre d'amour et de désirs. Comment avouer à sa mère et à Caroline, qu'à cette passion, qu'il croyait devoir être éternelle, en a déja succédé une nouvelle, à laquelle peut-être elles ne croiront pas. D'ailleurs, que penseront-elles d'un jeune homme qui sans cesse donne et reprend son cœur? Caroline osera-t-elle se flatter de fixer celui que la beauté même n'a pu retenir, et si elle s'arme contre elle-même, qu'elle se refuse aux vœux de l'objet de tous les siens... Caroline ne pensait à rien de tout cela : Édouard n'était pas moins embarrassé.

Cependant il n'y avait pas un instant à perdre, le jeune homme le croyait du moins. M.*** ne cessait d'écrire des lettres très-raisonnables, très-raisonnées, sur lesquelles le président et madame de Surville dissertaient, mais dissertaient....... Édouard ne leur trouvait pas le sens commun; mais, enfin, Caroline pouvait se laisser persuader et se rendre. Diable! diable! comment donc faire? avancer d'un pas, et voir si Caroline fera l'autre.

Les deux amans s'étaient réunis de bonne heure, de très-bonne heure : les jours n'étaient plus assez longs. Édouard voulait parler et ne trouvait rien qui fût assez clair pour se faire entendre, et en même temps assez insignifiant pour qu'il pût rétrograder. Au défaut d'un discours qui dit le pour et le contre, il tenait les mains de Caroline dans les siennes, et Caroline ne les retirait pas. Édouard les pressait tendrement; ses yeux se fixaient sur sa aimable amie; tout en lui respirait l'amour, et un amour d'autant plus vif qu'il était étranger à toute espèce d'illusions, et qu'il s'était développé lentement. Caroline, déja heureuse par la certitude de l'être bientôt, ne pouvait cependant pas dire : Je vous pénètre, je vous entends; mais si vous ne parlez pas, comment voulez-vous que je réponde?

Madame de Surville entra; elle fut se placer à côté de mademoiselle Lori, et tira son ouvrage. Le plus grand silence régnait dans l'appartement. La bonne mère avait l'air de travailler, et elle observait son fils. Elle touchait au moment désiré, elle le voyait; mais elle craignait de le prévenir. Mademoiselle Lori, son feston sur ses genoux, ses ciseaux à terre, regardait Édouard et Caroline. Tableaux d'amour ont toujours quelque chose d'attrayant pour une fille, eût-elle soixante ans.

Édouard, toujours incertain, persistait à se taire; mais le regard de Caroline devint si doux, si caressant! Regarde-t-on ainsi l'homme qu'on serait capable d'affliger, pensait-il? C'en est fait, je risque tout, je me déclare; mais je prends un détour. Il se lève tout-à-coup et s'écrie : « Finissons notre
« tableau ! »

Jolie manière d'amener une déclaration, disait tout bas mademoiselle Lori ! Il va parler, pour peu qu'on l'aide, disait de son côté madame de Surville. C'est le tableau qui parlera, murmurait Caroline, et elle se rappelait une ancienne lettre de M.*** qui lui disait : Quand vous aurez trouvé l'homme qui vous convient, vous arriverez insensiblement l'un et l'autre au point de n'avoir plus besoin d'aveu.

Édouard a pris la pierre blanche, et il commence à tracer. « Comment, mon ami, vous allez « voiler l'amitié ? — Caroline ? — Édouard ? — « Nous voilà tous deux en face de l'autel. — Eh « bien, mon ami ? — au moment du sacrifice. — « Achevez donc, cruel homme ! — Ne voyez-vous « rien à changer ? » Caroline rougit, ne répond rien, s'éloigne d'un air timide, embarrassé. Avais-je raison, pensait Édouard, de craindre de me déclarer ? Elle m'a entendu, et au lieu de m'encourager... Affligé, pensif, il va se jeter dans un fauteuil, à l'extrémité de l'appartement.

Madame de Surville se lève en souriant ; elle embrasse les deux enfans, et s'approche du tableau. Elle efface le trait d'Édouard, et dessine à son tour. « Mon ami, dit-elle à son fils, n'est-ce « pas là ce que tu voulais faire ? » Elle va prendre Caroline ; elle la tire mollement à elle ; la jeune personne se laisse conduire, lève sur la toile un œil humide, et le repose doucement sur Édouard. Édouard, transporté, lui présente une palette ;

Caroline lui offre des pinceaux. Ils peignent; ils sont distraits; à chaque instant ils quittent, ils reprennent leur ouvrage, et sur l'ottomane, sur le chevalet, partout ils trouvent l'amour.

« Mon fils, vous irez demain à Paris. — Qu'y
« ferai-je, maman ? — Il convient que vous de-
« mandiez l'agrément de M.***. — Il me recevra
« mal. — Il vous recevra bien.—Et ses projets?—
« Il y renoncera. — En faveur d'un jeune homme
« qu'il connaît à peine? — Il prend à vous le plus
« vif intérêt.

« Non, non, dit tristement Caroline, cette dé-
« marche est inutile. M.*** a été le confident de
« mes premiers soupirs, de mes premières peines,
« et il persiste à vouloir briser mon cœur. Il est
« à vous, Édouard; je vous le garderai; je résis-
« terai aux sollicitations de M.***. Je ferai ce qui
« dépendra de moi pour lui inspirer des sentimens
« plus favorables; mais jamais je ne disposerai de
« ma main, que de son consentement. »

Édouard allait faire une réponse bien sentimentale, bien dramatique. Caroline s'y attendait, et déja elle arrangeait sa réplique. N'est-ce rien que d'aimer et d'être aimée ? l'union des ames n'est-elle pas tout ? le reste mérite-t-il de lui être comparé? Voilà ce qu'elle allait dire, ou autre chose peut-être, et c'est ce qu'il est difficile de savoir, parce que madame de Surville prit la parole et leva les craintes d'une part, et les scrupules de l'autre.

« Venez ici, mes enfans. Lisez, et rendez grâces
« à l'homme sage qui est enfin parvenu à vous
« unir. » Elle leur remet quelques parties de la
correspondance secrète de M.*** et du président.
Les jeunes gens dévorent ces lettres et tombent
dans les bras l'un de l'autre. « Ah ! dit Caroline
« en versant des larmes de joie, je serai double-
« ment heureuse : je le serai de l'aveu de mon
« bienfaiteur. »

Mais qu'est-ce donc qu'ils peignaient ? ce qu'a
tracé madame de Surville. Et qu'a-t-elle tracé ?
finissez, monsieur l'auteur.

Pour Édouard et quelques êtres fortunés, l'a-
mour est fils de l'amitié. Plus sage, plus prévoyante
que Vénus, cette autre mère tient ici l'enfant par
ses ailes ; elle le porte sur le devant de l'autel ;
elle sourit avec lui au sacrifice, qui maintenant
est offert à tous deux. L'amour avance un bras
et couronne les amans. De l'autre main, il tient
ses armes, et les remet à l'amitié : il renonce au
pouvoir de faire des inconstans.

« Mais pourquoi, reprit Édouard, irais-je seul
« à Paris ? Il est si doux de voyager avec ceux
« qu'on aime : il y a toujours quelque chose à ga-
« gner. On tire parti de tout, même d'un cahot,
« et puis on se complaît à voir les heureux que
« l'on fait : procurons cette jouissance à M.***, et
« partons tous trois. — Nous serons quatre, mon
« ami. Le bon, le vénérable François, ne sera-t-il
« pas heureux aussi de notre bonheur ? — Oui,

« Caroline, oui, ma petite sœur. J'avais oublié le
« digne vieillard ; mais quand une seule idée rem-
« plit et charme l'ame, peut-on n'avoir pas de
« distraction ? Je réparerai celle-ci ; je cours chez
« François, je l'amène, et c'est de la bouche de
« mon amie qu'il apprendra ce que font pour moi
« l'amour et l'amitié. »

Il arrive, ce bon François, d'un pas un peu iné-
gal, le dos voûté, appuyé sur sa canne et sur le
bras d'Édouard. Il touche au terme de sa carrière ; mais son cœur n'a pas vieilli.

Caroline va au-devant de lui ; elle prend son
autre bras ; les deux amans le soutiennent et rè-
glent leur pas sur le sien. François les regarde
alternativement ; il cherche à deviner : « Bon ,
« bon, dit-il en souriant, voilà ce que je désirais
« depuis long-temps, et ce que je n'osais espérer.
« Mais, mes enfans, comment concilier vos pro-
« jets et ceux de M.*** ? »

L'heureuse Caroline le fait asseoir ; elle tire un
fauteuil en face du sien, elle reprend les lettres
du porte-feuille de madame de Surville ; elle les
déploie sur ses genoux et sur ceux du vieillard.
Il porte pesamment une main à sa poche ; il cherche... « Je n'y vois plus, ma fille, et j'ai oublié
« chez moi.... — Je vais vous lire, mon digne
« ami. — Oui, oui, lisez-moi cela. » Et à mesure que Caroline lit, la physionomie vénérable s'épanouit ; on y retrouve à peine les sillons
qu'y ont gravés les ans. Des mains tremblantes,

des yeux mouillés de larmes se lèvent vers le ciel.
« Mon Dieu, dit-il d'une voix chevrotante, voilà
« le dernier et le plus cher de vos bienfaits !

« Dites-moi, ma chère enfant, vos parens sont-
« ils instruits... — Non, pas encore, bon Fran-
« çois. — Ma fille, ils devraient l'être, puisque je
« le suis. Monsieur François, reprit madame de
« Surville, ces enfans n'ont-ils pas dû penser
« d'abord à ceux qui ont tout fait pour eux ? Le
« véritable père de Caroline n'est pas celui... —
« Madame, ne cherchons jamais à justifier nos
« torts par ceux qu'on a eus envers nous. Qui
« s'habitue à composer avec son devoir le remplit
« rarement. — Mais, observez, monsieur François,
« qu'il n'y a pas deux heures qu'on s'est expli-
« qué, qu'on s'entend, qu'on est sûr l'un de
« l'autre, et n'est-il pas temps encore pour Ca-
« roline, de s'exposer à des brusqueries.... — Je
« sens, madame, ce que sa position aura de dé-
« sagréable ; mais celle qui se prépare à être mère,
« doit se montrer fille respectueuse : c'est un
« exemple qu'elle lèguera à ses enfans. Venez,
« Caroline. Je ne vais plus dans cette maison, je
« la crains ; mais j'y reparaîtrai pour vous, et j'es-
« père qu'on respectera mes cheveux blancs. »

Caroline était convaincue de la nécessité de
cette démarche ; cependant elle s'y prêtait avec
une extrême répugnance. Elle eût préféré écrire :
cela n'expose à rien. François exigea impérative-
ment qu'elle se présentât chez sa mère.

Lorsque François et la jeune personne arrivèrent chez madame Luceval, elle savait déjà ce qui s'était passé. On lui avait rapporté tout ce qui s'était fait, tout ce qui s'était dit, jusqu'aux choses les plus indifférentes. Elle sentait que M.*** l'avait jouée, qu'elle était complètement sa dupe, et elle cherchait les moyens de se venger aussi de lui, sans se compromettre. La chose n'était pas facile; mais la haine ne désespère de rien.

Ce n'est pas dans un premier moment d'exaspération qu'on se laisse voir : on est trop facile à pénétrer. Madame Luceval fit dire à Caroline, tremblante à sa porte, qu'elle était indisposée. Vous sentez de quel poids la jeune personne fut soulagée. François lui-même n'était pas fâché d'échapper à une crise plus ou moins forte, mais qu'il jugeait inévitable. Il reconduisit sa pupille beaucoup plus vite qu'il ne l'avait amenée : il semblait craindre qu'on les rappelât.

Vous allez me demander comment madame Luceval avait pu être si promptement instruite. Rappelez-vous ce Lafleur et cette femme de chambre, dont je vous ai parlé à la fin du chapitre précédent. Mademoiselle Angélique était vierge, très-vierge; mais elle avait trente ans, et c'est l'âge où on se fatigue de l'être. Le drôle parlait mariage : c'est le moyen de se faire écouter, et d'être toujours bien reçu. Il ne sortait pas de cette maison, et il y remplaçait Louison, qui ne pouvait plus s'y présenter, et qui en était au désespoir.

Caroline écrivit à sa mère avec beaucoup de facilité : tous les hasards maintenant frappaient sur le papier, et elle s'inquiétait peu de ce qu'il deviendrait. Pendant qu'elle écrivait, Édouard dit à sa mère : « Nous allons demain à Paris : pourquoi « ne profiterions-nous pas de l'occasion pour voir « le notaire ? — Mais c'est assez mon avis. Le mau-« vais temps pourrait revenir, et la pluie a fait « manquer plus d'un mariage. — Vous riez, « maman ; mais je prends très-sérieusement votre « réflexion. Profitons de la beauté de cette soirée « pour aller chez notre maire... — Faire afficher « votre mariage ? soit. Mais après, gare la pluie « et les tête-à-têtes de huit jours. — Oh ! ceux-ci « finissent toujours trop tôt. Ah ! dit François, il « y a bientôt vingt-un ans que j'ai été au village « pour un baptême. Il y a eu baptême et mariage. « Nous avions là un maire bien accommodant ; « mais il est mort, et on n'en trouve pas toujours « comme cela. »

Caroline ne pouvait se permettre d'appuyer les propositions d'Édouard, mais elle lui en savait bien bon gré, et comme la décence ne l'obligeait pas à les combattre, elle monta en voiture sans difficulté.

Au retour, on visita tous les habitans du ha- meau. Ils apprirent avec étonnement que Caro- line ne serait pas une très-grande dame; mais elle les assura qu'elle serait heureuse, et ils convinrent que l'un vaut bien l'autre.

Le lendemain, on partit pour Paris. M.*** reçut les jeunes gens comme un père tendre qui applaudit au bonheur de ses enfans. Il félicita François de pouvoir y sourire encore, et pour en jouir lui-même, il voulut que madame de Surville et ses enfans s'établissent chez lui pendant leur séjour dans la capitale. Il causait avec Caroline; il l'excitait, il l'animait; il la faisait valoir davantage aux yeux d'Édouard. Les mouvemens d'affection et d'estime, qui échappaient à l'auguste protecteur, flattaient l'amour-propre du jeune homme, et justifiaient son amour. Celle qui plaît à tous est toujours belle, et on peut mettre de l'orgueil à en être préféré.

En faisant sa cour à sa maîtresse, à M.***, Édouard tirait parti de tous les momens. Il était à tout, et ne cessait d'agir. Le contrat était signé; les présens de noce étaient offerts, présens modestes, quant à leur valeur réelle, mais sans prix pour l'aimante et aimable Caroline. La fête du mariage était arrangée, et pour dernière preuve de bienveillance, M.*** avait promis de donner la main à la jeune épouse.

On dinait chez lui, et on devait repartir le soir. Edouard s'était fait faire des uniformes neufs, qu'il comptait emporter au hameau. Il ne connaissait pas, disait-il, d'habit plus respectable, que celui sous lequel il avait acquis un peu de gloire, et c'est sous celui-là qu'il voulait unir des faisceaux de myrtes à un brin de laurier.

C'était l'heure de se mettre à table. M.*** allait rentrer, et Thuillier ne paraissait pas. Thuillier ? qu'est-ce que cet homme-là ? encore un nouveau personnage ! Eh ! bon dieu, monsieur l'auteur, vous en avez déja trop de moitié. Ne vous fâchez pas, monsieur le critique, celui-ci ne fera que paraître. Pas d'habits sans tailleurs ; M. Thuillier est celui d'Édouard, et peut-être ne serez-vous pas fâché de le connaître. C'est un jeune homme très-poli, qui travaille très-bien, qui n'est pas très-cher, et qui fait crédit aux honnêtes gens. En vérité ? vite, vite, son adresse. La voilà : rue d'Orléans Saint-Honoré, n° 12.

M.*** et Thuillier parurent ensemble. Édouard voulait sortir pour passer son habit : M.*** l'en empêcha, et il avait ses raisons. « Qu'avez-vous « fait là ? s'écria l'officier. Vous savez que je suis « capitaine, et vous me mettez des épaulettes de « major ! » M.*** s'approche d'Édouard avec cet air affable qui donne un nouveau prix au bienfait, et il lui présente sa nomination à ce grade. Édouard, stupéfait, attendri, lui prend la main, et la baise avec transport ; Caroline oublie les distances, et se jette dans ses bras ; madame de Surville demande et obtient la même faveur. Tout le monde est heureux. Le diner n'offre plus qu'une réunion de gens qui se conviennent, qui s'aiment, et qui jouissent tous à leur manière. Les amans retournent au hameau. Ils n'ont plus que trois jours d'attente, et ils vont les trouver si longs! Fripon d'hymen, c'est pourtant toi qui arraches sans pitié le bandeau de l'amour!

Le piéton apportait tous les jours lettres et journaux. Édouard avait autre chose à faire, que de s'appesantir sur tout cela; il parcourait rapidement... Une lettre terrible, effrayante!... Il ne peut en croire ses yeux. Il la relit; il la relit encore.

« On voit avec une peine sensible, monsieur,
« que vous êtes dupe de votre cœur et de votre
« confiance. Vous allez vous lier par des nœuds
« qui vous paraissent bien doux, et qui plus tard
« feront votre supplice. Pouvez-vous croire que,
« pendant des années, on protége ouvertement
« une jeune personne, sans avoir des vues parti-
« culières, et ignorez-vous avec quelle facilité la
« grandeur, l'opulence et l'adresse triomphent de
« l'innocence? Mademoiselle Luceval n'est pas jo-
« lie; c'est par cela même qu'elle convient à un
« homme âgé, qui n'a ni le loisir, ni la volonté
« de surveiller sa maîtresse.

« Celui qui veut vous éclairer ne signe pas,
« parce que la jeunesse est imprudente, et qu'un
« grand est redoutable. Ces motifs ne vous paraî-
« tront pas suffisans peut-être, et vous attribue-
« riez à la calomnie l'avis qu'on vous donne, si
« on ne l'appuyait de preuves irrécusables. Ce
« soir, à minuit, M.*** et mademoiselle Luceval
« se réuniront chez François, comme ils ont l'ha-
« bitude de le faire chaque lundi. Depuis des an-

« nées, ce méprisable vieillard favorise ce com-
« merce, et c'est à cette coupable condescendance
« qu'il doit la décoration qui en impose à tant de
« gens.

« Mademoiselle Luceval est à plaindre : elle a
« cédé à l'âge où on ne connaît pas le vice. Peut-
« être désire-t-elle sincèrement rompre des liens
« dont elle ne peut plus se dégager; mais, dans tous
« les cas, vous ne devez pas être victime du liberti-
« nage d'un homme puissant.

« Vous jugerez par vos yeux, et, si vous êtes pru-
« dent, vous ne ferez pas d'éclat. »

Édouard était avec sa mère; elle releva et lut
cette lettre qu'il avait laissé tomber à ses pieds.
Tous deux se regardaient, immobiles, terrifiés.
Edouard n'était plus à lui ; toutes ses facultés
étaient anéanties. « Cela ne se peut pas, s'écria-
« t-il enfin, cela est impossible! Je vais porter
« cette lettre à Caroline. — Il me serait affreux,
« mon fils, de cesser de l'estimer; mais l'affaire est
« assez sérieuse pour qu'on y réfléchisse un mo-
« ment. — Eh bien, madame, relisons encore cet
« écrit fatal, et voyons jusqu'à quel point il mé-
« rite notre confiance.

« C'est parce que Caroline n'est pas jolie, qu'elle
« convient à un homme âgé, qui n'a pas le temps
« de surveiller sa maîtresse. Mais avec de l'or, un
« grand ne se procure-t-il pas des agens sûrs? Je
« jugerai par mes yeux, et, si je suis prudent, je ne
« ferai pas d'éclat. N'est-il pas clair qu'on veut

« me séparer de Caroline, en prévenant, entre
« elle et moi, toute espèce d'éclaircissement? Elle
« est innocente, madame, j'en suis convaincu,
« et si c'était une erreur, il me serait plus fa-
« cile, je crois de renoncer à la vie qu'à mon
« amour.

« — Observez, mon ami, qu'on ne vous engage
« pas à croire aveuglément. Que direz-vous, si
« vous les voyez, en effet, tous deux se rendre à
« minuit chez François? — Je dirai... je dirai... —
« Que l'auteur de la lettre vous veut réellement
« du bien ; qu'il a craint de s'exposer en signant;
« qu'il est véridique sur tous les points, et que
« vous lui devez une éternelle reconnaissance. —
« Quelle reconnaissance bon dieu! et qu'eût fait
« de plus mon plus cruel ennemi? — Mon fils,
« vous n'êtes pas en état de paraître, et vous êtes
« surtout incapable de feindre. A la veille d'un
« mariage, on a cent prétextes pour colorer une
« absence de quelques heures; partez pour Paris.
« Plus maîtresse de moi, je vais chez Caroline,
« et j'aurai, je l'espère, la force de lui cacher
« nos craintes et ma douleur. Cette nuit décidera
« de votre sort. — Oui... oui... je vais à Paris... je
« m'établis chez le restaurateur en face de l'hôtel;
« il n'en sortira personne que je n'observe, que
« je ne suive, et malheur aux perfides qui m'au-
« ront outragé! — De grace, Édouard, mon fils!...
« mon ami!... — Le sort en est jeté... laissez-moi,
« madame... laissez-moi. »

Ce n'est plus cet homme doux et sage qui fixe à la fois l'estime et l'amour; c'est un furieux capable de se porter à toutes les extrémités. Il s'échappe, il monte à cheval, il arrive à Paris. Il se fait donner un cabinet, dont la croisée domine sur celles de M.***. Il demande successivement trente mets, et ne touche à aucun. Les garçons ne peuvent s'empêcher de marquer leur étonnement : « Je veux rester ici; j'y veux rester jusqu'à « la nuit. Voilà de l'or; qu'on me laisse. »

La journée s'écoula en observations inutiles, et en réflexions de toute espèce. Tantôt il justifiait Caroline, tantôt il l'accusait. L'amour, la haine, la jalousie, la confiance, se succédaient rapidement. Il réunissait tous les extrêmes et ne savait à quoi s'arrêter.

Au déclin du jour, il descend, il gagne la rue, et va s'asseoir sur un banc de pierre à la porte de l'hôtel. Le plus grand calme y régnait; pas le moindre mouvement qui annonçât un prochain départ, et il était neuf heures! Déja il maudissait celui qui lui avait écrit; déja il se promettait de le découvrir, et il jurait de venger sur lui les tourmens dont, pendant douze heures, il n'avait cessé d'être la proie.

Une sorte de paysan vient frapper à la porte, entre, et ressort un quart-d'heure après. Aussitôt Édouard entend du bruit dans les écuries; le pas des chevaux fait résonner le pavé; une voiture roule... M.*** va partir; il n'est plus possible d'en douter. Édouard court, vole ; il entre à l'auberge où il a laissé son cheval ; il saute en selle ; il va comme la foudre ; il arrive au hameau, déterminé à surprendre M.*** et Caroline, à leur reprocher et leur conduite coupable, et l'abus cruel qu'ils font de sa crédulité. Il les confondra, il les courbera dans la poussière, ou, s'ils osent joindre l'audace au crime, il en tirera la plus terrible et la plus éclatante vengeance.

Sa mère tremblante veut en vain l'arrêter. Elle se repent amèrement de ne pas lui avoir laissé suivre son premier mouvement. Communiquer cette lettre à Caroline, innocente ou coupable, c'était lui imposer au moins la nécessité d'être circonspecte. Édouard, trompé, était heureux encore, et maintenant il peut se perdre... réflexion trop tardive !

Il est dans les bosquets ; il a des pistolets dans ses poches ; il écoute, il attend.

Le bruit des fouets frappe d'abord son oreille. Bientôt de violens coups de marteau à la principale entrée annoncent qu'on n'use pas du moindre mystère, qu'on ne croit pas en avoir besoin. M.*** entre dans les jardins... et un homme l'accompagne !

Que penser de tout ceci ? Si quarante ans de vertus publiques ne sont en effet que duplicité, hypocrisie, s'expose-t-on à en perdre le fruit en un instant, et le vice, lorsqu'il veut se cacher, s'entoure-t-il de confidens ?

Édouard commence à se posséder, et cependant il suit M.***, qui se rend effectivement chez François.

Caroline paraît en même temps, et elle a une femme avec elle. Édouard étudie les formes, la démarche... C'est mademoiselle Lori. Si cette fille est dans le secret, pourquoi s'échapper clandestinement de chez soi ! pourquoi risquer d'être rencontrée, compromise, lorsqu'il est si facile...

Les yeux d'Édouard s'ouvrent. Il ne voit plus dans cette aventure qu'une trame infernale, qu'il ne pénètre pas encore. Il jette ses armes; il s'élance dans la maison de François; il est aux pieds de Caroline; il s'accuse, il se repent, il demande grace.

Caroline, François et M.*** étonnés, interdits, se parlaient, se répondaient sans se comprendre : l'apparition d'Édouard, ses regrets, ses prières ajoutèrent à leur stupéfaction. On parvint enfin à s'expliquer et à s'entendre.

Le paysan, qu'Édouard avait remarqué, était porteur d'un billet conçu en ces termes : « Le « vénérable François, attaqué mortellement, n'a « plus que quelques instans à lui. Il désire faire « à M.*** des révélations importantes, qui inté- « ressent essentiellement mademoiselle Luceval. « Il n'y a pas une minute à perdre. »

Caroline travaillait avec mademoiselle Lori. On a tant à faire la surveille d'un mariage ! Une voix inconnue lui avait crié à travers ses persiennes :

« M.*** vient de perdre toutes ses places. Il est poursuivi, fugitif. Il veut vous voir encore avant de s'expatrier. Allez chez François. »

Caroline et M.*** avaient été entraînés par leur sensibilité : mais Édouard ? comment avouera-t-il qu'il a cru son amie coupable, et comment le dissimuler ? Cette malheureuse lettre lui fût-elle parvenue à minuit, c'est à Caroline qu'il devait la remettre ; c'est chez elle qu'il fallait aller. Épier ses démarches, la suivre chez François, y entrer avec elle, c'est croire le délateur, c'est la mépriser, c'est se perdre à jamais dans son esprit.

Il venait de passer de la situation la plus violente à un profond accablement. On attendait qu'il parlât. Qu'était-il venu faire chez François au milieu de la nuit ? Sans doute il avait été abusé, comme les autres ; mais de quel moyen s'était-on servi envers lui ?

Il avait eu la noble franchise de s'accuser ; il eut le courage de tirer cette lettre et de la remettre à Caroline elle-même, sans dire un mot pour se justifier. Il attendait tout de l'indulgence de celle à qui il allait consacrer sa vie. Pendant qu'elle lisait, il cachait sa honte, son trouble, sa rougeur, en se couvrant le visage de ses mains.

L'aimable fille s'avança vers lui, sans rien perdre de sa sérénité. Elle le regarda avec cette expression de tendresse, si propre à le rassurer.

« Édouard, vous m'avez fait le plus cruel outrage ;
« mais on avançait des faits positifs, et je conçois
« qu'il est des circonstances où l'homme délicat
« peut mettre son honneur au-dessus de son
« amour. Mon ami, revenez à vous, reprenez cou-
« rage ; c'est Caroline qui vous parle, qui n'a
« pas de ressentiment, qui ne peut que vous
« aimer.

« Apprenez, jeune homme, lui dit M.***, à ne
« jamais croire aux apparences. Plus maître de
« vous, vous vous seriez borné à me voir entrer
« ici avec mademoiselle. Vous l'auriez méprisée,
« abandonnée ; vous auriez déchiré le cœur le
« plus sensible, et c'est ce que voulait votre en-
« nemi.

« Comparons les deux écritures... c'est la même
« absolument. Il n'est pas difficile de deviner la
« main qui a conduit tout cela ; mais l'agent
« dont on s'est servi, quel est-il ? Voilà ce que
« nous ignorons et ce qu'il faut découvrir. — Mon
« digne protecteur, laissez tomber cette affaire
« dans l'oubli : le méchant n'est-il pas assez puni
« par le souvenir du mal qu'il a voulu faire ? —
« Mademoiselle, vous intercédez pour quelqu'un
« qui ne vous a ménagée dans aucune circon-
« stance : vous faites votre devoir ; je remplirai le
« mien. Retirons-nous, et demain nous nous réu-
« nirons, comme s'il ne s'était rien passé d'extra-
« ordinaire ici. Pour arriver au résultat que je me
« propose, il faut être impénétrables. »

Caroline voulut insister : M.*** déploya toute sa fermeté. Ce n'était plus l'ami, le protecteur de la jeune personne et d'Édouard ; c'était l'homme en place, cherchant, poursuivant les coupables, juste comme la loi, mais sévère comme elle.

Son valet de chambre le conduisit à la maison qu'il avait au hameau. Il y passa le reste de la nuit. Il réfléchissait aux moyens qu'il emploierait, et il n'en trouvait aucun. Mais mademoiselle Lori réfléchissait aussi de son côté. Depuis plusieurs jours, Caroline n'avait rien fait, rien dit ; elle n'avait vu, elle n'avait entendu que ce qui se rapportait à son amour. Mademoiselle Lori ne perdait rien, parce qu'elle entrait dans des détails de ménage, et elle voyait juste, parce que sa tête était calme. Elle avait remarqué les assiduités de Lafleur auprès d'Angélique ; elle avait prévu un mariage, et elle ne savait à quoi attribuer une absence de deux jours, à laquelle cependant elle ne s'était pas arrêtée : les amours de Lafleur l'intéressaient peu. Les évènemens de la nuit fixèrent ses idées.

Elle soupçonna que la tendresse de cet homme pouvait être feinte, et n'être qu'un prétexte pour épier ce qui se passait chez mademoiselle Luceval : il n'était plus difficile de pressentir l'emploi de son temps depuis qu'il n'y avait paru.

Une réflexion d'un genre plus sérieux encore se présenta à elle, et l'agita fortement. Elle pensa que le méchant déjoué peut ne pas s'effrayer d'un crime capital. Elle trembla pour Caroline, et sans lui rien dire de ses alarmes, ni de son projet, elle alla trouver M.***, qui fut frappé de la justesse de ses observations.

Il était présumable qu'on avait fait disparaître Lafleur, et il était difficile de le trouver, sans donner à cette affaire une publicité déshonorante pour toute une famille. M.*** voulait punir; mais il désirait ne frapper que les coupables.

Il avait un cocher, vieilli à son service, et qui avait contracté des habitudes dans la maison Luceval, lorsque son maître la fréquentait. On lui fit sa leçon, et il alla simplement demander des nouvelles de son ami Lafleur, bon vivant, qu'il regrettait de ne plus voir aussi souvent qu'il le désirait. Lafleur, très-tranquille, parce qu'il ignorait qu'on se fût expliqué, Lafleur attendait, ainsi que sa maîtresse, le résultat de leurs menées. Ils apprirent avec quelqu'étonnement que M.*** était resté au hameau, et la visite du cocher ne laissa pas de les inquiéter un peu. Cependant Lafleur, accoutumé à payer d'effronterie, fut le premier à proposer la matelote : il comptait faire jaser son camarade.

Ils étaient à peine sortis de l'enclos, que deux gendarmes, en habit bourgeois, les joignirent, déclinèrent leur qualité, notifièrent à Lafleur qu'il eût à se rendre chez M.***, et que, pour éviter l'éclat, il marchât vingt pas derrière le premier d'entre eux, tandis que le second suivrait à une égale distance. Lafleur voulut résister. Deux canons de pistolets, dont la bouche lui menaçait les yeux, le rendirent docile. Il obéit, en disant que lorsqu'on ne se reproche rien, on peut paraître devant tout le monde.

M.*** lui fit quelques questions d'un ton propre à l'intimider, et le drôle ne se déconcerta point. Il répondit qu'il avait, à la vérité, fait sa cour à mademoiselle Angélique, parce qu'elle lui avait plu; qu'elle avait cessé de lui plaire, et qu'il avait passé ces deux derniers jours à faire, auprès de madame, son service habituel. « Ecrivez à madame « Luceval qu'elle se donne la peine de venir me « certifier la chose, et si vous avez dit vrai, on « vous rendra la liberté. — Mais, monseigneur, « ne serait-il pas plus simple.... — Ecrire, ou l'ex- « position et les fers, choisissez. »

Lafleur ne se souciait pas d'écrire, et vous en savez la raison. Les gendarmes tirèrent de leur poche certains instrumens, qui ôtent jusqu'à la liberté de manger; et Lafleur sachant très-bien qu'il ne pouvait lui arriver rien de pis que ce dont M. *** l'avait menacé, essaya de conserver l'usage de ses mains, en contrefaisant son écriture.

Vous pressentez avec raison qu'il l'avait contrefaite dans les deux épitres. Il cherchait, cette fois, à donner à ses caractères une forme et une inclinaison différentes. Il y réussissait assez bien; mais il y mettait du temps. On le força d'écrire sous la dictée, et les trois écritures n'offrirent que des traits de ressemblance qui n'avaient rien de très-frappant.

Il était évident que des deux manières qu'il avait employées en présence de M.***, une au moins n'était pas la sienne. Il avait donc des raisons de la cacher. Il ne put rien répondre à cet argument. Il commença à perdre la tête, et, pressé de questions et de menaces, il avoua tout. Il se déclara l'auteur de la lettre et du billet. Le prétendu paysan, qui était allé à l'hôtel, était un coquin de ses amis. C'est lui qui avait parlé à Caroline à travers ses persiennes, et il était maintenant à l'office, en attendant de nouveaux ordres de madame Luceval.

On fut aussi prendre cet homme; on le mit avec Lafleur dans une voiture préparée à petit bruit dans une arrière-cour; on baissa les stores et on les mena à Bicêtre.

Madame Luceval ne voyait pas rentrer ses gens. Elle avait aperçu Édouard et sa mère, l'air calme et serein, suivant l'allée qui conduisait chez Caroline. Certains pressentimens l'agitèrent. Elle brûla toutes ses notes. Depuis que le mariage était arrêté, elles ne pouvaient être d'aucun usage, notamment celle qui avait rapport au tableau : ceux qui se dévouent à l'hymen, peuvent invoquer l'amour; mais la malignité de la rédaction déposait contre les intentions de la dame.

M. *** n'avait pas besoin de nouvelles preuves.

Il se rendit chez madame Luceval et lui parla en homme convaincu.

« Le plus cruel supplice des méchans est d'être
« forcé d'applaudir au bonheur de ceux qu'ils
« ont persécutés. » Madame Luceval voulut interrompre.... « Voilà le procès-verbal des dépo-
« sitions de vos complices; il est en règle; je
« peux vous perdre; taisez-vous. Je ne viens pas
« ici pour vous entendre, mais pour vous donner
« des ordres.

« Demain, on viendra vous prendre, et vous
« vous laisserez conduire. Vous présenterez votre
« fille à M. Ducoudrai : je veux qu'il la reçoive
« de vos mains.

« Après la célébration, vous signerez votre sé-
« paration absolue d'avec votre mari : l'acte sera
« prêt. Vous partirez aussitôt, et vous irez ca-
« cher, à soixante lieues de Paris, au moins,
« votre infamie et vos remords, si vous êtes sus-
« ceptible d'en avoir.

« Jusqu'à ce que le patrimoine de votre mère
« soit dégagé, vous vivrez d'une pension modi-
« que, que j'engagerai les jeunes époux à vous
« assurer.

« Vous avez entendu mes volontés; gardez-
« vous de vous en écarter. N'oubliez pas que
« vous m'avez donné des armes contre vous, et
« que je ne m'en dessaisirai jamais.

« M. Luceval, c'est à votre impardonnable fai-

« blesse qu'il faut imputer une suite de fautes
« que vous pouviez, que vous deviez prévenir.
« Qui fait sentir son autorité à sa femme, est un
« tyran ; qui n'est pas maître chez lui, est un sot.
 « Mademoiselle, vous êtes la seule à plaindre.
« Victime d'une éducation vicieuse et d'exemples
« dangereux, vous devez sentir la nécessité de
« rectifier votre caractère et votre jugement : vous
« n'avez que cette voie pour vous rendre digne
« de quelque intérêt. Je vous verrai quelquefois
« ici, où vous resterez avec votre père, et je m'em-
« presserai de vous être utile dès que vous l'aurez
« mérité. » Il sortit.

Madame Luceval soupira, pleura et ne s'emporta point. Ce n'est pas qu'elle n'y fût très-disposée ; mais ce procès-verbal !... et puis, son mari ne pouvait manquer d'être touché de ses pleurs. Il avait toujours été bien avec Caroline et François ; ils pouvaient tout sur l'esprit de M.***, et, Luceval attendri, le reste allait de suite.

Mais le mari, tout à l'idée d'être affranchi dans vingt-quatre heures, sans avoir fait la moindre démarche, sans s'être mêlé de rien, sans être exposé aux reproches et aux criailleries, le mari, trop heureux, donnait très-peu d'attention aux larmes de sa femme. Elle sentit enfin que, depuis des années, elle n'inspirait plus que la crainte, et ce lien-là tend à se rompre, en proportion qu'il est serré.

Mademoiselle Julie répétait les dernières paroles de M.***. Ce qu'il pouvait lui procurer de plus agréable, ce qu'il entendait sans doute, c'était un mari, et Édouard n'était pas le seul bel homme qu'il y eût au monde. Cette idée d'un prochain mariage la faisait sourire involontairement, et la touchait plus que la douleur de madame Luceval, qui s'aperçut encore qu'une mère qui a perdu l'estime de ses enfans, ne doit plus compter sur leur affection.

Il fallait, à la vérité, que la petite personne refondît son caractère, et se formât le jugement. Elle ne savait trop comment s'y prendre; mais elle se proposa de demander des conseils à sa sœur, et c'est ce qu'elle pouvait faire de mieux.

Le lendemain, dès le matin, l'amitié, la gaîté, le bonheur et l'amour étaient réunis chez Caroline. Elle était habillée avec la plus grande simplicité. Etait-ce réellement modestie, ou savait-elle qu'une mise trop recherchée nuit même à la beauté? Voilà ce qu'on ne m'a pas dit.

On sortit en ordre pour aller prendre la famille Luceval, au son du violon et du galoubet. Chaque coup d'archet donnait une crispation de nerfs, vous savez à qui. Il fallut cependant paraître et se montrer décente. Luceval, lui, était vraiment bien aise du bonheur de sa fille aînée, et Julie avait vu, d'un coup d'œil, trois ou quatre jeunes gens assez bien tournés, qu'elle se promettait de fixer à son char, en attendant les avis de sa sœur.

M.*** conduisait la jeune épousée d'un air galant et satisfait. Il n'en était pas moins à ce qu'il avait résolu. Il ne fit grace de rien à madame Luceval. Il invita à haute voix Édouard à lui présenter la main. Il n'y eut pas moyen de reculer. Il fallut accepter le bras de celui qu'on eût voulu voir à... et marcher en tête de la file. Le bon homme Luceval offrit le sien à madame de Surville; François s'appuyait sur celui de Marguerite, et tous deux pleuraient de joie. Deux jeunes gens s'emparèrent de Julie. Je ne sais pas trop quel rang prirent le président, Duval, le chanteur et les autres; mais cela est assez indifférent, n'est-ce pas?

Le cortége défila au bruit des canardières et des *bravo* des paysans, chamarrés de rubans de toutes les couleurs. On arriva au lieu préparé pour la cérémonie. Édouard s'était rapproché de sa jeune amie, et madame Luceval s'était cachée dans la foule : elle espérait être oubliée. M.*** la rappela d'un coup d'œil. Elle jugea qu'il était au moins inutile d'emporter en partant un ridicule de plus. Elle trouva le moyen de sourire, en présentant Caroline à son époux et au célébrant. La jeune personne fit une grimace qui parut difficile à interpréter; mais on a su depuis que sa mère lui avait serré un peu vivement le bout des doigts.

Tout est terminé. Les époux sont irrévocablement unis, et on lit dans tous leurs traits le plaisir qu'ils éprouvent à l'être. Pendant qu'on les entoure, qu'on les félicite, qu'on les embrasse, madame Luceval, humiliée de toutes les manières, va signer l'acte qui la sépare à jamais du plus faible, mais du meilleur des hommes. Elle monte en voiture, elle part, et n'ayant plus rien à redouter, elle jura, dit-on, et d'une manière très-prononcée : je ne garantis pas le fait.

Cette noce se passa comme toutes celles où on célèbre l'union de deux jeunes gens assortis. Ceux-ci se trouvèrent au mieux de la journée, et ils convinrent franchement que la première nuit leur parut délicieuse. Si vous conservez un souvenir agréable de la vôtre, renouvelez-la en finissant cet ouvrage : il aura du moins quelqu'utilité.

Caroline aima Édouard toute sa vie, et le rendit parfaitement heureux. Édouard eut bien, par-ci, par-là, quelque tentation d'être infidèle; mais il se disait qu'on ne peut aimer qu'une amie, et que la meilleure qu'on puisse avoir, c'est sa femme... quand elle est bonne. Cet exemple est très-rare, et voilà pourquoi je le cite.

François eut encore la satisfaction de tenir dans ses bras l'enfant de Caroline. Il le berçait, comme il avait fait les autres; il se berçait lui-même de l'espoir de l'élever; mais...

M. *** céda enfin aux importunités de Julie, et il la maria. Il s'en repentit, et elle aussi. Son mari fut celui des trois qui eut le plus de sujet de se plaindre. Ce n'est point parce qu'il est rare, que je cite cet exemple-ci.

Tous les braves gens, avec qui je viens de vous mettre en relation, moururent les uns après les autres. C'est malheureux; j'en suis fâché comme vous; mais qu'y faire? Consolez-vous, comme moi, en pensant, qu'après la consommation des siècles, nous les retrouverons dans la vallée de Josaphat, ce qui est infaillible.

Et comme nous aurons là tous nos organes, ce qui est encore incontestable, et que je conserverai probablement la manie de conter, puisque je serai absolument le même, je vous ferai l'histoire du fils de Caroline, qui pourra vous amuser, quand vous serez las de jouer de la trompette, car, quoi qu'on en dise, jouer de la trompette pendant toute une éternité, et sans reprendre haleine, c'est bien long.

FIN DE LA FAMILLE LUCEVAL.

TABLE

DES CHAPITRES CONTENUS DANS CE VOLUME.

PREMIÈRE PARTIE.

Chapitre Ier. C'est toujours par celui-là qu'on commence............................ Page 5
Chapitre II. Ce qu'ils étaient tous deux....... 12
Chapitre III. Renouvelé des Grecs............ 26
Chapitre IV. Le premier battement du cœur.... 41
Chapitre V. Vanité plus forte qu'amour....... 61
Chapitre VI. La noce, la chasse, le théâtre..... 75

DEUXIÈME PARTIE.

Chapitre Ier L'inauguration.................. 132
Chapitre II. La petite guerre................ 165
Chapitre III. Le mariage et quelques autres bagatelles.................................. 216
Chapitre IV. La colonie se forme. Une grossesse, et ce qui s'en suit...................... 239

TROISIÈME PARTIE.

Chapitre Ier. Tout change, parce que tout doit changer................................ 277

Chapitre II. Caroline paraît sur la scène de la vie................................ Page 299
Chapitre III. Scène qu'on a pu prévoir........ 320
Chapitre IV. Consolations aux laides.......... 343
Chapitre V. Tout change encore, en mal et en bien................................ 385

QUATRIÈME PARTIE.

Chapitre Ier. Caroline fait son devoir.......... 418
Chapitre II. L'amour et l'amitié............... 446
Chapitre III. Laquelle épousera-t-il ?.......... 495
Chapitre IV. Conclusion...................... 533

FIN DE LA TABLE.

www.ingramcontent.com/pod-product-compliance
Lightning Source LLC
Chambersburg PA
CBHW060507230426
43665CB00013B/1422